现代汉语语句系统的逻辑语义学研究

■ 刘海燕 ◎ 著

人民出版社

前　　言

本书是国家社会科学基金西部项目成果,原为13篇前后关联但又相对独立的论文,这次出版,将它们整合为以章节编排的专著形式。

本书名为《现代汉语语句系统的逻辑语义学研究》,旨在探索汉语非形态的句法、语义特点和规律,探索汉语形式和意义之间非一一对应的特点,并使用逻辑语义学的方法和理论解释汉语语句结构的本质特征。

对汉语语句系统进行逻辑语义学研究的原因主要如下:

第一,汉语语句系统庞大复杂,灵活多变。如果要全面系统地研究汉语语句系统,如果不理论联系实际,既有理论和方法的探索,又有具体句式的分析研究,如果所选择的研究对象没有针对性和代表性,那么对汉语丰富的句式意义就不能全面深刻地揭示出来,所以研究对象非常重要。

第二,汉语是非形态语言,汉语句式中句法语义并非全是一一对应的关系,存在大量的歧义问题。但是要彻底解决这个问题,实现语义对句法的弥补和完善,在汉语语句系统规则设置上还有待完善。要实现形式和意义真正的对接,每一种句式的分析研究都应该先从句法入手,后到语义分析解释,再到逻辑表达式的抽象概括,最后到语义合格度的验证,真正要实现形式和意义的对应和互动。

第三,汉语语句系统中存在大量特殊问题,如语序变化、非连续性贴合、成分增减等现象,一般传统的分析方法、分析手段并不能彻底解释这些现象。要解决这些问题只有采用其他手段和方法,如增添意义公设、使用竖线算子、添加省略槽、绘制生成树等等,构建不同的类型逻辑语法系统时,采用不同的表述形式,即在规则设计上应有所突破。

第四,汉语语句表达了汉语丰富的时间特征,但缺乏英语那样明显的特征标记，所以很有必要实现时态问题的形式化处理。让"意合性"的汉语实现真正的形式化，也便于外族人学习和掌握，这些在汉语信息化处理和汉语国际化推广研究领域都是一大挑战和突破。

带着以上这些问题和疑问，近些年来，我们师生一起，依托国家社科课题的资助，对汉语语句系统中的句法结构和句式意义展开了系列研究。本书所收的 13 章内容，就是这一研究计划的阶段性成果。这些内容大致涉及以下几个方面的内容：逻辑语义分析的方法、理论，连动句、存现句、同动句、"给"字句、"把"字句、"像"字句、"在"字句、"连"字句、容纳句、周遍性主语句等句式的逻辑语义内涵等。

这些研究目前实现了一些突破，取得一些进步，其情况大致如下：

第一，实现了理论联系实际。既有理论的分析研究，又有具体句式的推演分析。研究对象选择了汉语语句系统中的各种句式，既有典型句式，又有非典型句式，这样的分析研究既有全面性又有代表性。

第二，在研究过程实现了形式和意义的真正对接。每一种句式的分析研究都是先从句法入手，后到语义分析，再到逻辑表达式的抽象概括，最后到语义合格度的验证，真正实现了形式和意义的对应和互动。

第三，处理了汉语句式中的特殊问题。对于汉语的语序变化、非连续性贴合、成分增减等现象，采用了多种手段和方法，如增添意义公设、使用竖线算子、添加省略槽、绘制生成树等等。总的来说，在构建类型逻辑语法系统时采用了不同的表述形式，在规则设计上也都有所突破。

第四，实现汉语句式意义的形式化处理。句式意义形式化的处理为计算机语言的实现提供了前提和基础；同时让"意合性"的汉语实现真正的形式化，也便于外族人学习和掌握。在汉语信息化处理和汉语国际化推广研究领域，这些研究探索都是一大创新和突破。

应当承认，对汉语语句进行形式化的分析研究既有利于汉语作为第二语言教学，又有利于计算机有效地识别和理解自然语言，为自然语言信息化处理做一些基础性的探索。因为逻辑语言和自然语言是两个不同的符号系统，逻辑语言抽象严格，自然语言生动丰富；逻辑语言和自然语言是密切相关的，逻辑语言的精确化特征对分析自然语言的句法语义关系问题具有方法论的作用。当然这些研究目前还只是初步的、阶段性的,我们十分期望,今后对汉语语句系统的逻辑语义探索,能够以此为鉴,以此作为新的起点,不断深化而臻于完善,进而提高我们对汉语语句系统对应逻辑语义系统的整体认识。倘若达到这样的目的,我们的这一工作便更有价值。

　　在研究方法上,本书使用了逻辑语义学的一些方法和理论,使用谓词逻辑法、事件语义学、类型逻辑语法、竖线算子法、轻动词理论和题元结构理论、生成语法理论以及集合论等方法来描写、分析和解释汉语各种语句的句法结构特征、语义内涵和逻辑语义特征。在研究策略上,本书在分析各种句式的逻辑语义特征时,先考察该句式的语表结构特征,由语表结构特征入手,分析其内部丰富的语义内涵,在此基础上使用逻辑语义学的各种方法对其丰富的语义内涵进行形式化的描写、编译和验证。希望实现一种基于语言运用的语法研究模式。这种根植于语言运用、基于真实文本语料考察、分析、编译、验证的研究成果,对于计算机处理汉语信息和对外汉语教学,都具有直接的应用价值。

刘海燕

2019 年 8 月 20 日

目　　录

第一章　现代汉语的逻辑
语义学研究概况

逻辑学、哲学与语言学密切相关,历史上,逻辑学对语言学产生过重大影响,对语言学的发展有重要的意义。①语言逻辑运用现代逻辑工具分析自然语言中的复杂语义,是一门现代逻辑与语言学结合的交叉学科。现在广泛应用于计算机的自然语言信息处理中。语言学学者的主要任务是以准确的逻辑语言将自然语言中的语言事实进行翻译、描写和解释,这就是逻辑语义学的研究方法和思想。

逻辑语义学(又称为形式语义学)是建立在 Richard Montague(1973)所创建的"蒙太古语法"理论基础之上的理论体系,作为语法中的一个独立部分,语义学的发展应归功于蒙太古。20 世纪六七十年代,蒙太古在论文中论证了自然语言与人工语言之间并无本质上的区别,他认为可使用研究人工语言的方法来研究自然语言,主要研究什么是意义、什么是句子的真值条件、什么是蕴含等语义学中的核心问题。② 20 世纪 70 年代,Montague 创立的"蒙太古语法"(MG)开创了语言逻辑研究的新思路。蒙太古语法从逻辑语言和自然语言相一致的通用语法出发,构造出句法和语义的对应原则、意义的组合原则,并且对自然语言的部分语句系统进行了深入的描写和研究。

在进行相关研究时,往往会利用语义学研究成果中的轻动词理论、题元角

---

① 参见李林珈:《汉语"有/没有"式比较句的逻辑语义分析》,四川师范大学硕士学位论文,2015 年。

② Richard Montague(1973)The proper treatment of quantification in ordinary English. In K. J. J. Hintikka, J. M. F. Moravcsik and P. Suppes(eds,)*Approaches to Natural Language*, Dordrecht: *Reidel*.

色原则、转换生成语法理论、事件语义理论和谓词逻辑法等相关理论和方法。具体如下：

第一是轻动词理论。何元建（2011）认为，"所谓轻动词，就是执行不同语法范畴的虚词，帮助谓语动词完成句子的语义。那些表达语法范畴的动词，比如表达时态、体貌、情态、焦点、结果、处置、使役、执行等动词，都是轻动词"。[①]

第二是题元角色理论。题元角色理论规定每个主目只指派一个题元角色，而每个题元角色只指派给一个主目。所谓题元，就是跟动词有关的名词性成分在结构上跟动词的相对位置。[②]

第三是"生成语法理论"。这就是我们常说的"普遍语法理论"，它在20世纪50年代被提出，以乔姆斯基为代表，是探讨关于言语生成时语言机制运作的语法理论学说。生成语法理论是语言学界比较流行的语法理论之一。"'生成'一词的哲学意义是说语言符号的运算是人的心理和心智的产物，同时指语法规则一经运用就会产生出语言结构来。"[③]生成语法通常是对自然语言进行形式化的描写刻画，抽象为符号形式，使之能清晰地表现出自然语言中的结构、关系等，更清晰地分析其生成过程。

人类说话或者写作都可以被称为言语生成，而语言的生成过程需要语言机制的运作才能完成。同时，生成的言语想要被听话人或者读者理解，需要语言机制和其他认知系统的共同作用。言语机制在人类语言的形成和被理解的过程中都起着举足轻重的作用。在生成语法中，符号之间的运算组合规则也就是生成语法中的生成规则，但是生成规则又不局限于此，还应该建立在语音和逻辑的基础之上，它们的关系如图1-1。[④]

从中看出，词库是句法的基础，而句法的实现又依赖于语音形式和逻辑形式。

我们在研究分析"给"字句、"在"字句、名词性谓语句和"容纳句"等句式

---

① 何元建：《现代汉语生成语法》，北京大学出版社2011年版，第220页。
② 何元建：《现代汉语生成语法》，北京大学出版社2011年版，第48页。
③ 何元建：《现代汉语生成语法》，北京大学出版社2011年版，第5页。
④ 何元建：《现代汉语生成语法》，北京大学出版社2011年版，第6页。

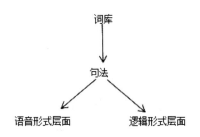

图 1-1　句法与其他层面的生成关系

的结构时使用了生成语法的理论和方法。

　　第四是"集合论"。集合是一个抽象的概念,其内部由不同的元素组成。如集合 A = {a,b,c,d},表示集合 A 由 a,b,c,d 四个元素组成,四个元素可以是表示不同性质的个体,如 a 可以表示某一个动作,b 可以表示某一个事物,c 可以表示某一个生命个体,d 可以表示一种状态。从语言学角度看,集合的表达方法有三种:穷举法、谓词定义法和递归定义法。穷举法指的是逐一列出集合中的所有元素;谓词定义法表示用一个或者几个谓词来定义一个集合;谓词定义能够囊括这个集合中所有的元素,如{x|x 是所有的自然数},那么这个集合表示的是 0,1,2,3 等所有自然数。谓词定义法相比于穷举法来说,在表示元素个数较多的集合时,有明显优势。集合的第三种表达方式是递归定义法,指的是用递归的规则来定义集合,递归的规则是我们根据集合表达的需要进行人为规定的。如递归定义集合 B:(1)x∈{3,4,5};(2)若 x∈B,那么 x+2∈B。(1)和(2)中联结起来表示集合 B 的定义。

　　在汉语中,通常一个普通名词对应着一个由各个个体元素构成的集合,如"书"这个名词对应了一个集合,集合中可以包含"一本数学书""一本语文书"这样的元素。在集合论中,当一个集合中包含的元素本身也是集合时,我们就称这样的集合为"集合的集合"①,例如"水果"这个名词对应了一个集合,而"水果"对应的集合可以包含"苹果""香蕉",这些名词也可以对应其相应的集合,因此,"水果"对应的集合就是"集合的集合"。在集合论中,普通名

━━━━━━━━━━━━━

① 蒋严、潘海华:《形式语义学引论》,中国社会科学出版社 2005 年版,第 16 页。

词对应的集合可以进行扩展,扩展后其内部元素包含了元素与元素的聚合体,这样的集合我们用 N※表示,N 表示集合对应的名词,而元素与元素之间的连接,我们用"&"①进行定义,"&"表示个体与个体连接之后不可分割,形成一个整体,也称为聚合体。如"桌子"这个名词所对应的集合包括"一张木桌""一张方桌"等属于桌子类别的单个个体事物,将"桌子"这个名词对应的集合进行扩展,变成集合"桌子※"使之包含木桌和方桌两者组成的整体的集合,即包含了"一张木桌 & 一张方桌"这样一个元素,其中"桌子※"也包含了集合中其他个体相互组合所形成的聚合体,如"一张木桌 & 一张方桌 & 一张圆桌"。这个地方的圆圈大小不一致。

这种方法在解决范畴或类型问题时非常便利,我们在研究分析名词性谓语句、容纳句、同动式等句式的结构和分类时使用了此方法和理论。

上面这些方法和理论是语义学研究的成果,也是我们对汉语进行形式化处理和分析时常用的手段和方法。而我们在对汉语语句系统进行形式化研究和分析时发现,"事件语义学的方法"和"谓词逻辑法"更能准确、科学地解释汉语语句中隐藏的丰富的语义内涵,所以下面主要介绍这两种方法和理论。

第一节　谓词逻辑法

谓词逻辑法是逻辑语义学中最重要的理论和方法,简单地说,谓词是说明个体的性质或两个及两个以上个体之间的关系(方立,2000)。在事件语义学中,谓词不仅由动词充当,介词也可以作为谓词使用,介词短语部分在语义上被解释为一个独立的事件结构。下面主要介绍谓词逻辑法和事件语义学。

谓词逻辑法是逻辑语义学中常见的,也是最基本的逻辑翻译方法。在传统语法分析中,主要将句子分为"主语+谓语+宾语"这样的常规典型句法体

---

① "&"表示的是个体与个体连接的符号。

系,而在谓词逻辑中,我们提到的"谓词"不仅仅指传统句法中的动词词项,还包括形容词、副词或者介词等词项,这些"谓词"在逻辑公式中可携带论元。谓词逻辑中的"谓词"是语义层面的,只要一个词项能够成为各部分语义的连接中介,就可以成为谓词。谓词逻辑法是翻译自然语言语义内涵的一种方法。如:"她喝水。"句中的逻辑谓词是"喝",连接"她"和"水"两个论元,用谓词逻辑法将其内部语义内涵翻译出来,表示为:喝′(她,水)。

该方法中常用的逻辑符号有否定算子(－)、蕴含符号(→)、合取符号(＆)、析取符(∨)等;量词有存在量词(∃)和全称量词(∀),其中"∃"用自然语言翻译为"存在"或"有的","∀"用自然语言翻译为"全部"或者"所有的"。

谓词逻辑法具体的翻译方式和操作模式,是用具体的汉语语句的逻辑翻译来展示,如 S:"她走路回家。"我们用谓词逻辑法对句子进行逻辑翻译后得到:

S′＝走′(她,路)＆回′(她,家)

我们用自然语言对其进行解释:"她走路回家"句中包含了两个简单事件,即:"她走路"和"她回家",相应包含了两个逻辑谓词"走"和"回",二者共同构成"她走路回家。"这样一个语义完整的句子。

谓词逻辑法就是逻辑翻译法,所谓"逻辑翻译"就是用逻辑符号所构成的表达式来代替自然语言的表达句。但是严格地讲,自然语言的词语和句子的逻辑翻译并不等同于它的语义值。自然语句的逻辑翻译只是自然语言与它的语义值之间的中介。而"逻辑翻译"主要遵循谓词中心原则,要求逻辑谓词来决定一个句子的基本逻辑语义信息,在逻辑公式中可携带论元。不仅动词可以在描写逻辑语义时充当谓词,修饰词(形容词、副词、名词和动词等)、介词等,都是常见的逻辑公式中的逻辑谓词。可见,逻辑谓词与谓语概念不同,前者是语义概念,后者是句法概念,在句法上不能作谓语的词项(修饰语和介词等)却是语义分析时的谓词。下面以"他挣钱养家"为例,其过程在下面的 A、B、C 中分别加以说明。

A. 句法/词汇 ………………………………… 逻辑翻译

$$S \rightarrow NP+VP_1+VP_2 \quad\cdots\cdots\cdots\cdots\quad S'=VP_1'(NP')\&VP_2'(NP')$$

$$VP \rightarrow Vt+NP \quad\cdots\cdots\cdots\cdots\cdots\cdots\cdots\quad VP'=Vt'(NP')$$

$$NP \rightarrow NP \quad\cdots\cdots\cdots\cdots\cdots\cdots\cdots\cdots\quad NP'=NP'$$

$$NP \rightarrow 他 \quad\cdots\cdots\cdots\cdots\cdots\cdots\cdots\cdots\cdots\quad NP'=他$$

$$NP \rightarrow 钱 \quad\cdots\cdots\cdots\cdots\cdots\cdots\cdots\cdots\cdots\quad NP'=钱$$

$$NP \rightarrow 家 \quad\cdots\cdots\cdots\cdots\cdots\cdots\cdots\cdots\cdots\quad NP'=家$$

$$Vt \rightarrow 挣 \quad\cdots\cdots\cdots\cdots\cdots\cdots\cdots\cdots\quad Vt'=\{\langle 他,钱\rangle\}$$

$$Vt \rightarrow 养 \quad\cdots\cdots\cdots\cdots\cdots\cdots\cdots\cdots\quad Vt'=\{\langle 他,家\rangle\}$$

如果用 a 表示句法成分和词汇的话,那么 a′ 便是它们相应的逻辑翻译式。在逻辑翻译式 $S'=VP_1'(NP')\&VP_2'(NP')$ 中,之所以由 VP_1' 和 VP_2' 充当谓词,而由 NP' 充当论元,这是因为 S 为真值的条件只能是 NP 的语义值分别属于 VP_1 和 VP_2 的语义值的成员。同理,可以解释逻辑翻译式 $VP'=Vt'(NP')$ 中谓词和论元之间的关系。

B.

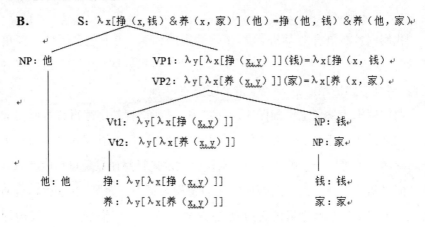

自然语言句子中的各个成分与它们的逻辑翻译式之间的关系,可通过上面 B 中的注释树描写体现出来。上面便是表示句子"他挣钱养家"的注释树。符号"="表示其两边的逻辑翻译式是完全相等的,即它们之间存在相互蕴涵的关系。这样一来,句子"他挣钱养家"中所包含的逻辑翻译便可以更进一步表现为下面 C 中的形式:

C. $S'=VP_1'(NP')\&VP_2'(NP')=$ 挣(他,钱)& 养(他,家)

$$VP_1' = Vt_1'(NP') = \lambda x[挣(x,钱)$$

$$VP_2' = Vt_2'(NP') = \lambda x[养(x,家)$$

$$NP' = 他$$

$$NP' = 钱$$

$$NP' = 家$$

$$Vt_1' = 挣 = \lambda y[\lambda x[挣(x,y)]]$$

$$Vt_2' = 养 = \lambda y[\lambda x[养(x,y)]]$$

$$Vt_1'\&Vt_2' = \lambda y[\lambda x[挣(x,y)]]\&\lambda y[\lambda x[养(x,y)]]$$

$$= \lambda y[\lambda x[挣(x,y)\&养(x,y)]]$$

$$= \lambda x\lambda y\{∃x[挣'(x,y)\&养'(x,y)]\}$$

上面式子中"挣"和"养"是表示与之相对应的逻辑意义上的谓词常项。字母符号 x 和 y 则一般表示用于逻辑翻译式中的个体变项。整个句子的逻辑翻译式可表示为："挣(他,钱)& 养(他,家)"。可以使用 λ 算子使这个逻辑式抽象化："$\lambda x[$挣$(x,$钱$)($他$)$"和"$\lambda x[$养$(x,$家$)($他$)$",这就是 λ-抽象法。由于"他"就是逻辑式 NP',是两个谓词共同的论元,"$\lambda x[$挣$(x,$钱$)$"便表示 VP_1',"$\lambda x[$养$(x,$家$)$"便表示 VP_2'。我们可使用 λ-抽象法进一步分析为"λx[挣$(x,$钱$)($他$)$"和"λx[养$(x,$家$)($他$)$"。具体是用 y 来替代"钱"和"家",则可以得到逻辑式"$\lambda y[\lambda x[$挣$(x,y)]]($钱$)$"和"$\lambda y[\lambda x[$养$(x,y)]]($家$)$"。在逻辑式"$VP_1' = Vt_1'(NP')$"中,NP'代表的是"钱";在"$VP_2' = Vt_2'(NP')$"中,NP'代表的是"家",因此 Vt_1'便是"$\lambda y[\lambda x[$挣$(x,y)]]$";Vt_2'便是"$\lambda y[\lambda x[$养$(x,y)]]$"。VP_1'和 VP_2'是合取关系,并且 VP_1'先于 VP_2',所以"$\lambda y[\lambda x[$挣$(x,y)]]\&\lambda y[\lambda x[$养$(x,y)]]$",进一步合并可得出"$\lambda y[\lambda x[$挣$(x,y)\&养(x,y)]]$"。由于两个谓词共用一个论元 x,所以它们的 λ 抽象逻辑式是"$\lambda x\lambda y\{∃x[$挣$'(x,y)\&养'(x,y)]\}$",其中"挣$'(x,y)$"先于"养$'(x,y)$"。

上面这三个步骤就是逻辑翻译理论中的谓词逻辑法的翻译、生成和解释的全部过程。我们在后面研究分析连动句、双宾语句、同动句、名词性谓语句、"把"字句和周遍性主语句等绝大多数句式时使用了这种方法。

第二节　事件语义学的方法和理论

吴平(2009)在分析汉语特殊句式时介绍了事件语义学的相关理论,"事件结构由谓词和论元组成,事件语义学把每个句子都看作是事件结构。事件可以是动态的,也可以是静态的。一个单句通常表示一个单事件。单事件可以只含有一个原子事件,也可以含多个原子事件"[①]。现代汉语中的特殊句式,一般为单句,它就是一个简单事件。事件语义学是将事件看作变元应用到谓词逻辑中的理论,其主要目标是用形式化的方式展现动作句的意义。事件语义学的发展主要可分为两个阶段:以戴维森(Davidson)为代表的"戴维森分析法"(Davidsonian Analysis)和以帕森斯(Parsons)为代表的"新戴维森分析法"(Neo-Davidsonian Analysis)。

第一是"戴维森分析法"。美国哲学家和逻辑学家戴维森(Donald Davidson)在1967年发表的《行为句的逻辑式》一文中首次系统性地阐释了事件语义学形式的研究方法。文中从逻辑蕴涵的必要性出发,提出了把事件作为一个独立的论元出现在逻辑表达式中。这就是后人所说的"戴维森分析法"。如例子:

1. a. 琼斯涂面包。

　　b. 琼斯在浴室涂面包。

　　c. 琼斯在浴室用刀涂面包。

用传统逻辑式来分析表达上面三个例子应该是:

2. a. 涂(琼斯,面包)

　　b. 涂(琼斯,面包,浴室)

　　c. 涂(琼斯,面包,浴室,刀子)

---

① 参见吴平:《汉语特殊句式的事件语义分析与计算》,中国社会科学出版社2009年版,第2—5页。

戴维森认为,谓词"涂"代表的是一个事件的发生,表示的是"用黄油涂抹"这样一种行为,那么这种行为一般应带有两个常规论元:"涂抹者"和"被涂抹物"。其余的如"用黄油涂抹"这一行为所发生的时间、地点或是方式等充当副词性的修饰成分都不应该看成是谓词"涂"的必有论元。

他认为以言行事是日常会话中最自然、最常见的表达方式。将自然语句分为了行为句和非行为句,其中行为句的性质由句中表示行为的主动词所决定。①例(1a)到(1c)中的句子都是行为句,其中主动词"涂"表示行为,表示的是"用黄油涂抹"这一行为。行为被称为"事件"(event),因而行为动词就是事件动词,而行为句就是事件句。戴维森给表示事件的谓词都增添了一个表示事件的新论元"e",因而谓词"涂"必须要带的论元数目就变成了三个:"涂抹者""被涂抹物"以及事件论元"e"。用戴维森分析法,例子(1a)到(1c)的逻辑式应该写成下面这样:

3. a.($\exists e$)(涂(琼斯,面包,e))

　　b.($\exists e$)(涂(琼斯,面包,e)∧在(浴室,e))

　　c.($\exists e$)(涂(琼斯,面包,e)∧在(浴室,e)∧用(刀,e))

通过上面的分析,可以看到从传统逻辑式到戴维森逻辑式,戴维森分析法的最大特点就是给表示事件的谓词都增添了一个表示事件的新论元"e",并通过合取关系(∧)把谓词的论元结构和介词引入的论元连接起来,其中符号"$\exists$"表示存在量词。如(3a)意味着有一个事件e,这个事件是"琼斯往面包上涂黄油"。(3b)表示有一个事件e,这个事件是"琼斯往面包上涂黄油",且该事件的处所是"在浴室"。(3c)表示有一个事件e,这个事件是"琼斯往面包上涂黄油",且该事件的处所是在"浴室",该事件的方式是"用刀子"。这种独立的谓词论元结构既维持了谓词论元数目的一致性,也同时体现出了谓词引入论元和介词引入论元的不同层级。此外,例(1b)和(1c)的蕴涵关系也通过(2b)和(2c)体现出来。由此可见,与传统逻辑式相比,此逻辑式能够更严密、

① Davidson D. *The logical form of action sentences*〔C〕. Pittsburgh：University of Pittsburgh Press,1967：81-120.

清晰地表现句子的语义内涵。

第二是"新戴维森分析法"。两者最大的不同在于是否把论旨角色(thematic roles)引入了逻辑式,后者引入论元角色,并分开描述每个个体(individuals)和事件的关系。如(1a)到(1c)用新戴维森分析法应写成下面这样:

4. a. ∃e(涂(e)∧Agt(琼斯,e)∧Th(面包,e))

　　b. ∃e(涂(e)∧Agt(琼斯,e)∧Th(面包,e)∧Loc(浴室,e))

　　c. ∃e(涂(e)∧Agt(琼斯,e)∧Th(面包,e)∧Loc(浴室,e)∧Ins(刀,e))

这种方法最大的特点是对个体参与者进行了单独的量化,把事件看作元素(primitives),把论元角色看作事件与个体的关系。如(4c),根据新戴维森分析法,事件 e 所涉及的每一个论元都被分离出来了,并单独对他们与事件之间的关系进行描述。(4c)逻辑式表达的是存在一个事件 e,这个事件是关于"涂黄油"的,该事件的施事是"琼斯",事件的客体是"面包",事件发生的地点是"浴室",事件的方式是"用刀子"。其中"Agt"表示施事("agent"的缩写),"Th"表示客体("theme"的缩写),"Loc"表示方位("Locative"的缩写),"Ins"表示工具("instrument"的缩写)。新戴维森分析法能更好地体现句子之间的蕴涵关系。

第三是"帕森斯的亚原子理论分析法"。美国哲学家和语言学家帕森斯(Parsons)在戴维森对行为句的处理基础上,批判性地继承了戴维森分析法,成为新戴维森分析法的代表。帕森斯在 1990 年提出了亚原子语义分析的思想。帕森斯对事件结构的量化分析方法被称为亚原子语义学分析法(subatomic semantics)。

按照逻辑语义分析法,自然语言中的一个单句对应的语义解释应是一个基本逻辑命题,但是帕森斯认为一个简单句对应的语义解释不是一个单独的逻辑命题,而是受隐性存在量词约束的若干命题的连接式。结构关系最简单的句子通常表示一个原子事件,但结构关系复杂的单句表示的是一个以上的原子事件,帕森斯把它称为复合事件结构。复合事件结构中事件之间的关系主要分为两种:包孕关系和并列关系。他认为自然语言中的一个单句就是一个事件结构,他将这一个事件结构看作一个原子命题,而这个原子命题有时又是由若干个亚原子命题连接组成的。如例子(5),(5a)的事件语义结构是(5b)。

5. a.玛丽看见布鲁斯杀凯撒。

　　b. ∃e[看见(e)∧Agt(e,玛丽)∧(∃e′)[杀(e′)∧Agt(e′,布鲁斯)

　　∧Th(e′,凯撒)&Th(e,e′)]](Agt 表示施事,Th 表示客体)

(5a)整个句子是宾语控制的结构,主动词"看见"是一个感官动词,所以整个句子还是属于单句。(5b)是由两个事件(e 和 e′)组成的复合事件结构,整个事件表示"玛丽看见布鲁斯杀凯撒",其中事件 e 和事件 e′之间的关系是包孕关系。事件 e′是"布鲁斯杀凯撒",其中谓词是"杀",施事是"布鲁斯",客体是"凯撒"。而整个事件 e′又作为事件 e"迈瑞看见……"的宾语。因此组成复合事件的事件是一个原子命题,这个原子命题通常又是由若干个亚原子命题的连接而成。

可见,事件语义学理论的特点是可通过逻辑式清晰地展现句子的意义。这种分析法为句子的语义研究提供了一种新的思路,其优势表现在能够更加准确、科学地刻画某些复杂句式的语义内涵。与戴维森分析法相比,帕森斯的新戴维森分析法在描写句式的语义内涵上更加细致且更具可操作性。因此,在后面分析研究"有"字比较句、容纳句、"连"字句和周遍性主语句时使用了这种方法和理论。

第二章 类型逻辑语法
竖线算子推演

一个句子基本的逻辑语义信息是由逻辑谓词决定的,逻辑谓词是句子的焦点,一个单句通常只有一个焦点。而汉语连动句是由两个或两个以上的谓词按照一定顺序组合而成的单句,句子中含有两个或两个以上的逻辑谓词,多个逻辑谓词和句子的句首名词之间虽然都是陈述与被陈述的语法关系,但是它们在逻辑上存在多种语义格关系,即存在多种题元结构形式。这种现象使得句法结构关系和逻辑语义关系往往呈现出不对称的现象,为我们的理解和使用带来一定的困扰,对于母语非汉语的人或者汉语自然语言信息处理,会带来一定的阻碍。为了更加准确科学地解读和描写这种自然语言现象,我们可以根据类型逻辑语法中竖线算子表达法,对此进行形式化的推演、描写和解释等,使其获得形式化的语义解读。①

类型逻辑语法又叫范畴类型逻辑,其基本原则是由荷兰逻辑学家和计算机学家穆特盖特(Moortgat)教授概括出来的:grammar = logic; cognition = computation,意思是:语言认知的实质就是计算,语言规则就是逻辑法则。简而言之,类型逻辑语法的主要目的就是把自然语言的句法组合和语义表达转化成计算和推演,类型逻辑语法是满足计算机对自然语言信息处理的需求而制定的语法规则。

类型逻辑语法认为自然语言是一个符号系统,系统中较短的符号串根据

---

① 本章是刘海燕和邹崇理为了课题研究进行的理论探索,是课题的阶段性成果之一,主要内容载于《语言历时论丛》(四川出版集团巴蜀书社,2013 年第 6 辑)。

规则组合成为较长的符号串,即由单词组合成词组、短语,由词组、短语组合成句子。组合就是计算和推演,组合的规则就是计算和推演的规则。类型逻辑语法的范畴运算是一种组合运算,也叫毗连运算,是通过两个相邻范畴的贴合来实现的。然而,自然语言中存在这样的现象,即语义关联单从句法表层结构看并不相邻,这就是所谓的"非连续现象"。如"John walks and he talks",其中代词"he"在语义上依赖专名"John",但两者却不相邻。怎样根据"John"的所指去确定"he"的所指? 相邻的贴合运算是无法做到的,即无论使用带左斜线算子的范畴还是带右斜线的算子的范畴,都不能满足描写和解释非连续现象的逻辑语义关系。[①]

第一节　竖线算子的作用

欧洲学者贾格尔(Jager)提出了竖线算子及其复合范畴,相对于已经诞生了70多年的左右斜线算子而言,竖线算子的出现不过短短几年时间,但已经显示出强大的生命力。竖线算子在贾格尔那里主要用于代词的回指照应,下面介绍的竖线算子的消去规则是类型逻辑语法的加标表述,即句法范畴和语义表达并行推演的表述。[②]

竖线算子消去规则的基本含义为:范畴为 B｜A(相应的λ-项为 N)的表达式在其左边不相邻处搜索到范畴为 A(相应的λ-项为 M)的表达式后,该表达式就以范畴 A(相应的λ-项为 N(M))的身份进行推演。为了简便,下面用 \E 表示规则₁,用/E 表示规则₂。例句 John walks and talks. 的计算推演为如下图。

汉语中存在大量省略现象,最典型的是连动句,句中的句首论元和多个动词结构形成句法关系,但句首论元一般只出现一次,多个动词结构共用一个论

---

① 类型逻辑语法又叫范畴类型逻辑,其基本原则由荷兰逻辑学家和计算机学家穆特盖特(Moortgat)教授提出。

② G. Jager, Anaphora and Type Logical Grammar, *Netherland*；Springer, 2005, p. 135.

$$
\frac{\begin{array}{cc} \underline{\text{He}} & \underline{\text{talks}} \\ \lambda xx.np|np \ E,l & talk:np\backslash s \end{array}}{}
$$

$$
\frac{\underline{\text{and}} \qquad\qquad \begin{array}{c} \underline{\text{He}} \qquad\qquad \underline{\text{talks}} \\ \lambda xx.np|np \ E,l \quad talk:np\backslash s \end{array}}{}
$$

```
                                              He              talks
                    and          λ xx.np|np E,l   talk:np\s
    John    walks    λ p λ q(p&q)(s/s)/s     John:np
John:np  walk:np\s  \E        _____ \E
   Walk(John):s                    talk(John):s  /E
         λ q(talk(John)&q):(s/s)             \E
         [talk(John)&walk(John)]:s
```

元,后面动词根据承前省略原则,在形式上都省略了第一个论元,并且它们是按照时间、空间或逻辑事理顺序进行线性排列。有的连动句中句首论元和各个动词结构之间并不是同一种论元关系,存在着多种语义关系,各个动词结构之间形成了复杂的题元结构形式。这对于母语是汉语的汉族人来说,只需要根据语感或者语言常识自然就能明白其中的意义和关系。但对于母语非汉语的人或者计算机识读来说,无疑是非常困难的,这就需要我们借助类型逻辑语法的手段来进行分析和解读。

第二节　类型逻辑语法对汉语
非连续性现象的处理

对于汉语连动句中存在的非连续性贴合现象,特别是汉语连动句中复杂的题元结构可以采用类型逻辑语法竖线算子的方式进行处理。为了对竖线算子的应用进一步推广,增添邹崇理和满海霞在 LLPG 系统提出的涉及省略槽的引入规则和广义合取规则:①

对连动句中各个动词复杂的题元结构问题,根据上述规则来描写连动句中句首论元和各个谓词之间的逻辑语义关系,构建编译连动句的逻辑语义表

---

① LLPC 为 Lambek Calculus with Limited Permutation and Contraction 的缩写,指包含受限制的置换规则和缩并规则的兰贝克演算,是邹崇理和满海霞在其合作论文中提出的类型逻辑系统。

$$\frac{\overset{\vdots}{M:A}\quad \overset{\vdots}{N:B}}{M:A\quad O:C\quad N:B}\ el \qquad \frac{\overset{\vdots}{M:s}\quad \overset{\vdots}{N:s}}{M\wedge N:s}\ Conj \qquad \frac{\overset{\vdots}{M:np\backslash s}\quad \overset{\vdots}{M:np\ \backslash s}}{\lambda x[\ Mx\wedge Nx]:np\backslash s}\ Conj$$

达式。连动句中句首论元和各个 VP 在形式上都是主谓关系,但是在语义关系上各不相同,这种句法和语义的不对称性形成了错综复杂的关系,这些关系至少有六种①:(1)句首名词(NP)是各个 VP 的施事者;(2)句首名词(NP)是各个 VP 的受事者;(3)句首名词(NP)是 VP_1 的受事者,同时又是 VP_2 的施事者;(4)句首名词(NP)是 VP_1 的施事者,同时又是 VP_2 的受事者;(5)句首名词(NP)是 VP_1 的施事者,同时又和 VP_1 引出的对象一起作 VP_2 的施事者;或者存在其他一些情况。

借助类型逻辑语法中竖线算子规则,同时采用推广竖线算子功能中涉及省略槽的 e_1 规则,对汉语连动句中句首论元和各个动词结构之间的复杂情况进行一一的编译、推演、计算和求解。

关于(1),连动句中句首论元是各个动词结构(VP)的施事者,根据省略原则,后面各个动词结构的主格论元承前省略。如:

1a 他　站起来　走过去　开了门。

　　NP　VP₁　　VP₂　　VP₃

语义结构为:站起来′(他)【命题 1】& 走过去′(他)【命题 2】& 开了门′(他)【命题 3】。

句首名词和三个动词结构之间都是施动关系,三个动词结构都是同一个主体施事论元发出的动作行为,其逻辑语义表达式为:"∃x[$V_1′(x,y_1)$ & $V_2′(x,y_2)$ &……$V_n′(x,y_n)$]"。通过考察,我们发现这种情况代表了绝大多数连动句(80%以上)的逻辑语义结构关系。运用类型逻辑语法的竖线算子规则和广义合取规则,我们可以描写其语义生成的过程,得到 1a′:

---

① 参见刘海燕:《现代汉语连动句的逻辑语义分析》,四川人民出版社 2008 年版,第 218—248 页。

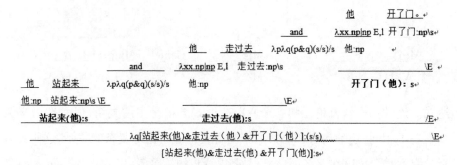

[站起来(他)&走过去(他)&开了门(他)]:s

关于(2)：句首论元（NP）是句中各个 VP 的受事者，根据省略原则，后面各个动词结构的受事者都承前省略，如：

2a. 好酒　生产出来　卖不出去。
　　NP　　VP₁　　　VP₂

语义结构：<u>生产出来′（Φ，好酒）</u>【命题 1】& <u>卖不出去′（Φ，好酒）</u>【命题 2】。

句子的施事论元都省略了，可用空语符号"Φ"来表示；受事论元是句首的"好酒"。两个动词结构都是同一个施事论元发出的动作行为，两个命题的施事论元都是"Φ"，句子不凸显施事论元，结构关系上都表现为空语现象；两个动词结构的受事论元都相同，都是"好酒"，句子为了能显得更加紧凑，都使用了被动句，并把受事论元提到句首作为两个动词结构共用的话题出现，整个句子表示了被动语义。

句子的句首名词都是两个 VP 中动词的受事者，但是结构上没有表示被动的形式标记"被"，只能从语义关系上加以解释和描写，但也有一些可以增添一些表示被动含义的标记"被"字，如："运动开始时，他们被当作叛徒关押起来。"这种连动句中的第一个动词结构一般是表示条件，第二个动词结构是表示目的或结果。连动句的逻辑语义表达式为：S→"∃x[VP₁′（Φ，x）&VP₂′（Φ，x）&……VPₙ′（Φ，x）]"。其推演过程为 2a′：

```
                                          Φ            卖不出去              好酒
                   好酒         and      λxx.np|np E,1  卖不出去:np\s\E    λxx.np|np E,1
Φ    生产出来     λxx.np|np E,1  λpλq(p&q)(s/s)/s  Φ:np    卖不出去:np\s \E    好酒：np\E,1
Φ:np 生产出来:np\s 好酒:np\E                        卖不出去(Φ，好酒):s
生产出来(Φ，好酒):s                                                            \E
        λq[生产出来(Φ，好酒)＆卖不出去(Φ，好酒)]                                 \E
            λq[生产出来(Φ，好酒)＆卖不出去(Φ，好酒)]:(s/s)
            [生产出来(Φ，好酒)＆卖不出去(Φ，好酒)]: s
```

关于(3)：句首名词(NP)是第一个谓词结构(VP₁)的受事者，同时又是后面谓词结构(VP₂和VP₃)的施事者，句首主位词(NP)常常是施受同体，同一句中各个 VP 的关系是一受一施：承受第一个谓词结构(VP₁)，施发后面各个谓词结构(VP₂和VP₃)，如：

3a 我 分配 去报社 工作。

　　NP　VP₁　VP₂　VP₃

语义结构：分配′(Φ，我)【命题 1】＆ 去报社(我)【命题 2】＆ 工作′(我)【命题 3】。

这类连动句有时也在表示被动意义的 VP 前面出现，表被动意义的标记"被"，如"我被调到总局当差。"并且在"被"字后还可以引出施事论元，这样，句子的表意就更为清晰，同时施事论元也得到一定的强调，如"我被领导派去上海出差"。这类句子中表示被动的标记分别是"被""给""让"等，VP₁ 中的动词多是表示被动意义的词语。该连动句的逻辑语义结构为：S→"∃x｛VP₁′(Φ，x)＆VP₂′(x)＆VP₃′(x)……VPₙ′(x)｝"。其语义生成过程为 3a′：

```
                                           我          工作
                             and      λxx.np|np E,1  工作:np\s\E
              我      去报社   λpλq(p&q)(s/s)/s  我:np    工作:np:np\s \E
              我      去报社  λxx.np|np E,1  去报社:np\s\E
Φ    分配    λxx.np|np E,1  λpλq(p&q)(s/s)/s  我:np  去报社:np:np\s\E    工作（我）:s
Φ:np 分配:np\s \E  我：np                                                \E
                                        去报社(我):s
        分配(Φ，我):s                                                   \E
        λq[分配(Φ，我)＆去报社（我）＆工作(我)]                           \E
            λq[分配(Φ，我)＆去报社（我）＆工作(我)]:(s/s)
            [分配(Φ，我)＆去报社（我）＆工作(我)]:s
```

(4)中句首名词(NP)和句中各个 VP 之间既是施事关系又是受事关系。即句首名词(NP)是 VP$_1$ 的施事者,同时又是 VP$_2$ 的受事者,这也使句首名词(NP)表现施受同体现象,同句中各个 VP 的关系也是一施一受:发出 VP$_1$,承受 VP$_2$,如:

4a 他 去医院 动手术。

    NP   VP$_1$ VP$_2$

语义结构:<u>去医院′(他)</u>【命题1】& <u>动手术′(Φ,他)</u>【命题2】。

前一个动词结构的施事论元和后一个动词结构的受事论元相同。这类句子中 VP$_2$ 前面可以出现"被"字表被动含义,如:"小王爬起来又被打倒了。"连动句的逻辑语义表达式为:S→"∃x{VP$_1$′(x)&VP$_2$′(Φ,x,y)}"。其语义生成的过程为4a′:

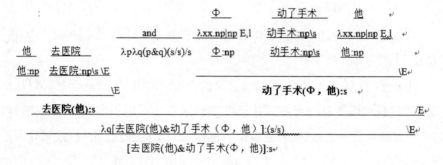

关于(5):句首名词 NP 是 VP$_1$ 的施事者,同时又和 VP$_1$ 的受事者一起作了 VP$_2$ 的施事者。句子中的 VP$_1$、VP$_2$ 之间又有动作先后的传递关系,VP 之间是按照动作发生时间顺序排列,形成了一种特殊"语义非连续结构",常被称为"复陪式"或"引陪式"或"兼语连动融合式"。如:

5a 他 带孩子 去北京。

    NP   VP$_1$ VP$_2$

语义结构:<u>带孩子′(他)</u>【命题1】& <u>去北京′(他 & 孩子)</u>【命题2】。

这种句式不同于兼语式,如果 VP$_1$ 的受事者只有作为 VP$_2$ 的施事者,如"领导命令宋贞当组长"则是兼语句,而上例的结构形式虽然和连动句、兼语句一样,但内部语义关系不同。这种连动句的逻辑语义表达式为:S→"∃x

$\{VP_1{}'(x)\&VP_2{}'(x\&y)\}$”。其语义生成的过程为 5 a′:

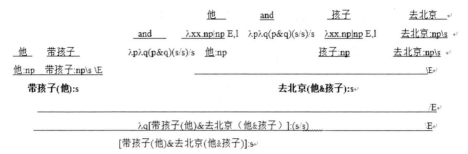

[带孩子(他)&去北京(他&孩子)]:s

　　除了上述 5 种情况外,还有一些句子内部的语义关系更加复杂,如“他答应孩子去动物园”,该句子内部的语义关系可分解为以下几个命题:“答应′(他,孩子)”,“去动物园′(他)”,“去动物园′(孩子)”,“去动物园′(他和孩子)”,如果要用前面所说的逻辑语义表达式来描写和推演的话,就应该是:
S→“∃x$\{VP_1{}'(x)\&VP_2{}'(x\&y)\#VP_2{}'(y)\#VP2(x\&y)\}$”

　　从句法结构(“NP+VP_1+VP_2+……VP_n”)上看,句首名词(NP)和各个谓词(VP)之间都是一种陈述与被陈述的关系,但这只是表层的句法现象,其实句子内部相互之间的语义关系是各不相同,这是因为句子生成过程中的语义规则在特定情况下可以违反线性组合规则(语法规则)的对应关系,也就是指语义和句法之间存在着非一一对应的现象。传统语法研究认为连动句的 NP 和各个 VP 之间都存在着陈述与被陈述关系,但这只是表层的、抽象的、相对的概括,而不是全面、真实地体现了连动句内部的逻辑语义结构关系。通过我们前面具体、详细的编译和分析后还可以看出,句法结构只是语言符号线性组合的表层结构,逻辑语义结构才能更好地揭示语言符号线性组合的内部关系。“∃x$\{V_1{}'(x,y_1)\&V_2{}'(x,y_2)\&\cdots\cdots V_n{}'(x,y_n)\}$”只代表了连动句最基本的、相对的逻辑语义结构,它不能绝对地代表所有连动句内部的逻辑语义结构关系。为了能准确揭示和描写内部的语义关系,我们尝试使用类型逻辑语法来进行推演和计算。

　　类型逻辑语法是基于“计算推演”基础上的逻辑语义理论,近年来学者们提出的竖线算子主要具有处理自然语言代词回指照应现象的功能。推广使用类型逻辑语法的竖线算子计算推演方式能够准确展现出连动句中“非连续性贴合现象"。这种形式化的计算推演表达经得起计算机的检验和识别,也为外民族人学习和解读汉语句法和语义不同步现象提供了一种简单快捷的手段和方法。

第三章　现代汉语连动句的
逻辑语义研究

　　本章主要考察了现代汉语连动式的语表结构、语义特征及语义结构上合格度的验证等方面，并运用"谓词逻辑法"对连动式语句的语表结构和语义内涵进行转写和解释。通过这样一种新的视角，期望在连动句的语义理论研究上做出一些新的探索，为以后该句式的计算机语言实现，做出相应的可行性尝试。由于谓词逻辑法的翻译过程很烦琐，不可能把每一个连动句都进行一一推算和解释，所以一般情况下，只直接写出各类连动句最后的逻辑语义表达式，并作一定的语义解释。在对各类连动句语表结构形式进行归纳时，进行适当的推导和演算说明。①

第一节　研究现状

一、概念及相关研究

　　本章要探讨的连动句是指由连动短语充当谓语的单句（主谓句和非主谓句），而连动短语是指两个或两个以上动词性短语连续使用，它们之间没有主谓、动宾、偏正、联合等语法关系。书面上没有标点符号，也没有关联词语。这样的连动句具有以下一些句法特点：首先，从意义上看，一个单句中两个或两个以上动词（动词结构）连用，构成一个整体共同陈述一个主体，动词（动词结

---

① 本章部分内容引自刘海燕：《现代汉语连动句的逻辑语义分析》，（四川人民出版社 2008年版），内容有所改动。

构)之间没有主谓、联合、偏正、动宾、动补的语法关系(把兼语式排除在外)。
其次,从形式上看,连用的几个动词(动词结构)之间没有语音停顿,也无关联
词语。再次,从事理逻辑上来说,连动式的两个动词(或动词结构),代表的行
为有时间上的先后顺序或事理逻辑上的顺序。如:

    a. 金生取了笔记本走了。

    b. 他低着头想着往事。

    c. 大家听了很高兴。

    d. 他俩站着不动。

    e. 他看书看累了。

    连动句是现代汉语的一种特殊句式,学者历来对此多有研究,现将迄今
为止有代表性的研究成果进行简要概述。对连动句的研究可以分为三个时
期:前期(20世纪70年代以前)、中期(20世纪八九十年代)和后期(21世
纪以来)。

    前期,李荣(1948年)、吕叔湘(1952年)等十多位先生都对连动句进行过
研究。在这一阶段,不管是语法专著,还是单篇论文,主要是对"连动式"的概
念和定义进行探讨。其讨论空前高涨,大家都意识到这类结构的特殊性,讨论
的重点集中在是否要设立"连动式"这一结构类型(反对设立的有胡附和文
炼、史振晔等)以及"连动式"的性质、特点和范围。由于这一时期没有形成一
致的意见,所以对"连动式"的界定比较混乱,术语也不统一,有的称为"连动
式"(如李荣、张志公、吕叔湘、丁声树、殷焕先、惠湛源、萧璋和唐启运等);有
的称为"复杂谓语"(如吕叔湘和朱德熙、马忠等),有的称为"连谓式"(如王
庭福),有的称为"动词结构连用式"(如赵元任)。

    中期(20世纪八九十年代)有朱德熙、王力、高名凯、李临定、周国光等二
十多位先生对连动结构进行过研究。这一时期的研究在前期研究的成果的基
础上进一步深入,也更加具体一些。主要是针对连动结构和其他结构的异同
进行研究,如郑红明、吴峰、杨月蓉、侯友兰等等;对连动结构内部的语义关系
进行深入研究,如李临定、蔺璜、徐复岭、沈开木等;有些运用了一些新的语言
理论对连动结构进行解释、描写,如邢欣先生运用转换生成语法的理论研究了

连动句的结构,方绪军先生运用了格语法的理论分析了连动结构前面介词短语的语义指向问题;还有一些是对连动结构中的特殊现象进行了研究和探讨,如周国光、孙俊、辛承姬、芮月英等等。

后期从张伯江、杨成凯到洪淼、宋真喜、高增霞等对连动结构进行过研究,这一时期的研究运用了更多的新方法、新理论,研究视角更加开阔,使研究的领域和方法得到很大的拓展。

二、值得进一步讨论的问题

从人们对连动句式的研究沿革中,可以看出:自从 1948 年李荣先生编译赵元任先生的《北京口语语法》时出现"连动式"这个术语后,人们一直在对连动式进行研究,从未间断,也出现过很多纷争:从它的定义、名称到类型都一直存在争议,特别是从 20 世纪 60 年代以来人们一直在探讨"连动式"在现代汉语语法中是否有必要存在,有人认为要取消它,有人认为要保留它。他们从不同的角度进行了分析和解释,这里暂不赘述,但一些基本的问题还没有得到很好的解决。比如"什么是连动结构?"一般的说法是"几个动词性成分共用一主语,中间没有语音停顿"。但同一句话,不同的人可能有不同的书写习惯,同一个人前后也会不一致。如同样是茅盾的《林家铺子》,前后两句话:"看见林先生苦着脸跑回来"——"林先生苦着脸,回到房里,浑身不得劲儿。"我们能否根据中间有没有逗号就断定前一句是连动式,后一句是复句呢? 如果连动句是同一个主体连续发出几个动作、行为,它们之间没有语音停顿和关联词连接的句子,那么像"我分配到报社当记者"的句子中几个动作行为不是"我"一个主体发出的,这样的连动句又怎么解释? 还有对连动句的分类是纯语义的分类吗? 如何把形式和意义有机结合,给语义解释找到形式上的标记呢? 这些都是值得探讨的问题。关于连动式,值得深入探讨的问题如下:

(一)对连动式的定义和界定问题

对这个问题已经争论很长时间了,还曾一度相持不下。有人主张从意义上界定连动式,认为它形式上同联合结构、偏正结构相近,而意义有区别;意义接近复句中的连贯关系,但形式又有所不同。而从结构上看,正如朱德熙先生所言,连动结构"归并不到现有的其他任何结构中去",因此连动式研究的主要问题不是连动式的有无问题,而是连动式界定和范围问题。有人认为连动式的第一个动词可以包含介词(如丁声树等);有人认为在连动式的两个动词短语之间可以有停顿(如张志公等);有人认为在两个动词短语之间可以有一些连接词(如吕叔湘等);还有的人根据连动结构中两个动词之间的名词与第二个动词之间的语义关系不同,把兼语式也看作是连动式的一种类型(如朱德熙等)。凡此种种,导致了对连动式研究范围的不统一。因此,对连动式内涵和外延的界定是连动结构研究最根本的问题。对连动式的界定牵涉到许多语法上的基本概念,如单句和复句的区别,谓语的概念,主语的概念等等。对于这些概念的不同看法反过来也就影响对连动结构的界定和范围的划定。

(二)关于连动式中各个 VP 之间的"主从"关系问题

连动式结构中是否可以有"主从"? 这种"主从"关系是从结构上划分的,还是从语义上划分的? 如果有"主从",是"从前"还是"从后"? 连动结构的各个 VP 中是否有双中心? 连用的动词结构是整体作谓语,还是多个谓语的连用? 这些问题主要取决于我们如何界定和看待"谓语"的概念。

(三)关于连动式的名称的问题

关于连动式的名称同样有多种说法,如"连动式""复杂谓语""连谓式""谓语的连续"等,哪种说法更合适,更能概括连动结构的特点? 这其中的原因是什么? 其实每一种说法都有一定的内涵和研究范围,各自从不同的侧面说明了连动式的结构特点和意义特点,对于认识连动结构的本质都有一定的价值。相比而言,"复杂谓语"表示的概念过于笼统,有两个以上中心动词的谓语,并不都是"复杂谓语",如并列的动词结构作谓语就不是"复杂谓语"。"连谓式"和"谓语的连续"是把一个谓语说成两个甚至于多个谓语,这也不是很合适。最好还是称作"连动式",因为在不同层面都可以延续,它不仅可以作谓语，还可以作其他句法成分。这里的"连动式"不包含"形容词性词语"连用的情况。

（四）关于连动句内部各个 VP 之间的语义关系问题

从句式的角度研究连动式，是为了把连动句和其他句式区别开来，但一些句式之间存在着交叉和转换的语义关系。如果几个 VP 联系同一个主体就是连动式；几个 VP 联系不同主体就是兼语式，那么在"我扶他上车""我们请他来山里住几天""厂长把他调来当秘书"等句子中，各个 VP 联系的不是同一个主体，各个 VP 的主体已经发生了传递转换，这些还算是连动句吗？

（五）关于连动句内部的逻辑语义结构和句法结构是否完全一致，如果不一致，又是为什么

人们长期习惯于从句法结构的角度去分析连动句内部的关系，而没有把形式和意义有机地结合起来。必须把连动式的句法结构和逻辑语义关系结合起来进行形式语义的分析和解释，才能更加准确、科学。因此既要研究连动句的语表结构，又要研究它内部的逻辑语义结构，逻辑语义特征。从逻辑语义学角度研究它的句式意义，时间特征等。

本章语料来源是老舍的七篇作品中口语性比较强的句子，并尽量使例句具有一定的代表性。其次是一些其他学者研究连动结构时，所列举的比较典型的例子。还有一些是从日常生活中记录下来的语料，极少数的是自己按照语法规则造的一些句子。

对连动句语表结构和逻辑语义结构关系的描写、分析和解释时，主要针对于所有不同结构形式的连动句而言。对于连动句的分类向来众说纷纭，各家采用了不同的分类标准，分出了不同的种类。在前人研究的基础上，主要根据句法结构上的不同表现形式来对连动句进行全面、统一分类。连动结构是一个包容性很强的范畴，它的结构多样，这种结构上的丰富性往往隐藏在相似的表层结构之中，其真实面貌也因藏匿在其中而难以洞察。为了能够比较全面地概括连动句式的各种类型，详尽考察这一结构的具体表现，有必要对连动结

构的表层结构进行一次次的再分类,对它们的句法结构和逻辑语义结构进行细致的描写与比较。

本章在朱德熙先生、李临定先生、赵元任先生、宋玉柱先生、陈建民先生和易朝晖先生等分类的基础上,结合自己考察语料的实际情况来分类。并且主要是对两个动词或动词性短语构成的连动句进行描写、分析和解释。

需要进一步说明的是,我们所考察的连动句是狭义的连动句,不包括兼语句、重动句、介词短语作状语的句子、动词性包孕句(即动词宾语句)、助动词作状语的单句、动词性结构作状语的单句、形容词和动词连用构成的单句,也不包括复句紧缩而成的紧缩句等。

第二节　连动句的句法结构和逻辑语义结构

一般情况下,把连动句的句法结构简单描写为"$NP+VP_1+VP_2+VP_3+\cdots\cdots VP_n$",连动句的焦点或重点一般是谓语部分,所以主要按照谓语部分里各个 VP 不同的语表形式来分析它们的句法结构和逻辑语义结构。其原则如下:

一是在描写分析连动句中各个 VP 的语表形式时,主要是以由两个 VP 相连构成的连动句为例;在进行抽象、归纳时涉及多个 VP 相连的情况。

二是所描写分析的 VP 结构形式主要是五种:单独动词形式、"动词+着/了/过"结构、动补结构、动宾结构、动词的重叠形式。

三是以连动句中 VP_1 为切入点,首先根据出现在 VP_1 位置上的五种不同动词结构进行分类描写;再根据 VP_2 位置上又可能出现五种不同的动词结构形式进行再分类描写。

按照这样的原则进行分类,连动句在理论上应该具有 25 种不同的语表形式,但是受连动句句式意义的影响,没有"$NP+VP_1$(动词重叠)$+VP_2$(动词重叠)。"和"$NP+VP_1$(动词+着)$+VP_2$(动词+着)。"两种形式,所以,我们所描写的连动句语表结构形式实际上只有 23 种。

由于决定句子语义基本信息的是谓词,我们主要使用逻辑语义学的谓词逻辑法来描写、分析、解释连动句中各个 VP 所表示的事件意义或命题意义以及相互之间的关系。连动句是由多个动词性结构组成的,所以它在逻辑语义关系上是属于多重事件句(吴平,2005:146),所有连动句都分别含有两个以上可以分析为事件的命题。从事件的关系上看,每一个句子中所包含的两个或两个以上事件都具有相对独立的性质,彼此之间不存在包孕关系。

一、连动句"NP+VP₁(单动)+VP₂"的逻辑语义结构

(一)"NP+VP₁(单动)+VP₂(单动)"的逻辑语义结构

句子的两个 VP 不相同,两个 VP1 都是单独的动词,都不带宾语或补语。如:

昨天刚买的,今天就丢了,所以,<u>他</u>得<u>去</u><u>买</u>。(老舍《骆驼祥子》)

$$NP \quad VP_1 VP_2$$

上面句子的逻辑语义关系如下:

语料结构;<u>去′(他,Φ)</u> & <u>买′(他,Φ)</u>。

语义限制 1: 命题 1 命题 2

语义限制 2:命题 1<命题 2,"<"表示"先于"

(二)"NP+VP₁(单动)+VP₂(动补)"的逻辑语义结构

这种连动句中,两个 VP 各不相同,VP₁是单独的动词形式,VP₂是一个动补结构的短语形式。如:

<u>大舅</u> <u>来</u> <u>坐了一会儿</u>。(老舍《正红旗下》)

NP VP₁ VP₂

上面句子的逻辑语义关系如下:

结构:<u>来′(大舅,Φ)</u> & <u>坐了一会儿′(大舅)</u>。

语义限制 1:命题 1 命题 2

语义限制 2:命题 1<命题 2,"<"表示"先于"

（三）"NP+VP₁（单动）+VP₂（动宾）"的逻辑语义结构

这种连动句中，两个 VP 不相同，VP₁是单独的动词，VP₂是一个动宾短语，这种形式在连动句中很普遍。如：

我 过去 拉住妈妈的手。（老舍《月牙儿》）
NP VP₁ VP₂

上面句子的逻辑语义关系如下：

语料结构：过去′（我）＆ 拉住′（我,妈妈的手）。

语义限制1： 命题1 命题2

语义限制2:命题1<命题2,"<"表示"先于"

（四）"NP+VP₁（单动）+VP₂（重叠）"的逻辑语义结构

这种连动句中的 VP₁是单独的动词形式，VP₂是动词的重叠形式，但是两个 VP 的中心是由不同的动词充当的。如：

把车放下，你 去 歇歇吧！（老舍《骆驼祥子》）
　　　　 NP VP₁ VP₂

上面句子的逻辑语义关系如下：

语料结构：去′（你,Φ）＆ 歇一歇′（你）。

语义限制1:命题1 命题2

语义限制2:命题1<命题2,"<"表示"先于"

（五）"NP+VP₁（单动）+VP₂（动词+着/了/过）"的逻辑语义结构

这种连动句中的 VP₁是单独的动词，VP₂是"动词+着"形式，但是两个 VP 的中心是由不同的动词充当的。如：

你 去 歇着。 （老舍《正红旗下》）
NP VP₁ VP₂

上面句子的逻辑语义关系如下：

语料结构:<u>去'</u>(你,Φ)& <u>歇着'</u>(你)。

语义限制 1:命题 1　　　命题 2

语义限制 2:命题 1<命题 2,"<"表示"先于"

以上 5 种连动句中,前一个 VP 是单独的动词形式,能单独出现在 VP₁ 位置上的动词比较特殊,除了趋向动词外,其他类型的动词都不行,总之,"1—5"这些连动句的句法结构关系大致如下:

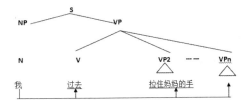

(1)根据以上的结构模式,这种连动句法结构可以用公式 1 表示:

[句首名词]NP+[单独动词]VP₁+[动词或动词性短语]VP₂+……[动词或动词性短语]VPₙ。

(2)这种连动句的逻辑语义关系可以用公式 2 表示:

$S \rightarrow \exists x [V_1'(x,y_1) \& V_2'(x,y_2) \& \cdots V_n'(x,y_n)]$

上面公式 2 中的"$V_1'(x,y_1)$、$V_2'(x,y_2)\cdots V_n'(x,y_n)$"表示几个单纯命题,在语义上"$V_1'(x,y_1)<V_2'(x,y_2)<\cdots<V_n'(x,y_n)$",其中的"<"表示"先于"的意思。各个单纯命题中 V_1、V_2,……V_n是几个连续出现的谓词函数,第一个谓词函数 V_1 只有一个主体论元 x,没有宾语论元或其他语格形式(即 $y_1=$ Φ,Φ 为空语现象);所有谓词函数 V_1、V_2……V_n 的主体论元都相同,都存在相同的一个 x,x 是约束变元,而宾语论元或其他语格形式可能相同,也可能不同,是任意的,我们用 $y_2\cdots y_n$ 表示,$y_2\cdots y_n$ 是自由变元。

(3)首先利用 λ 算子对公式 2 中的谓词函数加以抽象,可以得出这种连动句的公式 3:

$S \rightarrow \lambda P \lambda Q \{ \exists x [P'(x) \& Q'(x,y)] \}$

上面公式的 P 和 Q 分别代表连动句中不同的谓词函数。我们对 P 和 Q 进行赋值后,可以计算出以谓词为函数的一些单纯命题。如:

$\lambda P\lambda Q\{\exists x[P'(x)\&Q'(x,y)]\}$　　　　　　　　　　①

$[(过去')(拉住')]$

$\lambda Q\{\exists x[过去'(x)\&Q'(x,y)]\}$　　　　　　　　　②

$[(拉住')]$

$\{\exists x[过去'(x)\& 拉住'(x,y)]\}$　　　　　　　　　③

从①到③,我们赋上了谓词函数"过去"和"拉住"后,计算出两个单纯命题:一个是"过去$'(x)$",一个是"拉住$'(x,y)$";两个命题是合取关系;在语义上,限制"过去$'(x)$"先于"拉住$'(x,y)$"。以此类推,还可赋上其他谓词,计算出更多的单纯命题,它们之间都是合取关系,语义上有一定的顺序限制。

(4)利用 λ 算子对公式 3 中谓词函数的变量进一步抽象,可以得出公式 4:

$S\rightarrow\lambda x\lambda y\{\exists x[过去'(x)\& 拉住'(x,y)]\}$

公式中有两个变元:x 和 y。"过去$'(x)$"表示谓词函数"过去"涉及一个主体变元 x;"拉住$'(x,y)$"表示谓词函数"买"也可能涉及两个论元变量 x 和 y;"过去$'(x)$"和"拉住$'(x,y)$"都存在一个共同的固定变元 x;变元 y 是任意的;"过去$'(x)$"和"拉住$'(x,y)$"是合取关系;在语义上,限制"过去$'(x)$"先于"拉住$'(x,y)$"。如果我们分别代入变元 x 和 y 的值后,就会计算出具体的连动句。如:

$\lambda x\lambda y\{\exists x[过去'(x)\& 拉住'(x,y)]\}$　　　　　③

$[(我')(他')]$

$\lambda y\{过去'(我)\& 拉住'(我,y)\}$　　　　　　　　④

$[(他')]$

$过去'(我)\& 拉住'(我,他)$　　　　　　　　　　⑤

从③到⑤,我们给变元 x 和 y 分别代入具体的值:"我""他",就计算出了两个单纯命题"过去$'(我)$"和"拉住$'(我,他)$",它们之间是合取关系;在语义上,限制"过去$'(我)$"先于"拉住$'(我,他)$";于是就计算出了"我过去拉住他。"的表达形式。

二、连动句"NP+VP₁(动宾)+VP₂"的逻辑语义结构

(一)"NP+VP₁(动宾)+VP₂(单动)"的逻辑语义结构

这种连动句中的 VP₁ 是动宾短语,VP₂ 是单独的一个动词,但是两个 VP 的中心是由不同的动词充当的,这种形式在连动句中使用很普遍。如:

他们　　贴着马路边儿　走。(老舍《骆驼祥子》)

NP　　　　　VP₁　　　VP₂

上面句子的逻辑语义关系如下:

语料结构:贴着′(他们,马路边儿)& 走′(他们)。

语义限制1　　　命题1　　　　　　　　命题2

语义限制2:命题1<命题2,"<"表示"先于"

(二)"NP+VP₁(动宾)+VP₂(动宾)"的逻辑语义结构

这种连动句中的 VP₁ 是动宾短语,VP₂ 也是动宾结构,但是两个 VP 的中心是由不同的动词充当的,这种形式在连动句中的使用最普遍。如:

自己 掏钱　买了几个烧饼。(老舍《骆驼祥子》)

NP　VP₁　　VP₂

上面句子的逻辑语义关系如下:

语料结构:掏′(自己,钱)& 买了′(自己,几个烧饼)。

语义限制1:命题1　　　　　　　命题2

语义限制2:命题1<命题2,"<"表示"先于"

(三)"NP+VP₁(动宾)+VP₂(动补)"的逻辑语义结构

这种连动句中的 VP₁ 是动宾结构,VP₂ 是动补结构,但是两个 VP 的中心是由不同的动词充当的,这种形式在连动句中的使用也很普遍。如:

他 拉起车 走出去,连生气似乎也忘了。(老舍《骆驼祥子》)

NP　VP₁　　VP₂

上面句子的逻辑语义关系如下:

语料结构:<u>拉起</u>′(他,车)&<u>走</u>′(他)&<u>出去</u>′(他)。

语义限制1:　命题1　　　　命题2　　　命题3

语义限制2:命题1<命题2<命题3,"<"表示"先于"

(四)"NP+VP₁(动宾)+VP₂(重叠)"的逻辑语义结构

这种连动句中的VP₁是动宾结构,VP₂是动词的重叠形式,但是两个VP的中心是由不同的动词充当的。如:

他　回头　看了看。(老舍《骆驼祥子》)

NP　VP₁　VP₂

上面句子的逻辑语义关系如下:

语料结构:<u>回</u>′(他,头)&<u>看了看</u>′(他,Φ)。

语义限制1　命题1　　　命题2

语义限制2:命题1<命题2,"<"表示"先于"

(五)"VP+VP₁(动宾)+VP₂(动词+着/了/过)"逻辑语义结构

这种连动句中的VP₁是动宾短语,VP₂是"动词+着/了/过"结构形式,但是两个VP的中心是由不同的动词充当的。如:

有的　叼着烟袋　坐着。(老舍《骆驼祥子》)

NP　　　VP₁　　VP₂

上面句子的逻辑语义关系如下:

预料结构:<u>叼着</u>′(有的,烟袋)&<u>坐着</u>′(有的)。

语义限制1:　命题1　　　　命题2

语义限制2:命题1<命题2,"<"表示"先于"

以上的"6—10"类连动句是连动式的基本句法结构形式。对这些连动句的句法结构进行概括归纳后,可以得出这几类连动句的结构模式大致如下:

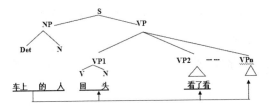

（1）根据以上的结构模式，这种连动句的句法结构可以用公式 1 表示：

［句首名词］NP+［动宾短语］VP$_1$+［动词或动词性短语］VP$_2$+……［动词或动词性短语］VP$_n$。

（2）这种连动句的逻辑语义关系可以用公式 2 表示：

$$S \to \exists x[\,V_1{}'(x,y_1)\&V_2{}'(x,y_2)\&\cdots\cdots V_n{}'(x,y_n)\,]$$

公式 2 中的"$V_1{}'(x,y_1)$、$V_2{}'(x,y_2)$……$V_n{}'(x,y_n)$"表示几个单纯命题，在语义上"$V_1{}'(x,y_1)<V_2{}'(x,y_2)<\cdots\cdots<V_n{}'(x,y_n)$"，其中的"$<$"表示"先于"的意思。$V_1$、$V_2$……$V_n$是几个连续出现的谓词函数；第一个谓词函数 V_1 既有一个主体论元 x，又有宾语论元 y_1，x 和 y_1 是施受关系；所有谓词函数 V_1、V_2……V_n的主体论元都相同，都存在相同的一个 x，x 是约束变元；而宾语论元或其他语格形式可能相同，也可能不同，是任意的，我们用 y_2……y_n表示，y_2……y_n是自由变元。

（3）利用 λ 算子对公式 2 中的谓词函数加以抽象，得出公式 3：

$$S \to \lambda P \lambda Q\{\exists x[\,P'(x,y_1)\&Q'(x,y_2)\,]\}$$

上面公式的 P 和 Q 分别表示不同的一些谓词函数。我们对 P 和 Q 进行赋值后，可以计算出以谓词函数的一些单纯命题。如：

$$\lambda P \lambda Q\{\exists x[\,P'x,y_1)\&Q'(x,y_2)\,]\} \qquad \text{①}$$

$$[\,(\text{掏}')(\text{买}')\,]$$

$$\lambda Q\{\exists x[\,\text{掏}'(x,y_1)\&Q'(x,y_2)\,]\} \qquad \text{②}$$

$$[\,(\text{买}')\,]$$

$$\{\exists x[\,\text{掏}'(x,y_1)\&\text{买}'(x,y_2)\,]\} \qquad \text{③}$$

从①到③，我们赋上了谓词函数"掏"和"买"后，得出了两个单纯命题：一个是"$\text{掏}'(x,y_1)$"，一个是"$\text{买}'(x,y_2)$"；两个命题是合取关系；在语义上，限制"掏′(x,y_1)"先于"买′(x,y_2)"。以此类推,还可以赋上其他谓词,计算出更多的单纯命题,它们之间都是合取关系,语义上有一定顺序限制。

（4）利用 λ 算子对公式 3 中谓词函数的变量进一步抽象,可以得出公式 4:

S→λxλy｛ヨx［掏′(x,y) & 买′(x,y)］｝

公式中有两个变元:x 和 y。"掏′(x,y)"表示谓词函数"掏"涉及两个论元变量 x 和 y;"买′(x,y)"表示谓词函数"买"也可能有两个论元变量 x 和 y;"掏′(x,y)"和"买′(x,y)"都存在一个共同的固定变元 x;函数"掏"所涉及的变元 y 不同于函数"买"所涉及的变元 y,变元 y 是任意的;"掏′(x,y)"和"买′(x,y)"是合取关系;在语义上,"掏′(x,y)"先于"买′(x,y)"。如果分别代入变元 x 和 y 的值后,就会计算出具体的连动句。如:

λxλy｛ヨx［掏′(x,y) & 买′(x,y)］｝ ③

［（自己′）（钱′）（烧饼′）］

λy｛掏′（自己,y）& 买′（自己,y）｝ ④

［（钱′）（烧饼′）］

掏′（自己,钱）& 买′（自己,y） ⑤

［（烧饼′）］

掏′（自己,钱）& 买′（自己,烧饼） ⑥

从③到⑥,给变元 x 和 y 分别代入具体的值:"自己""钱""烧饼",就计算出了两个单纯命题:"掏′（自己,钱）"和"买′（自己,烧饼）",它们之间是合取关系;在语义上,限制"掏′（自己,钱）"先于"买′（自己,烧饼）";于是,我们就计算出了"自己掏钱买烧饼。"的表达形式。

三、"NP+VP₁（动补）+VP₂"的逻辑语义结构

（一）"NP+VP₁（动补）+VP₂（单动）"的逻辑语义结构

这种连动句中的 VP₁ 是动补结构形式,VP₂ 是单独的动词形式,但是两个 VP 的中心是由不同的动词充当的。如:

你　拿去 吃吧。(老舍《正红旗下》)

NP　VP₁ VP₂

上面句子的逻辑语义关系如下:

语料结构:拿′(你,Φ)＆有′(拿,去)＆吃′(你,Φ)。

语义限制1:命题1　　　　命题2　　　命题3

语义限制2:命题1<命题2<命题3,"<"表示"先于"

(二)"NP+VP₁(动补)+VP₂(动宾)"的逻辑语义结构

这种连动句中的VP₁是动补结构形式,VP₂是动宾结构形式,但是两个VP的中心是由不同的动词充当的。如:

没有办法处置她,他 转过来 恨自己。(老舍《骆驼祥子》)

　　　　　　　　NP　VP₁　　VP₂

上面句子的逻辑语义关系如下:

语料结构:转′(他)＆有′(转,过来)＆恨′(他,自己)。

语义限制1　命题1　　　　命题2　　　　命题3

语义限制2:命题1<命题2<命题3,"<"表示"先于"

(三)"NP+VP₁(动补)+VP₂(动补)"的逻辑语义结构

这种连动句中的VP₁是动补结构形式,VP₂是动补结构形式,但是两个VP的中心是由不同的动词充当的。如:

人们 都 吃饱 躺下了。(老舍《骆驼祥子》)

　NP　　VP₁ VP₂

上面句子的逻辑语义关系如下:

语料结构: 都′{人们,吃′(人们,Φ)＆有′(吃,饱)＆躺′(人们)＆有′(躺,下)}。

语义限制1: 　　　　单纯命题1　　　单纯命题2　　　单纯命题3　　　单纯命题4

　　　　　　　　　　　　　　　复合命题

语义限制2:单纯命题1<单纯命题2<单纯命题3<单纯命题4,"<"表示

"先于";四个单纯命题包含于复合命题中。

（四）"NP+VP₁（动补）+VP₂（重叠）"的逻辑语义结构

句中的VP₁是动补结构形式，VP₂是动词的重叠形式。如：

你　　跑过去　看看吧！（老舍《马裤先生》）

NP　　 VP₁　　 VP₂

上面句子的逻辑语义关系如下：

语料结构：<u>跑′</u>（你）&<u>过去′</u>（你）&<u>看′</u>（你）&<u>有′</u>（看，一看）。

语义限制1：命题1　　　　命题2　　　命题3　　　命题4

语义限制2：命题1<命题2<命题3<命题4，"<"表示"先于"

（五）"NP+VP₁（动补）+VP（动词+着/了/过）"的逻辑语义结构

这种连动句的VP₁是动补结构形式，VP₂是"动词+着/了/过"的形式，但是两个VP的中心是由不同的动词充当的。如：

他　　把肉放在冰箱里　冻着。

NP　　　 VP₁　　　　 VP₂

上面句子的逻辑语义关系如下：

语料结构：把′{你，肉，**放′**（你，肉）&在′（肉，冰箱里）&**冻′**（你，肉）&有′（冻，着）}。

语义限制1：	单纯命题1	单纯命题2	单纯命题3	单纯命题4
		复合命题		

语义限制2：单纯命题1<单纯命题2<单纯命题3<单纯命题4，"<"表示"先于"；四个单纯命题包含于复合命题中。

VP₁位置上是动补结构的连动句也是非常普遍，VP₁是动补结构时，往往表示了一个已然事件，具有明显的"有界性"语义特征，后一个事件是在前一个事件结束的前提下开始或完成的。这种连动式的句法结构如下：

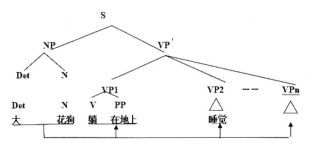

（1）根据以上的结构模式，这种连动句的句法结构可以用公式1表示：

［句首名词］NP+［动补短语］VP_1+［动词或动词性短语］VP_2+……［动词或动词性短语］VP_n。

（2）这种连动句的逻辑语义关系可以用公式2表示：

$S \rightarrow \exists x[V_1{}'(x,y_1) \& 有'(V_1,y_1) \& V_2{}'(x,y_2) \& \cdots\cdots V_n{}'(x,y_n)]$

上面公式2中的"$V_1{}'(x,y_1)$、$V_2{}'(x,y_2)$……$V_n{}'(x,y_n)$"表示几个单纯命题，在语义上"$V_1{}'(x,y_1) < V_2{}'(x,y_2) < \cdots\cdots < V_n{}'(x,y_n)$"，其中的"<"表示"先于"的意思。$V_1$、$V_2$……$V_n$是几个连续出现的谓词函数，第一个谓词函数 V_1 涉及一个主体论元 x，涉及一个补充解释的语格形式 y_1，y_1 是对 V_1 有动作终点意义的情态进行解释；所有谓词函数 V_1、V_2……V_n 的主体论元都相同，都存在相同的一个 x，这里的 x 是约束变元；而宾语论元或其他语格形式可能相同，也可能不同，是任意的，用 y_2……y_n 表示，y_2……y_n 是自由变元。

（3）首先利用 λ 算子对公式2中的谓词函数加以抽象，可得出公式3：

$S \rightarrow \lambda P \lambda Q \{ \exists x[P'(x) \& 有'(P,y_1) \& Q'(x,y_2)] \}$

上面公式的 P 和 Q 表示不同的谓词函数。我们对 P 和 Q 进行赋值后，可以计算出谓词函数的一些单纯命题。如：

$\lambda P \lambda Q \{ \exists x[P'(x) \& 有'(P,y_1) \& Q'(x,y_2)] \}$ ①

$[(转')(恨')]$

$\lambda Q \{ \exists x[转'(x) \& 有'(转,y_1) \& Q'(x,y_2)] \}$ ②

$[(恨')]$

$\{ \exists x[转'(x) \& 有'(转,y_1) \& 恨'(x,y_2)] \}$ ③

从①到③,我们赋上谓词函数"转"和"恨"后,得出了三个单纯命题:一个是"转′(x)",一个是"有′(转,y_1)",一个是"恨′(x,y_2)";三个命题是合取关系;在语义上,限制"转′(x)"和"有′(转,y_1)"先于"恨′(x,y_2)"。以此类推,还可以赋上其他谓词,得出更多的单纯命题,它们之间都是合取关系,语义关系上有先后顺序。

(4)利用 λ 算子对公式 3 中谓词函数的变量进一步抽象,可以得出公式 4:

S→λxλy{∃x[转′(x)＆有′(转,y)＆恨′(x,y)]}

公式中有两个变量:x 和 y。"转′(x)"表示谓词函数"转"涉及一个主体论元变量 x;"有′(转,y)"表示谓词函数"转"有动作终点意义补充解释;"恨′(x,y)"表示谓词函数"恨"也可能有两个论元变量 x 和 y;"转′(x)"和"恨′(x,y)"都有一个固定变量 x;"有′(转,y)"和"恨′(x,y)"中的 y 各不相同,"有′(转,y)"中的 y 是解释谓词函数"转"有终点意义,"恨′(x,y)"中的 y 是谓词函数"恨"所涉及的论元变量或其他形式;"转′(x)"、"有′(转,y)"、"恨′(x,y)"是合取关系;在语义上,"转′(x)"先于"恨′(x,y)"。分别代入变量 x 和 y 的值后,得出连动句。如:

λxλy{∃x[转′(x)＆有′(转,y)＆恨′(x,y)]}　　　　　　③
[(他′)(过来′)(自己′)]

λy{转′(他)＆有′(转,y)＆恨′(他,y)}　　　　　　　　④
[(过来′)(自己′)]

λy{转′(他)＆有′(转,过来)＆恨′(他,y)}　　　　　　　⑤
[(自己′)]

转′(他)＆有′(转,过来)＆恨′(他,自己)　　　　　　　⑥

从③到⑥,我们给变量 x 和 y 分别代入具体的值:"他"、"过来"、"自己",就得出了三个单纯命题:"转′(他)""有′(转,过来)""恨′(他,自己)",它们之间是合取关系;在语义上,限制"转′(他)"先于"恨′(他,自己)";于是,我们就得出了"他转过来恨自己。"的表达形式。

四、"NP+VP₁(重叠)+VP₂"的逻辑语义结构

(一)"NP+VP₁(重叠)+VP₂(单动)"的逻辑语义结构

这种连动句中的 VP₁ 是动词的重叠形式，VP₂ 是单独的一个动词形式，但是两个 VP 的中心是由不同的动词充当的。如：

祥子，你 等一等 再走！（老舍《骆驼祥子》）

　　　NP　　VP₁　　VP₂

上面句子的逻辑语义关系如下：

语料结构：等′(你) & 有′(等，一等) & 走′(你)。

语义限制 1：　命题 1　　　命题 2　　　命题 3

语义限制 2：命题 1<命题 2<命题 3，"<"表示"先于"

(二)"NP+VP₁(重叠)+VP₂(动宾)"的逻辑语义结构

这种连动句中 VP₁ 是动词的重叠形式，VP₂ 是动宾结构形式，但是两个 VP 的中心是由不同的动词充当的。如：

他　笑一笑　接过了礼物。

NP　VP₁　　　VP₂

上面句子的逻辑语义关系如下：

语料结构：笑′(他) & 有′(笑，一笑) & 接过了′(他，礼物)。

语义限制 1：命题 1　　　命题 2　　　　命题 3

语义限制 2：命题 1<命题 2<命题 3，"<"表示"先于"

(三)"NP+VP₁(重叠)+VP₂(动补)"的逻辑语义结构

这种连动句中 VP₁ 是动词的重叠形式，VP₂ 是动补短语形式，但是两个 VP 的中心是由不同的动词充当的。如：

他　笑一笑　走了过来。

NP　　VP₁　　　VP₂

上面句子的逻辑语义关系如下：

语料结构：<u>笑′</u>（他）& <u>有′</u>（笑，一笑）& <u>走′</u>（他）& <u>有′</u>（走了，过来）。

语义限制1：命题1　　　命题2　　　　命题3　　命题4

语义限制2：命题1<命题2<命题3<命题4，"<"表示"先于"

（四）"NP+VP₁（重叠）+VP₂（动词+着／了／过）"逻辑语义结构

这种连动句中VP₁是动词的重叠形式，VP₂是"动词+着"形式，但是两个VP的中心是由不同的动词充当的。如：

<u>他</u> <u>把桌子擦了擦</u> <u>盖着</u>。

NP　　　VP₁　　　VP₂

上面句子的逻辑语义关系如下：

语料结构：把′ {（他，桌子，<u>擦′</u>（他，桌子）& <u>有′</u>（擦，一擦）& <u>盖′</u>（他，桌子）& <u>有′</u>（盖，着）}。

语义限制1：　　　　　　单纯命题1　　单纯命题2　　　　单纯命题3　　单纯命题4

　　　　　　　　　　复合命题

语义限制2：单纯命题1<单纯命题2<单纯命题3<单纯命题4，"<"表示"先于"；四个单纯命题包含于复合命题中。

上面四种结构形式也是连动句中的一种语表形式，其结构关系如下：

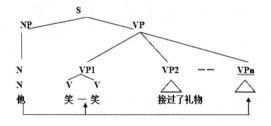

（1）根据以上的结构模式，这种连动句的句法结构可以用公式1表示为：

[句首名词]NP+[动词重叠]VP₁+[动词或动词性短语]VP₂+……[动词或动词性短语]VPₙ。

（2）这种连动句的逻辑语义关系可以用公式 2 表示：

$S \rightarrow \exists x [V_1'(x) \& 有'(V_1, y_1) \& V_2'(x, y_2) \& \cdots\cdots V_n'(x, y_n)]$

公式 2 中的"$V_1'(x, y_1)$、$V_2'(x, y_2)$……$V_n'(x, y_n)$"表示几个单纯命题，在语义上"$V_1'(x, y_1) < V_2'(x, y_2) < \cdots\cdots < V_n'(x, y_n)$"，其中的"<"表示"先于"的意思。$V_1$、$V_2$……$V_n$ 是几个连续出现的谓词函数，第一个谓词函数 V_1 涉及一个主体论元 x，涉及一个重叠的语格形式 y_1，y_1 是对 V_1 动词重叠的终点意义进行解释（$y_1 = - V_1$）；所有谓词函数 V_1、V_2……V_n 的主体论元都相同，都存在相同的一个 x，这里的 x 是约束变元；而宾语论元或其他语格形式可能相同，也可能不同，是任意的，我们用 y_2……y_n 表示，y_2……y_n 是自由变元。

（3）首先利用 λ 算子对公式 2 中的谓词函数加以抽象，可得出公式 3：

$S \rightarrow \lambda P \lambda Q \{ \exists x [P'(x) \& 有'(P, - P) \& Q'(x, y)] \}$

上面公式的 P 和 Q 表示不同的谓词函数。我们对 P 和 Q 进行赋值后，可以计算出谓词函数的一些单纯命题。如：

$\lambda P \lambda Q \{ \exists x [P'(x) \& 有'(P, - P) \& Q'(x, y)] \}$ ①

$[(笑')(接过')]$

$\lambda Q \{ \exists x [笑'(x) \& 有'(笑, -笑) \& Q'(x, y)] \}$ ②

$[(接过')]$

$\exists x [笑'(x) \& 有'(笑, -笑) \& 接过'(x, y)]$ ③

从①到③，赋上谓词函数"笑"和"接过"后，得出三个单纯命题："笑'(x)"、"有'(笑，-笑)"、"接过'(x, y)"；三个命题之间是合取关系；在语义上，限制"笑'(x)"先于"接过'(x, y)"。以此类推，还可以赋上其他谓词，得出更多的单纯命题，它们之间都是合取关系，并且有一定的先后顺序。

（4）利用 λ 算子对公式 3 中谓词函数的变量进一步抽象，可以得出公式 4：

$S \rightarrow \lambda x \lambda y \{ \exists x [笑'(x) \& 有'(笑, -笑) \& 接过'(x, y)] \}$

公式中有两个变量：x 和 y。"笑'(x)"表示谓词函数"笑"涉及一个主体论元变量 x；"有'(笑，-笑)"表示谓词函数"笑"有短暂动作终点意义的情态；"接过(x, y)"表示谓词函数"接过"也可有两个论元变量 x 和 y；"笑'(x)"

和"接过$'$(x,y)"都存在一个共同的固定变量 x；"接过$'$(x,y)"所涉及的变量 y 是任意的；"笑$'$(x)""有$'$(笑,一笑)"、"接过$'$(x,y)"是合取关系；在语义上,限制"笑$'$(x)"先于"接过$'$(x,y)"。如果分别代入变量 x 和 y 的值,就会得出具体的连动句。如：

$$\lambda x\lambda y\{\ni x[笑'(x)\&有'(笑,一笑)\&接过'(x,y)]\} \qquad ③$$
$$[(他')(礼物')]$$

$$\lambda y\{笑'(他)\&有'(笑,一笑)\&接过'(他,y)\} \qquad ④$$
$$[(礼物')]$$

$$笑'(他)\&有'(笑,一笑)\&接过'(他,礼物) \qquad ⑤$$

从③到⑤,给变量 x 和 y 分别代入具体的值："他"、"礼物",就得出了三个命题"笑$'$(他)"、"有$'$(笑,一笑)"、"接过$'$(他,礼物)",它们之间是合取关系;在语义上,限制"笑$'$(他)"先于"接过$'$(他,礼物)";于是就得出了"他笑一笑接过礼物。",这种形式就是前面分析的 16—19 种连动句。

五、"NP+VP$_1$(动词+着／了／过)+VP$_2$"的逻辑语义结构

(一)"NP+VP$_1$(动词+着／了／过)+VP$_2$(单动)"逻辑语义结构

这种连动句中 VP$_1$"动词+着／了／过"形式,VP$_2$是单独的一个动词形式,但是两个 VP 的中心是由不同的动词充当的。如：

赶车的 笑着 说。(老舍《骆驼祥子》)
　　NP　VP$_1$　VP$_2$

上面句子的逻辑语义关系如下：

语料结构：<u>笑$'$(赶车的)</u>＆<u>有$'$(笑,着)</u>＆<u>说$'$(赶车的,Φ)</u>。

语义限制 1：　命题 1　　　　命题 2　　　　　命题 3

语义限制 2：命题 1＜命题 2＜命题 3,"＜"表示"先于"

(二)"NP+VP$_1$(动词+着／了／过)+VP$_2$(动补)"逻辑语义结构

这种连动句中 VP$_1$"动词+着／了／过"形式,VP$_2$是单独的一个动补短语形

式,但是两个 VP 的中心是由不同的动词充当的。如:

高妈 叨唠着 走进去。(老舍《骆驼祥子》)

NP　VP₁　　VP₂

上面句子的逻辑语义关系如下:

结构:叨唠′(高妈)＆有′(叨唠,着)＆走′(高妈)＆有′(走进去)。

语义限制1:　命题1　　　命题2　　　命题3　　　命题4

语义限制2:命题1<命题2<命题3<命题4,"<"表示"先于"

(三)"NP+VP₁(动词+着/了/过)+VP₂(动宾)"逻辑语义结构

这种连动句中 VP₁"动词+着/了/过"形式,VP₂是单独的一个动宾短语形式,但是两个 VP 的中心是由不同的动词充当的。如:

这个月的工钱,你 留着 收拾车吧。(老舍《骆驼祥子》)

　　　　　　　NP　VP₁　VP₂

上面句子的逻辑语义关系如下:

语料结构:留′(你,Φ)＆有′(留,着)＆收拾′(你,车)。

语义限制1　命题1　　　命题2　　　命题3

语义限制2:命题1<命题2<命题3,"<"表示"先于"

(四)"NP+VP₁(动词+着/了/过)+VP₂(重叠)"逻辑语义结构

这种连动句中 VP₁"动词+着/了/过"形式,VP₂是动词重叠形式,但是两个 VP 的中心是由不同的动词充当的。如:

你 躺着 休息休息。

NP VP₁ VP₂

上面句子的逻辑语义关系如下:

结构:躺′(你)＆有′(躺,着)＆休息′(你)＆有′(休息,休息)

语义限制1　命题1　　　命题2　　　命题3　　　命题4

语义限制2:命题1<命题2<命题3<命题4,"<"表示"先于"

经过考察分析后,我们认为 VP₁是"动词+着"结构时,也应该是连动句,因为连动句中连续出现的几个动词或动词结构除了有时间先后的关系外,主要还具有一种逻辑事理关系。当前面 VP 由"动词+着"构成,它与后面 VP 是"同时"或"限制"关系时,整个句子主要不是体现时间先后关系,而是体现逻辑事理关系。所以,我们也列举分析了 VP₁ 是"动词+着"结构形式的连动句。这些连动句同样具有一般连动句的句法和语义特征。其句法结构关系如下:

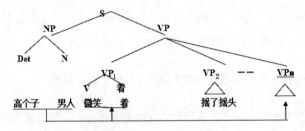

(1)根据以上的结构模式,这种连动句的句法结构可以用公式 1 表示:

[句首名词]NP+[动词+着/了/过]VP₁+[动词或动词性短语]VP₂+[动词或动词性短语]VPₙ。

(2)这种连动句的逻辑语义关系可以用公式 2 表示:

$S→∃x[V_1'(x,y_1)\&有'(V_1,y_1)\&V_2'(x,y_2)\&……V_n'(x,y_n)]$。

公式 2 中的"$V_1'(x,y_1)$、$V_2'(x,y_2)……V_n'(x,y_n)$"表示几个单纯命题,在语义上"$V_1'(x,y_1)<V_2'(x,y_2)<……<V_n'(x,y_n)$",其中的"<"表示"先于"的意思。$V_1$、$V_2$……$V_n$ 是几个连续出现的谓词函数,第一个谓词函数 V_1 涉及一个主体论元 x,涉及一个助词形式 y_1,y_1 是对 V_1 有动作持续或终点意义的情态进行解释(y_1=着/了/过);所有谓词函数 V_1、V_2……V_n 的主体论元都相同,都存在相同的一个 x,这里的 x 是约束变元;而宾语论元可能相同,也可能不同,是任意的,我们用 $y_2……y_n$ 表示,$y_2……y_n$ 是自由变元。

(3)利用 λ 算子对公式 2 中的谓词函数加以抽象,得出公式 3:

$S→λPλQ\{∃x[P'(x)\&有'(P,着/了/过)\&Q'(x,y)]\}$

上面公式的 P 和 Q 表示不同的谓词函数。我们对 P 和 Q 进行赋值后,可以计算出谓词函数的一些单纯命题。如:

$λPλQ\{∃x[P'(x)\&有'(P,着/了/过)\&Q'(x,y)]\}$　　　　①

[(留')(收拾')]

$$\lambda Q\{\exists x[留'(x)\&有'(留,着/了/过)\&Q'(x,y)]\} \qquad ②$$
$$[(收拾')]$$

$$\exists x[留'(x)\&有'(留,着/了/过)\&收拾'(x,y)] \qquad ③$$

从①到③,赋上谓词函数"留"和"收拾"后,得出三个单纯命题:"留'(x)""有'(留,着/了/过)""收拾'(x,y)";三个命题是合取关系;在语义上,限制"留'(x)"和"有'(留,着/了/过)"先于"收拾'(x,y)"。以此类推,还可以赋上其他谓词,得出更多单纯命题,它们之间都是合取关系,语义上都有一定的顺序限制。

(4)利用λ算子对公式3中谓词函数的变量进一步抽象,可以得出公式4:

$$S\to\lambda x\lambda y\{\exists x[留'(x)\&有'(留,着/了/过)\&收拾'(x,y)]\}$$

上面公式中有两个变量:x和y。"留'(x)"表示谓词函数"留"涉及一个主体论元变量x;"有'(留,着/了/过)"表示谓词函数"留"有动作持续意义或终点意义的情态;"收拾'(x,y)"表示谓词函数"收拾"也可能有两个论元变量x和y;"留'(x)"和"收拾'(x,y)"都存在一个共同的固定变量x;"收拾'(x,y)"所涉及的变量y是任意的;"留'(x)"、"有'(留,着/了/过)"、"接过'(x,y)"是合取关系;在语义上,限制"留'(x)"先于"收拾'(x,y)"。如果我们分别代入变量x和y的值,就可得出具体的连动句。如:

$$\lambda x\lambda y\{\exists x[留'(x)\&有'(留,着/了/过)\&收拾'(x,y)]\} \qquad ③$$
$$[(你')(着')(车')]$$

$$\lambda y\{留'(你)\&有'(留,着/了/过)\&收拾'(你,y)\} \qquad ④$$
$$[(着')(车')]]$$

$$\lambda y\{留'(你)\&有'(留,着)\&收拾'(你,y)\} \qquad ⑤$$
$$[(车')]]$$

$$留'(你)\&有'(留,着)\&收拾'(你,车) \qquad ⑥$$

从③到⑥,我们给变量x和y分别代入具体的值:"你"、"着"、"车"后,就得出了三个单纯命题"留'(你)""有'(留,着)""收拾'(你,车)",它们之间是合取关系;在语义上,限制"留'(你)"先于"收拾'(你,车)";于是,我们就得出了"你留着收拾车。"的表达形式,这种表达形式即我们前面分析的20—23类型的连动句。

六、小结

(一)连动句的句法结构特征

上面我们描写了连动句所有的句法结构形式和逻辑语义结构关系。总的来看,连动句具有以下特征:

从形式上来看,位于 VP_2 位置上的动词性结构除了趋向动词外,其他动词一般不能单独出现,都是带有宾语、补语、"着/了/过"助词、动词的重叠形式,而位于 VP_2、VP_3……VP_n 位置上的动词结构不受任何限制。

从语义上来看,连动句式中 VP_1 是单独的趋向动词时,尤其是单音节的趋向动词时,VP_1 表示的动作意义非常虚化,整个连动式的语义中心向后倾斜,前后 VP 之间没有严格意义的蕴涵关系;如果 VP_1 是其他动词结构形式时,表示的动作意义要具体实在一些,前后的蕴涵关系比较紧密。

从逻辑关系上来看,绝大多数连动句中的前后几个 VP 之间既有动作发生时间的先后关系,又有一种逻辑事理上的语义关系。少数连动句中前后 VP 之间没有动作发生时间的先后关系,但是它们之间也有一种逻辑事理上的语义关系。

总之,连动句的句法结构如下:

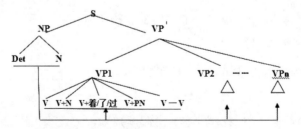

(二)连动句的逻辑语义结构特征:

我考察了不同语表结构形式的连动句后,可以从它们的句法结构形式中归纳出连动句的逻辑语义结构形式。

1. 连动句的句法结构为公式 1：

[句首名词]NP+[动词或动词性短语]VP$_1$+[动词或动词性短语]VP$_2$+……[动词或动词性短语]VP$_n$。

2. 连动句的逻辑语义关系为公式 2：

S→∃x[V1′(x,y$_1$)&V$_2$′(x,y$_2$)&……V$_n$′(x,y$_n$)]。

公式 2 中的"V$_1$′(x,y$_1$)、V$_2$′(x,y$_2$)……V$_n$′(x,y$_n$)"表示几个单纯命题，在语义上"V$_1$′(x,y$_1$)<V$_2$′(x,y$_2$)<……<V$_n$′(x,y$_n$)"，其中的"<"表示"先于"的意思。V$_1$、V$_2$……V$_n$是几个连续出现的谓词函数，第一个谓词函数 V$_1$ 可能存在两个论元或语格形式，分别用一个主体论元 x 和 y$_1$表示；但是后面其他所有谓词函数 V$_2$……V$_n$也可能存在两个论元或语格形式，但所有谓词函数 V$_1$、V$_2$……V$_n$的主体论元都相同，都存在一个 x，这里的 x 是约束变元。而宾语论元或其他语格形式可能相同，也可能不同，是任意的，可用 y$_2$……y$_n$表示，y$_2$……y$_n$是自由变元，其语表形式可能存在以下 5 种情况：一是"着/了/过"形式；二是介词结构或趋向动词等形式；三出现宾语论元形式；四是动词的重叠现象；五是空语形式。

3. 利用 λ 算子对公式 2 中的谓词函数加以抽象，得出这种连动句的公式 3：

S→λPλQ{∃x[P′(x,y$_1$)&Q′(x,y$_2$)]}

上面公式的 P 和 Q 分别表示不同的一些谓词函数。我们对 P 和 Q 进行赋值后，可以计算出以谓词函数的一些单纯命题。如：

λPλQ{∃x[P′(x,y$_1$)&Q′(x,y$_2$)]}　　　　　　　　　　　　①

[(打′)(找′)]

λQ{∃x[打′(x,y$_1$)&Q′(x,y$_2$)]}　　　　　　　　　　　　②

[(找′)]

∃x[打′(x,y$_1$)& 找′(x,y$_2$)]}　　　　　　　　　　　　③

从①到③，我们赋上谓词函数"打"和"找"后，得出了两个单纯命题：一个是"打′(x,y$_1$)"，一个是"找′(x,y$_2$)"；两个命题是合取关系；在语义上，限制

"打′(x,y₁)"先于"找′(x,y₂)"。以此类推,还可以赋上其他谓词,得出更多的单纯命题,它们之间都是合取关系,语义上都有一定的顺序限制。

4. 利用 λ 算子对公式 3 中谓词函数变量进一步抽象,得出公式4:

S→λxλy{∃x[打′(x,y)＆找′(x,y)]}

公式中有两个变量:x 和 y。"打′(x,y)"表示谓词函数"打"涉及两个论元变量或其他语格形式 x 和 y;"找′(x,y)"表示谓词函数"找"也可能有两个论元变量或其他语格形式 x 和 y;"打′(x,y)"和"找′(x,y)"都存在一个共同的固定变量 x;函数"打"所涉及的变量 y 不同于函数"找"所涉及的变量 y,变量 y 是任意的;"打′(x,y)"和"找′(x,y)"是合取关系;在语义上,限制"打′(x,y)"先于"找′(x,y)"。如果分别代入变量 x 和 y 的值,就会得出具体的连动句。如:

λxλy{∃x[打′(x,y)＆找′(x,y)]}　　　　　　　　　　　③
[(小王′)(电话′)(小李′)]

λy{打′(小王,y)＆找′(小王,y)}　　　　　　　　　　　④
[(电话′)(小李′)]

λy{打′(小王,电话)＆找′(小王,y)}　　　　　　　　　⑤
[(小李′)]

打′(小王,电话)＆找′(小王,小李)　　　　　　　　　　⑥

从③到⑥,我们给变量 x 和 y 分别代入具体的值:"小王""电话""小李",就得出了两个单纯命题:"打′(小王,电话)"和"找′(小王,小李)",它们之间是合取关系;在语义上,限制"打′(小王,电话)"先于"找′(小王,小李)";于是,我们就得出了"小王打电话找小李。"的表达形式。

第三节　连动句的语义内涵

研究连动句内部语义关系的成果很多,许多还根据连动句内部的语义结构关系特点,尝试从不同角度给连动句进行分类。在众多的分类中,我们认为李临定先生、李成宇先生、洪淼先生等人的分类较为全面和科学。因为在对连动句下定义时,绝大多数人都认为连动结构中的动词性成分是按照时间顺序或逻辑顺序排列组织的,典型连动句式的语表结构形式是:"$NP+VP_1+VP_2+VP_3+\cdots\cdots VP_n$"。连动句内部各个 VP 表达了不同的动作行为,各个动作行为之间用"顺序"这根"线"串联了起来,连动句就好像是"散株串线"式的结构,也好像叙述事件的方式一样:按事件发生、发展、高潮、结局等顺序去组织语言,表达信息。可见,连动句具有特殊的句式意义,连动句的结构是以先后顺序作为其最基本组织原则,顺序意义是这种句型的基本句式意义。

构式语法(Construction Grammar)是西方 20 世纪 90 年代以来兴起的一种新的语法理论,属于认知语言学的范畴。其主要内容是:如果用 C 代表独立句式,把 C 看成是一个形式(Fi)和意义(Si)的对应体,C 所能够成立的充分必要条件是:Fi 或 Si 的某些特征不能从 C 自身的组织成分或者从其他已有的句式预测出来。沈家煊先生(1999)利用句式语法的理论解释了汉语中的"在"字句和"给"字句;张伯江先生(1999)利用句式语法理论分析汉语的双宾语句和"把"字句,张先生认为"把"字句的句式意义是:在形式为"A 把 BVC"的"把"字句中,由 A 作为起因的、针对选定对象 B 的、以 V 的方式进行的、使 B 实现了完全变化 C 的一种行为。而双宾语句的句式意义是:在形式为"A+V+R+P"的句子里,施事者有意地把受事转移给接受者,这个过程是在发生的现场成功地完成的。其语义核心是"有意的给予性转移"。这种格式语义是独立于能进入这个格式的具体成分,尤其是动词性成分的,如动词"分"并不具有"转移"的意义,可是在"单位分给了我一套房子"中,格式语义仍然成立。这些分析论述对于我们分析连动句的句式意义有一定的帮助和启发。

根据构式语法理论,句式跟词语一样,有自己独立的意义,句式的整体意义不同于各组成部分的简单相加。从部分到整体和从整体到部分,这是思维过程相辅相成的两个方面。按照"完形心理学"的观点,整体往往比部分更显著,更容易引起人的注意,也更容易处理和记忆,只有先把握住整体才能把握住部分。与其说是句式的整体意义取决于组成部分的意义,不如说组成部分的意义取决于句式的整体意义。一个表达式的意义是把词汇项意义整合进了句式意义而产生的结果。

另外,句式跟词语一样,其独立的意义来自人的认知。一个句式就是一个形式和意义结合的"完形",形式和意义的结合既不是完全任意的,也不可以完全推导,但却是可解释的、有理据的,即句式是"有理据的约定俗成"的结果。

因此,句式是形式和意义的结合物,它是符合条件的各个组成成分按照一定的顺序规则组合而成的,它的意义反映了人类的认知原则。

对连动句进行全面考察和归纳后,得出了连动句的逻辑语义表达式: $\exists x$ $[V_1{}'(x,y_1)\&V_2{}'(x,y_2)\&\cdots\cdots V_n{}'(x,y_n)]$。

一、复合性

连动句是由多个"主体相同"的"独立事件"构成一个"复合事件"。因为在连动句" $\exists x[V_1{}'(x,y_1)\&V_2{}'(x,y_2)\&\cdots\cdots V_n{}'(x,y_n)]$ "中," $V_1{}'(x,y_1)$ 、 $V_2{}'$ $(x,y_2)\cdots\cdots V_n{}'(x,y_n)$ "表示了一个个"相对独立的事件",但是这些"独立的事件"的主体都是同一个 x,它们都是在同一个主体 x 支配下独立发生、完成的。但各个"独立的事件"在整个连动句的句式中,又失去了各自的"独立性"," $V_1{}'(x,y_1)$ 、 $V_2{}'(x,y_2)\cdots\cdots V_n{}'(x,y_n)$ "按照时间或逻辑上的先后顺序原则综合而成了一个复合事件:" $x+V_1+y_1+V_2+y_2+\cdots\cdots V_n+y_n$ "。

因为连动句句法结构的原形模式是: $S_1\rightarrow x+V_1+y_1+V_2+y_2+\cdots\cdots V_n+y_n$,而它的逻辑语义关系模式是: $S_2\rightarrow\exists x[V_1{}'(x,y_1)\&V_2{}'(x,y_2)\&\cdots\cdots V_n{}'(x,y_n)]$ 。在 S_2 中,它表示的是几个"相对独立的事件";在 S_1 中,它表示的是失去各自的"独立性"综合而成的一个复合事件, S_1 和 S_2 之间可以相互转换,意义不变。不管是在 S_2 中的" $V_1{}'(x,y_1)$ 、 $V_2{}'(x,y_2)\cdots\cdots V_n{}'(x,y_n)$ "之间,还是在 S_1 中" V_1+y_1 、 $V_2+y_2\cdots\cdots V_n+y_n$ "之间,都不能出现分隔标记,如标点或关联词,这就是连动句特殊的句式意义,它体现了一种"相对独立"的原则,这和一般句法结构上的"独立原则"不完全一样,因为句法结构上一个句子的独立性主要体现在句子有独立的命题和完整的分隔标记,这也是连动句与紧缩复句的区别。

二、连续性

连动句里多个相对"独立事件"之间具有一定的"连续性",体现了一种相对明显的"顺序"意义。

不管是在句法结构的公式1:"$x+V_1+y_1+V_2+y_2+\cdots\cdots V_n+y_n$"中,还是在逻辑语义关系的公式2:"$\exists x[V_1{'}(x,y_1)\&V_2{'}(x,y_2)\&\cdots\cdots V_n{'}(x,y_n)]$"中,"n"都是从1依次取值,公式中的$V_1$、$V_2\cdots\cdots V_n$的不同谓词函数,其先后顺序的安排原则是其发生时间先后顺序的线性编码。所以说连动句中语言的线性编码原则就严格地体现了V_1、$V_2\cdots\cdots V_n$之间相对的顺序意义。正因为这样,连动句中多个"相对独立的事件"之间是按照一定的逻辑顺序或情景语义顺序排列的,如果改变其排列顺序,句子将改变意义或不成立。如"我过去拉住妈妈的手。"与"我拉住妈妈的手过去。"意义完全不同,可见,连动句中几个"相对独立的事件"之间有基于"先—后"原则的各种语义关系。同时语言的线性编码多是单向型的结构,特别是表示动作行为的语言符号在时间轴上一般都是单向性地展开,当需要表达发生在不同时间里的不同事件时,语言结构自然就按照"先—后"关系的线性原则进行排列组合,即用线性原则来体现顺序原则。所以,连动句中各个VP的排列顺序映照了它们所表达的实际状态或事件发生的"先—后"顺序。

三、有界性

连动句还凸显了"有界性"的语义内涵。从上面的分析中,我们知道连动句是由几个"连续"而又相对"独立"的"事件"构成的句子。

"公式1:$x+V_1+y_1+V_2+y_2+\cdots\cdots V_n+y_n$。"为连动句的句法结构形式,从整体上看,这些先后发生的动作行为具有一定的连续性,整个句子内部体现出一定的"无界性"。

"公式2:$\exists x[V_1{'}(x,y_1)\&V_2{'}(x,y_2)\&\cdots\cdots V_n{'}(x,y_n)]$"为连动句内部的逻辑语义结构关系,从内部关系上看,各个"事件"之间具有相对的分散性或独立性,互不作句子成分,体现出了一定的"有界性"特征,也就是指在连动句谓语位置上,不管有多少个 VP 出现,它们之间具有相对的"独立性"。

综上所述,连动句式在语义特征上既表现出一定的"有界性"特征,又表现出一定的"无界性"特征;既要求各个 VP 之间具有一定的"有界性"特征,又要求各个 VP 按照一定顺序连续出现,组合成一个复合事件,都是在同一主体支配下完成的,整个句子内部又显示出一定的"无界性"特征。

但是,把连动句这种特殊句型和其他所有句式进行比较,就会发现"有界性"特征是连动句所特有的一种性质和标志,也是区别于其他复合谓语句的一个最重要特征。所以,连动句最基本的句式意义之一是各个"事件"之间具有一定的"有界性"特征。

第四节　句中限制成分对各谓词管辖的不平衡性

汉语连动句含有两个或两个以上的逻辑谓词,这些逻辑谓词往往受一些修饰成分的限制或约束,呈现出结构不平衡的现象,有的句子因此产生歧义。

在汉语中,一个句子基本的逻辑语义信息往往是由逻辑谓词决定的,逻辑谓词所传达的信息可能受一些附属成分的约束和限制。汉语连动句含有两个或两个以上的逻辑谓词,而这些逻辑谓词往往会受到一些附属成分的限制、约束,呈现出语义结构不平衡的现象:有的修饰限制成分在语义上指向某一个谓词结构;有的在语义上指向各个谓词。正是因为修饰、限制成分与连动句的各个谓词之间在语义指向上具有一种不平衡性现象,有的句子因此产生了歧义。作为线性组合的汉语句子本应该具有单一的线性编码和结构形式,计算机在识别连动句中修饰成分对谓词的管辖和约束时,本应遵守相邻原则,只能计算出相邻两个成分的关系和算子。而对于汉语中的这种省略、不相邻指称现象,必须在现在的基础上增加新的算子才能计算,计算时遵循竖线算子(sobel 算子)规则,给这种语言现象建立一套形式化的规则,即建立适合于计算机识别和分辨的逻辑语法。这样才能使具有简洁性和省略性特点的自然语言让计算机能够识别和检验，实现真正的人机对话。

一、含有限制成分的连动句的编译和计算

本部分用 NP 表示连动句句首的主位词，用 X 表示修饰、限制部分，用 VP 表示各个动词性成分，V_1、V_2……V_n 是多个连续出现的动词，x 和 y_1、y_2……y_n 是各个动词的论元形式，∃x 表示各个动词共有一个相同的主体论元 x。

（一）VP 之前出现一个限制成分，它对各个 VP 进行约束

例如：渔夫　也　停了艇子　喝彩起来。（鲁迅《社戏》）

　　　　NP　　X　　VP₁　　　VP₂

语义结构：也′{渔夫，停了′（渔夫，艇子）& 喝彩起来′（渔夫）}

语义限制 1：　　　　　　单纯命题 1　　　　　　单纯命题 2
　　　　　　　　　　　　　　　　复合命题

语义限制 2：单纯命题 1<单纯命题 2，其中"<"表示"先于"，两个单纯命题包含于复合命题中，在复合命题"也′{渔夫，停了′（渔夫，艇子）& 喝彩起来′（渔夫）}中，"也"作为一个高阶谓词函数，和几个单纯命题之间都存在限制关系，几个 VP 形成的单纯命题都是它的一个函项。句子中的副词"也"在语义上指向两个 VP。这种修饰、限制成分辖域较广，占广域，其逻辑语义表达式可以概括为：∃x{X′[x，V_1′（x，y_1）& V_2′（x，y_2）……V_n′（x，y_n）]}。

（二）VP 之前出现一个限制成分，它只约束 VP₁，不约束 VP₂

例如：

听到叫他的名字，他　大步流星地　走过去　牵着马。（周立波《分马》）

　　　　　　　　　　NP　　X　　　VP₁　　VP₂

语义结构：大步流星′{他，走过去′（他）}& 牵着′（他，马）

语义限制 1：　　　　　　　单纯命题 1　　　单纯命题 2
　　　　　　　　　　复合命题

语义限制 2:单纯命题 1<单纯命题 2,其中"<"表示"先于";单纯命题 1 包含于复合命题中。

句子由两个 VP 生成了两个单纯命题,由修饰词"大步流星"生成了一个复合命题"大步流星′¦他,走过去′(他)¦"。在逻辑语义关系上,修饰词"大步流星"的作用域有限,在语义上只指向和它相邻的 VP₁,不指向和它间隔的 VP₂,所以"大步流星"只作为 VP₁生成命题的高阶谓词,不能管辖约束 VP₂生成的单纯命题。像这样的句子还很多,如"他随手拿起一张报纸看"、"他完全有条件成为歌唱家"等。这种修饰、限制成分占窄域的连动句,其逻辑语义表达式可以概括为:$\exists x\{X'[x,V_1'(x,y_1)]\&V_2'(x,y_2)\cdots\cdots V_n'(x,y_n)\}$。

(三)VP 之前出现一个限制成分,只约束 VP₂,不约束 VP₁

例如:

我到老郑家门口的时候,他 正 吃完饭 收拾屋子呢。

     NP X VP₁ VP₂

语义结构:吃完′（他，饭）＆正′｛他，收拾′（他，屋子）｝。

语义限制 1: 单纯命题 1   单纯命题 2

             复合命题

语义限制 2:单纯命题 1<单纯命题 2,其中"<"表示"先于";单纯命题 2 包含于复合命题中。

两个 VP 生成两个单纯命题,修饰词"正"生成一个复合命题"正′¦他,收拾′(他,屋子)¦"。它表示个体"他"和单纯命题之间有一种修饰、描写的情状关系。也就是指句子中的副词"正"的作用域有限,在语义上不只指向于和它相邻的 VP₁"吃完饭",因为"正"描写一个正在发生的动作行为,而"吃完饭"表示一个已然事件,不能再受"正"的修饰、限制,否则就矛盾了;而"收拾屋子"表示一个动作行为,可以受"正"修饰、限制。所以,"正"只能作为 VP₂所生成的单纯命题的高阶谓词函数,不作为 VP₁所生成的单纯命题的高阶谓词函数,其语义不指向相邻的 VP₁"吃完饭";而是指向和它间隔的 VP₂"收拾屋子"。

句子中两个 VP 前面有一个修饰、限制成分,它只修饰、限制 VP$_2$,不指向 VP$_1$。句子中的修饰、限制成分并不全构成相邻性的语义指向,可以形成间隔性的语义指向。修饰、限制成分具有选择性的连动句,其逻辑语义表达式可以采用移动性原则,编译为:∃x｛V$_1$′(x,y$_1$)&X′[x,V$_2$′(x,y$_2$)……V$_n$′(x,y$_n$)]｝。

(四)VP 之前出现两个限制成分,第二个约束 VP$_1$,第一个约束 VP$_1$ 和 VP$_2$

例如:

小顺 赶紧 一把 拉开他 说,……(赵树理《老杨同志》)

NP　　X$_1$　X$_2$　　VP$_1$　VP$_2$

语义结构:**赶紧**′｛小顺,**一把**′[小顺,拉开′(小顺,他)]&说′(小顺,Φ)｝

语义限制1:　　　　　　　　　　单纯命题1　　　　单纯命题2
　　　　　　　　　　　　──────────────
　　　　　　　　　　　　复合命题2
　　──────────────────────────
　　　　　　　　　　　　复合命题1

语义限制 2:单纯命题 1<单纯命题 2,其中"<"表示"先于";

语义限制 3:复合命题 1<复合命题 2,这里的"<"表示"包含";即:单纯命题 1 包含复合命题 2;而复合命题 2 包含于复合命题 1 中。

这个句子两个 VP 生成了两个单纯命题,由修饰成分"赶紧"和"一把"作为两个高阶谓词函数,生成了两个复合命题,其中"赶紧"是比"一把"更高一阶的谓词。复合命题 2"一把′[小顺,拉开′(小顺,他)]"表示由于谓词函数"一把"的计算,个体"小顺"和单纯命题之间有一种限制关系;复合命题 1"赶紧′｛小顺,一把′[小顺,拉开′(小顺,他)]& 说′(小顺,Φ)｝"是由于谓词函数"赶紧"的限制,个体"小顺"和一个单纯命题、一个复合命题之间有一种修饰、描写的情状关系。这是由于"一把"主要描写与"手"有关的动作行为,不描写人的其他肢体所发出的动作行为,所以它的语义并不指向 VP$_2$ 的"说",只指向 VP$_1$ 的"拉开他";而副词"赶紧"描写的语义范围比较广,可以指向所有的人所发出的动作行为。所以,它既可以修饰、限制 VP$_1$,又可以修饰、限制 VP$_2$。可见两个不同修饰成分由于各自的作用域不同,其语义指向的对象也各不相同。这样结构的句子又如"他爹曾经被敌人抓去当劳工了""许多乌鸦马上哇哇地叫着飞起来"等。

句子里的两个 VP 之前有两个修饰、限制成分,每一个修饰、限制成分的语义指向对象各不相同,作用域大小也不相等,因此形成了以两个修饰词为核心的两个复合命题。这种是含有两个修饰、限制成分,两个修饰、限制成分管辖和约束不同对象的连动句,其逻辑语义表达式可以表示为:$\exists x\{X_1'\{x, X_2'[x, V_1'(x, y_1)]\&V_2'(x, y_2)\cdots\cdots V_n'(x, y_n)\}\}$。

(五)VP 之前出现两个限制成分,第二个约束 VP$_2$,第一个约束 VP$_1$ 和 VP$_2$

例如:

他们 赶紧 一齐 放下碗 来 招待。

　NP　 X$_1$　 X$_2$　 VP$_1$　 VP$_2$ VP$_3$

语义结构:**赶紧'{他们,放下'**(他们,碗)& **一齐'**[他们,**来'**(他们,Φ)& **招待'**(他们,Φ)]}。

语义限制1:　　　　　　　单纯命题1　　　单纯命题2　　单纯命题3

　　　　　　　　　　　　　　　　　　　　　　　　复合命题2

　　　　　　　　　　　复合命题1

语义限制2:单纯命题1<单纯命题2<单纯命题3,其中"<"表示"先于"

语义限制3:复合命题1<复合命题2,这里的"<"表示"包含";复合命题2包含单纯命题2和单纯命题3;而复合命题1包含单纯命题1和复合命题2。

这个句子是由三个 VP 生成了三个单纯命题,由副词"赶紧"和"一齐"作为两个不同的高阶谓词生成了两个不同的复合命题。由修饰词"一齐"生成了复合命题"一齐'[他们,来'(他们,Φ)& 招待'(他们,Φ)]",它表示"一齐"对两个单纯命题有一种修饰关系;由修饰词"赶紧"生成了一个复合命题"赶紧'{他们,放下'(他们,碗)& 一齐'[来'(他们,Φ)& 招待'(他们,Φ)]}",它表示"赶紧"对一个单纯命题和一个复合命题都有修饰、限制关系。这是因为"一齐"主要描写不同主体,不同动作行为在某种情状下发生转化后的情态,所以它的语义指向于 VP$_2$ 的"来"和 VP$_3$ 的"招待 Φ",不只指向于 VP$_1$ 的"放下碗";而副词"赶紧"描写的语义范围比较广,可以指向于所有的动作行为,所以,它既可以修饰、限制 VP_1,又可以修饰、限制 VP_2 和 VP_3。可见两个不同修饰成分由于各自的作用域不同,其语义指向的对象也各不相同。这种含有两个修饰、限制成分,两个修饰、限制成分管辖和约束不同对象的连动句,其逻辑语义表达式可以表示为:$\exists x\{X_1'\{x,V_1'(x,y_1)\&X_2'[x,V_2'(x,y_2)\cdots\cdots V_n'(x,y_n)]\}\}$。

在中性语境下,由于管辖、约束对象不同而造成歧义的连动句,其逻辑语义表达式可以表示为"$\exists x\{X'[x,V_1'(x,y_1)\&V_2'(x,y_2)\cdots\cdots V_n'(x,y_n)]\}$";或"$\exists x\{X'[x,V_1'(x,y_1)]\&V_2'(x,y_2)\cdots\cdots V_n'(x,y_n)\}$";或"$\exists x\{x,V_1'(x,y_1)\&X'[x,V_2'(x,y_2)\cdots\cdots V_n'(x,y_n)]\}$"。

二、限制成分对各个 VP 约束不平衡的内在机制

(一)受语用学中的习惯性和选择性原则影响

一是在特定情况下,句子生成过程中的语义规则和句法规则可以违反线性组合规则的对应关系,即语义和句法之间存在着非同构的关系。从结构上看,句子中的修饰、限制成分是处在句子中谓词前边,主要修饰、限制谓词的。但从语义关系上看,有些与语法结构相适应,语义顺向后指;有些却与语法结构不相适应,语义逆向前指。并且即使同是后指,有的是相邻后指,有的是相隔后指,如"这些人有滋有味地蹲在路边儿喝豆腐脑儿"。有的是由于语境的影响,出现语义指向的选择性;有的由于生活常识的影响而出现语义指向的习惯性。二是语言的规则和言语的规则并非完全对应的关系。词语的基本信息与它们进入具体句子的句法结构后所表现出的性质可能会不一样。同一类词语的性质和功能可能相同,但是进入句子和不同词语搭配使用时则会产生不同的句式意义。

郭锐先生把词类的表述功能区分为内在功能和外在功能。[1] 与前者相对

---

① 　郭锐(2002)称这一理论为"语法的动态性";陆俭明先生(2004:17)称为"词语的语法多功能性",见《现代汉语词类研究》[M] 北京:商务印书馆,2000。

应的是词所固有的词性,被称为词汇层面的词性;与后者相对应的是词所临时具有的词性(要由句法规则来控制),被称为句法层面的词性。这两种功能可能是不一样的。构式语法理论认为,句式本身有着独立的意义,①所以,词在进入到句法层面后就有可能表现出与它在词汇层面上有所不同的性质。而一定的句式在进入不同语境中又可能表现出不同句式意义,造成句式意义变化的原因,既有词语之间相互组合的内因,也有可能是由于处于特定语境而产生临时意义的外因。

(二)作用域大小不等,对各个 VP 的管辖和约束能力不同

管辖与约束理论(Government and Binding Theory,简称 GB 理论)以普遍语法为方向,研究语言各成分之间的支配关系以及语义解释的照应关系。这一理论是乔姆斯基对其转换生成语法的改进和发展。管辖要满足的结构条件:主管成分统领受管成分,且主管成分与受管成分之间不受任何层次的间隔。自然语言中的修饰、限制成分大多是由一些副词、形容词或介词短语充当的。连动句的这些语言成分在逻辑语义表达式中具有和谓词一样的性质,是主管成分,具有统领后面受管成分的功能和作用,后面的 VP 也是它们统管的对象。所以作为统管成分的修饰、限制词语和各个 VP 之间不受任何线性组合层次的间隔。作为主管成分的修饰、限制词语可以管辖和约束不同的对象,即其语义可以指向后面的任意 VP。管辖区域内的成分在什么情况下是自由的,在什么情况下是受约束的,其约束原则既有句法结构方面的,又有逻辑结构方面的,还受语用和认知等原因的限制。所以,我们单凭句法结构原则不能对这些不平衡性现象做出更好的解释,必须从多个角度出发,综合分析和解释,才能更加科学、全面。

对于修饰、限制成分的辖域和约束功能研究,我们可借鉴学者们研究汉语量词辖域特性的方法和成果。以往对辖域现象的研究一般认为表层的线性或

---

① 详细论述请参阅 Filmore,C. J. (1988)The mechanisms of "construction grammar". *Berkekey Liguistic Society* 14:35 - 55; Kay, P (1995) Construction grammar. In Verschueren, J, etal. (eds.) *Handbook of Pragmatics.* Amsterdam/Philadelkhia:John Benjamins,171-177.

等级序列直接对应于它们的相对辖域序列。因此,我们认为连动句中修饰、限制词语在特定的语境下,是不存在辖域歧义的;但在中性语境下可能存在一定的辖域歧义现象。不同句式中,不同修饰成分的辖域或作用地域对象不同,既与修饰、限制词语和 VP 本身的指称意义有关,又与相互之间的逻辑语义结构有关。

三、解决管辖、约束不平衡现象的方法和手段

在中性语境下,各个谓词与汉语连动句中修饰、限制成分之间的关系虽然存在着不平衡性,所以会造成一定的歧义现象,然而在特定语境下,这些歧义现象是可以消除的。并且连动句中这些歧义现象也是句法结构形式上的一种解释和信息表达形式。倘若从逻辑语义结构的角度去解析和编译,就不存在任何歧义现象,因为从前面具体的编译中,我们可以看出逻辑语义表达式能够更加准确地刻画连动句中修饰、限制成分对各个 VP 管辖和约束存在不平衡性的现象。因此,为了更加科学、准确地描写、分析和解释这种不平衡性现象,可以使用逻辑语义学中谓词逻辑法,把连动句中多个动词性结构和修饰、限制成分都分别翻译成一个个单纯命题,然后再来计算它们之间的相互关系,演算、推导各个单纯命题在构成复合命题时的编译程序。对于连动句中修饰、限制成分对各个 VP 的管辖、约束具有选择性的句子选择不同的编译模式:当修饰、限制成分作用于相隔的 VP 时,就可以把修饰、限制成分移动到该 VP 前,和 VP 构成一个复合命题,修饰、限制成分作为复合命题的高阶谓词,相应的 VP 就成为修饰、限制成分的一个函项,像前面具体描写的那样。并且对于所有修饰、限制成分和各个 VP 的辖域、作用域不平衡性现象都可以使用逻辑语义表达式的谓词逻辑法来表示:把修饰、限制成分作为高阶谓词函数,修饰、限制成分管辖、约束哪个 VP 时,哪个 VP 就是它的函项,以此类推,连动句中修饰、限制成分和各个 VP 之间的逻辑语义关系可以构成几种基本的逻辑语义表达式。

① $\exists x \{X'[x, V_1'(x,y_1) \& V_2'(x,y_2) \cdots\cdots V_n'(x,y_n)]\}$

② $\exists x \{X'[x, V_1'(x,y_1)] \& V_2'(x,y_2) \cdots\cdots V_n'(x,y_n)\}$

③ $\exists x \{ V_1{}'(x,y_1) \& X'[x,V_2{}'(x,y_2) \cdots\cdots V_n{}'(x,y_n)]\}$

④ $\exists x \{ X_1{}'\{x,X_2{}'[x,V_1{}'(x,y_1)] \& V_2{}'(x,y_2) \cdots\cdots V_n{}'(x,y_n)\}$

⑤ $\exists x \{ X_1{}'\{x,V_1{}'(x,y_1) \& X_2{}'[x,V_2{}'(x,y_2) \cdots\cdots V_n{}'(x,y_n)]\}$

这些逻辑语义表达式就是连动句出现修饰、限制成分时,由于修饰、限制成分管辖和约束对象不同,形成不同的逻辑语义结构关系,对这些不同的逻辑语义结构关系的连动句进行编译和解构的结果,因而形成了各种不同的逻辑语义表达式。进而用能够经得起逻辑语言分析和检验的形式化语言来展现连动句式所传递的特殊语义信息,为人工语言的研究提供一种借鉴和参考。这些结构模式也可以为我们准确理解和编译汉语连动句由于附加成分管辖和约束对象不同而形成的歧义现象作出更好的解释。

第五节　否定连动句的逻辑语义内涵

汉语是世界上使用人数最多的自然语言之一,汉语作为一种非形态语言在句法上缺少严格的形态标记,这样容易产生歧义。但汉语"意合特性"某种程度可以弥补句法的不足,这种独特的句法语义对应规律给外国人学习汉语或计算机进行自动句法分析带来许多困难。"NP+VP₁+VP₂"是汉语的常见句式之一——连动句,它是由一个名词短语带上多个动词短语构成的。由于动词或动词短语相互连接时没有明显的形态标志,外国人或计算机往往难以确定其中的主要动词,而如果主要动词判断失误,整个结构的分析就会失败。例如:

1. a. 他命令张三回家。

   b. 他陪同老大爷回老家。

   c. 他答应孩子去动物园。

2. a. 海外片商找刘晓庆谈版权。

   b. 海外片商找刘晓庆买版权。

同时汉语句式中有大量的省略现象,其中的动词没有时态/体态的词形变化标记,汉语动词的语义特征通过与之相邻(或不相邻的)的虚词或结构体现出来,这又涉及非连续贴合的语言现象(汉语的量化表达式、介词短语以及否定词的管辖约束也属于非连续现象)。如:

　　3.a. 他被交通警察叫去罚了一百块钱。

　　　b. 他被交通警察叫去写了一个检查。

像这样的句子,有汉语知识背景的人一下子也很难说清楚其中的差别,何况教外国学生识别,计算机处理时自然也有问题。其实例 3 中的主要问题是介词结构"被交通警察"的管辖范围有大有小:

　　3a′ 他被交通警察叫去罚了一百块钱。——他被交通警察叫去/他被交通警罚了一百块钱。

　　3b′他被交通警察叫去写了一个检查。——他被交通警察叫去/※他被交通警察写了一个检查。

像例 3 那样,汉语否定句也常常是同样的句子结构表现出不同的否定意义。含有否定词的连动句其各个谓词的否定意义呈现出不平衡的否定现象。有的只否定某一个谓词结构;有的否定各个谓词结构。由于否定焦点的不平衡性现象,有的句子由此而形成了歧义。在自然语言信息处理或对外汉语教学时,如何明确表现其语义内涵和语义关系,是我们亟待解决的问题和难点。如:

　　4.a 他没来上班。

　　　b 祥子没有放开胆子跑。

　　　c 学生不骑车带人。

　　　d 我今天不回家吃饭。

　　　e 我不去图书馆借资料。

这些作为线性组合的汉语句子本应该具有单一的线性编码和结构形式,但是由于否定焦点的不同形成了句子的部分否定和全部否定,这些特殊的语言形式给汉语非母语的人们和机器在理解和编译汉语时带来了困难,亟需我们使用直观、形象、简单的形式来进行编译和解释。

一、否定连动句中的否定焦点不确定

在逻辑语义学框架内可以使用逻辑学的工具统一处理汉语形式和意义不对应现象,特别是能有效解决汉语中省略现象和非连续贴合现象。因为逻辑语义学中以"函项贴合"为运算原则的逻辑语法,特别是谓词逻辑法可以处理非连续现象和省略现象等问题。对缺乏形态标志的汉语句式的语义特征实现形式化的描写和分析,解决外国人学习汉语和解决自然语言信息化处理的准确性等最棘手的语义问题,还能做一些可行性的尝试,从而更快、更有效地在世界范围内进行汉语教学和进行信息化处理,推广我们的汉文化。

在分析否定连动句时,为了简单明白,统一使用一些符号来表示,在描写其句法结构时,用 NP 表示连动句的句首主位词,F 表示否定词,VP_1 表示句中第一个谓词结构,VP_2 表示第二个谓词结构,VP_n 表示第 n 个谓词结构;在描写其逻辑语义结构时,用"−"表示逻辑谓词的否定意义,V_1、V_2……V_n 是多个连续出现的动词,x 和 y_1、y_2……yn 是各个动词的论元形式,∃x 表示各个动词存在一个相同的主体论元 x。

(一)否定词管辖、约束各个 VP 时形成的逻辑语义结构

如果要否定一个句子的谓语部分,一般情况下是对整个谓语进行否定。连动句的谓语是由多个谓词组合而成的,当对其谓语部分进行否定时,应该否定结构中的各个 VP,因为连动句的各个 VP 是连续出现,没有前者,就没有后者。如:

① 他 没　来　上班。

　　NP　F　VP_1 VP_2

逻辑语义结构:−来′(他,Φ)【命题 1】&−上′(他,班)【命题 2】。

语义限制:命题 1<命题 2,其中"<"表示"先于"

句子中两个 VP 生成了两个单纯命题,两个 VP 之前出现了否定词"没",使得句子的两个单纯命题都变成了否定命题。可见,句中否定词"没"在语义上指向两个 VP,既否定"来",又否定"上班",如果"来"的事件没有发生,就

不可能实现"上班"的事件,整个句子是通过否定前者来否定后者,前后两个 VP 是一个事件中紧密相连的阶段,VP$_1$ 只是 VP$_2$ 的前提,VP$_2$ 才是目的,是句子语义表达的中心。

中性语境下,连动句中否定词能分别作用于两个 VP 的现象不是很常见。连动句中的否定词如果能否定两个 VP,VP$_1$ 一般是"来、去"等单音节的趋向动词,VP$_1$ 是 VP$_2$ 的必要前提或过程,VP$_2$ 是 VP$_1$ 的目的,前后两个 VP 是一个事件紧密相连的两个阶段,句子的语义中心是 VP$_2$,句子常常通过否定前提来否定目的,进而否定整个事件。在句法结构上,可以用下面的格式进行改写:

NP+不+VP$_1$+VP$_2$。$\Longleftrightarrow$ NP+(不+VP$_1$)+(不+VP$_2$)。

NP+不+VP$_1$+VP$_2$。$\Longleftrightarrow$ NP+不+(VP$_1$+VP$_2$)。

这种否定连动句的逻辑语义表达式为:$\exists x[-V_1'(x,y_1) \& -V_2'(x,y_2) \cdots -V_n'(x,y_n)]$。

(二)否定词只管辖、约束 VP$_1$,而不约束 VP$_2$ 形成的逻辑语义结构

一些连动句中否定词不约束所有 VP,而只约束 VP$_1$,不约束后面的 VP,如:

②<u>祥子 没有 放开胆子 去 跑</u>。

  NP F VP$_1$ VP$_2$ VP$_3$

逻辑语义结构:$-$放开$'$(祥子,胆子)【命题 1】& <u>跑</u>$'$(祥子)【命题 2】。

语义限制:命题 1<命题 2<命题 3,其中"<"表示"先于"

两个 VP 生成了三个单纯命题,两个 VP 之前出现了否定词"没有",但不是这两个单纯命题表示否定意义。句子中的"没有"只否定了 VP$_1$"放开胆子",没有否定后面两个 VP"跑"。整个句子表示了"祥子没有放开胆子""祥子跑"两个事件意义。VP$_1$ 是 VP$_2$ 发生的"方式"或"状态",否定词只否定了其"方式"或"状态",句子的语义中心是 VP$_1$ 所体现的"方式"或"状态"意义。它们是通过否定 VP$_1$,进而来否定整个连动结构。又如"虎妞没有穿新衣服过年了"。

这些句子中否定词的语义指向 VP$_1$,而不是直接指向后面的 VP$_2$。这些

句子的 VP_1 主要是表示"方式"或"状态"。连动句中的否定词主要是否定"方式"或"状态",进而否定在这种"方式"或"状态"下发生的"整个事件",即否定整个连动句,可以称为否定性连动句。在句法结构上,可以用下面的格式进行改写:

$NP+不+VP_1+VP_2$。$\Longleftrightarrow$ $NP+(不+VP_1)+VP_2$。

或:$NP+不+VP_1+VP_2$。$\Longleftrightarrow$ $NP+VP_2+时+(不+VP_1)$。

这种否定连动句的逻辑语义表达式为:$\exists x[-V_1{}'(x,y_1)\&V_2{}'(x,y_2)\cdots\cdots V_n{}'(x,y_n)]$。饶长溶先生(1988)曾经对否定词"不"在双项动词性短语之前否定语义只指向于前项的一些实例进行过考察和分析。他认为一些连动结构中前加否定词"不"后语义只指向前一个 VP,如"不绕弯子说话""不买零食吃""不骑车上班"等。他认为造成语义偏指的原因是由于"不"这个语义成分跟"VP_1+VP_2"配置时否定义很自然地偏指 VP_1,而不是指向于 VP_2,这种语义偏指是自足的。

(三)否定词管辖、约束 VP_2,而不约束 VP_1 形成的逻辑语义结构

有些连动句中的否定词违背邻近性原则,不管辖、约束 VP_1,而是约束 VP_2,这样的连动句一般有语境限制和生活常识的制约。如:

③学生守则明文规定,<u>学生</u> <u>不</u> <u>骑车</u> <u>带人</u>。
　　　　　　　　　　NP　　F　　VP_1　　VP_2

逻辑语义结构:骑'(学生,车)【命题1】& 带'(学生,人)【命题2】。

语义限制:命题 1<命题 2,其中"<"表示"先于"。

两个 VP 之前出现了否定词"不",这两个 VP 生成了两个单纯命题,但并不是两个单纯命题都表示否定意义。句子中否定词"不"只否定了 VP_2 的"带人",没有否定 VP_1 的"骑车",说明否定词只约束 VP_2,不约束 VP_1。造成这种不相邻否定现象的原因是特定语境的限制,使得句子中否定词的语义指向有一定的选择性,不作用于相邻的 VP_1,而作用于间隔的 VP_2,整个句子表示"学生能骑车,但不能在骑车的时候带人。"的事态意义。

这种否定意义的连动句一般都有特定语境(上下文)或生活常识的限制。

它表示在几种情况不能同时进行时,须具有一定的选择性,这种连动句一般带有祈使或命令的语气。在句法结构上,可以用下面的格式进行改写:

NP+不+VP$_1$+VP$_2$。$\Longleftrightarrow$ NP+VP$_1$+(不+VP$_2$)。

或:NP+不+VP$_1$+VP$_2$。$\Longleftrightarrow$ NP+VP$_1$+时+(不+VP$_2$)。

这种连动句的逻辑语义表达式为:$\exists x[V_1{}'(x,y_1)\&-V_2{}'(x,y_2)\cdots\cdots-V_n{}'(x,y_n)]$。

用"不"否定的连动结构通常可以进入受约句①,且常常有追加的后续句或起始句对否定的语义指向于相隔 VP$_2$ 进行约束。

(四)否定词既不单独约束 VP$_1$,也不单独约束 VP$_2$,而是约束 VP$_1$ 和 VP$_2$ 的整体

在中性语境下,一些连动句中的否定词的语义既不单独约束 VP$_1$,也不单独约束 VP$_2$,而是约束 VP$_1$ 和 VP$_2$ 构成的整体,如:

④我今天 不 回家 吃饭。

   NP   F   VP$_1$ VP$_2$

语料结构:$-\Phi\{$我,回$'$(我,家)【命题1】& 吃$'$(我,饭)【命题2】$\}$【复合命题】。

语义限制:命题1<命题2,其中"<"表示"先于",其中命题1和命题2包含于复合命题中。

句子中两个 VP 之前出现了否定词"不能",两个 VP 生成了两个单纯命题,谓词"不能"生成了一个复合命题。在中性语境下,句子由于否定词的语义指向不明,可能具有一定的歧义。句子单独出现时,既不表示"我不回家",也不表示"我不吃饭",它表示"我不回家吃饭"的事件意义。即否定词"不"既不单独否定 VP$_1$"回家",也不单独否定 VP$_2$"吃饭",而是否定"VP$_1$+VP$_2$"构成的"回家吃饭"整体。又如"你不能光着头出去"等。

---

① 刘永华(2006年)曾经分析说,由于"不"这个否定词本身就带有祈使、禁止的意味,所以连动句否定形式的否定结果可以用塞尔勒整理的奥斯汀的言语行为理论得到验证。塞尔勒根据适切条件,提出可以通过五种语句实施五种基本言语行为,其中有一种是受约句,也就是说话者保证将来采取行动来实施某种行为的句子,如提出保证、发出威胁、提供帮助等。

一般情况下,连动句中否定词的语义不单独指向某个VP,而是指向所有VP构成的连动结构。如果有具体语境限制,它的语义指向就明确、具体,但是人们根据一般生活知识的推测,在语感上否定VP_1的情况较为常见,因为就近原则的优势选择。在句法结构上,可以改写为:$NP+不+VP_1+VP_2$。$\Longleftrightarrow NP+不+(VP_1+VP_2)$。这种否定连动句的逻辑语义表达式为:$\exists x\{-\Phi'[V_1'(x,y_1)\&V_2'(x,y_2)\cdots\cdots V_n'(x,y_n)]\}$。

二、约束对象不明确,造成了句子歧义的逻辑语义内涵

在一般语境下,绝大多数连动句中的否定词的语义指向既具有一定的习惯性,又具有一定的选择性,造成连动句语义表达不明确,有的只约束VP_1,有的只约束VP_2;有的是两种情况都可以;有的不是单独约束某一个VP,而是约束整个连动结构等等。这些情况都没有具体语境的限制,如有一定语境的制约,连动句中否定词的语义指向就会明确具体,如:

⑤我 不 去图书馆 借资料。

　　NP　F　　VP_1　　　VP_2

句法结构上单一线性的"$NP+F+VP_1+VP_2$。"结构在不同语境下可以表达几种不同意思,不同语义内涵的句子在句法结构上表现为相同的线性结构,这对于汉语作为母语的人们来说可以根据不同语境来理解这些自然语言的内涵,但对于汉语非母语的人们或机器来说,理解起来非常困难。这需要我们根据不同语境下的意思对其进行形式化的处理和编译。具体如下:

语境1:(我到博物馆借资料)我不去图书馆借资料。

⑤′逻辑语义结构1:$\underline{-去'(我,图书馆)}$【命题1】& 借′(我,资料)【命题2】。

语义限制:命题1<命题2,其中"<"表示"先于"

句中否定词"不"在"语境1"的限制下,其语义指向于VP_1,只有VP_1生成的单纯命题1才表示否定意义;VP_2生成的单纯命题2不表示否定意义。

(语境2:(我到体育馆打球)我不去图书馆借资料。

⑤″逻辑语义结构2:$\underline{-去'(我,图书馆)}$【命题1】&$-$借′(我,资料)【命题2】。

语义限制:命题1<命题2,其中"<"表示"先于"

句中否定词"不"在"语境2"的制约下,其语义指向于两个VP,VP$_1$所生成的单纯命题1表示否定意义;同时VP$_2$生成的单纯命题2也表示否定意义。

(语境3:(我到图书馆看录像)我不去图书馆借资料。

⑤‴逻辑语义结构3:<u>去</u>′(我,图书馆)【命题1】&<u>-借</u>′(我,资料)【命题2】。

语义限制:命题1<命题2,其中"<"表示"先于"

句中否定词"不"在"语境3"的制约下,其语义指向于VP$_2$,VP$_2$所生成的单纯命题2才表示否定意义;否定词的语义不指向于VP$_1$,VP$_1$所生成的单纯命题1不表示否定意义。

上面各种情况是由于语境不同,连动句中否定词的语义指向不同,约束的对象不同而形成了不同的组合关系。诸如此类的句子很多,如"我不到学校看书";"他不瞒着父母玩游戏机";"打牌的人们依旧不抬头看他";"冯经理昨天没有开车上班";"王小姐从来不上街买菜";"江老板不进酒店谈生意";"我不去上海开会";"我不骑车去学校";"他没有站起来把衣服挂上"等等。它们在不同语境的制约下产生了不同的意义,是由于句子中否定词所约束和管辖的对象各不相同,句子内部形成了不同的逻辑语义结构关系。从而也可以看出否定性连动句由于否定词管辖约束的对象不确定形成了否定焦点不平衡的现象。

一般情况下这些连动句由于否定词的语义指向不明,而产生出了歧义,致使这些连动句的语义确定性较低。但是在实际的语言交际中,在具体的语境下,这些连动句的语义并不是模糊的,句中否定词约束和管辖的范围明确,语义指向具体、单一,整个连动句的语义表达也是很明确具体。

三、否定连动句中否定焦点不确定的动因

(一)语用预设 & 蕴涵(即语境不同而形成了不同的否定焦点)

2015年9月28日的"语言学午餐"上登载了一篇文章,编者从一个案例引发了关于预设的理论探讨:"听说你不再喜欢吃五仁月饼了? 否定回答:不是啊,我还喜欢呢;肯定回答:是啊,我现在不喜欢吃了。"一个句子中

的某部分内容,不论句子为真还是为假,事实总是为真,在语义/语用学上,又把这部分内容叫作预设。也就是说,"预设"也是某个句子具有真值(可能判断为真或假)的前提条件,比如你根本没有喜欢过五仁月饼,那就没法回答其问题"你现在不再喜欢吃五仁月饼了吗",因为"不再喜欢吃五仁月饼"不管是真还是假(即回答是肯定还是否定),都预设"(曾经)喜欢过五仁月饼"为真。

编者同时利用"否定测试"机制——检验了由于预设触发语不同形成的不同的语义预设。同时使用嵌入机制检验了由于语境、焦点等因素的不同形成的不同的语用预设,即在一个简单句子中嵌入另外一个结构,由于嵌入结构的肯定、否定和疑问等因素的不同,形成了不同的真、假义。例如:

⑥张三的妹妹在出门前吃了五仁月饼。

当一个人真诚地说出上句时,必然会承认下面情况为真,这些被叫作 S 的蕴涵。

第一种情况:有个叫"张三"的人存在。

第二种情况:张三有个妹妹。

第三种情况:张三的妹妹出过门。

第四种情况:张三的妹妹吃了五仁月饼。

第五种情况:张三的妹妹吃五仁月饼的时间点在她出门的时间点之前。

当我们把 S 嵌入否定词时,它变成了"张三的妹妹没有在出门前吃五仁月饼。"这五种情况也发生了变化,最后两种情况代表此时不为真或不一定为真。因此我们把前三种情况这种特殊的蕴涵叫作"预设"。

根据这样的原则,就能很好地解释否定式连动句为什么存在歧义,同一个句子中有时为真,有时为假。即便含有否定词,句子中各个谓词也不是全部都是否定意义。

从逻辑语义关系上看,一些否定连动句由于句中否定词语义指向不明造成了歧义。否定句的否定意义既可指向句子的整体事件(全部否定、外部否定、事实否定、逻辑否定),也可指向句子的局部构件(部分否定、内部否定、焦点否定)。

　　外部否定和内部否定各自的语义取值不同。外部否定语义指向整个事件,内部否定语义指向各个结构成分,如"冯经理昨天没有开车上班。"可以有几个解释:一是陈述一个事实,即"冯经理开车上班"不为真,这是外部否定;二是否定话题-"冯经理";三是否定限制性成分-"昨天";四是否定第一个动词性短语-"开车";五是否定第二个动词性短语-"上班";六是否定两个动词性短语的整体-"开车上班"等,后面五种都是内部否定。

　　内部否定不仅可以否定句子中的动词及其主要论元,也可以否定句子中的非必要成分,如副词或其他修饰成分等,又如"打牌的人们依旧不抬头看他。"中的"打牌的人们""依旧""抬头""看他"等可以成为否定的焦点。内部否定能够否定句子中的所有部分,而不受一般句法条件的限制。所有部分当然是指句子中的连续成分,但是不包括只起语法作用的功能词,像助词"的、地、得"等。蒋严、潘海华二位先生认为应该把外部否定和内部否定统一起来,不分内外,一个否定句实际上就只有一种否定,即焦点否定。这样的话,实际上是把外部否定也看成是一种焦点否定,其焦点是否定词"不"或"没有"。在不同语境中,作为焦点的否定词作用的对象不同,而生成了不同的语义。一个句子的语义表达是由两个部分组成的:一个是背景(background);一个是焦点(focus)。不同的背景信息生成了不同的焦点信息。

　　否定句常常表现出两种情况:一是在中性语境下的单独否定句,这种否定句通常是对句子的外部进行否定,否定词的语义指向整个句子的核心部分。一个句子的核心部分往往就是这个句子的谓语部分。连动句的核心部分就是由各个VP构成整个连动结构,即外部否定的焦点是连动句中的各个谓词,再进一步过滤分析就是后面的VP。二是存在于一定背景信息下的否定句,这样的否定句由于背景信息的不同,产生了不同的焦点,句子中否定词的语义指向背景信息下的焦点。也就是说一个否定句的语义特征首先表现为外部否定,其次是内部否定。所以,中性语境下否定性连动句往往是整体否定(外部否定)趋势较为明显;由于背景信息不同,会出现对各个VP进行不平衡性的否定(内部否定)趋势。中性语境下否定性连动句的内部否定和外部否定又相互关联,相互影响。否定焦点的分布虽然呈现出不平衡性现象,但也有一定的趋势。

通过考察,可以发现在中性语境下,受语言成分线性组合邻接原则的制约,连动句中的否定词在语义选择上,常常呈现出如下的趋势:"否定前一个事件" > "否定前后两个事件" > "否定后一个事件"。

在语感上,否定性连动句中否定词分别否定前后两个事件的可接受性较弱,因为否定焦点的辖域有限。通过否定前一个 VP 来否定整个连动结构的趋势较强,这是因为人们为了使语言结构紧凑,才使用连动结构,并把它作为一个相对固定的结构出现在单句中的核心位置——谓语部分。否定了整个连动结构就等于否定了一个句子,这种否定实际上就是句子的外部否定。在中性语境下,没有背景的预设,就不存在焦点,因为焦点是在一定的背景信息下生成的信息,没有焦点的否定句只能是外部否定。

(二)语义预设 & 蕴涵(也就是指受动词结构本身的语义特征影响)

微信公众号"语言学午餐"中编者考察了叙实动词、体态动词、时间从句、方式副词、种类副词、分裂句、限定性描述语、专名等不同语义特征的触发语,他们由于语义特征不同引发了预设结果,有的是真,有的是假。如:

一是叙实动词:

肯定句:张三知道李四喜欢吃五仁月饼。

否定句:张三不知道李四喜欢吃五仁月饼

整个否定句蕴涵"李四喜欢吃五仁月饼"为真。

二是方式动词:

肯定句:王经理开车上班。

否定句:王经理今天没有开车上班。

否定连动句蕴涵"有个人叫王经理"、"王经理上班"或"王经理开车"等均为真。当然像上面这些句子的结构中还有可能具有其他语义特征的一些动词。关于否定连动句的否定指向的优势选择问题,刘永华先生(2006)曾考察后发现:一是句中前后两个 VP 之间的语义关系对否定意义的选择有一定的影响。① 一般地说,有这样一些规律,否定意义通常指向带有"方式—行为"关系的连动结构。当表示"方式"的动词结构成为 VP₁ 时,否定意义偏指前项;当表"方式"的动词结构成为 VP₂ 时,否定意义偏指后项。但是,同样是表示"方式—行为"的连动结构,而不具有动作先后性的语义关系时,语义指向就不确定。如在"他不绕弯子说话。"中只有一种语义指向;而在"他不瞒着父母玩游戏机。"里却有多种指向。

二是否定语义指向还与连动结构中前后两个 VP 结合的紧密程度有关。因为"绕弯子"与"说话"结合得非常紧,能与"绕弯子"这一表达方式连用结合的动作行为非常有限。与"不绕弯子说话"这一动作行为有意义上对立性的连动结构只有"绕弯子说话"。而"瞒着父母"与"玩游戏机"结合得不是很紧密,能与"瞒着父母"这样的动词结构组合成连动结构的其他 VP 还有很多,如"看小说、聊天、喝酒、抽烟"等等。与"不瞒着父母玩游戏机"这个动作行为有意义上对立性的连动结构也有很多,如"瞒着父母看小说"等。所以,刘永华先生(2006)认为连动句中否定词偏指前项现象是因为表示"方式"的 VP 与表示行为动作的 VP 结合得非常紧密。②

可见,在表层线性排列上是同一种结构形式的否定连动句,在否定语义的指向选择上却表现出了多义性和复杂性。人们在理解时选择除了与人们的生活常识有关外,还与前后 VP 之间的不同语义关系、前后 VP 搭配组合时紧密程度有关。

总之,在中性语境下,否定词的语义指向不同而使含有否定连动句存在着歧义的可能,汉语为母语的人们在理解这类句子时,往往根据动词类型的制约,根据生活知识的制约等不同的背景信息,来理解句子和运用连动句。当然由于否定焦点的不平衡性,影响了否定连动句的语义理解的优势选择,也使得否定连动句的语义确定性比肯定连动句要低。母语为汉语的人们在表达和理

---

① 刘永华,连动结构否定表达的语义指向考察,语言与翻译,2006(1)。
② 刘永华,连动结构否定表达的语义指向考察,语言与翻译,2006(1)。

解时不能主观化和原则化,必须结合一定的背景信息才能确定其意义。对于母语非汉语的人们或计算机要理解这些句子时,我们必须给他们设置不同语境和分化不同语义模式。

第四章　现代汉语同动式的
逻辑语义研究

同属于连谓结构（$N_0+V_1+N_1+V_2+N_2$）下的连动式和兼语式之间,历来有一些难于厘清的部分,有的人将这一部分称为"连谓兼语融合句",也有人将其称为"复陪式"或"引陪式"。在本章中使用"同动式"来指称这一类语言事实。目前大部分学者都将这种语句视作连动式和兼语式的交叉、融合。然而,若从原型理论的角度来看,"同动式"也具有自己的"典型核心",所以应该把它看作是一个独立的句式类型。此外,认同"同动式"的独立地位,也能更加合理地解释连谓结构中的歧义现象。①

第一节　连续统视野下汉语"同动式"结构

从表层句法结构来看,连动式和兼语式都可以概括为"$N_0+V_1+N_1+V_2+N_2$"。对于这个表层结构下的各种句式,前人已经做了很多研究,为我们奠定了良好的研究基础。对于典型的连动式和兼语式,我们已经能够达成共识。不过,除此之外,连谓结构下还存在着一些特殊的语言事实,让人觉得模棱两

---

① 本章主要根据课题参研人宋东明的硕士学位论文《现代汉语同动式的形式语义分析》（四川师范大学,2017,导师刘海燕）节选修改而成,第一节的内容曾发表于《乐山师范学院学报》（2016 年第 2 期）。加入该文集时有所改动。

可,难以厘清。例如下面这些语句:①

（1）他上山砍柴。

（2）天佑老夫妇带着小顺儿住南屋。

（3）他约了朋友看电影。

（4）冠氏夫妇正陪着两位客人玩扑克牌。

（5）大家选他当主席。

从表层结构上来看,（1）到（5）都是复谓结构。（1）是典型的连动式,（5）是典型的兼语式,在这一点上不会有争议。然而,其他语句不是那么典型,所以在分类时常常有不同的观点:由于两个连续的动作共有一个施事主体,所以有的分析认为应该是连动式;又由于这些语句中都有一个成分可以分析为"兼语",所以也有人认为它们应该是兼语式。当下,大部分学者把这样的语句当作是连动式和兼语式之间的一种过渡、交叉或融合现象。有的称其为"引陪式"（张颖 2003;张颖 2006）或"复陪式"（刘海燕 2008,329）;也有的称其为"连谓兼语融合句"（张勇 1999）。总的来说,这些语句一直被当作连动式和兼语式中间的交叉融合部分,没有独立的句法地位,所以深入关注它们的人并不多,其独特的语义内涵被挖掘得还不够深。上述观点虽然看到了这些语句的独特性,但并未给出这些语句适当的句法归属。倘若不拘囿于传统研究非此即彼的观念,从"连续统"的视角来看待这些语句的话,可以发现这些"中间"语句其实属于同一个原型范畴,而这个原型范畴是与连动式、兼语式相并列的,而不仅仅是二者交叉融合的产物。所以我们认为,应该将"同动式"当作一个独立的句式来看待,这样才能深入挖掘其独特的语义内涵。

连续统（continuum）本来是一个数学概念,后来被引入语言学,用来表示一种个体之间特殊的关系,即:"（类似的）个体之间,存在一种渐次重叠,连绵渐进的关系,这种关系,我们称之为'连绵性'。这些个体,形成的一个

---

① 文章中的语料主要来源于 CCL 语料库和 BCC 语料库;也有部分例子是在前辈学者文章中出现过的经典例子,此类语料我们注明了来源。

群体,我们称之为'连绵体'。"(屈承熹 2005,9)我们认为所谓的汉语句式,其实就是一个个由相似个体聚合而成的原型范畴,所以也可以看成是连续统。具体到本章的研究对象来说,汉语复谓结构下的连动式和兼语式,也是两个连续统,而它们之间的那个"交叉融合"的部分,也可以分析为一个连续统,我们将其称为"同动式"。三个句式之间是一种既连绵渐进又相互并列的关系。

一、"同动式"句法范畴的静态考察

同动式与连动式、兼语式具有相同的表层句法结构,但三者的语义内涵不同。下面我们运用简明的逻辑谓词法来描写三个句式的语义内涵,使我们可以清楚看见各个句式的语义特征以及句式之间的渐进关系。

(一)"同动式"内部的分类

在同动句中,VP_2 有两个施事参与者,即 N_0 和 N_1。通过比较 VP_2 中 N_0、N_1 参与程度的不同,我们可以把同动式大致分为三个类别:

1. N_0、N_1 都参与 VP_2 这个动作行为,但 N_0 是主要的参与者。如:

(2)天佑老夫妇带着小顺儿住南屋。

实际上,上面的语句表达了"天佑老夫妇带着小顺儿"(VP_1)和"天佑老夫妇和小顺儿住南屋"(VP_2)这两个动作行为。其句法结构如下图所示:

<u>天佑老夫妇</u> <u>带着</u> <u>小顺儿</u> <u>住</u> <u>南屋</u>

N_0　　　　V_1　　N_1　　V_2　N_2

VP_1　　　　　VP_2

其中 VP_2"住南屋"这个动作行为的参与者为"天佑老夫妇"和"小顺儿",但"住南屋"主要的参与者是"天佑老夫妇"。其逻辑关系如下:

[带'（天佑老夫妇，小顺儿）&住'（天佑老夫妇&小顺儿，南屋）]

单纯命题1　　　　　　　　单纯命题2

复合命题

语义限制:单纯命题 1 和单纯命题 2 之间是伴随关系,两个单纯命题组合成一个复合命题。

语句内部的逻辑语义,可以运用谓词逻辑法表示为:

$S{\rightarrow}V_1{}'(N_0,N_1)\&V_2{}'(N_0\&N_1,N_2)$①

上述式中 N_0 和 N_1 共同参与了 VP_2 这个动作行为,但主要的施事参与者是 N_0。

2. N_0、N_1 都参与 VP_2 这个动作行为,并且二者之间并无主次之别。这一类别是"典型的同动式"。如:

(3)他约了朋友看电影。

上面例句也表达了"他约朋友"(VP_1)和"他和朋友看电影"(VP_2)这两个动作行为。其句法结构如下图所示:

<u>他 约了 朋友 看 电影</u>

N_0 V_1 $\underline{\quad N_1}$ V_2 N_2

VP_1 $\qquad$ VP_2

其中 VP_2 "看电影"这个动作行为的参与者为"他"和"朋友",但在"看电影"这件事上,二者难分主次。其逻辑关系如下:

<u>[约'(他,朋友)&看'(他&朋友,电影)]</u>

<u>单纯命题1</u> $\qquad$ <u>单纯命题2</u>

复合命题

语义限制:单纯命题 1 先于单纯命题 2,两个单纯命题组合成一个复合命题。

语句内部的逻辑语义,可以运用谓词逻辑法表示为:

$S{\rightarrow}V_1{}'(N_0,N_1)\&V_2{}'(N_0\&N_1,N_2)$

---

① 逻辑语义结构中出现的符号意义如下:"S"代表语句的语义结构;"V_1'"表示"V_1"逻辑谓词;"&"表示合取,大致相当于自然语言中的"and(和)";"#"表示析取,大致相当于自然语言中的"or(或者)"。下文中的符号意义与此相同。

上式中,N_0和N_1都参与了VP_2这个动作行为,并且二者之间没有主次之分。

3. N_0、N_1都参与VP_2这个动作行为,但N_1是主要的参与者。如:

(4)冠氏夫妇正陪着两位客人玩扑克牌。

该语句表达了"冠氏夫妇正陪着客人"和"冠氏夫妇和两位客人打扑克牌"这两个动作行为。其句法结构如下图所示:

冠氏夫妇　正陪着　两位客人　玩　扑克牌

N_1　　　V_1　　　N_2　V_2　　N_3

VP$_1$　　　　　VP$_2$

其中VP_2"玩扑克牌"这件事的参与者是"冠氏夫妇"和"两位客人"。但"两位客人"是"玩扑克牌"这件事情的主要参与者,而"冠氏夫妇"只起到陪着玩儿。其逻辑关系如下:

[陪'（冠氏夫妇，两位客人）&玩'（冠氏夫妇&两位客人，扑克牌）]

单纯命题1　　　　　　　单纯命题2

复合命题

语义限制:单纯命题1和单纯命题2是伴随关系,两个单纯命题包含于复合命题之中。语句内部的逻辑语义,可以运用谓词逻辑法表示为:

$S \rightarrow V_1'(N_0, N_1) \& V_2'(N_0 \& N_1, N_2)$

在这类语句中,N_0和N_1都参与了VP_2这个动作行为,但主要的参与者是N_1。

通过对例句(2)、(3)、(4)的分析,我们发现这些彼此相似的语句处于同一个原型范畴之中,彼此之间具有差异,却又有一种连绵渐进的联系,可以从中找出它们的"典型核心"。所以,这些处于典型连动式和典型兼语式中间的语句,并不仅仅是一种交叉融合的存在,而是一个独立的句式。

(二)"同动式"也是一个具有"典型核心"的原型范畴

上文对同动式进行分类,是从该句式的内部来考察其语义特征。主要是从连续统的角度指出,将"同动式"看作是一个原型句式范畴,并且指出了它的"典型核心",提出"'同动式'也是一个独立的句式"的观点。下文将从外部来考察"同动式",将其跟连动式、兼语式放在一起来观察,指出三者具有各自的典型核心,是三个结构相近的原型句式范畴,而这三个相似的句式其实又同处于一个更大的连续统之中。如表4-1:

表4-1　复谓结构下的各个句式类型

类型/类别	VP_1 的施事	VP_2 的施事	例子
典型连动式	N_0	N_0	他上山砍柴
一般同动式(类别1)	N_0	$N_0 \& N_1$(N_0 为主)	天佑老夫妇带着小顺儿住南屋
典型同动式(类别2)	N_0	$N_0 \& N_1$(N_0、N_1 无主次)	他约了朋友看电影
一般同动式(类别3)	N_0	$N_0 \& N_1$(N_1 为主)	冠氏夫妇正陪着两位客人玩扑克牌
典型兼语式	N_0	N_1	大家选他当主席

通过表4-1,我们可以发现:

从语义上看,处于复谓结构"$N_0+V_1+N_1+V_2+N_2$"下的连动式、兼语式、同动式至少都含有两个动作行为,即 VP_1 和 VP_2。其中 VP_1 的情况比较简单,参与者都是 N_0,而 VP_2 的情况相对复杂,其参与者存在不同的情况。而这恰恰是三个句式之间的关键区别。

在典型连动式中,VP_2 的参与者为 N_0;在典型兼语式中,VP_2 的参与者为 N_1;而在同动式中,无论典型与否,其 VP_2 的参与者都包含两个主体(即"$N_0 \& N_1$")。从典型连动式过渡到典型兼语式的过程,其变化的因素只是 VP_2 的参与者,就是逐渐由 N_0 过渡到 N_1 的过程,这其实就是一个连绵渐进的连续统。所以三个句式既相互区别,又同处于一个更大的原型范畴之下。

具体来看同动式,其 VP_2 具有两个参与主体(即"$N_0 \& N_1$"),通过考查语料发现两个参与者之间还可能存在主次之别。如果 N_0 是其主要参与者,那么就靠近"典型连动式"的一端,如表4-1中的类别1;如果 N_1 是其主要参与者,就靠近"典型兼语式"的一端,如表4-1中的类别3;而如果 N$_0$、N$_1$在 VP$_2$这个事件中难分主次,就位于正中间,如同表4-1中的类别2。由此来看,类别2所代表的语句就是"同动式"自己的"原型核心",可以称为"典型同动式"。

因此,表层为复谓结构的语句中包含着三个原型核心,即"典型连动式""典型同动式"以及"典型兼语式",其中所有的语句以这三个核心为原型,以某种规律连绵渐进地分布,构成整个复谓结构。所以,复谓结构实际上是以这三种典型句式为原型而建立起来的一个更大的句式连续统。其结构如图4-1所示:

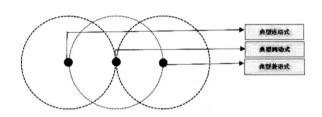

图4-1　以三种典型句式为原型核心而建立起来的连续统(静态分析)

图4-1包含了我们所讨论的语言事实的总合,左边的圆圈代表的是"连动式的范畴",右边的圆圈代表的是"兼语式的范畴",而中间的圆圈代表的是"同动式的范畴"。这三个范畴之间存在一些重合的部分,所以在判断非典型语句时可能产生归类上的分歧。从图上也可以看出,学界长期将"同动式"作为一种连动式、兼语式的"交叉、过渡、融合"现象,其原因或是由于"同动式范畴"中有相当一部分跟"连动式范畴"或"兼语式范畴"相重合。下面主要通过对歧义性的复谓结构语句的分析,来进一步论证将"同动式"看作是一个与连动式、兼语式并列的句式的合理性。

二、歧义性复谓结构语句的动态考察

表层结构为复谓结构的语句中,有一些比较特别的,具有歧义的语句。之所以说它们具有歧义,是因为在中性语境下,这些语句语义模糊;而在某个具体的语境下,则会落实到相应的句式之中。所以,很难在静态分析中来给这些

语句进行归类。不过,这样的歧义性语句,却有助于我们弄清楚复谓结构下句式类型。例如下面这些语句:

(6)我帮妈妈洗碗。

(7)我们得送他去医院。

(8)他答应孩子去动物园。

(6)(7)(8)是三个具有歧义性的复谓结构语句,在中性语境下,(6)和(7)能作出两种解释,(8)则能作出三种不同的解释。根据歧义情况的不同类型,可以将这些歧义性复谓语句进行分类,具体如下:

其一,可能出现两种歧义情况,即参与 VP_2 这个动作行为的可能是“N_0”或者“$N_0\&N_1$”,二者之间为析取关系。

(6)我帮妈妈洗碗。

这个语句包含了 VP_1“我帮妈妈”和 VP_2“Ø① 洗碗”两个动作行为。在语境不足的条件下,我们不能确定 VP_2 这个动作行为的参与者到底是“我”,还是“我和妈妈”。我们可以假设在现实中可能出现的两种情况:

(6a)妈妈的手受了伤,我帮妈妈洗碗。(只有“我”洗碗,“妈妈”没洗)

(6b)碗太多了,我帮着妈妈洗碗。(“我”和“妈妈”一起洗碗)

(6a)用一个前提条件“妈妈的手受了伤”,排除“妈妈洗碗”的可能性,使语句表意明确,只有“我”洗碗,“妈妈”没洗;而(6b)则一方面说明“碗太多了”,并加了一个助词“着”②,使语义明确起来,是“我和妈妈一起洗碗”。但在(6)中,语义不明确,在不同的语境中,可能有(6a)或(6b)两种情况。其逻辑关系如下:

$$\text{我} \quad \text{帮} \quad \text{妈妈} \quad \text{洗} \quad \text{碗}$$

$$N_0 \quad \underline{V_1} \quad N_1 \quad \underline{V_2} \quad N_2$$

$$VP_1 \qquad\qquad VP_2$$

---

① 符号“Ø”在这里代指“洗碗”(VP_2)的施事参与者,具有不确定性。下文出现的“Ø”与此相同。

② 助词“着”表示两个动作同时进行,动₁表示动₂的方式。(吕叔湘 1980,666)

语句内部的逻辑语义关系可以用逻辑谓词法表示为：

$$S \rightarrow V_1'(N_0，N_1) \& [V_2'(N_0，N_2) \# V_2'(N_0 \& N_1，N_2)]$$

当语境信息不足时,像(6)这样的语句就会出现或"连动式"、或"同动式"的不同理解,导致歧义的产生。

其二,可能出现两种歧义情况,即参与 VP_2 这个动作行为的可能是" $N_0 \& N_1$ "或" N_1 ",两种情况之间是析取关系。

(7)我们得送他去医院。

这个语句包含 VP_1 "我们得送他"和 VP_2 "Ø 去医院"两个动作行为。在语境不足的条件下,不能确定 VP_2 这个动作行为的参与者到底是"我们",还是"我们和他",参与者主要取决于所处的语境。我们可以假设下面两种在现实中可能出现的情况:

(7a)我们得开车送他去医院。(去医院的是"我们"和"他")

(7b)我们得找人送他去医院。(去医院的是"他",没有"我们")

由于有"我们开车"这个语境,所以(7a)中 VP_2 "去医院"的参与者不仅有"他",还有"我们";而在(7b)中,由于"开车去医院"的是别人,而不是"我们",所以参与 VP_2 动作行为的人不包括"我们",但肯定有"他"。其逻辑关系如下:

<u>我们</u> <u>得送</u> <u>他</u>　<u>去</u> <u>医院</u>

N_0　V_1　N_1　V_2　N_2

VP_1　　　VP_2

语句内部的逻辑语义关系可以用逻辑谓词法表示为：

$$S \rightarrow V_1'(N_0，N_1) \& [V_2'(N_0 \& N_1，N_2) \# V_2'(N_1，N_2)]$$

当语境信息不足时,像(7)这样的语句就会出现或"同动式"、或"兼语式"的不同理解,导致歧义的产生。

其三,可能出现三种歧义情况,即参与 VP_2 这个动作行为的可能是" N_0 "或" $N_0 \& N_1$ "或" N_1 ",三者之间为析取关系。

（8）他答应孩子去动物园。

语句（8）含有 VP_1 "他答应孩子"和两个动作行为。其中,参与"他答应孩子"的人者是确定的,为"N_0";但在语境不充足的情况下,难以确定"去动物园"的人具体包括谁,在不同的语境中可能出现不同的情况。我们可以假设下面三种在现实中可能出现的情况,VP_2 "Ø 去动物园"的参与者可能是"他",可能是"他和孩子",也可能只有"孩子"。例句如下:

（8a）他答应孩子去动物园接她。（去动物园的是只有"我"）

（8b）他答应陪孩子去动物园。（去动物园的是"我"和"孩子"）

（8c）他答应孩子去动物园,并嘱咐孩子晚上八点之前要回家。（去动物园的只有"孩子"）

（8a）（8b）（8c）分别为（8）提供了比较充足的语境,使其语义得以明晰:（8a）中,参与 VP_2 "去动物园"的只是 N_0 "他";（8b）中,参与 VP_2 "去动物园"的是 N_0&N_1 "他和孩子";而在（8c）中,参与 VP_2 "去动物园"的只有 N_1 "孩子"。这类语句内部的逻辑关系如下:

他 答应 孩子 去 动物园

N_0　V_1　　N_1 V_2　　N_2

VP_1　　VP_2

语句内部的逻辑语义关系可以用逻辑谓词法表示为:

$$S \rightarrow V_1'(N_0, N_1) \& [V_2'(N_0, N_2) \# V_2'(N_0\&N_1, N_2) \# V_2'(N_1, N_2)]$$

当语境信息不足时,像（8）这样的语句就会出现或"连动式"或"同动式"或"兼语式"的不同理解,从而产生歧义。

实际上,像（6）（7）（8）这样的语句,因为所处的语境不同,在现实中可能出现两种或两种以上的理解,因此其语义似乎是处于一种尚未落实的悬置状态。这就是在静态分析中难以将其明确归类的主要原因。而当语境充足时,其意义也会变得明晰,成为一个具体的复谓语句,原本悬置的语义特征得以落实,使其符合某一个具体的句式范畴,歧义得以消除。我们也可以对其进行归类了。这个过程如图4-2所示。

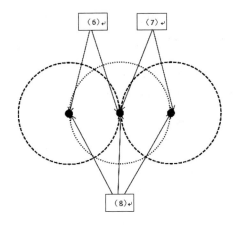

图 4-2 具有歧义的语句的落实情况(动态分析)

图 4-2 中的三个方框表示上面提到的(6)(7)(8)三种类型歧义语句,箭头表示的是可能性,即某一类别的歧义性语句可能落实到某种具体的句式范畴中的可能性。通过上文的分析可知,这三类复谓歧义句都有落实到"同动式"范畴中的可能。如果按照以往的观念,只把"同动式"看作一种"交叉、过渡或融合现象",而不是一个相对独立的句式范畴,我们就只能拘囿于"连动式"与"兼语式"这两个原型范畴来分析这些歧义现象。这就很难解释为什么在(6)中参与 VP_2 的可能是"N_0",也可能是"N_0&N_1";在(7)中参与 VP_2 的可能是"N_0&N_1",也可能是"N_1";而(8)中参与 VP_2 的则可能是"N_0",也可能是"N_0&N_1",还可能是"N_1",为什么不是"N_0"或"N_1"之间非此即彼的简单差别呢? 在以往的框架下,不好说明这样的歧义现象,分析的颗粒也会显得比较粗糙。因此,倘若给予"同动式"独立的句法地位,将其当作与连动式、兼语式相并列的句式范畴,这样的问题相对来说就容易解决了。

三、小结

可借着"地心引力"的原理来作以下设想:地球本身存在并具有很大的质量,所以它具有地心引力。那么,是否也可想象在较为抽象的语言中也具有某种"引力"[1]

---

[1] 可以称其为"原型引力"。

呢？在原型范畴理论视角下来看，"连动式""兼语式"这样的句式范畴，实际上是一种建立在我们假定的原型范畴。因为在众多相似的语句中，为了归类的方便，我们认为有一些是比较典型的，并以一个假设的"原型核心"为基础来建立一个原型句式范畴。而这些已经建立的范畴（如同实体一样）就会在我们归类时，对具体的语句产生引力，对处于悬置状态的歧义性语句［如（6）、（7）、（8）］也是如此。通过补足语境的方法，这些歧义性的语句的语义得以落实。在这个过程中，业已建立的句式范畴就会"吸引"它们向自己的"核心"靠近，从而使这些语句落实到"连动式"、"兼语式"或"同动式"等具体的句式范畴之中，我们也完成了给某个语句归类的任务。在分析歧义性复谓语句时，发现影响歧义句语义落实的共有三个"引力"，而有"引力"就说明存在着实体，即存在着原型句式范畴。因此，应该将"同动式"看作是一个独立的原型句式范畴，这样能更加深入清晰地分析复谓结构下的各种问题。①

第二节　现代汉语同动式的逻辑语义内涵

　　要对同动式进行逻辑语义分析，需要做以下两个方面的工作：第一是对同动式的语义特征进行考察，并运用相应的逻辑式来表达其语义内涵。第二是找到合适的方法来解决该句式的句法-语义并行推演问题，特别要解决其中的非连续性回指问题，这样才是一个具有实际运用的可能性的分析方案。我们在本文中做的属于第一步工作。就是提炼同动式独特的语义内涵，并运用相应的逻辑表达式来对其进行准确的描述。而所谓考察同动式的独特的语义内涵，就是能够使它与连动式、兼语式相区别的语义特征。首先来看同动式独特的语义特征。

---

　　①　由于我们已经论证"同动式"可以作为一个独立的句法范畴，所以在下文提到"同动式"时，不加引号了。

我们发现复谓结构下的连动式、兼语式和同动式的语表结构都可以概括为"$N_0+VP_1+VP_2$"[①]。但通过考察,可知三者在相同的表层结构下具有不同语义特征。我们将三个句式的语义特征概括如下:

(1)连动式:N_0参与了 VP_1、VP_2 等动作行为。(连续施动)

(2)兼语式:N_0通过 V_1 致使 N_1 参与了 VP_2 这个动作行为。(致使施动)

(3)同动式:N_0通过 V_1 与 N_1 一起参与了 VP_2 这个动作行为。(共同施动)

连动式典型的语义特征是"连续施动",兼语式的典型语义特征是"致使施动"。与连动式和兼语式相比,同动式的典型语义特征表现为"共同施动",即 N_0 与 N_1 一起参与了 VP_2 这个动作行为。单从语表形式上,很难看出三个句式各自的特点,但如果用相应的逻辑语义表达式来描写它们各自独特的语义内涵的话,却可以清晰地体现出各自的语义特征。我们在下面主要运用空范畴 PRO 的相关理论来阐释我们的解决这个问题的思路。空范畴 PRO 源于乔姆斯基(Chomsky)所提出的转换生成理论。

一、逻辑形式中的 PRO

控制理论(control theory)是乔姆斯基(Chomsky)在《管辖与约束讲稿》(*Lectures on Government and Binding*)(1982/1993:102-110)中提出来的,他提到:"有三个问题产生跟成分 PRO 有联系:(i)它可以在哪儿出现?(ii)它必须在哪儿出现?(iii)它的所指怎样确定?第一个问题归属支配理论和约束理论的各条一般原则,第二个归属投射原则和格理论,第三个归属控制理论。"

袁毓林(2014:221-239)提到:"乔姆斯基(Chomsky)的管辖约束理论(the theory of government and binding,简称 GB)中专门设立了控制理论,用来解释没有先行词的空范畴 PRO。"在题元理论(θ-theory)[②]中,"如果在题元位置上缺少有形词,就必须用无形词来填充,这样的无形词叫作'空语类'(proform),

---

①　比较完整的形式应该是"$N_0+V_1+N_1+V_2(+N_2)$"。在某些语境中,语句可能会有一些附加成分或者出现省略现象,我们列出的只是一种最常见的语表结构。此外,在本文中,我们暂且只讨论具有两个 VP 成分的连谓式。

②　题元理论是控制理论下的一个子理论,详见乔姆斯基(Chomsky)(1982)。

用 PRO 来表示"。（冯志伟 2013:382-383）所以所谓的"PRO"，就是指那些在语表结构（语音形式）中没有出现、但却存在于语句语义内涵（逻辑形式）之中的部分。引用下面的两个例子来进一步说明：

（4）a. John promised Mary to learn English.（约翰答应马丽学习英语。）

　　　b. John persuaded Mary to learn English.（约翰劝说马丽学习英语。）

按照冯志伟（2013:388）的分析，上面两个句子的区别主要是：前者中 learn English 的逻辑主语是 John；而后者中 learn English 的逻辑主语则是 Mary。但是这两句话又没有出现移位（movement）操作和语迹（trace）的问题。所以应该是存在一个在语表结构中没有出现、在逻辑形式之中却必不可少的部分，即 PRO。可以把上面两个句子实际的逻辑结构表示如下：

（5）a.John$_i$ promisde Mary$_j$〔PRO$_i$ to learn English〕

　　　b.John$_i$ persuaded Mary$_j$〔PRO$_j$ to learn English〕

（5a）中的 PRO 表示的是 John，即"learn English"是 John；而（5b）中的 PRO 表示的是 Mary，即"learn English"是 Mary。可以标记相同的下标来体现这种同指关系。"乔姆斯基（Chomsky），将上例中 PRO 和 John 与 Mary 的这种同标关系称为控制。其中，主语 John 和宾语 Mary 是控制语（controller），"控制相应的 PRO。具体到上面的例句来看，（5a）中的 PRO 是"受主语控制"（subject control），而（5b）中的 PRO 则是"受宾语控制"（object control）。许多学者都认为这样的不同"是由动词 promise 和 persuade 不同的性质决定，应该在词库中标明动词相应的性质"①。

按照控制理论的思路来看，在连动式、兼语式和同动式语句的逻辑形式中，也存在着在表层语音形式上没有表现出来的部分。请看下面的例子：

（6）a. 老王上街买菜。（连动式）

　　　b. 老师叫你去办公室。（兼语式）

　　　c. 老王陪客人喝酒。（同动式）

---

① 以上关于 GB 理论的内容和例句均引自袁毓林（2014:221-239），行文需要，文句有所改动。

我们将(6a)断定为连动式,是因为句中的"老王"虽然在语表形式上只出现了一次,但"老王"既是"上街"的施事主语,也是"买菜"的施事主语,这一主体连续参与了"上街"和"买菜"这两个动作行为。将(6b)断定为兼语式,是因为句中的"你"虽然在语表形式上只出现了一次,但"你"既是"老师叫你"中的受事宾语,又是"去办公室"中的施事主语,整个句子的语义是"老师"通过"叫"的方式致使"你"实施"去办公室"这个动作行为。最后,我们断定(6c)是同动式,则是因为,虽然"老王"在(6c)的语表结构只出现了一次,但却既是"陪客人"的施事主语,又与另一主体"客人"一同参与了"喝酒"这个动作行为。所以我们在判定某个复谓语句的句式归属时,主要依据的是究竟是谁参与 VP$_2$ 这个动作行为:若参与者只有 N$_0$,就断定为连动式;若参与者只有 N$_1$,就断定为兼语式;如果参与者既有 N$_0$,也有 N$_1$,那么就可以断定为同动式。在复谓结构的语句中,VP$_2$ 的参与者没有在语音形式上表现出来,单从语表结构来看是隐含的;但从深层的逻辑形式来看,是空范畴 PRO 的形式存在的,并且具有不同的指称。我们也可以写出(6)中三个句子在逻辑上的结构:

(7)a. 老王$_i$上街$_j$[PRO$_j$买菜]

　　b. 老师$_i$叫你$_j$[PRO$_j$去办公室]

　　c. 老王$_i$陪客人$_j$[PRO$_{i\oplus j}$喝酒]

为了便于区别,我们把连动式中的空范畴标记为 PRO$_i$,把兼语式中的空范畴标记为 PRO$_j$,而同动式中的空范畴则标记为 PRO$_{i\oplus j}$。

二、同动式语义特征的形式化

(一)逻辑表达式 F

我们主要是通过与连动式、兼语式的对比,来描写同动式的基本语义内涵。运用简明的逻辑谓词法①,可以用下面的表达式来描写这三个句式的语

---

① 关于"逻辑谓词法"的具体操作方法,请参考方立(2000,31-34)或蒋严、潘海华(2005,30-35)。

义内涵①：

(8) L：V_1' (N_0'，N_1') ∧ VP_2' (N_0')

(9) J：V_1' (N_0'，N_1') ∧ VP_2' (N_1')

(10) T：V_1' (N_0'，N_1') ∧ VP_2' (N_0' ⊕ N_1')

在逻辑语义表达式中可以清楚地发现，三个句式的各自的特点都体现在逻辑谓词"VP_2'"的论元上，在 L、J、T 中，逻辑谓词 VP_2' 的论元分别是 N_0'、N_1'、N_0' ⊕ N_1'。表示三个句式中 VP_2 这个动作行为的参与者分别是 N_0、N_1 和 N_0' ⊕ N_1。所以与其他两个句式相比，同动式典型的语义特征乃是 N_0 和 N_1 共同参与了 VP_2 这个动作行为。如果进一步用"λ"算子对 L、J、T 进行抽象，可将它们概括为函数 F。

(11) F：$λx[V_1'(N_0',N_1')∧VP_2'(x)]$ （Dom(F) ＝{N_0'，N_1'，N_0' ⊕ N'}）

可以用函数 F 来概括所有复谓语句的语义内涵。其中逻辑谓词 VP_2' 的论元由变元 x 充当，并且规定了 x 的论域。因为 x 的取值可能是 N_0'、N_1'、或 N_0' ⊕ N_1'，所以其论域就是由这三个元素组成的集合（记作 A）。具体来看，当某个语句中 x 的取值是 N_0' 时，F 就实现为 L，这个语句就是连动式；当某个语句中 x 的取值是 N_1' 时，F 就实现为 J，这个语句就是兼语式；而当某个语句中 x 的取值为 N_0' ⊕ N_1' 时，F 就实现为 T，这个语句就是同动式。因此，F 的值域实际上也是一个语义表达式的集合（记作 B），它的成员分别是 L、J、T 三个语义表达式。从 A 到 B 是一种通过函数 F 来运作的映射（mapping）关系，用图 4-3 来说明这个关系。

进一步往下思考的话，问题就是函数 F 中 x 的值是怎么确定的呢？有没有什么标准？通过分析比较，我们最终选定"N_0 与 N_1 在 VP_2 中的参与度"为判

---

① 其中"L""J""T"分别代表连动式、兼语式、同动式的语义内涵；加上标的"V_1'"表示"V_1"对应的逻辑词项（其他与此相同）。符号"∧"表示命题之间的合取，符号"∨"表示命题之间的析取；而符号"#"表示个体之间的析取，符号"⊕"表示个体之间的聚合。下文中的符号意义与此处相同。

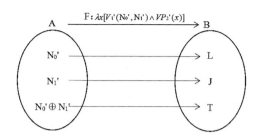

图4-3　从 A 到 B 的映射关系

定的标准。所谓的"参与度"是指某个主体参与到某个动作行为中的程度,这是一个相对量,是一个相比较而言的程度。通过比较在 VP_2 中 N_0 的参与度(记作 θ_0)与 N_1 的参与度(记作 θ_1)的大小,我们便可以定义这三个句式了。因为只要弄清楚究竟谁是 VP_2 这个动作行为的参与者,就足以满足表达或理解这三个句式的需要了。

其实,在实际的语言事实中,我们无法找到连动式、兼语式、同动式三个句式之间明确的界限,这三个句式范畴实际上处于一个连续渐变的过程之中。N_0、N_1 在 VP_2 这个动作行为中的参与度是这个过程中非常重要的变量。为了便于观察,我们把参与度的取值设定在 0 到 1 之间,具体如下:

(12) $0 \leqslant \theta_n \leqslant 1$ 　　($n \in \{0,1\}$)

当取值为 0 时,表示的是某个主体不是 VP_2 这个动作行为的参与者;当取值为 1 时,表示的是只有某个主体是 VP_2 这个动作行为的参与者。下面我们来观察一下在"连动式>同动式>兼语式"的过程中 θ_0 和 θ_1 的取值情况。一开始,在典型连动式中 θ_0 为 1,之后渐渐减小,到典型兼语式时则减小为 0;反之,在典型连动式中 θ_1 为 0,之后则渐渐增大,到典型兼语式中时达到最大值 1。而在中间的同动式中时,θ_0 和 θ_1 的取值此消彼长,并且一直处于 0 至 1 之间。下面用 $R_i(\theta_0,\theta_1)$($i \in \{L,J,T\}$))来标记 θ_0 和 θ_1 之间的大小关系。$R_i(\theta_0,\theta_1)$ 可能出现下面三种具体的情况。

第一,当 N_1 不参与 VP_2 时,θ_0 和 θ_1 之间的大小关系是 $0 = \theta_1 < \theta_0 \leqslant 1$。在这种情况下,$VP_2'(x)$ 中 x 的取值为 N_0',因为只有 N_0 参与了 VP_2,这样的句子是连动句,函数 F 落实为连动式的语义表达式 L,如(13)。

（13）L：$V_1'(N_0', N_1') \wedge VP_2'(N_0')$

第二，当 N_0 不参与 VP_2 时，θ_0 和 θ_1 之间的关系是 $0 = \theta_0 < \theta_1 \leq 1$。在这种情形下，$VP_2'(x)$ 中 x 的取值为 N_1'，只有 N_1 参与了 VP_2，句子是兼语句，F 落实为兼语式的语义表达式 J，如（14）。这时 $R_i(\theta_0, \theta_1)$ 应标记为 $R_J(\theta_0, \theta_1)$。

（14）J：$V_1'(N_0', N_1') \wedge VP_2'(N_1')$

第三，当 N_0、N_1 都参与了 VP_2 时，θ_0 和 θ_1 之间的大小关系有三种具体情况：$0 < \theta_1 \leq \theta_0 < 1$ 或 $0 < \theta_0 = \theta_1 < 1$ 或 $0 < \theta_0 \leq \theta_1 < 1$。在这样的情况下，$VP_2'(x)$ 中 x 的取值为 $N_0' \oplus N_1'$，因为 N_0、N_1 都是 VP_2 的参与者，所以这样的句子是同动式，F 落实为同动式的语义表达式 T，如（15）。这时 $R_i(\theta_0, \theta_1)$ 的取值为 $R_T(\theta_0, \theta_1)$。

（15）T：$V_1'(N_0', N_1') \wedge VP_2'(N_0' \oplus N_1')$

根据上面的分析，可以总结出表达式 L、J、T 的真值的必要条件：

（16）只有 $0 = \theta_1 < \theta_0 \leq 1$，即 $R_i(\theta_0, \theta_1)$ 为 $R_L(\theta_0, \theta_1)$ 时，L 为真。

（可以确认某个语句为连动句）

（17）只有 $0 = \theta_0 < \theta_1 \leq 1$，即 $R_i(\theta_0, \theta_1)$ 为 $R_J(\theta_0, \theta_1)$ 时，J 为真。

（可以确认某个语句为兼语句）

（18）只有 $0 < \theta_1 \leq \theta_0 < 1 \vee 0 < \theta_0 = \theta_1 < 1 \vee 0 < \theta_0 \leq \theta_1 < 1$，即 $R_i(\theta_0, \theta_1)$ 为 $R_T(\theta_0, \theta_1)$ 时，T 为真。

（可以确认某个语句为同动句）

我们将（16）、（17）、（18）做成下面的表格形式，以便查看。

表4-2　L、J、T 真值对应的必要条件表

θ_0 和 θ_1 的关系	$R_i(\theta_0, \theta_1)$ 的值	真值		
		L	J	T
$0 = \theta_1 < \theta_0 \leq 1$	$R_L(\theta_0, \theta_1)$	+	−	−
$0 = \theta_0 < \theta_1 \leq 1$	$R_J(\theta_0, \theta_1)$	−	+	−
$0 < \theta_1 \leq \theta_0 < 1 \# 0 < \theta_0 = \theta_1 < 1$ $\# 0 < \theta_0 \leq \theta_1 < 1$	$R_T(\theta_0, \theta_1)$	−	−	+

因此，通过 θ_0 和 θ_1 的大小关系，可以确定函数 F 中 x 的取值，即究竟是谁参与了 VP_2 这个动作行为，从而判定抽象的函数 F 具体是实现为 L、J 还是 T，以确定某个具体的语句的句法归属。这就是 $R_i(\theta_0,\theta_1)$ 对 F 的制约作用。

$$F(x) = \begin{cases} L（这里的\ x=N_0'），若\ R_i(\theta_0,\ \theta_1)=R_L(\theta_0,\ \theta_1) \\ J（这里的\ x=N_1'），若\ R_i(\theta_0,\ \theta_1)=R_J(\theta_0,\ \theta_1) \\ T（这里的\ x=N_0'\oplus N_1'），若\ R_i(\theta_0,\ \theta_1)=R_T(\theta_0,\ \theta_1) \end{cases}$$

（二）用自然语言来验证 F

为了验证上面的语义表达式以及相应的真值条件，我们将用下面这些具体的汉语句子来做尝试。

(19) a. 老王上街买菜　　　　　　（连动句）　　　　　（宋玉柱 1992）

　　 b. 老师叫你去办公室　　　　（兼语句）　　　　　（宋玉柱 1992）

　　 c. 老王陪客人喝酒　　　　　（同动句）　　　　　（朱德熙 1982）

　　 d. 他带着妹妹去上学　　　　（连/兼歧义句）　　　（百度网页）

　　 e. 武震帮老包头整理好　　　（连/同歧义句）　　　（高更生 1980）

　　 f. 你扶老太太上车　　　　　（兼/同歧义句）　　　（朱德熙 1982）

　　 g. 他答应孩子去动物园　　　（连/兼/同歧义句）　（刘海燕 2008）

这些例句大都是前人学者在其著作中提到过的，其中（19a）是连动句、（19b）是兼语句、（19c）是同动句，而（19d）—（19g）是具有歧义的复谓语句，可能有两种或三种不同的理解。

接下来，先根据语境信息给出 $R_i(\theta_0,\theta_1)$，再由前文中的制约关系推出函数 F 的取值，最后看看是否能够取得和（19）中各例相一致的结果。首先，我们用 λ 算子将（19）中的例句进行抽象，得到相应的语义表达式：

(20) a. $\lambda x[上'（老王'，街'）\wedge 买菜'(x)]$

　　 b. $\lambda x[叫'（老师'，你'）\wedge 去办公室'(x)]$

　　 c. $\lambda x[陪'（老王'，客人'）\wedge 喝酒'(x)]$

d. $\lambda x[\text{带}'(\text{他}',\text{妹妹}') \wedge \text{去上学}'(x)]$

e. $\lambda x[\text{帮}'(\text{武震}',\text{老包头}') \wedge \text{整理好}'(x)]$

f. $\lambda x[\text{扶}'(\text{你}',\text{老奶奶}') \wedge \text{上车}'(x)]$

g. $\lambda x[\text{答应}'(\text{他},\text{孩子}) \wedge \text{去动物园}'(x)]$

依据每个句中 N_0、N_1 参与度大小关系,可给出 $R_i(\theta_0,\theta_1)$ 的取值,分别如下。[①]

(21) a. $R_L(\theta_0,\theta_1)$

b. $R_J(\theta_0,\theta_1)$

c. $R_T(\theta_0,\theta_1)$

d. $R_L(\theta_0,\theta_1) \vee R_J(\theta_0,\theta_1)$

e. $R_L(\theta_0,\theta_1) \vee R_T(\theta_0,\theta_1)$

f. $R_J(\theta_0,\theta_1) \vee R_T(\theta_0,\theta_1)$

g. $R_L(\theta_0,\theta_1) \vee R_J(\theta_0,\theta_1) \vee R_T(\theta_0,\theta_1)$

在确定 $R_i(\theta_0,\theta_1)$ 取值的条件下,通过 $R_i(\theta_0,\theta_1)$ 对 F 的制约作用[②],能够知道 F 的映射结果,到底是 L、J 还是 T。从而决定(20)中论元 x 的取值,得到各自具体的语义表达式。过程如下所示:

(22) a. $\text{上}'(\text{老王}',\text{街}') \wedge \text{买菜}'(\text{老王}')$

　　　　　　　　$(R_L(\theta_0,\theta_1)$ 决定"x"的取值为 $N_0')$

b. $\text{叫}'(\text{老师}',\text{你}') \wedge \text{去办公室}'(\text{你}')$

　　　　　　　　$(R_J(\theta_0,\theta_1)$ 决定"x"的取值为 $N_1')$

c. $\text{陪}'(\text{老王}',\text{客人}') \wedge \text{喝酒}'(\text{老王}' \oplus \text{客人}')$

　　　　　　　　$(R_T(\theta_0,\theta_1)$ 决定"x"的取值为 $N_0' \oplus N_1')$

――――――――――

① (22d)中的"$R_L(\theta_0,\theta_1)R_J(\theta_0,\theta_1)$"表示的是,$N_0$、$N_1$ 在(21d)的 VP_2"去上学"这件事上的参与度有两种大小关系,即 $0=\theta_1<\theta_0\leqslant 1$ 或者 $0=\theta_0<\theta_1\leqslant 1$。所以其 $R_i(\theta_0,\theta_1)$ 的取值也相应地有两个,即 $R_L(\theta_0,\theta_1)$ 或者 $R_J(\theta_0,\theta_1)$,我们用析取符号"$\wedge$"来表示这种关系。因为 $R_i(\theta_0,\theta_1)$ 的取值直接影响到语义表达式最终是落实为连动式、兼语式还是同动式,所以 $R_i(\theta_0,\theta_1)$ 的取值具有两种或三种可能的句子是具有歧义性的。(21e)—(21g)的情况与此相同,请以此类推。

② 请参见表4-2。

d. 带$'$(他$'$,妹妹$'$) $\wedge$ 去上学$'$(他$'$#妹妹$'$)

　　　($R_L(\theta_0,\theta_1)$ $\vee$ $R_J(\theta_0,\theta_1)$决定"x"的取值为 N_0'#N_1')

e. 帮$'$(武震$'$,老包头$'$) $\wedge$ 整理好$'$[武震$'$#(武震$'$ $\oplus$ 老包头$'$)]

　　　($R_L(\theta_0,\theta_1)$ $\vee$ $R_T(\theta_0,\theta_1)$决定"x"的取值为 N_0'#(N_0' $\oplus$ N_1'))

f. 扶$'$(你$'$,老奶奶$'$) $\wedge$ 上车$'$[老奶奶$'$#(你$'$ $\oplus$ 老奶奶$'$)]

　　　($R_J(\theta_0,\theta_1)$ $\vee$ $R_T(\theta_0,\theta_1)$决定"x"的取值为 N_1'#(N_0' $\oplus$ N_1'))

g. 答应$'$(他$'$,孩子$'$) $\wedge$ 去动物园$'$[他$'$#孩子$'$#(他$'$ $\oplus$ 孩子$'$)]

($R_L(\theta_0,\theta_1)$ $\vee$ $R_J(\theta_0,\theta_1)$ $\vee$ $R_T(\theta_0,\theta_1)$决定"x"的取值为 N_0'#N_1'#(N_0' $\oplus$ N_1'))

（22）中的逻辑语义表达式所表达的意义。就（22a）来看，"老王"这个主体既参与了"上街"，又参与了"买菜"，表达的是同一主体"连续施动"的语义，因此应该归属于连动式；就（22b）来看，"你"既是第一个事件"我叫你"中的受事论元，又是第二个事件"你去办公室"中的施事论元，这两个事件之间是合取关系，表达两个同体之间"致使施动"的语义，因此应当归属于兼语式；就（22c）来看，主要表达了"老王"这个主体通过"陪客人"的方式参与到"喝酒"这个事件之中，"老王"和"客人"这两个主体共同参与了"喝酒"这件事，表达的是两个主体"共同施动"的语义，因此应当归属于同动式。而剩下的（22d）—（22g），由于表达的是两个或三个事件之间的析取关系，所以都应该归属于歧义性的复谓句。（22d）是或连动式或兼语式的歧义句；（22e）是或连动式或同动式的歧义句；（22f）是或兼语式或同动式的歧义句；（22g）则是或连动式或兼语式或同动式的歧义句。如下。①

（23）a. [上$'$(老王$'$,街$'$) $\wedge$ 买菜$'$(老王$'$)] $\in$ BL

b. [叫$'$(老师$'$,你$'$) $\wedge$ 去办公室$'$(你$'$)] $\in$ BJ

c. [陪$'$(老王$'$,客人$'$) $\wedge$ 喝酒$'$(老王$'$ $\oplus$ 客人$'$)] $\in$ BT

d. [带$'$(他$'$,妹妹$'$) $\wedge$ 去上学$'$(他$'$#妹妹$'$)] $\in$ BL#BJ

e. [帮$'$(武震$'$,老包头$'$) $\wedge$ 整理好$'$[武震$'$#(武震$'$ $\oplus$ 老包头$'$)]]

---

① B_L、B_J、B_T分别表示形如 L、J、T 的公式的集合。

$\in$ BL#BT

f. $\left[\,扶\,'(\,你\,',老奶奶\,')\,\wedge\,上车\,'\,[\,老奶奶\,'\#(\,你\,'\oplus老奶奶\,')\,]\,\right]\in$ BJ#BT

g. $\left[\,答应\,'(\,他\,',孩子\,')\,\wedge\,去动物园\,'\,[\,他\,'\#孩子\,'\#(\,他\,'\oplus孩子\,')\,]\,\right]$
$\in$ BL#BJ#BT

上面得出的句子类型与(19)中各个句子的类型一致。这说明函数 F 对复谓结构语句的抽象提炼,以及 $R_i(\theta_0,\theta_1)$ 对函数 F 的制约作用符合汉语的语言事实。因此,在对汉语同动式(乃至连动式、兼语式)的语义内涵进行形式化分析时,可用此方法。

(三)结论

目前学界研究复谓结构的成果不少,但其中将现代汉语同动式当作一个独立句式来研究的却不多。在对复谓结构的语句进行分类时,多数学者都只考虑 V_1 的语义特征,这样的标准忽略了句中的其他语义特征。真正具有实际的意义的分类方式应当具有两个方面的功能,首先是能够有效地使同动式与复谓结构下的其他句式区别出来,其次也能够细致全面地划分出同动式内部的各个类型。通过上文的考察分析,我们发现连动式、兼语式和同动式三个句式之间最关键的区别就在于:N_0、N_1 在 VP_2 中的参与度不同。在此基础上,尝试用数理逻辑的方法将复谓语句基本的语义特征加以形式化,最终得出同动式的逻辑语义表达式。上面的语义分析可以帮助我们较为清晰地来区分同动式与同属于复谓结构下的连动式、兼语式,从而加深对同动式,乃至整个复谓结构语句的认识。我们期待这样的研究也能够为中文信息处理等领域的工作提供一些语言学方面的参考资料。

第五章 现代汉语"像"字句的
逻辑语义研究

现代汉语"像"字句一般来说可以有 4 种用法,分别是表:比喻、比较、举例、推测。表示比喻是"像"字句最广泛的用法,如"湖水像一面镜子"。表比较的"像"字句使用频率也很高,如"他是我这个世界上最爱戴的人,你会像我一样爱他的。"其中"像"是一个比较词。剩下的两种情况比较少见,如"他四处张望,好像在寻找着什么。"中"像"是表示推测;"像黄继光、邱少云这样的人物,这年头可不多见了。"中的"像"则表示举例。①

比喻属于修辞学,是用一些事物比喻想要说明的某一事物,使得要说明的事物更加形象生动;而比较是对两个事物的性质、数量等方面的异同做的描述。"相比而言比喻句更加的主观,而比较句更加的客观。"②虽然比喻和比较分属于两个不同的概念,但可以采用相同的句法形式,有着相同的形式标记,所以难以区分。

对于现代汉语"像"字句的研究很多,涵盖了功能、认知、生成、方言、历时等诸多方面,但是对于"像"字句的区分标准以及逻辑语义研究还很欠缺,所以本章主要是从逻辑语义的角度对现代汉语"像"字句中难以区分的两种用法、句法、语义进行分析,并用逻辑表达式更清晰地描述句子的语义内涵。

---

① 本章主要根据课题参研人杨瑞琦的硕士学位论文《现代汉语"像"的逻辑语义分析》(四川师范大学,2019,导师刘海燕)节选修改而成。

② 夏群:《汉语比较句研究综述》,《汉语学习》2009 年第 2 期。

第一节 "像"字句的界定和类型

一、"像"字句的含义和类型

"像"字句的用法有四种,分别是表比较、表比喻、表举例和表推测,根据其用法不同,"像"字句的类型主要分为四类——表比喻的"像"字句、表比较的"像"字句、表推测的"像"字句和表举例的"像"字句。在表比喻和表比较之间有一种存在语义交叉的部分,把这部分称为表交叉语义的"像"字句。其中区分表举例和表推测的这两种用法的方法是明确的,这里不对此进行分析,本章主要探讨表示比喻和比较意义的"像"字句。

(一)表比喻的"像"字句

表比喻的"像"字句是"像"字句最基本的,也是最广泛的用法之一,搜集的语料中该种用法占48%。该用法主要是通过修辞的方式对两个不同层面的本体与喻体之间的相似点进行比较,使本体更加生动形象。在表比喻的"像"字句中,"像"是作为一个比喻词出现的,引出喻体,是句中的一个焦点标记。①

(1)一声高亢的噪音,像初学打鸣的小公鸡,裂帛样迸出来。

(2)杏儿的心像吊桶一般上上下下。(刘心武《钟鼓楼》)

表比喻的"像"字句在形式上有三点特征。第一是重音位于"像"字后的名词上,如例句中的重音落在"小公鸡""吊桶"上。第二是表比喻的"像"字句,没有否定形式。例:

(3)街边的行道树像一个个守卫城市的战士。

(4)*街边的行道树不像一个个守卫城市的战士。

第三是表比喻的"像"字句的本体和喻体的认知距离较远,通常是不同领

---

① 喻禾:《比喻句中的焦点标记词"像"》,江西省语言学会年会论文集,2006年第127页。

域的物与物、人与物或者是具体的事物和抽象的事物。如"噪音"和"小公鸡"、"杏儿的心"和"水桶"、"行道树"和"战士"。

(二)表比较的"像"字句

表比较的"像"字句的使用也非常广泛,在前期学者的考察中,它在"像"字句中的占比与表比喻的"像"字句不相上下,在我们搜集的语料中占46%。如:

(5)他长得像他妈妈。

(6)这根竹竿像那根一样长。

(7)他不像你一样聪明,但像你一样勤奋。(吕叔湘《现代汉语八百词》)

表比较的"像"字句形式上有三点特征。一是在"像……一样……"的格式中重音落在"一样"上。第二,表比较的"像"字句可以前加否定词。如上例,在"像"字前加否定词"不",表示没有相似点。第三,"像"字前后两名词之间的认知距离近,一般是同一层面的人与人或物与物之间的比较,如人称代词"他"和"妈妈","竹竿",人称代词"他"和"你"。

在对表比喻的"像"字句和表比较的"像"字句的界定分类时,发现有一种"像"字句是既可以是比喻句也可以说是比较句,难以界定的。我们把它单独作为一类,这也是本章研究的重点和难点。例如:

(8)耗子像猫一样大。(同上)

在这两个句子上,按朱德熙先生的重音分类法来看,重音在"一样"上为比较句,重音在"大"上为比较句,在"猫"上为比喻句,带夸张的含义。通过认知的判定,这类句子是在认知距离为1或2的时候最容易产生,一般来说是不同层面的人与人之间或物与物之间。如:

(9)希特勒像屠夫。(何文彬,2006)

这个句子中"希特勒"和"屠夫"都是人,陈望道先生在《修辞学发凡》①中提到的,形成比喻的两个要素:首先,这两个事物一定是完全不同的两个,一样的

---

① 陈望道:《修辞学发凡》,复旦大学出版社2012年版,第61页。

事物之间不能形成比喻,如"这根竹子"和"那根竹子";其次,两个事物之间又必须存在着或多或少的相似点,如"巨轮"和"太阳"都有"巨大"这一相似点。(9)中"屠夫"和"希特勒"都是人,他们的相似点仅仅在"造成了杀戮"上,这两者之间只符合第一个要素,按照陈望道先生的观点来说不是比喻句。但何文彬(2006)解释道,这句话虽然认知距离并不大,但有独创性,故可看作是比喻句。

二、"像"字句的原型范畴

四种"像"字句中,"像"字的词性根据其类型的不同也有所不同。表比较的"像"字句中的"像"字的词性有多种说法。黎锦熙(1992)认为表示比较的"像"为连词,其余为介词或动词;吕叔湘(1999)认为表示两个事物之间有较多共同点的"像"为动词,表示仿佛、好像的"像"为副词①;陈昌来(2002)认为"像"为关系动词;孔令达(2004)认为"像"同"是"一样为判断动词;王力(2013)认为表比较的"像"为准系词。在以上学者对"像"字词性的研究中,可以看出表比较的"像"字句中的"像"是一个轻动词②。它充当着动词的角色,但比起动词来说又虚化了些。表比喻的"像"和表比较的"像"的词性相似,都是偏向动词的轻动词。而表推测的"像"是副词,表举例的"像"虚化为介词了。所以后面主要分析轻动词类的两种"像"字句,因为这两种句式的标记词词性相同、结构相仿、语义内涵类似,有时很难区分。

从中也可以看出在"像"字句中具有两个典型核心,一个是表比喻的"像"字句,一个是表比较的"像"字句。"像"字句的五种(加上表交叉语义的"像"字句)是处于一个大的连续统③之中的。即汉语"像"字句中的表比喻的"像"

----

① 吕叔湘:《现代汉语八百词(增订本)》,商务印书馆 1999 年版,第 579 页。

② 轻动词:就是那些表达语法范畴的动词,比如表达时态、体貌、情态、语态、焦点、结果、处置、使役、执行等的动词。(何元建:《现代汉语生成语法》,北京大学出版社 2011 年版,第 219 页。)

③ 连续统:本来是一个数学概念,后来被引入语言学,用来表示一种个体之间的特殊关系。(类似的)个体之间存在一种渐次重叠,连绵渐进的关系,这种关系,我们称之为"连绵性"。这些个体,形成的一个群体我们称之为"连绵体"。(屈承熹:《汉语认知功能语法》,黑龙江人民出版社 2005 年版,第 9 页。)

字句、表比较的"像"字句、表推测的"像"字句、表举例的"像"字句,也是四个连续统。而它们之中,表比喻的"像"字句和表比较的"像"字句之间存在着含有交叉语义的现象,这几个句式之间是一种连绵渐进的关系,表推测和表举例的句式中的"像"字已经不是动词而是副词和介词了,所以在这个原型范畴中处于边缘位置,可以把它们当作是与该范畴相近、界限模糊的类范畴。真正处于"像"字句原型范畴中的只有表比喻的、表比较和含有交叉语义的"像"字句三类,根据"像"字前后主客体之间的认知距离的远近,可以列出下表:

表5-1　"像"字句中"像"字为轻动词的各句式类型

类型/类别	A 主体	B 客体	例句
表比较的"像"字句	N_0	N_0	他像他爸爸一样帅气。
交叉语义的"像"字句	N_0	N_0 & N_1(N_0、N_1 无主次)	希特勒像屠夫。 耗子像猫一样大。
表比喻的"像"字句	N_0	N_1	太阳像一艘巨轮缓缓升起。

通过以上表格,可发现:在"A 像 B"结构中,B 客体与 A 主体之间的距离远近造成了各种句式的不同。在越典型的句式中,客体与主体之间的距离越近,甚至是一样的,在非典型的句式中,客体与主体之间可以是没有关系的。从典型到非典型的过程,其变化因素主要是客体之间的由 N_0 逐渐过渡到 N_1 的过程,这其实就是一个连绵渐进的连续统。所以这些句式之间处于一个原型范畴之中,含交叉语义的"像"字句处于两个类的边界,可由图5-1表示出来。

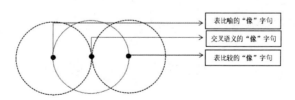

图5-1　典型"像"字句为原型核心建立起来的连续统

上图包含了我们所讨论的语言事实的总和,左边的圆圈代表表比喻的"像"字句,右边的圆圈代表表比较的"像"字句,中间的圆圈代表的是有交叉语义的"像"字句。这三个范畴之间存在着一些重合的部分。

从图 5 我们发现,整个"像"字句在内部的语义关系和语义内涵上呈现出一个连续统。在实际使用上人们常常把将"像"字句分为表比喻的"像"字句、表比较的"像"字句、表推测的"像"字句、表举例的"像"字句,但是这几种类型之间实际上并没有非常明确的界限,特别是表比喻的"像"字句、表比较的"像"字句。在语料中也发现含有交叉语义的"像"字句,在"像"字句的四大类中,也有典型与非典型之分。在"像"字句中各个句式成员聚合在一起是由于它们都含有"家族相似性"①。

因此,"像"字句是一种原型句式范畴。从"像"字句相似的语义内涵来看,表比较的"像"字句是它的典型成员,处于"像"字句范畴的核心位置,但是在使用频率和教学重点上来看,表比喻的"像"字句在逐渐地靠近甚至慢慢取代表比较的"像"字句的核心位置。表推测的"像"字句和表举例的"像"字句则是"像"字句中的非典型成员,处于"像"字句的边缘位置。

根据上面的分析,可以把原型句式特征与边缘句式特征列举出来,其中A、B 分别是不同的事物或人,C 是两个事物或人之间的客观的相似点或人为赋予的相似点,"+"代表该项在句式中一定存在,"-"代表该项在句式中一定不存在,"±"代表该项在句式中可以存在也可以不存在。列表如下:

表 5-2 "像"字句原型句式和边缘句式的特征型

	A	B	C
原型句式的特征	±	+	±
边缘句式的特征	-	+	-

其中,原型句式就是表比较的"像"字句和表比喻的"像"字句,边缘句式则

---

① 家族相似性:尽管下棋、打牌、赛球、奥林匹克比赛等活动都被称为游戏(spiele,game),但是它们之间并没有一组共同的特征(比如比赛方式、计分方式、决定胜负的方式……)它们只存在着部分的重叠、交叉的相似性。就像同一家族的成员在体型、相貌、眼睛颜色、步态、气质等方面部分地重叠、交叉相似一样,这就是所谓的家族相似性。(袁毓林:《词类范畴的家族相似性》,《中国社会科学》1995 年第 1 期。)

是表推测的"像"字句和表举例的"像"字句。根据上文对"像"字句中连续统和原型范畴的分析我们可以得出一个"像"字句中的范畴关系示意图,如下:

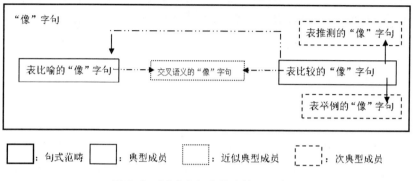

图5-2　"像"字句中范畴关系示意图

在图5-2中,用加粗的实线来表示句式范畴。这个范畴中有明显的典型成员——表比较的"像"字句,句子中本体、客体、比较点与比较结果都清晰可见,它在"相似"的语义上最为典型,处于"像"字句的核心位置。而其他成员则根据彼此之间(尤其是与典型成员之间)的家族相似性分布在相应的位置。

表比较的"像"字句作为"相似"的典型范畴,在表推测的"像"字句和表举例的"像"字句的箭头方向描绘中"相似"的语义逐渐减弱,而向表比喻的"像"字句和表交叉语义的"像"字句的箭头则是由一个类型过渡到另一个类型。根据该图所示可以给"像"字句分类提供一些认知依据。

第二节　"像"字句的句法结构

一、表比喻的"像"字句的句法结构

(一)表比喻的"像"字句的句法结构

根据袁毓林(1986)《比喻结构的转换生成研究初探》对比喻的生成做了深入的研究,认为比喻的基本要素有四个:本体、喻体、相似点以及连接词。因此我们认为表比喻的"像"字句的基本语表结构就是"A+像+B+C"。A 表示参与比喻的本体,B 表示参与比喻的喻体,C 为比喻中的相似点,后文中的 D 部分为比喻的延体①,有的研究中也称其为喻展②。根据各部分的参与情况,表比喻的"像"字句的语表结构形式有以下四大类:①"A(本体)+像+B(喻体)";②"A(本体)+像+B(喻体)+一样/似的/般";③"A(本体)+像+B(喻体)+一样/似的/般+C";④"A(本体)+像+B(喻体)+一样/似的/般+C+D(VP/AP)"。其中"A(本体)+像+B(喻体)+一样/似的/般+C+D"有两种变式分别是:①"像+B(喻体)+一样/似的/般+C+A(本体)+D(VP/AP)"和②"A(本体)+D(VP/AP)+得+像+B(喻体)+一样/似的/般+C"。可以把"A 像 B"作为句式的最简式,而其他结构则为该句式的变式。"一样/似的/般"在下文中统称为比况助词。

(10)随风飘散的柳絮像冬天里的雪花。

(11)村长的心中像刀剜着一样。(老舍《集外》)

(12)学生们在教室里东倒西歪的像害了病似的。

(13)周围像死一般的寂静。

(14)战士像松树一样笔直地站在哨岗上。

(15)战士在哨岗上站得像松树一样笔直。

(16)像小船似的弯月亮挂在天空。

通过语料考察,发现结构中的 A、B 和 C 的结构特征大致差不多,多为名词性结构、谓词性结构和小句,D 为谓词性结构。

(二)表比喻的"像"字句的生成机制

对于表比喻的"像"字句来说,"像"字主要是句中的一个焦点标记。它在

---

① 延体:本体和喻体相比之后,从喻体中延展出来的表述本体情况的词语。它的语法特点多是动词性的,少量也有形容词性的。(滕吉海:《比喻的延体及比喻的基本格式》,《语言教学与研究》1984 年第 4 期)

② 延展:是比喻中受相似点和喻体的制约和引发,通过对喻体进行描写,从而进一步超常规地描写本体的部分。(李胜梅. 喻展:比喻的又一重要成分[J]. 鞍山师范学院学报,1994(1):86-87.)

引出喻体时也引出了全句的焦点。而且焦点是针对预设而言的,预设来自上下文,焦点则是针对某一预设而发。焦点可以通过焦点结构来获得。由于"像"字在表比喻的"像"字句中并不承担动词的责任,而是一个表达焦点语法范畴的轻动词,所以在句子中投射成"焦点词短语(FocP)"①。何元建(2011)对焦点句的生成如图5-3所示。

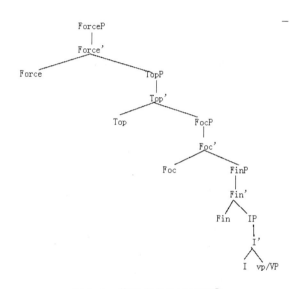

图5-3　普通焦点生成过程②

　　根据以上理论以及生成图,选取表比喻的"像"字句中每个句式最典型的句子进行分析。首先分析"A像B"这种句式。在这种句式中,缺少了比况助词C部分以及D部分。例句"春天像一只闹钟"。生成过程如图5-4。

　　由图5-4可以看出,该句的焦点本应该在C部分,但是该部分隐藏了,焦点迁移至比喻喻体B部分,紧贴焦点标记词"像",是宾语焦点。

　　"A像B一样"中,添加了比况助词"一样"。例句"春天像一只闹钟一样。"该句的焦点位于跟宾语同时出现位于宾格谓语中的补语成分"一样"上。其生成过程如图5-5。

---

①　何元建:《论汉语焦点句的结构》,《汉语学报》2010年第5期。
②　何元建:《现代汉语生成语法》,北京大学出版社2011年版,第392页。

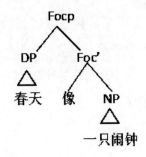

图5-4 "A 像 B"句式生成过程

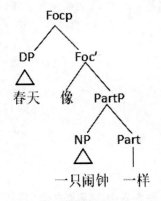

图5-5 "A 像 B 一样"句式生成过程

总之,"A 像 B 一样 C"句式的焦点位于相似点 C 处,生成如图 5-6 所示。

二、表比较的"像"字句的句法结构

(一)表比较的"像"字句的结构

"像"字句的另一种使用频率高的用法是表比较。表比较的"像"字句是平比句中具有代表性的句式之一,吕叔湘(1993)提到"类同关系是异中见同,类同之感建立在相同的部分之上"。根据何元建《现代汉语比较句式的句法结构》(2010)中所描述的表比较的"像"字句作为等比句的结构特征可以总结为"A(比较主体)+像+B(比较客体)+C(比较结果)",文中有一种句式还添加

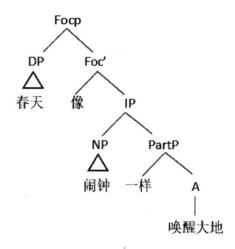

图 5-6　"A 像 B 一样 C"句式生成过程

了 D 部分,在比喻句中 D 部分为延体,在比较句中并没有这种说法,本文主要是为了区别形式上相同的表比喻的"像"字句和表比较的"像"字句,所以下文中也分析了比较句中 D 部分的句子。

　　根据各部分的参与情况,表比较的"像"字句的语表结构形式有以下一些类别:①"A(比较主体)+像+B(比较客体)";②"A(比较主体)+像+B(比较客体)+一样/似的/般";③"A(比较主体)+像+B(比较客体)+(一样/似的/般)C(比较结果)";④"A(比较主体)+像+B(比较客体)+(一样/似的/般)C(比较结果)+D";⑤"像+B(比较客体)+C(比较结果)+A(比较主体)+D"。如:

　　(17)小红像她妈妈。

　　(18)你也像你二姐一样。

　　(19)她像她妈妈一样美。

　　(20)今天像昨天一样热,真是奇怪!

　　(21)像去年一样冷的冬天。

　　通过语料考察,发现此类结构中的 A、B、C、D 的结构特征也大致差不多,多为名词性结构、谓词性结构,少数为小句。

（二）表比较的"像"字句的生成机制

在表比较的"像"字句中存在三个题元成分,我们用"他像他爸爸一样高"这个例句来说明。根据题元原则,跟动词有关的名词性成分充当一个题元角色,且只能含有一个题元角色。① 在例句中,若"他"和"他爸爸"同为施事,那么"像"一定不是动词了,否则就是违背了设定。且根据分析若"像"字为动词,句子生成时会出现多分歧,违背了"-X-标杠模式",所以"像"字为轻动词。而且这个轻动词不能是零形式的,否则后面的谓词就要越过主语上移跟零轻动词结合,这样会生成不合法的结构。② 根据上述分析何元建(2011)表比较的"像"生成了图5-7的结构。

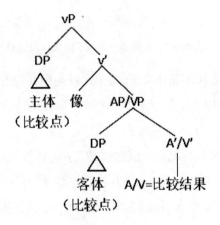

图5-7　普通比较句生成过程③

以"他像他爸爸一样高"为例,分析其生成过程如图5-8。

"像"就是一个表达比较范畴的轻动词。谓词就是表达比较结果的成分。比较主题是轻动词"像"带的一个主语,比较客体和谓词构成一个小句。

---

① 何元建:《现代汉语生成语法》,北京大学出版社2011年版,第48页。
② 何元建:《现代汉语生成语法》,北京大学出版社2011年版,第432页。
③ 何元建:《现代汉语生成语法》,北京大学出版社2011年版,第219页。

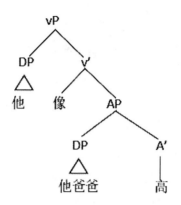

图 5-8　"像"字比较句生成过程

三、两类"像"字句在句法结构上的差异性

前面考察了两类"像"字句的句法结构特征,它们之间既有相同点又有不同点,总体情况如下:

表 5-3　表比喻的"像"字句和表比较的"像"字句 A 部分对比

	专有名词	普通名词	时间名词	处所名词	"的"字短语	人称代词	处所代词	时间副词	动词性结构	形容词性结构	小句
比喻类		√	√	√	√	√	√		√		√
比较类	√	√	√	√	√	√	√	√	√	√	√

从表 5-3 可以看出,表比喻的"像"字句和表比较的"像"字句中的 A 部分并没有太大的区别,主要是在表比喻的"像"字句中 A 部分不能由专有名词、时间副词和形容词充当。且在动词性结构中,表比喻的"像"字句只能由动词或介词短语充当,不能由动宾短语充当。并且表比较的"像"字句的 A 部分接受度更广。

表 5-4　表比喻的"像"字句和表比较的"像"字句 B 部分对比

	专有名词	普通名词	时间名词	处所名词	"的"字短语	人称代词	处所代词	时间副词	动词性结构	形容词性结构	小句
比喻类		√			√					√	
比较类	√	√	√	√			√	√	√	√	

从表 5-4 可以看出,表比喻的"像"字句和表比较的"像"字句的 B 部分句法结构差异较大,表比喻的"像"字句在比喻喻体 B 部分的限制更大,只有一些表示泛指的名词可以充当其比喻喻体 B 部分。

在考察时发现,表比喻的"像"字句和表比较的"像"字句最大的差异在于 A 部分和 B 部分,尤其以 B 部分最为突出。并且当句子只有 A、B 两部分时,如"A+像+B+一样",句子是表比喻还是表比较是很容易区分的,因为两种句式中的结构有很大的差别。假如句子中加入了 C 部分,句子就容易产生交叉语义,二者之间的界限就不明确,这是由于充当 C 部分的结构过于相似,而导致的。

表 5-5　表比喻的"像"字句和表比较的"像"字句 C 部分对比

	名词性结构	动词性结构	形容词性结构
表比喻的"像"字句	√	√	√
表比较的"像"字句	√	√	√

从生成机制上可看出"像"字句有两层结构,分别是比喻的深层结构和表层结构。其中表比喻的"像"字句的深层结构一般有四个要素:本体、喻体、相似点、相异点。表比较的"像"字句的深层结构一般有三个要素:比较主体,比较客体和相似点。"像"字句的表层结构是我们听到或看到的结构形态,它赋予比喻和比较都可接受的形式。一般有三要素:本体(比较主体)、喻体(比较客体)、比喻词或比较词("像")。表层结构里可以缺少要素(省略本体),但深层结构的要素都不可缺少,不然无法理解。表层结构上表比喻的"像"字句和表比较的"像"字句是相似的,但是深层结构中多了"相异点",这也是导致

两种句子生成方式不同的原因之一。

第三节　"像"字句的语义内涵

一、表比喻的"像"字句的语义内涵

(一)表比喻的"像"字句各部分的语义特征

前面已经分析了表比喻的"像"字句的六种句法结构,再仔细分析这六种结构的语义内涵,其总体情况如下:

表 5-6　表比喻的"像"字句语义特征总结

部分语义特征	语义特征	例句
A 段	[-生命]	湖水像一面镜子。
	[+生命]	父亲像一座大山为我们遮风挡雨。
	[-事件]	他的心里非常平静,像一汪死水般毫无波动。
	[+客观]	羽毛像雪一样白。
	[+定指]	战士站得像松树一样笔直。
B 段	[-生命]	湖水像一面镜子。
	[+生命]	都在那里挤得像沙丁鱼一样。
	[+事件]	像一双冰冷的手撕断一张白纸一样美妙无比。
	[+状态]	他的心像裂开般疼痛。
	[+无指]	像一汪死水般毫无波动。
C 段	[+状态]	战士站得像松树一样笔直。
	[+事件]	训导主任像赶苍蝇一样不厌其烦地驱赶围观者。
	[+主观]	战士站得像松树一样笔直。
D 段	[+事件]	死者像一条鱼一样滑溜溜的钻入尸袋。

从中可以看出,在表比喻的"像"字句中,A 段和 B 段都可以由具有[±生命]语义特征的成分来充当;A 段和 B 段之间语义特征的最大的不同点在[+定指]和[+无指]上。C 段是比喻句中相似点存在的部分,相似点多由表示性质与状态的形容词充当,也有少数由动词短语充当,所以它们都有[+状态]、[+事件]、[+性质]语义特征;C 段的相似点是由人的主观意识做判断的,具有[+主观]的语义特征。D 段多由动词充当所以主要有[+事件]的语义特征。

(二)表比喻的"像"字句的句式意义

1. 不确定性

在表示比喻的"像"字句中,比喻本体、喻体相似点以及"像"字本身都带有不确定性。如:

(22)a. 战士站得像松树一样笔直。

b. 战士像松树一样坚韧不拔。

c. 战士像猛虎般冲向敌人。

d. 战士像钢铁一样保卫祖国。

e. 战士站得像这棵松树一样笔直。

第一,比喻本体具有不确定性。通过对表比喻的"像"字句中每一部分的句法特征和语义特征考察,我们发现充当比喻本体的结构无论是名词性结构、谓词性结构还是小句,都表示着具体的对象,而且这些结构有[±生命]、[-事件]、[+定指]和[+客观]的语义特征,总的来说比喻本体是明确的具体事物。但一个事物具有多重的属性,人们用修辞手法对它进行描写时,往往是从不同的角度出发,甚至可以自己赋予它新的角度。这也就使得比喻的本体存在不确定性。

第二,喻体也具有不确定性。比喻的本体和喻体是对应的,本体具有不确定性,喻体随本体而变化,也具有不确定性。以不确定的抽象事物来比喻具体事物,使得具体事物也变得模糊起来,使之具有不确定性。

从反面来说在指称上过于定指的,缺少不确定性的话,该句的语义就会从比喻变成比较。当喻体段定指以后,句子的比喻义没有了,取而代之的是个具体事物之间性质上的比较。

第三,相似点的不确定性。"相似点"本身也是一个模糊概念。首先,相似点的存在与否就有不确定性。所描述的二者是否相似就很难明确,毕竟根据人们的成长经验、生活环境、文化水平等多种因素的影响,有的人觉得是相似的两个事物,有的人却无法认同。其次,相似点可以分为几种:那些事物最常见的本质性特征为人们所熟知的,还有一种是人们在创作时主观想象出来的。以上都可以看出相似点不仅仅是对事物或人的客观映像,也可以由创作者主观加工而得,这些都使得比喻的相似点具有一定的不确定性。

总之,语义范畴存在的模糊性以及人们认识上所存在的模糊性使得表比喻的"像"字句的句式意义存在不确定性。比喻本体、喻体、相似点上,人们的认识方式与角度有所不同,造出来的句子也有所不同。有时造句时表达的模糊性就造成了产生表交叉语义的"像"字句。

2. 相似性

表比喻的"像"字句最核心的是本体和喻体中存在相似性,不论是众所周知的还是新发掘的,若造句时没有构建两个事物之间相似性的桥梁,那比喻也就不成立了。李艳(2007)提出相似性和比喻有蕴含关系。凡是比喻一定蕴含着相似性的关系:"相似性往往体现为客观和主观的有机结合。"①两个不同事物之间构成比喻的前提是需要这两个事物存在着相似之处,如"战士"和"松树",站的姿势都是"笔直"的。比喻形成的原因是我们在心理上主观地将两个事物之间用相似连接起来,如"四周像死了一样寂静","四周"和"死"在客观上并没有相似性,但是我们主观上提出这两者之间都具有"静"这一相似点。这是利用认知产生的相似性来表达自己对客观现实的感受和情感。

由于比喻的本体和喻体之间存在着相似性,那么我们可以判断出本体和

---

① 李艳:《认知视野中比喻的相似性》,《修辞学习》2007 年第 2 期。

喻体之间存在着类比推理的关系。金立(2015)对类比推理定义如下:"源域 S 与目标域 T 可以构成类比推理,当且仅当决定指派谓词 AP 的源域 S 的所有元素都与目标域 T 中的元素存在一对一或多对一的映射关系。"①就表比喻的"像"字句而言,源域 S 为本体,目标域 T 为喻体,根据上文的分析,我们可以看出这两者之间存在着一对一的映射关系。比喻和类比推理都把事物拿来相比,把比喻看作是类比推理,只是类比推理是同类之间的,而比喻是异类之间的相比,且比喻具有修辞功能,所以它又不是完全的类比推理,可以说它有类比推理性。可看出在比喻句中,虽然与类比推理有类似性,但 A 并没有具有 B 所有的特征或性质,所以比喻可看作是类比推理中的异域类比②。金立也提出了在指源域和目标事物之间有很大的差异的时候,由于认知语境的作用二者仍然可以构成类比关系。③

(23)a. 他像牛一样健壮。　　　　b. 他像牛一样吃素。

　　c. 他像牛一样倔强。　　　　d. 他像牛一样勤劳。

例句"他像牛一样",在这个句子中"他"和"牛"的类比不能仅仅从"牛"的本义出发,而必须研究"牛"的引申义。但"牛"的引申义有健壮、固执、勤劳等,从上文分析中可以看出不是每个引申义都可以使句子成为比喻句的,像"健壮"、"吃素"一类的为牛本身所有的特性,若把它们设为相似点,这个句子是表比较的,只有当把人们所赋予牛的性质,"勤劳"、"固执"等设为相似点,这句话才是比喻句。由此推出比喻的类比推理性是具有选择性的。上文"他像牛一样+C"分析后的类比推理可以如下图所示:

----

① 金立、赵佳花:《逻辑学视域下的类比推理性质探究》,《浙江大学学报》(人文社会科学版)2015 年第 4 期。

② 异域类比:指原域和目标域存在很大差异,分属两个完全不同的类别,但在认知语境作用下仍能构成类比关系。(金立、赵佳花:《逻辑学视域下的类比推理性质研究》,《浙江大学学报》2015 年第 4 期。)

③ 金立、赵佳花:《逻辑学视域下的类比推理性质研究》,《浙江大学学报》(人文社会科学版)2015 年第 4 期。

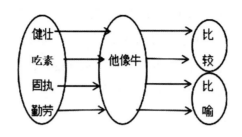

图 5-9　"像"字句的类比推理过程

可见，在"像"字句中存在这两个类比推理方式，推理后分别可以得到表比喻的"像"字句和表比较的"像"字句，这两个类比推理主要由相似点的性质来区分。

"在一个比喻句中，推理和预设是并存的。预设是推理的前提条件，没有预设的前提，比喻句的推理将无法进行，比喻句也就失去了比喻的作用。推理是预设的结论，没有推理，预设也就没有意义。"①除上文对表比喻的"像"字句的类比推理性分析外，还可从预设的角度对其进行分析。表比喻的"像"字句的最主要的语义内涵是说找到在比喻本体和比喻喻体之间存在着的相似点，这种相似点可能是清晰的、人们众所周知的；也可能是隐含在事物里的，被人突然发现；还有可能是人为赋予它的。通过这些相似点，我们对比喻本体事物产生了新的认知。其中"A+像+B+一样+C"格式是最普遍的形式，其中有个两个普遍的预设，即 A、B 都具有 C 的性质或状态，且 A 不是 B。如"羽毛像雪一样白"，"羽毛"和"雪"都具有"白"的性质，但是"羽毛"是肯定不等于"雪"的。这种 A 和 B 之间的相似性，就是表比喻的"像"字句中的预设，并且也预设了喻体是具有某种性质 C 的。在比喻的预设中，最重要的是词项，也就是上文中所分析的能够进入表比喻的"像"字句中的各个组成部分。因为词项在语义演变中含有丰富的比喻义，人们在使用时对其组成部分之间的关系进行认知、分析和利用。如"他像牛一样强壮。"和"他像牛一样固执。"这两个句子中，虽然 A、B 两部分都是"他"和"牛"，但是第一个例句就不是比喻而是比

---

① 窦栋友：《比喻句的推理和预设》，《康定民族师范高等专科学校学报》2005 年第 2 期。

较,第二个句子才是比喻。说明不是词项影响比喻义,而是看它们之间有没有预设这样一种相似性关系。虽然前一个例句也预设了"牛"具有的某种性质,但是仅有这种预设的性质是不足以成为比喻句的。总之,在表比喻的"像"字句中,A、B 两部分之间具有一种相似性的预设,影响这种预设的最主要因素为 C 部分与 B 部分之间的关系。

二、表比较的"像"字句的语义内涵

(一)表比较的"像"字句各部分的语义特征

前面我们考察了 5 种不同句法结构的"像"字比较句,发现这些句式内部各部分的语义特征总体如下:

表 5-7　表比较的"像"字句语义特征总结

表比喻的"像"字句各部分	语义特征	例句
A 段	[+生命]	小红像她妈妈。
	[-生命]	那根竹竿像你这根一样长。
	[+定指]	那根竹竿像你这根一样长。
	[+事件]	找工作像换衣服一样简单。
B 段	[+生命]	小红像她妈妈。
	[-生命]	那根竹竿像你这根一样长。
	[+定指]	那根竹竿像你这根一样长。
	[+事件]	找工作像换衣服一样简单。
C 段	[+性质]	找工作像换衣服一样简单
	[+状态]	突然发现自己像个孕妇一样步履维艰了。
	[+事件]	假如你像徐文华一样有一个徐安全这样的儿子……
	[+客观]	他的眼睛像他爸爸的一样是蓝色的。
	[+度量]	他像电线杆子那么高。

续表

表比喻的"像"字句各部分	语义特征	例句
D 段	［+事件］	小学生也像上班族一样早出晚归穿梭在各种补习班里。

从表中可看出表比较的"像"字句 A 段和 B 段的语义特征是完全一样的，这是由于表比较的双方需要在同一范畴内，它们的语义特征也极为接近；C 段除了有［+性质］、［+状态］和［+事件］的语义特征外，还有［+客观］和［+度量］的语义特征。这是因为绝大多数充当比较结果的词都是形容词性结构，表示比较主体和比较客体之间具有的性质，所以形容词之中性质形容词居多，如："长短，高低、大小、美丑"等。而且比较的结果一般是客观的，两个事物之间性质上的共同点，不存在主观创造。表比较的"像"字句的句式意义为比较不同人或事物在性状、程度上的相似之处。一般来说表比较的"像"字句可以直接构成句子，也可以充当句子的主语部分，特别是"像+B 一样+C+A"这种句式都是充当句子主语的。A、B 两段主要由名词性成分充当，少数时候也可以由动词性成分充当，但 A 段为名词时，B 段只能为名词，反之亦是不成立的。

（二）表比较的"像"字句的句式意义

1. 明确性、指示性

在表比较的"像"字句中，比较主体、比较客体和比较结果都具有明确性。特别是比较客体必须有［+定指］的语义特征，这使得整个比较句的句式意义更明确性了。此外，在表比较的"像"字句中，比况助词不仅可以由"一样""似的""般"充当，还可以由"这么""那么"等词充当，这同其他的比较句有相似之处。而且吕叔湘（1999）认为"那么"、"这么"这一类代词是指示出程度的，在结构上它们相当于程度副词。赵元任（1979）称之为"代副词"，再添加它们之后，形容词会表示一种确定的程度或状态，由此构成一个完整的整体。由此推出在表比较的"像"字句中，C 段与比况助词结合得更紧密。"这么"和"那么"类词除了表示程度外,还兼具指示性。① 所以"这么""那么"只能出现在表比较的"像"字句中,因为它的 B 段具有定指的语义特征。

2. 同一性

与表比喻的"像"字句不同,表比较的"像"字句中比较主体和比较客体之间不是强调相似性,而是强调同一性。从上文中我们得出在"像"字句中存在着一个小的连续统,根据上文的分析我们发现,这一连续统存在的原因除了A、B 两段之间的关系外,还有相似点(比较结果)。两个事物完全相同是无法构成比喻或比较的。李艳(2007)认为"相似性更多体现为一种心理现象,体现认知主体对客观显示中相似性和差异性的划分。这种主观性决定了相似性也有程度高低之分。"②但是从表比喻到表比较,它们的相似程度是有高低之分的。表比喻的"像"字句和表比较的"像"字句的相似度如下:

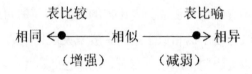

图 5-10 "像"字句的相似度

相似度的高低与相似性的主客观性一致。表比较的"像"字句中,比较结果是客观的,在"他像他爸爸一样高"中,比较主体"他"、比较客体"他爸爸"和比较结果"高",都是客观的。表比较"像"字句的相似程度是高于表比喻"像"字句的,因为表比较的"像"字句是平比句,体现的是同一范畴内的比较主体和比较客体之间的相同之处,体现出二者之间的同一性。

3. 刻画了一个达到或接近的阈值

比较大概可分为差比、同比和极比三种,"像"字比较句是一种典型的平比句,即表示比较主体与比较客体相等同的意义。比如"这根竹竿像那根一样长","这根竹竿"和"那根"的长度是一样的。刘焱(2004)认为平比是一个

---

① 王强:《"有"、"没有"型比较句研究》,上海师范大学硕士论文,2009 年,第 23 页。

② 李艳:《认知视野中比喻的相似性》,《修辞学习》2007 年第 2 期。

最大的范畴下面包含了类似,比拟等。他认为表示比较的"像"字句是在"相同"的范畴内,在某一方面是比较主体和比较客体的度量完全相同。"这根竹竿像那根一样长"确实表示两根竹竿的长度是一致的,但"他像他爸爸一样高"不能直接推出他和他爸爸的身高也是完全一致的。这就跟"阈值"有关。

　　李林珈(2015)认为"在表达比较范畴时,人们对比较主体和比较客体进行了量化,那么比较点就会有一个阈值。"[①]比如例句中的"那根竹竿",它的长度在人脑的"标尺"中存在着一个具体的刻度,"这根竹竿"的长度也有一个具体的刻度,二者的刻度是一样的,当这个刻度都达到了或处于脑中那个"长度"的阈值之上时,就可认为"这根竹竿"和"那根竹竿"都是"长"的。如图所示:

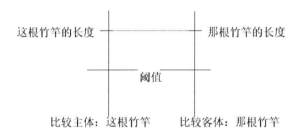

图 5-11　这根竹竿像那根一样长

　　"他像他爸爸一样高"的语义内涵分两种情况:一是他和他爸爸的身高一样,都为 1 米 7;二是他和他爸爸的身高都很高,具体有多高并不清楚,且"他的身高"不等同于"他爸爸的身高",可能超过"身高"的阈值,也可能还没有达到"身高"的阈值,和"身高"的阈值是无限趋近的。从中可以看出在表比较的"像"字句中,比较主体和比较客体之间存在着如下的关系:比较主体和比较客体都达到比较结果的阈值的前提下,比较主体由下至上或由上至下向比较客体靠拢,在一定情况下,比较主体等于比较客体。可将其记作 A→B,END:

──────────
　　① 李林珈:《汉语"有/没有"式比较句的逻辑语义分析》,四川师范大学硕士学位论文,2015 年。

$A \leqslant B \leqslant A_1$。

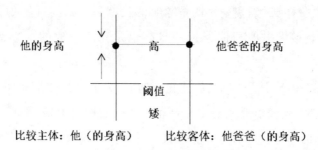

图5-12　他像他爸爸一样高

上图中,例句中主体与客体之间相比较的是"身高",所以这里存在着一个关于"身高"的阈值。当达到或超过这一阈值时,我们称之为"高",低于这个阈值时,就可以认为"矮"。在句子中,比较客体"他爸爸(的身高)"的刻度需要处于阈值之上才可以说他"高"。然后比较主体"他(的)身高"向"他爸爸(的身高)"的刻度无限靠近,直到刻度刚好与之相等。

三、两类"像"字句在语义内涵上的差异性

刘焱(2004)①认为汉语表示比较的语义范畴只有平比和差比,两个对象进行比较时,首先是同与不同的判断,然后再是同与不同的下位判断。而"类同"和"比拟"则归于"平比"之中。他把"A+像+B+一样+C"的句式,分为"实比"和"虚比"。"实比"是比较主体与比较客体具有客观等值性,是比较;"虚比"是比较主体与比较客体在某一方面具有相似性,是比喻。

王希杰(1995)在其论文中提出表比喻的"像"字句和表比较的"像"字句不易区分,其原因是在很多情况下它们的构式是一样的,有着相同的语表结

① 刘焱:《现代汉语比较范畴的语义认知基础》,学林出版社2004年版,第38—39、61—67页。

构;它们在意义上存在着相同的语义—比较。辨别比喻和比较,必须了解语表结构和语义内涵两方面。①通过上文的句法结构分析后发现,语表结构不同时,如"A+不+像+B+一样",就很好判别它是表比较。但表比较和表比喻都有"A+像+B""A+像+B+一样""A+像+B+一样+C""像+B+一样+C+A"这四种结构,这些相同的结构使它们各自的语句特征变得模糊,给判断造成一定困难。在另一方面,语义特征上表比较的"像"字句和表比喻的"像"字句也有很多相似之处。最主要的就是它们之中都含有比较的语义特征,且都是凸显的二者之间的相似性。

从语义特征方面来说,表比喻的"像"字句是用一件事物来说明描写另一件事物,使被描写的事物生动形象,凸显它们的相似性;表比较的"像"字句是把不同事物放到一起,来对比它们之间某个相同性质特征,凸显它们的同一性。

(一)一致性

首先,从结构上来看,表比喻的"像"字句和表比较的"像"字句有着相似的结构特征。从上文的分析中可以看出,它们都有"A 像 B""A 像 B 一样""A 像 B 一样 C""A 像 B 一样 C+D"这几种结构。而且在各部分的结构中它们也有很多是相同之处,如 A 部分,不论是喻体 B 还是本体 A 都可以由名词性结构、谓词性结构充当,还有小句充当。如:

(24)a. 太阳像一艘巨轮一样。

　　b. 她像她妈妈那么美。

其次,从意义上来说,它们的各部分的语义特征也基本相似,如 A 段它们的语义特征都有[±生命],[±定指],如"湖水"是[-生命]、"他"是[+生命],二者都是定指的。就整个句子来说,它们都是以 A、B 事物的相似点为基础,在语义上都是强调 A、B 事物的相似之处,如"太阳"和"巨轮"的相似点是"巨大","她"和"她妈妈"之间的相似之处是"美"。

---

①　王希杰、曹德和:《试论比喻跟比较、相似、测断的异同》,《绍兴师专学报》(哲学社会科学版)1995 年第 1 期。

（二）差异性

表比喻的"像"字句和表比较的"像"字句还是有一定差别的。

第一，"像"字前后事物的语用关系不同。表比喻的"像"字句是用一件事物来说明描写另一件事物；表比较的"像"字句是把不同事物放到一起，来对比它们之间某个相同性质特征，表示在这一方面它们相同。如：

（25）a. 太阳像一艘巨轮缓缓升起。

b. 她像她妈妈那么美。

第二，在相似度上，比喻和比较有所不同。根据上文分析比喻的本体和客体可以是跨越一个范畴的事物，也可以是跨越多个范畴完全没有丝毫关系的两个事物。在比喻句中，差距越大的事物越是可以显现出句子的新颖性和比喻度，所以比喻中的两个事物或人的相似度低而差异度大。而比较则相反，"像"字句在表比较时是平比句，是体现的两个物或人的相似之处，其相似度高，差异度小。如：

（26）a. 父亲的背像一座大山为我们遮风挡雨。

b. 这根竹竿像那根一样长。

第三，"A+像+B+C"中的 C 为 AP 时，表比喻和表比较的句子在 AP 与 B 的关系上有一定的区别。AP 所表示的性质状态不是 B 本身具有的，而是词语的文化意义所赋予的，这时为比较；AP 的所表示的状态是 B 本身具有的，为比喻。AP 的性质处在文化意义与具体词义之间，既可表比喻也可表比较。如：

（27）a. 他像狐狸一样狡猾。

b. 他像他爸爸一样瘦。

c. 他壮得像牛一样。

第四节　"像"字句的逻辑语义内涵

前面详细描写了"像"字句的句法结构和语义内涵，为了自然语言信息处理的需要,很有必要对其丰富的语义内涵进行形式化的描写和归纳,也就是描写出其丰富的逻辑语义内涵。在进行形式化处理时,主要针对句式中含有相似性、类比推理性、预设性等语义特征,运用逻辑语义学中的类比推理、预设和事件语义学进行描写和解释。描写和解释时主要采用的手段和方法如下:一是类比推理。源域 S 与目标域 T 可以构成类比推理。当源域 S 与目标域 T 构成类比推理时,他们之间的所有的元素存在着一对一或多对一的映射关系。①二是事件语义学。在该理论里,所有动词都处理成谓词,所带论元就是事件。题元角色被看作基本概念,用于说明个体与事件之间的关系。

一、表比喻的"像"字句的逻辑语义内涵

前面描写了表比喻"像"字句里 4 种句法结构的语义内涵,即:①"A 像 B";②"A 像 B 一样 C";③"A 像 B 一样 C+D";④"A+D 像 B 一样 C"。下面将分别对这四种情况的典型句式进行逻辑语义描写和编译、解释。

(一)"A+像+B"的逻辑语义内涵

典型句式:湖水像一面镜子。

在这种句式中,只出现了本体和喻体,相似点隐藏了,但是可以从句子中推出,"湖水"和"镜子"有相似的地方。按照类比推理来说,"镜子"所具有的一些性质也是"湖水"所具有的。可以写成:

$$(x_{(湖水)})(Sx_{(湖水)} \rightarrow P_1(x_{(湖水)}) \square P_2(x_{(湖水)}) \square \cdots\cdots \square P_n(x_{(湖水)}));$$

$$(y_{(镜子)})(Sy_{(镜子)} \rightarrow P_1(y_{(镜子)}) \square P_2(y_{(镜子)}) \square \cdots\cdots \square P_n(y_{(镜子)}))$$

这里 x,y 是个体词,S 和 P_1,P_2,P_n 是谓词。整个命题形式的意思是说:对于所有的 x 和 y 而言,如果 x 是湖水,且 y 是镜子,那么他们都是平坦的、并且是反光的、并且是可以照出人影的等。

但是以上的表达式只能说明两者之间存在着相似点,并不能表达出整个

① 金立、赵佳花:《逻辑学视域下的类比推理性质探究》,《浙江大学学报》(人文社会科学版)2015 年第 4 期。

"像"字比喻句的句式意义,所以在以上基础上,可把整个句子形式化为:

$$\exists x[湖水(x) \& \forall y[镜子(y) \& 平坦(y) \& 反光(y) \& \cdots \cdots \& 可以照出人影(y) \& 相似(x,y) \Rightarrow 平坦(x) \& 明亮(x) \& 可以照出人影(x)]]$$

其中,$\exists$表示存在,x和y是比喻本体和喻体,在这个句子中就是"湖水"和"镜子"。"$\&$"表示所连接部分存在并列关系。我们可以把上述的逻辑表达式用自然语言解释为:

至少存在一个x,对于x而言,如果x是湖水,并且,对于所有y而言,如果y是镜子,且y具有平坦、反光、可以照出人影等多种性质,则x具有那些包括平坦或反光或者可以照出人影等的性质。

根据上文我们可以把该种句式的逻辑表达式总结如下:

$$\exists x[本体(x) \& \forall y[喻体(y) \& P_1(y) \& \cdots \cdots P_n(y) \& 相似(x,y) \Rightarrow P_1(x) \& \cdots \cdots \& P_n(x)]]$$

(二)"A+像+B+一样+C"的逻辑语义内涵

典型句式:他们像小鸟一样快乐。

在这种句式中,本体、喻体和相似点都出现了。可以写成:

$$(x_{(他们)})(Sx_{(他们)} \rightarrow P_{(快乐)}); \quad (y_{(小鸟)})(S(y_{(小鸟)} \rightarrow P_{(快乐)})$$

这里x,y是个体词"他们"和"小鸟",S是谓词"像",P是谓词"快乐"。可把上述的逻辑表达式用自然语言解释为:对于所有的x和y而言,如果x是他们,且y是小鸟,那么他们都是快乐的。

但是以上的表达式只能说明两者之间存在着相似点"快乐",没有完整表达出句式意义,所以在以上基础上,把整个句子形式化为:

$$\exists x[他们(x) \& \forall y[小鸟(y) \& 快乐(y) \& 相似(x,y) \Rightarrow 快乐(x)]]$$

其中,$\exists$表示存在,x和y是比喻本体和喻体,在这个句子中就是"他们"和"小鸟"。"$\&$"表示所连接部分存在并列关系。可以把上述的逻辑表达式用自然语言解释为:至少存在一个x,对于x而言,如果x是他们,并且,对于所有y而言,如果y是小鸟,并且x和y之间有相似关系,则x具有快乐的性质。

根据上文可以把这种句式的逻辑表达式表示如下:

$$\exists x[\,本体(x)\,\&\,\forall y[\,喻体(y)\,\&\,P_1(y)\,\&\,相似(x,y)\Rightarrow P_1(x)\,]\,]$$

(三)"A+像 B+一样+C+D"的逻辑语义特征

典型句式:星星像宝石一样璀璨,镶嵌在夜空中。

在这种句式中,本体、喻体和相似点都出现了。可以写成:

$$(x_{(星星)})(Sx_{(星星)}\rightarrow P_{(璀璨)})\,;\qquad (y_{(宝石)})(S(y_{(宝石)}\rightarrow P_{(璀璨)})$$

这里 x,y 是个体词"星星"和"宝石",S 是谓词"像",P 是谓词"璀璨"。整个命题形式的意思是说:对于所有的 x 和 y 而言,如果 x 是星星,且 y 是宝石,那么它们都是璀璨的。

该句的前半部分与"A 像 B 一样 C"相同,将其形式化为:

$$\exists x[\,星星(x)\,\&\,\forall y[\,宝石(y)\,\&\,璀璨(y)\,\&\,相似(x,y)\Rightarrow 璀璨(x)\,]\,]$$

整个逻辑表达式可以用自然语言描述为:至少存在一个 x,对于 x 而言,如果 x 是星星,并且,对于所有 y 而言,如果 y 是宝石,并且 x 和 y 之间有相似关系,则 x 具有璀璨的性质 P。

后面的比喻的延体部分,其中谓词"镶嵌"实际上为"宝石"才能与之关联的,作为本体的"星星"因为喻体"宝石",才与之产生主谓关系,可以表示为:

$$\exists x[\,星星(x)\,\&\,\forall y[\,宝石(y)\,\&\,璀璨(y)\,\&\,相似(x,y)\Rightarrow 璀璨(x)\,]\Rightarrow END\,:$$
$$VP_{(镶嵌在夜空中)}\,]$$

整个逻辑表达式可以用自然语言描述为:至少存在一个 x,对于 x 而言,如果 x 是星星,并且,对于所有 y 而言,如果 y 是宝石,并且 x 和 y 之间有相似关系,则 x 具有璀璨的性质,并且由此导致 x 具有镶嵌的状态。

根据上文我们可以把该种句式的逻辑表达式总结如下:

$$\exists x[\,本体(x)\,\&\,\forall y[\,喻体(y)\,\&\,P_1(y)\,\&\,相似(x,y)\Rightarrow P_1(x)\,]\Rightarrow END\,:VP\,]$$

(四)"A+D+像+B 一样+C"的逻辑语义内涵

典型句式:她的脸羞得像苹果一样红。

在该例句中"她羞"的结果是"脸像苹果一样红"。先将"她的脸像苹果一样红"这一部分形式化出来,其逻辑语义跟"他们像小鸟一样快乐。"相同,即:

$\exists x[$她的脸$(x)\&\forall y[$苹果$(y)\&$红$(y)\&$相似$(x,y)\Rightarrow$红$(x)]]$

整个逻辑表达式同上可以用自然语言描述为：至少存在一个 x，对于 x 而言，如果 x 是她的脸，并且，对于所有 y 而言，如果 y 是苹果，并且 x 和 y 之间有相似关系，则 x 具有红的性质。

知道上述句子是"她羞"的结果，可以用一个事件 e 来表示"她羞"这个事件，整个句子又是一个表结果的事件，所以完整表达出来就是：$\exists x[[$她的脸$(x)[$羞$,e]]\square$BECOME$[$她的脸$(x)\&\forall y[$苹果$(y)\&$红$(y)\&$相似$(x,y)\Rightarrow$红$(x)]]$

其中 BECOME 是一个表示结果的事件，这个结果事件是由一个事件 e "她羞"引起的。上述逻辑表达式用自然语言描述为：

存在一个事件 e"她羞"造成了存在一个 x，对于 x 而言，如果 x 是她的脸，并且，对于所有 y 而言，如果 y 是苹果，并且 x 和 y 之间有相似关系，则 x 具有红的性质。根据上文我们可以把该种句式的逻辑表达式总结如下：

$\exists x[[$本体$(x)[,e]]$BECOME$[$本体$(x)\&\forall y[$喻体$(y)\&P_1(y)\&$相似$(x,y)\Rightarrow P_1(x)]]$（其中代表的是事件中的一元谓词）

二、表比较的"像"字句的逻辑语义内涵

下面依次对表比较"像"字句的 4 种情况，即：①"A 像 B"；②"A 像 B 一样 C"；③"A 像 B 一样 C+D"；④"像 B 一样 C 的 A+D"进行逻辑语义描写和解释。

（一）"A+像+B"逻辑语义内涵

典型例句：他像他妈妈。

在这种句式中，只出现了比较主体和比较客体，没有比较结果。根据其句式意义可以形式化为：$\exists x[$他$(x)\&\forall y[$他妈妈$(y)\&$比较$(x,y)]]$

用自然语言表述如下：存在一个 x，若 x 为他，且 y 为他妈妈，两者相比较，则他一定有一个或以上的性质与他妈妈相同或相近。

进一步形式化为：$\exists x[$主体$(x)\&\forall y[$客体$(y)\&$比较$(x,y)]]$

（二）"A+像+B+一样+C"逻辑语义内涵

典型例句:他像他妈妈一样高。

根据表比较的"像"字句的句式意义,知道"他像他妈妈一样高"体现的是"他的身高和他妈妈一样",在人们的认知中是高的,首先我们将这句话形式表面的语义形式化为:$\exists x[$他(x) & $\forall y[$他妈妈(y) & 高(y) & 比较$(x,y)\Rightarrow$高$(x)]]$

以上表达式包含了"他"(他的身高)与"他妈妈"(他妈妈的身高)的比较结果是高。但为了更明确地刻画其中所存在的表示"身高"的阈值,可以把语义精确到:比较主体"他"的身高的刻度达到或者超过了这个阈值,比较客体"他妈妈"的身高也达到或超过了个阈值,且"他"的刻度逐渐向"他妈妈"的刻度靠近,最终与"他妈妈"的刻度相等或趋近。所以用一些逻辑符号,试图更准确地表达这句话的语义内涵,其表达式为:$\exists x[$他(x) & $\forall y[$他妈妈(y) & 高(y) & 比较$(x,y)\Rightarrow$高$(x)[($他$,\theta_0)\square($他妈妈$,\theta_0)\square[\theta($他$)\leqslant\theta($他妈妈$)\leqslant\theta($他$1)]]]$。其中,$\exists$表示存在,$\theta_0$是一个表示阈值的变量,$\theta$是一个表示刻度的变量。用自然语言描述为:他妈妈达到了高的阈值且他达到了或者超过了高的阈值,但是他的刻度小于等于或大于等于他妈妈的刻度,"$\leqslant$"和"$\leqslant$"表示器连接的前面部分小于等于后面部分。"$\square$"表示取其连接的前后两个部分的交集。所以整个逻辑表达式可以用自然语言描述为:

存在一个关于外表或性格的阈值,还存在衡量他们的外表或性格的刻度,他的刻度达到或超过了这个阈值,同时他妈妈也达到或超过了这个阈值,而且他的刻度是小于等于或大于等于他妈妈的刻度。

对以上逻辑表达式进行更具体的表述,得出这一类句式的逻辑表达式是:$\exists x[$主体(x) & $\forall y[$客体(y) & $P(y)$ & 比较$(x,y)\Rightarrow P(x)[($本体$,\theta_0)$ $\square($客体$,\theta_0)\square[\theta($本体$)\leqslant\theta($客体$)\leqslant\theta($本体$)]]]$

相比起"A 像 B"的逻辑表达式,这种表达式中增加了"P"部分,因为它的比较结果是明确的,具体是哪一方面的刻度和阈值也是明确的。

（三）"A+像+B+一样+C+D"逻辑语义内涵

典型例句:你像哥哥一样高就可以出去玩了。

句中的主体是"你",客体是"哥哥的身高",比较词是"像",比较的结果是"哥哥一样高",那么此处就有一个关于"高"的阈值,而这里把"你的身高"的高度与"哥哥的身高"高的程度相比较,所以"你的身高"高的程度肯定是达到或者超过了预知的,才可以认为"你的身高"是高的。可以先将"你像哥哥一样高"这一部分形式化出来,其逻辑语义跟"他像他妈妈一样高"一样,即:

$$\exists x[\text{你}(x) \& \forall y[\text{哥哥}(y) \& \text{高}(y) \& \text{比较}(x,y) \Rightarrow \text{高}(x)[(\text{你},\theta_0)\square(\text{哥哥},\theta_0)\square[\theta(\text{你}) \leqslant \theta(\text{哥哥}) \leqslant \theta(\text{你}_1)]]]$$

我们知道上述句子是"出去玩"的原因,所以我们用一个事件 e 来表示"出去玩"这个事件,整个句子又是一个表结果的事件,完整表达出来:

$$\exists x[\text{你}(x) \& \forall y[\text{哥哥}(y) \& \text{高}(y) \& \text{比较}(x,y) \Rightarrow \text{高}(x)[(\text{你},\theta_0)\square(\text{哥哥},\theta_0)\square[\theta(\text{你}) \leqslant \theta(\text{哥哥}) \leqslant \theta(\text{你}_1)]\square \text{BECOME}[\text{出去玩},e]]]$$

其中 BECOME 是一个表示结果的事件,这个结果事件是由一个事件 e "出去玩"引起的。上述逻辑表达式用自然语言描述为:

存在一个关于高度的阈值,还存在衡量高度的刻度,你的刻度达到或超过了这个阈值,同时哥哥的刻度也达到或超过了这个阈值,而且你的刻度是小于等于或大于等于哥哥的刻度。有且仅有你的刻度在阈值范围内是小于等于或大于等于哥哥的刻度时造成了一个存在的事件 e "出去玩"。

再对这种句式进行抽象,将其中的变量也用逻辑符号表示出来,得到这类句式的逻辑表达式:$\exists x[\text{主体}(x) \& \forall y[\text{客体}(y) \& P1(y) \& \text{比较}(x,y) \Rightarrow P1(x)[(\text{主体},\theta_0)\square(\text{客体},\theta_0)\square[\theta(\text{主体}) \leqslant \theta(\text{客体}) \leqslant \theta(\text{主体}_1)]\square \text{BECOME}[,e]]]$

（四）"像+B+一样+C+的+A+D"逻辑语义内涵

典型例句:他有着像他爸爸一样蓝的眼睛。

"他有着","有"的结果是"爸爸一样蓝的眼睛",那么就有一个关于"蓝"

的阈值,而把"他的眼睛"蓝的程度与"他爸爸的眼睛"蓝的程度相比较,所以"他的眼睛"蓝的程度肯定是达到或者超过了阈值的,才可以认为"他的眼睛蓝"。我们先将"像他爸爸一样蓝的眼睛"补充完整,为"他的眼睛像他爸爸的眼睛一样蓝"这部分形式化出来,其语义内涵跟"他像他妈妈一样高"类似,即:

$$\exists x[他(x) \& \forall y[他爸爸(y) \& 蓝(y) \& 比较(x,y) \Rightarrow 蓝(x)[(他,\theta_0) \square(他爸爸,\theta_0)\square[\theta(他) \leqslant \theta(他爸爸) \leqslant \theta(他_1)]]]$$

整个句子表示一种存在的语义,完整表达出来应该为:

$$\exists x[有(他)\square有(爸爸)] \& [他(x) \& \forall y[他爸爸(y) \& 蓝(y) \& 比较(x,y) \Rightarrow 蓝(x)[(他,\theta_0)\square(他爸爸,\theta_0)\square[\theta(他) \leqslant \theta(他爸爸) \leqslant \theta(他_1)]]]$$

存在一个关于眼睛颜色的阈值,还存在衡量颜色的刻度,他的眼睛的刻度达到或超过了这个阈值,同时爸爸的眼睛的刻度也达到或超过了这个阈值,而且他的眼睛的刻度是小于等于或大于等于爸爸的眼睛的刻度。

再对其进行进一步的抽象,将其中的变量也用逻辑符号表示出来,得到这类句式的逻辑表达式:$\exists x\varphi(主体)\square\varphi'(客体)] \& [主体(x) \& \forall y[客体(y)\&P(y) \& 比较(x,y) \Rightarrow P(x)[(主体,\theta_0)\square(客体,\theta_0)\square[\theta(主体) \leqslant \theta(客体) \leqslant \theta(主体_1)]]]$(其中 φ 是二元谓词)

本章通过考察大量的语言事实后,发现表比喻的"像"字句、表比较的"像"字句还有含交叉语义的"像"字句可归为"像"字句中的一个小范畴中。在这个范畴中,它们构成了一个连续统。在这个连续统中,表比喻的"像"字句已经逐渐取代了表比较的"像"字句的典型范畴地位,成为该范畴中的最典型的范畴。同时在表比喻的"像"字句有 4 种基本句法结构(即 A+像+B,A+像+B+一样/似的/般,A+像+B+C(一样/似的/般),A+像+B+C(一样/似的/般)+D)和 2 种变式结构(像+B+(一样/似的/般)C+A+D 和 A+D+得+像+B+C(一样/似的/般),而表比较的"像"字句有 5 种常见的句法结构(A+像+B,A+像+B+一样/似的/般,A+像+B+(一样/似的/般)C,A+像+B+(一样/似的/般)C+D,像+B+C+A+D)。并且表比喻的"像"字句主要表示模糊、不确定性,表示比况性,表示预设性和表示类比推理。而表比较的"像"字句主要表示比较性,明确指示性,和一个达到或接近的阈值。形式上基本一样,但语义内涵相差很大,利用逻辑语义学的方法和手段可以准确、精细地描写出其丰富的语义内涵。对于表比喻的"像"字句可根据其语义具有的类比推理和预设的原理,通过逻辑的类比推理和预设对其进行形式化分析。而对表比较的句子则是根据其语义中具有刻度和阈值,通过相应的逻辑表达式对其进行形式化分析。

第六章　现代汉语名词性谓语句的逻辑语义研究

现代汉语的词类在句法上具有多功能性,名词或名词性短语常常用来作句子的主语、宾语和定语,但一些特殊结构中它还可以置于谓语的位置上,在谓词缺失的情况下直接充当谓语,用来说明事物的种类、数量、时间、性质、特点和用途等。例如①:

(1)今天星期天。("名词+名词",表时间)

(2)明天国庆节。("名词+名词",表节日)

(3)昨天晴天。("名词+名词",表天气)

(4)二妹子广东人。("名词+名词性短语",表籍贯)

(5)潘老太太刚好八十岁。("名词+名词性数量短语",表年龄)

(6)米饭一碗,饮料两瓶。("名词+数量短语",表数量)

(7)一次三分钟。("数量+数量",表数量)

(8)她大眼睛,红脸蛋。("名词+名词性短语",表容貌)

(9)山上净石头。("方位短语+副词+名词",表存在)

(10)这本书新买的。("名词性短语+"的"字短语",表类属)

一般所说的名词性谓语句指的是广义的名词性谓语句,语法学界把它们称为名词谓语句、体词谓语句或体词性谓语句、时间词谓语句等。总之,这类主谓句是在动词缺失的情况下,由名词或名词性词语直接充当谓语的主谓句,名词性谓语句中谓语部分的结构主要有五种:一是名词单独作谓语;二是名词性短语作谓语;三是副名结构作谓语;四是数量结构作谓语;五是"的"结构作

---

① 例子引自黄伯荣、廖序东主编的《现代汉语(增订四版)》,高等教育出版社2007年版。

谓语。名词性谓语句的句法结构是"NP_1+NP_2",由于 $NP_1$①对句子的完句影响不大,因此主要是 NP_2 的影响和制约。

第一节　研究现状

传统语法(吕叔湘 1953、张志公 1953、丁声树 1952、高名凯 1960、赵元任 1979、陈建民 1980、邢福义 1984、冯凭 1986、朱德熙 1982)对这一语法现象曾做过大量的研究;近年来又有学者(马庆株 1991、彭可君 1992、谭景春 1998、项开喜 2001、陈勇 2005、唐晓磊 2009、王世群 2004、李黎 2007、陈新义 2004、周国光 2011、张庆翔 2012、冯嘉成 1997、曹洪雷 2008、韩旭 2010)从认知语法的角度和三个平面的角度对其进行解释,还有学者(Tang1998、邓思颖 2002、Tang and Lee2000、张庆文 2004、梁梅 2007、王燕燕 2010)从生成语法的角度对名词性谓语句进行过研究。国外也有学者(Chierchia1985、1989;Bowers1993、1997; Rothstein2001; Baker1997、 2003; Adger2003; Partee1987; Higginbotham1987;Zaring1996;Sakahara1996)从不同的角度出发对名词性谓语句进行过分析研究。本章将在前人的研究基础上,运用逻辑语义学的方法和理论对其进行详细的描写、分析和解释。

一、传统语法视野下的名词性谓语句研究

以前学界对名词性谓语句的研究,主要采用的是结构主义方法对名词性谓语句进行了详细的分析研究,这为后人的研究奠定了坚实的基础。传统语法视野下对名词性谓语句性质的研究可分为下面三类:

---

① 某些谓词性结构也可以进入名词性谓语句的主语位置,但我们认为这时的谓词性成分在句子中起到话题的作用,它们已经名词化了,语法功能上相当于一个名词性短语,所以都用 NP_1 表示。

（一）判断句

吕叔湘先生（1953）、张志公先生（1953）和高名凯先生（1957）都将名词性谓语句看作判断句。吕叔湘先生认为名词谓语句属于判断句，一般的判断句是在主语和谓语之间加上"是"，但是名词谓语句的句法结构例外；张志公先生则认为"在现代汉语里，判断句是一定要用系词，只有在少数对话中可以省略。如：今天几号？今天 20 号。"高名凯先生认为，"'是'是虚词，有时可以不用，而无损于句子的结构和意义的表达。"因此，"明天是 20 号"和"明天 20号"没有区别。

（二）描写句

冯凭（1986）曾经把名词性谓语句分为四类：一是具有序数性特征的时间名词作谓语；二是"处所词+名词"结构作谓语；三是具有描写性特征的名词充当谓语；四是"形容词+名词"结构作谓语。总之，他认为"充当谓语的词语一般都具有了形容词性质"，因此，名词谓语句中的谓语"不是对主语加以判断和肯定，而是对主语加以描写和说明，全句不是判断句，而是描写句。"同时他还指出"名词可以单独作谓语的说法是缺乏根据的。"

（三）空系词句或空动词句（名词性谓语句的实质）

张庆文（2004）认为应该把名词性成分作谓语的句子称为空系词句或空动词句，但绝不是系词句。因为系词句的句法结构基本表现为"NP_1 + 是 +NP_2"，结构中，除了要求系词"是"必须强制性使用，其他就没有任何额外限制条件了。如：

（11）他是一名学生。

（12）这是我的笔。

（13）这本书是她的。

（14）他的父亲不是张三。

（15）三加三是六。

（16）我是老师。

从这些例子可以看出,系词句中充当谓语的 NP₂ 的成分相当复杂,可以说没有任何限制,既可是数量名结构(例 11)、领属结构(例 12)、"的"字结构(例 13),又可是专有名词(例 14)、数词(例 15)或者光杆名词(例 16)。基本上所有的名词性成分都可以在 NP₂ 的位置充当系词句的谓语。另外,在系词句中不需要任何的时态(tense)体貌(aspect)标记,也不需要附加任何表情态(modality)或语气(mood)的成分,并且句子还可以是否形式。

而空系词句或空动词句(即传统上所指的名词性谓语句)与系词句的差别也主要表现在两个方面:一是系词是否强制性出现;二是充当空系词句和空动词句中谓语的名词是否有条件限制。其限制条件大致有以下几种:

a. 时间词作谓语,如:

（17）今天星期三。

（18）明天三八节。

b. "名词+名词"、"形容词+名词"结构作谓语,如:

（19）我四川人。

（20）他黑头发。

（21）这个孩子双眼皮。

（22）这个人挺高的个子。

（23）这个女孩儿圆圆的脸蛋,大大的眼睛。

c. "数+量"结构或"数+量+名"结构作谓语,如:

（24）他五十岁。

（25）每人一本。

（26）这间屋子两扇门。

d. 具有顺序意义的职位名词、处所名词作谓语。如:

（27）他都部长了。

（28）现在武汉了,马上长沙了,过了金沙遗址就客运中心了。

e. 普通名词一般不能直接作谓语,通常是两两对举或在语境中临时获得顺序意义时才可以作谓语。如:

（29）（李四已经说完了）现在该张三了。

（30）人家都乳胶垫了，你还席梦思。

f. 普通名词在加上时态助词或语气词之后可以充当谓语。如：

（31）周末了，有的是时间，……

（32）老同学嘛，就别见外了。

由此可见，并不是所有名词都可以作句子的谓语，只有具有［＋数量意义］、［＋顺序意义］、［＋描写意义］的时间、处所、职位名词和数量名词才可以单独充当谓语。也可看出，名词性谓语句、空系词句或空动词句、判断句和描写句是从不同的角度来认识和分析句子后得出的结论。名词性谓语句不完全等同于判断句、描写句和空系词句或空动词句。

二、名词谓语句的界定研究

丁声树先生（1952）认为，由名词作谓语的句子就是一种体词谓语句，虽然"有时候可加上动词（多半是'是'字）改成动词谓语句，但是，有些句子是不行的，有些句子改了后意思跟原句不同"。例如：

（33）今天几号？今天20号。

（34）你哪里人？我四川人。

这些句子中确实都可以加上"是"改成系词句或动词谓语句，但这些句子中的"是"字都要轻读，如果重读，句子的意思就发生变化了，跟没有"是"字的句子意思并不完全一样，所以，这种句子并非是省略了"是"的判断句。并且有些句子是不能添加"是"的，添加后句子反而不流畅通顺，如：

（35）啤酒两瓶，红酒一瓶。

（36）一次五分钟。

（37）山脚下一座四四方方的房子。

（38）教室里六七个人。

这些句子中就不能通过添加"是"来改成动词谓语句。有的句子添加的系词也不是唯一的，即便添加上其他系词改成动词性谓语句后，整个句子意思与原句大不相同了，这些句子的功能也不是表示判断。

　　综上所述,我们比较赞同丁声树先生(1953)的观点。是因为他一方面看到了有些名词确实可以直接作谓语;另一方面还指出了名词谓语句与真正的判断句和描写句的一些不同之处,这两者在意义和形式上既有区别又有联系。但我们不同意他所说的名词性谓语句加上"是"字后变成动词性谓语句的说法,是因为句子之间的区别不只是"是"的有无,句子之间的转换不是简单地等同于能否添加"是":有的句子能添加"是",有的句子不能添加"是",有的句子添加之后,"是"字读音不同,还有的句子添加"是"字后句子的意义可能发生改变。

　　我们认为判断句、描写句主要是从谓语的语义功能上来说的,判断句和描写句可能是名词性谓语句,也可能是谓词性谓语句。体词性谓语句或名词性谓语句主要是从谓语构成成分的语法功能来说的,谓语构成成分的语法功能呈现出名词性质,即是指句子中没有动词或形容词作谓语的句子,而动词和形容词合称为谓词,这种没有谓词的句子在谓词逻辑法表示中呈现出空语现象。因此,从形式和意义结合的角度来看,名词性谓语句可以说是空系词句或空动词句,这种"空"可能是特定语境的省略,也可能是句式制约的省略;这种省略可能是显性的省略(能明确添补被省略成分),也可能是隐性的省略(不能明确添补被省略成分)。

　　当然这种空缺和省略是有条件的,黄伯荣、廖序东的《现代汉语》(增订四版)教材认为,名词性词语一般不作谓语,只有在满足以下四种条件时,才能充当谓语。第一,只能是肯定句,不能是否定句;第二,只能是短句,不能是长句;第三,一般只能是口语句式,不能是书面句式;第四,仅限于说明时间、天气、籍贯、年龄、容貌、数量等口语短句。从它表否定时必须加动词来看,实际上应该看成动词谓语句的变体或者省略形式。①

　　Tang(2000)也曾对名词性谓语句出现的条件进行过归纳,他认为主要有六种情况:一是在对比的语境中;二是名词谓语具有修饰成分;三是名词谓语具有特征意义;四是句中存在主观判断成分;五是句中有焦点副词存在;六是

---

　　① 引自黄伯荣、廖序东:《现代汉语(增订四版)》,高等教育出版社2007年版。

出现在内嵌子句中。

　　事实上,汉语中不仅名词在句中作谓语是不自由的,形容词以及大约50%的动词单独作谓语也都是不自由的(陆俭明1986)。根据朱德熙(1956)的研究,形容词作谓语一般要附加如下条件:一是在对比语境中;二是加标记"的"或"是……的";三是加程度副词、否定副词或其他修饰成分;四是加表时间的成分或语气词。

　　总之,把名词、动词和形容词作谓语的条件进行比较,会发现它们有极大的相似之处。从而也说明名词性成分可以单独作谓语,构成一种完整的、独立的句型,这种句型的实质是一种省略或隐含。这种语言现象就是非主谓句和省略句的关系一样。因此,我们认为还是把这种名词性成分作谓语的句子称为名词性谓语句或体词性谓语句比较合适,在以后的论述中,我们统称为名词性谓语句。

三、认知语法视野下的名词谓语句研究

　　从20世纪末开始,学界才真正有意识地、系统地从认知的角度来考察名词性谓语句。邢福义先生(1984)提出作谓语的名词具有[+推移性]语义特征;马庆株先生(1991)认为这类名词有[+顺序义]特征,这些可以解释大批名词性成分直接作谓语的情况,马先生认为某些顺序义使得体词有了陈述的作用。彭可君先生(1992)通过指称形态和陈述形态的转化来解释这一现象。谭景春先生(1998)对名词转化为形容词的语义基础进行了研究,认为名词性质意义有强弱,其强弱程度各不相同,程度强的名词成分就可以充当谓语。项开喜先生(2001)从时间空间的角度分析了名词性谓语句的成因。施春宏(2001)运用了认知语言学的方法对名词描写性语义特征进行了研究,这启发了我们对名词谓语句里名词谓语的功能也可进行如此的研究。刘顺(2003)等从认知和语用的角度有意识地直接研究名词谓语句。陈勇先生(2005)从配价上的平衡关系的角度解释了名词述谓义的获得。唐晓磊(2009)从认知的角度,运用"距离—标记对应律"分析了名词谓语句能够在缺省谓语动词的情况下成立的原因,并用"有界"和"无界"理论探讨了名词谓语句句法组合的

制约因素。

相对于其他方面,从认知角度来研究名词谓语句开始得较晚,也尚未形成体系。汉语本身缺乏形态标记,名词性谓语句又违背句法组合的一般规则,如果运用认知语法的观点来解释和分析这种极其特殊的语言现象,无疑增加了外族人学习和理解汉语,以及计算机识别和解读汉语的难度。

梁梅(2007)①从类型学角度对名词性谓语判断句进行研究,根据跨语言调查得出构成判断句的判断词有三种情况:一是判断词(系词)为强制性要素:有的判断词(系词)是动词,有的是无变化的小品词,有的是代词,有的是其他词类;二是判断词(系词)为非强制性要素:有的可用可不用,有的在非标记情况下不用,有的作为强调、对比的焦点标记使用;三是无判断词的判断句。

在判断句中,判断词(系词)并不是完全的强制因素,它在部分语言中为可选择项,而在另一部分语言中则不存在。当它不存在时并没有影响该语言的判断命题的表达,可见判断意义的表达式取决于 NP_1 和 NP_2 的语义内涵。

用作判断词(系词)的成分在语义上是空项,它只有句法功能,无语义功能,即使它为动词,例如英语中的 be,也只有联系功能,所以才称为系词或系动词。由于判断词(系词)不像其他动词含有丰富的意义内涵,从某种意义上说它只是功能词,犹如助动词。

判断词(系词)在某些语言中可以是代词,小品词,语气词,甚至于以名词的曲折变化、形态变化作为表示判断意义的标记。由此可以看出,汉语中带有标记的名词、代词可以单独构成句子的谓语,NP_1 与 NP_2 之间的关系是一种判断命题式。判断词作为可选择项,有时只在一定的语境中作为焦点出现,在无标记式中则不出现。

四、生成语法视野下的名词谓语句研究

近年来,有学者开始从生成语法的角度对名词谓语句进行理论上的解释,这方面做得好的典型代表是下面这些学者。

---

① 梁梅:《从类型学看名词性谓语判断句》,《贵州师范大学学报》2007 年第 4 期。

邓思颖(2002)在生成语法的框架内,从经济原则的角度对汉语没有动词的句子作了理论上的探讨,他将汉语没有动词的句子分为名词性谓语句、空系词句和空动词句三个小类,并提出"汉语的句子遵守结构经济原则,呈现'没有结构'>'空语类'>'显性语类'"的倾向性,他同时指出"这种'越少越好'的特点是相对的,是可以违反的"。这些解释为我们提供了一个全新的视角,启发我们从新的角度来思考名词性谓语句。

张庆文(2004)将名词性谓语句分成三个小类:系词句、空系词句以及空动词句。并指出名词性谓语句成立的条件是系词"是"不强制性出现;但空系词句和空动词句中,至少要有一个条件得到满足:一是作谓语的名词前要有限定成分;二是句中要有表示情态意义的标记;三是句中要有表示时间的助词或表示语气的助词存在。根据 Chierchia 所提出的述谓语法和 Bowers 提出的述谓句法理论,具有性质意义的语类并不能成为天然的谓语,它们要想作谓语,首先必须将性质 X 转化为命题函数 $<et>$,通过这个谓词化的操作,才能成为合格的谓语,并与主语结合形成一个合法的句子。因此,名词性谓语句成立所需要的限制性条件实际上是谓词化转化操作。

从本质上来说,系词句中的系词"是"是一个谓词算子,本身并没有任何实际的动词意义,它所起的主要作用就是将名词具有的性质意义转化命题函数,来满足主谓关系的需要,其逻辑语义表达式为 $<X, <e, t>>$;空系词句中名词前所要求的限定成分就等同于系词"是",它们所起的作用也是将名词具有的个别性质和特征意义转化为命题函数,不同之处在于它除了起谓词性算子的作用外,本身还具有实际意义。它的逻辑语义表达式为 $<e, t><e, t>$,它与经过谓词化操作提升过的名词结合成为一个新的命题函数,并最终与主语一起形成一个合法的句子;在含有时间助词、语气助词、情态助词的句子中,没有显性的谓词性算子存在,但由于这三种功能性成分所约束的对象都是命题,从句法上来说,它们出现在焦点的位置上,这样便激活了隐性的谓词性算子,迫使名词从性质特征转化为命题函数。这些成果为我们进一步对汉语名词性谓语句研究提供借鉴和参考。

可见,各种语言在实现主谓关系的手段上存在着参数的差异,"NP_1 +

NP₂"结构不能一律视为省略谓语动词的句式,在现在时的肯定句中谓词性算子可呈隐性,有的名词性谓语句是"是""有""分""为"等系词的省略,有的是隐含,有的是空语形式。再次说明名词性谓语句实质上是一种空系词句或空动词句,这种"空"的实质是一种省略,只是省略的条件不同而已。在生成过程中这种"空"表现为"Φ"形式。

五、国外学者对名词性谓语句的研究

在英语主句中,虽然名词、形容词和介词作谓语时系词的出现都是强制性的,但是,西方的语言学学者还是很早就注意到了系词句"He is a doctor"包含的不同语法关系以及系词在其中所起的作用。根据张庆文(2004)搜集到的文献,主要有以下两种观点:一种(cf. Higginbotham, 1987; Sakahara, 1996; Zaring, 1996)认为这种句式可分析为主谓关系句(predication)或者辨别句(identification or equation),相应系词也应分析为两个不同的句法范畴(syntactic category);另一种观点(cf. partee1987; Rothstein2001)虽然也区分这两种语法关系,但却认为这两种句式中系词的作用是相同的。

近年来,又有学者(Rothstein2001; Adger2003; Baker2003)考察了其他一些语言,如:希伯来语(Hebrew)、苏格兰盖尔语(Scottish Gaelic)、爱多语(Edo)、莫霍克语(Mohawk)以及非洲、澳大利亚周围群岛上的一些语言,他们从各个不同角度对这些语言中的名词性谓语句进行了深入的研究,特别这些语言中名词谓语句的合法存在不必借助于系词帮助的特点。

六、名词性谓语句研究中存在的问题

名词性谓语句(非动词性谓语句)研究还存在如下的问题:一是名称或归属问题。即名词谓语句或体词性谓语句的归属问题,它到底是判断句、描写句、空系词句或空动词句还是直接叫名词性体词或名词性谓语句? 二是名词性谓语句中包含有几种语义关系? 表达了什么样的语义特征? 如何从形式上把这些语义关系、语义特征准确、科学地加以表示,即如何形式化表达的问题,这方面的工作目前还非常欠缺。三是名词谓语句的成句的条件是什么? 这些条件出现的深层动因是什么？四是缺乏在逻辑语法视野下对该句式进行的简单明了的分析和表达。

本章尝试在前人的研究基础上，以现代汉语性名词谓语句为主要研究对象，考察名词性谓语句中主谓关系所包含的各种语义关系，呈现出的语义特征，并从共时、历时及语言类型学的角度对其加以验证，在蒋严、潘海华所构建的汉语语句系统框架之内，从语义和句法两个角度对其加以描写、解释和分析，为名词性谓语句建立句法规则和语义翻译规则，并使用在类型逻辑语法竖线算子表达法中添加省略槽的方式来描写和分析其结构和语义特征，对前人研究中遗留下来的问题作出更合理的解释。因为逻辑和自然语言是两个不同的符号系统：逻辑抽象严格，自然语言生动丰富；逻辑语言和自然语言是密切相关的，对分析自然语言的句法语义关系问题，具有精确化特性的逻辑语言具有重要的方法论作用。

第二节　名词性谓语句的句法结构

对名词性谓语句的句法结构特征，很多人（王世群 2004，李黎 2007，郝思瑾 2007，班吉庆 2001，张庆翔 2012）作过分析论述，学者们都认为名词性谓语句的基本构成形式是：主谓句"主语+名词性谓语"。名词性谓语句的主语可以是名词、代词或名词性短语、动宾短语、主谓短语。谓语主要是名词或名词性短语，也可以是代词。由于名词性谓语句的特色主要是在谓语部分上，分析名词性谓语句的句法结构，应该着重谓语部分，主语部分我们暂且把它认定为一个专有名词或事件（这里不作专门讨论，用 NP_1 表示）。名词性谓语句中的谓语部分是名词性成分，但是这些名词性成分并不是任意的，不是所有的名词性成分都可以作名词性谓语句的谓语，其限制条件我们已经在前面论述过了，这里不再重复。谓语部分的名词性成分具有对主语进行陈述、描写、判断、评价等功能，但它又不同于判断句（即系词句）。从句子自足的角度看，名词性谓语句的句法结构情况大致如下：

一、名词、代词单独充当谓语的名词性谓语句（"NP₁+N"）

（40）明天星期一。（名词作谓语，表示时间）

（42）今天晴天。（名词作谓语，表示天气）

（43）我祖籍四川。（名词作谓语，表示籍贯）

（44）他和我同乡。（名词作谓语，表示关系）

（45）这什么？（代词作谓语，表示疑问）

（46）他傻瓜。（名词作谓语，表示称谓）

这些句子的句法结构规则为"NP₁+N"，两部分之间没有任何动词性成分，但看得出来其中隐含了判断词"是"，隐含的判断词"是"不是强制性出现的。但其中的 N 不是任意的，主要是一些表示时间、天气、籍贯、关系、疑问等内容的名词，这些名词一般都具有性质或状态意义，即［+性质特征］或［+状态特征］，在一定程度上，这些性质或状态特征呈现出一定的谓词特征。因此，名词或代词单独作谓语自足的条件是本身凸显［+性质特征］或［+状态特征］。具有谓词性特征只是名词充当谓语的必要条件而非充分条件。

二、名词性短语充当谓语的名词性谓语句（"NP₁+NP₂"）

（47）一小时六十分钟。（"数词+名词"作谓语，表示数量）

（48）每人两本。（"数词+量词"作谓语，表示数量）

（49）教室里七八个人。（"数词+量词+名词"作谓语，表示数量）

（50）他四川阆中人。（"名词+名词"作谓语，表示籍贯）

（51）山头上谁的队伍？（"代词+名词"作谓语，表示属性）

（52）小王黄头发，大眼睛。（"形容词+名词"作谓语，表示属性）

（53）今天又周末了。（"副词+名词"作谓语，表示顺序）

（54）这些书图书馆的。（"的"字短语作谓语，表示领属）

这些句子的句法结构规则为"NP₁+NP₂"，句子中充当谓语的中心名词虽然本身不凸显［+性质特征］或［+状态特征］，但是中心名词前面所含的修饰成分可以实现谓语功能的转化,因为这些修饰成分或是对名词的性质进行客观描写,或者是与说话人的主观看法密切相关,对其范围加以限定,使其性质特征得到凸显。因此,名词性谓语句中很少是由名词单独作谓语,多数是由以名词为中心的短语作谓语,其中修饰语部分以形容词和数量结构为多。此时作谓语的名词性结构应该是一个整体,并不简单只具有原来单个名词所具有的意义特征,而是增加了新的意义特征,整个名词性结构可以陈述或描写主语。实际上,这类谓语中名词的修饰语很重要。

对名词性谓语句进行意义分析后,班吉庆(2001)发现,汉语名词性谓语句的主语、谓语具有选择性,这种选择性主要表现在意义内容方面的选择。它的主语的意义范围常常是与"人、时、地"有关;它的谓语,如果是单个名词,也只限于表示天气、日期、节令、年龄、身份、籍贯等内容的名词。有的名词谓语是一个"数+量+名"结构,它的主语也必须是一个"数+量+名"结构,如"一个萝卜一个坑"等,这种形式里的主语和谓语,无论缺少哪一方面的附加成分,都不能准确地表达原有的意义特征。名词性谓语句的主谓之间也是具有一定的选择性。如果主语是时间名词,谓语常常也要是表示日期、节令等方面的时间名词。可以说"今天端午节"不能说"今天老师"。主语是表示处所的名词,谓语也应该是表示处所的名词,如"前方川师南大门",有时作主语的主谓短语指称处所时,谓语一般是表示处所距离的数量结构,如"图书馆离教室不过五百米"。名词性谓语句为什么具有这些特点?这些特点形成的动因和机制又是什么?这不好从句法结构的表层来解释和分析,但我们可以借助逻辑语义学的理论和方法,来解释其动因和内涵特征。

张庆文(2004)通过对比研究名词性成分、动词性成分和形容词性成分作谓语的自足条件后发现,要保证名词性谓语句的成立,需要满足下列条件:一是充当谓语的名词前面要附加一定的修饰成分,这种修饰成分或呈显性(如名词谓语前加的名词、形容词、数量结构)或呈隐性(如只有本身隐含性质意义或顺序意义的名词,或者在具体的语境中以及通过两两对比临时获得了顺序意义的名词才可以充当谓语)。二是在具备修饰性成分的情况下,普通名词一般要借助其他手段来充当谓语,通常是借助于系词"是"。三是如果前面两个条件都不具备,则要借助于时间词或语气词的使用。以上是名词或名词性成分充当谓语的基本条件,三者必须具备其一。对于汉语名词性谓语句出现的句法条件,Tang(2000)也进行了研究,并归纳出了六个条件。

通过综合考察和对比分析,还发现汉语名词性谓语句的句法结构具有这样的特点:名词谓语前加的修饰性成分有两类,一是对作谓语的名词所做的客观描写,以此来对名词的性质加以限定,这类成分包括名词、数量结构、一部分形容词以及副词,可将它们当作一种限定手段;二是对作谓语的名词所做的主观判断,包括说话人通过某些表示个人意愿、喜好等词汇手段来对作谓语的名词进行主观判断和限定,可以将其视作一种情态手段。除此以外,在不具备修饰性成分的情况下,名词谓语句也可借助于时间助词和语气词来成句。

第三节　名词性谓语句的逻辑语义内涵

近年来,学界掀起了语义分析和语义研究的高潮,袁毓林(2011)认为"语言学的皇后是语义学,语义学的皇冠是语义结构理论"。早在1986年,朱德熙就曾提出了高层次的语义关系与低层次的语义关系。"所谓高层次的语义关系,指的是与整个句子的语法意义直接相关联的比较重要的语义关系,所谓低层次的关系是与整个句子的语法意义不直接关联比较次要的语义关系。"1991年徐通锵提出语义语法,认为汉语是非形态语言,将汉语类型的句法称为语义句法,将印欧语系语言的句法称作语形句法。马庆株1998年对汉语语义语法范畴进行了认真探讨后,提出了语义功能语法。张斌在2002年进一步解释了高层次语义关系和低层次语义关系的含义。邵敬敏在2003年提出了语义语法。语义句法是"以语义为研究出发点和重点的语法理论"。各家提出的语义理论推进了汉语语义的深入研究,汉语的语义研究也随之取得了一系列的成果,使得名词性谓语句的语义研究有了重大突破,即以下几个方面:

一是解释了名词性谓语句成因。名词能进入述位，作句子的谓语，与其语义特点有直接的关系。谭景春（1998）、施春宏（2001）、项开喜（2001）、马庆株（1991）都对此进行过探讨，认为许多名词在一定语境中临时获得了描述意义、顺序意义，从而在一定程度上谓词化。

二是说明了名词性谓语句的语义特点。沈家煊（2009）、项开喜（2001）等都曾分析论述过，认为名词性谓语句的语义特征是从静态到动态的变化成果。

三是归纳了名词性谓语句的语义类型。陈新义（2004）、李黎（2007）和王世群（2004）等人都对此进行过研究。关于名词性谓语句的语义类型的研究，有的分为词汇意义上和语法意义上；有的分为静态意义和动态意义。但动态意义并不等同于语义的动态性，因为语义的动态性是指进入句法层面的词失去了它在词汇层面上所具有的原来的特征，产生了新的语义特点和语义功能。名词的典型语义特点是凸显空间性。当它进入名词性谓语句的谓语位置后，名词的空间性的语义特点就极有可能发生变化，表现出名词语义动态性的特性，这种转化过程就是语义的动态性。

以上这些是学者们从语言本体学的角度对名词性谓语句的特点进行的研究，这也正是我们研究的基础和前提。

而要对该句式进行创新的探索和研究，首先必须借鉴学者们语言本体学的研究的成果，特别是上述学者对名词性谓语句所蕴含的语义特征进行的精细描写和分析，这是我们研究的前提和基础。在此基础上应用逻辑语义分析法（吴平 2007：41）和类型逻辑语法竖线算子法进行描写、分析和解释，使名词性谓语句所传递的特殊语义信息体现为能够经得起逻辑语言和计算机语言的分析、检验的形式化。为汉语的人工编码和翻译在基础研究方面作出一些尝试。

一、名词性谓语句内部的语义生成

郭锐（2002）把词类的表述功能区分为内在的表述功能和外在的表述功能，与前者相对应的是词所固有的词性，称作词汇层面的词性；与后者相对应的是词所临时具有的词性（要由句法规则来控制），称为句法层面的词性。这两种功能有可能是不一致的。①词在进入到句法层面后就有可能表现出与它在词汇层面上不同的性质。吴平(2005:40)认为造成句式语义变化的原因往往可以最终归结到句式中某类谓词的语义性质的变化。因此,构成句法结构的词语的组成方式就已经包含在谓词的词条语义信息之中,符合意义的组合性原则。正因为如此,同一个词在进入到特殊的句式结构后,其词条信息可能呈现出与进入一般的基本句式结构有所不同的语义内容。不同句式的语义差异归根结底是由该句式中的逻辑谓词的语义词条信息所决定的,句式的语义生成是各词条中的语义信息通过意义的组合性原则来完成的。就最典型的基本句式(主谓句和主谓宾句)而言,逻辑谓词的语义类的数量是有限的和固定的。较为特殊的句式的语义反映出逻辑谓词的子集在进入相关的特殊的句式后其词条所含语义信息的增扩变化②。

在这种情况下,逻辑谓词词条中的逻辑语义表达式实际上是对较为特殊的句式语义结构的动态成因所做的静态描写。由于较为特殊的句式的复杂性和多样性,其谓词的词条语义信息内容和相应的语义类也具有与此大体相对应的开放性。因此,剖析名词性谓语句内部的语义内涵和生成机制时,应以谓词逻辑法为主,并辅助类型逻辑语法等相关理论和方法,即一种扩充式的逻辑语义分析法。

类型理论是逻辑语义学另一个基础性的理论。它的作用是确保自然语句的表达和与其相对应的逻辑翻译这两者具有相同所指的语义值。在类型理论中,两个基本的语义类分别是 e 和 t,前者代表"个体",后者代表"真值",按照递归的定义来解释类型理论的话,便是如下的所示:e 是语义类,t 是语义类;如果 a 和 b 是语义类,那么<a,b>也是语义类。除此之外都不是语义类。类型逻辑语法又叫范畴类型逻辑,是在类型理论基础上进一步深入和具体后形成的。③

---

① 郭锐(2002)将这一理论称为"语法的动态性",陆俭明先生提出这一理论时称作"词语的语法多功能性"更妥(详见陆俭明 2004:17)。

② 详细见吴平:《汉语部分句式的形式语义分析》,北京语言大学博士论文,2005 年。

③ 详细见刘海燕、邹崇理:《类型逻辑语法竖线算子的推广》,《哲学动态》2011 年第 2 期。

　　汉语中存在大量的省略现象,名词性谓语句实际上就是省略或隐含了谓语动词"是"或"有"的一个特殊句式。具有汉语言文化背景的人在理解这种结构时,根据一种言语习惯和语言常识自然就能明白其意义和关系。但是对于把汉语作为第二语言的人或者计算机自动识读时,无疑会产生困难,这就需要我们借助类型逻辑语法的手段来进行分析和解读。

　　采用类型逻辑语法的方式处理名词性谓语句的谓词省略现象,有必要对竖线算子的应用进行推广,增添邹崇理和满海霞在 LLPG 系统提出的涉及省略槽的引入规则和广义合取规则①:

　　从前面对名词性谓语句的句法结构分析情况来看,名词性谓语句中"是"是非强制性出现的,句子中作谓语的名词性结构却受到了严格的限制,仅有一些具有顺序意义的时间、职位名词、处所名词可以单独作谓语(马庆株1988),其他情况下必须要加一些辅助性手段,如限定成分、时间助词、语气助词或情态成分。

　　首先,具有顺序意义的时间名词和职位名词等之所以能单独作谓语,其原因就在于这些名词所包含的顺序意义上。陆俭明(1986)曾指出一旦顺序意义消失之后,这些名词就无法再充当谓词。因此,我们可以看出这些句子所包含的顺序意义实际上是隐性的谓词算子,主要作用也是使名词的语义类从个体 e 转变为命题$<e,t>$。所以,这些词实际上与一般名词不相同,他们实际上已通过内在的谓词性操作将 NP(名词性短语)转化成了 CNP(谓词性短语),而语义类为$<e,t>$的 CNP(谓词性短语)自然可以单独充当句子的谓语而无须附加任何条件了。

　　对于这类句式,我们使用吴平(2008:44)所推崇的扩充式的逻辑语义分析法推演和计算名词性谓语句的生成过程,其过程如下。如:

(55)明天星期一。

其内部语义关系 PrP:明天星期一。　　　明天 ∈ 星期一。

---

　　① LLPC 为 Lambek Calculus with Limited Permutation and Contraction 的缩写,指包含受限制的置换规则和缩并规则的兰贝克演算,是邹崇理和满海霞在其合作论文中提出的类型逻辑系统。

其逻辑表达式 S:t 明天星期一。 星期一′(明天)。

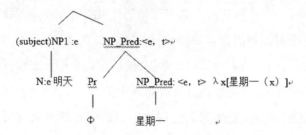

上图中"星期一"在句法上作谓语(标记为 N_Pred),通过内在的谓词性操作将个体 e 转化为命题<e,t>,在逻辑语义的表达式中则充当谓词,即λx[星期一–(x)],整个句子的基本语义信息是由它来决定的。这是因为时间名词含有顺序意义的特征,顺序意义实际上是隐性的谓词算子。

其次,一般名词如果要成为句子的谓语,它可以选择前加修饰词或后加时间助词、语气词等手段。名词前类似的修饰性成分包括形容词、名词、程度副词、数量结构等,它们都是谓词性算子,将一般名词变成一个命题函数,使其成为合法的谓词。它的作用应该是与系词"是"类似的,也就是说,在句子中也类似于一个谓词算子,其逻辑类为<e,t><e,t>,为了与其逻辑类相匹配,使得一般名词的逻辑类由 e 提升为<e,t>[①]。又比如:

(56)小王黄头发。

其句法生成和语义解释如下:PrP:小王黄头发。小王 ∈ 黄头发。

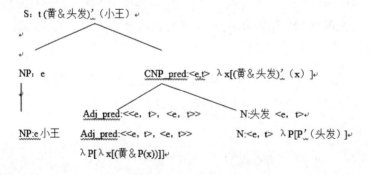

---

① 详细见张庆文:《现代汉语名词性谓语句的句法语义分析》,北京语言大学硕士论文,2014 年。

上图中的"头发"并不能够构成这一逻辑语义表达式中谓词的全部内容，由于"黄头发"实际上是"黄"与"头发"的交集，即黄 & 头发，因此，谓词的语义内容是由"黄"和"头发"共同构成的。不过，进一步分析的话，"黄"和"头发"各自的语义内容又有很大的区别，"头发"作为名词，而非名词性短语，其逻辑式是"λP［P′(头发)］"，相应的语义类则是"<e,t>"；通过上面的分析可以看出，在这种情况下是由谓词"黄"的词条语义信息"λP［λx［(黄 &P(x))］］"来决定整个句子的语义信息的，其相应的语义类是<<e,t>,<e,t>>。

最后，对于这种省略或隐含谓语的名词性谓语句，如果需要，便于计算机的识读和母语非汉语者理解其内部的语义关系和语义特征，我们可以使用类型逻辑语法竖线算子添加省略槽的办法进行推演和计算，如：

(57)山脚下一座四四方方的房子。

其生成和推演过程如下：S:Φ′(山脚下，一座(四四方方(房子)))

λq ∃q ∈ Φ[Φ′(山脚下，一座(四四方方(房子)))]:s

一般名词前类似的修饰性成分包括形容词、名词、程度副词、数量结构等，在句子中都是谓词性算子，将一般名词变成一个命题函数，使其成为合法的谓词。类似的现象前人早已注意到，朱德熙(1956)指出形容词的简单形式作谓语是不自由的，形容词的复杂形式作谓语是自由的，陆俭明(1986)也指出动词作谓语存在着同样的现象。动词、形容词的简单形式作谓语之所以不自由，是因为其中缺少一个谓词性算子来把性质 e 转化为命题函数<e,t>，而一旦加上谓词性算子变成复杂形式，它们就成了合法的谓词，就能够自由地充当谓语了。

名词性谓语句中时间助词、语气词和情态手段为什么能使名词性谓语句中名词转化为谓词性算子呢？张庆文(2004)认为时间助词是表示时间的功能性成分，语气词是表示说话人语气的功能性成分，情态手段也是表示说话人态度的功能性成分。虽然 PrP 表示的是一个命题，但是这个命题只是一个没有任何时间、语气或情态的简单命题,而上述几种手段都可以使这个命题变得更加明确,比如"今天星期三了。"中时间助词的作用是把一个没有时间的命题映射为一个有时间的命题。这意味着时间助词、语气词和情态成分约束的对象都应是一个命题,而不是一个简单的词汇性语义类,所以,这些成分便会诱发隐性的谓词化操作,迫使句中的一般名词转化为命题函数,来满足句子的需要。①

但是,时间助词、语气词等虽然可以诱发名词转化为谓词,但它不一定是充分条件。也就是说,时间成分不一定能保证诱发所有的名词转化为谓词。有时,它必须借助于显性的谓词算子才能达到目的。根据 Baker(2003)的研究,在空系词句和空动词句中,只有在作现在时解读时,这些句子才是合法的,也就是说,作现在时解读的空系词句和空动词句是无标记的,而在其他时态的句子中必须加上标记词。如:

(58)张三中国人。

(58′)＊张三以前中国人。

上面第一个句子表示的是现在的状况,所以,句子中没有任何标记词,"中国人"直接作"张三"的谓语;第二个句子由于其中有表达过去时间的成分,因此,必须要加上标记词"是",才能使"中国人"转换成命题函数,所以,句中虽然有表时间的成分,句子反而不合法。

二、名词性谓语句内部的语义特征

近年来,学界对名词性谓语句的语义内涵和语义特征进行了大量的分析,李黎(2007)、王世群(2004)和陈新义(2004)都曾对名词性谓语句的语义特征进行过研究,认为名词性谓语句蕴涵了类属意义、指称意义、数量意义、时量意义、变化意义、特征意义、态度意义、存在意义、处所意义、评价意义等语义内涵,表达了等同、特征、类属、存在和比分等语义关系。特别是陈新义(2004)

---

① 详细见张庆文:《现代汉语名词性谓语句的句法语义分析》,北京语言大学硕士论文,2004年。

认为名词性谓语句蕴涵的语义内涵包括静态意义(表6-1)和动态意义(表6-2),各自表达的语义特点如下:

(一)静态意义名词性谓语句内部的语义特征

表6-1　静态意义名词性谓语句的语义特点

	标记	语义动态性	语义值	NP$_2$ 的类别
类属	+	+	NP$_1$<NP$_2$	类别属性名词
数量	—	—	NP$_1$ = NP$_2$	数量结构
表称	+	±	NP$_1$ = NP$_2$	有界名词
时量	—	—	NP$_1$ = NP$_2$	时间词
存在	+	—	NP$_1$>NP$_2$	可数名词
处所	+	±	NP1 = NP2	绝对处所词

　　上面的表格比较详细完整地展示了静态意义名词性谓语句所蕴涵的语义内涵。从语义值看,句子中两个名词性词语的语义域有三种情况:一是当 NP$_1$<NP$_2$时,句子表示类属意义;二是当 NP$_1$ = NP$_2$时,句子表示数量、表称、时量、处所意义;三是当 NP$_1$>NP$_2$时,句子表示存在意义。

(二)动态意义名词性谓语句内部的语义特征

表6-2　动态意义名词性谓语句的语义特点

	标记	语义动态性	语义值	语义指向	NP$_2$ 类别	NP$_2$ 的谓词功能
评价	±	+	变化	+	情感名词	形容词
特征	±	+	变化	+	抽象具体	形容词
态度	±	+	变化	+	非顺序义	动词
行为	+	+	变化	+	抽象名词	动词
变化	+	+	变化	+	顺序名词	动词
状态	+	+	变化	+	非顺序义	动词

描写具有动态意义的名词性谓语句的语义内涵特征时可以和静态意义的名词性谓语句一样,同样具有丰富的语义内涵。这样就能确保自然语句的表达与其相对应的逻辑翻译这两者具有相同所指的语义值。

总之,从静态意义名词谓语句和动态名词性谓语句语义特点表中可以知道,名词作谓语具有广泛性,很多名词都能做名词性谓语句的谓语,但名词作谓语并不是自由的,而是粘着的,是有标记的,这些标记具有激活名词潜在的动态性语义功能,或使 N 的语义功能直接发生变化,由指称意义变为陈述意义。在静态意义的名词性谓语句中,语义值是比较稳定的,在动态意义的名词性谓语句中,语义值则是变化的。不管怎样,名词性谓语句(NP_1+NP_2)内部两个名词性词或短语的语义值存在三种情况:一是" $NP_1<NP_2$ ";二是" $NP_1=NP_2$ ";三是" $NP_1>NP_2$ "。这三种情况中,相互之间的语义关系各不相同。

(三)名词性谓语句的逻辑语义内涵

1." $NP_1<NP_2$ "时

一般是表示类属意义的名词性谓语句,其语义内涵规约为" $NP_1<NP_2$ ",它是用 NP_2 来指出 NP_1 的类别和属性的名词性谓语句,是形式上最简单的名词性谓语句,能表示的语义内涵丰富,其句法结构表现为如下三种不同形式。

(1)单独名词作谓语:如:

(59)他教授。

　　　他的故乡四川。

这些句子的句法结构为" NP_1+NP_2 ", NP_1 都是特定的个体, NP_2 都是身份类名词, NP_2 表示 NP_1 所属的类别, NP_1 和 NP_2 之间是个体和集合的关系。句子的重音落在 NP_2 上, NP_1 和 NP_2 之间停顿。按照蒋严、潘海华所制定的翻译规则,可得到如下的描写:

(59′)教授′(他);

　　　他的故乡′(四川)。

其语义内涵抽象为:S′: NP_2 ′(NP_1)

NP_2 表示 NP_1 所属的类别,其逻辑语义关系表示为:

(59″)他 $\in$ 教授;

　　　他的故乡 $\in$ 四川。

其语义关系抽象为: NP_1　　　 NP_2

(59‴)教授′(他)=1,iff 他 $\in$ 教授,否则为 0;

　　　他的故乡′(四川)=1,iff 四川 $\in$ 他的故乡,否则为 0;

总之,其语义关系抽象为: NP_2′(NP_1)=1,iff　　$NP_1 \in NP_2$,否则为 0。

(2)名词性短语作谓语,如:

(60)他北京人。

(61)小张中学教师。

(62)小王三组,小李四组。

(63)这本书老王的。

上面四类句子的句法结构大致相同,但彼此之间有一些细小的区别:(60)中 NP_2 是名词性的定中短语,短语内部是粘着型的,结合得很紧密,限制成分"北京"不能省略;(61)中 NP_2 是名词性定中短语,但短语是自由的,其中的限制成分"中学"可以省略;(62)中 NP_2 是个名词性的数量短语,但它一般出现在对举意义语境中,句中两个分句都是不能单说的,即不自由的,但合在一起是个非常能产的形式。当句子表示类属意义时,没有歧义。当表示其他语义时,句子的语义就要依语境而定,如"你叉子,我筷子。""你大学,我中学。"这类句子隐含了核心动词,隐含的动词有多种可能,因此,不同语境下表达的语义也各不相同。(63)中 NP_2 是"的"字短语,可能是"指人的名词+的"表领属意义,也可能是"指物的名词+的"表示质料,也有可能是"形容词+的"表示性质或来源。总之,这些句子的句法结构为" NP_1 + NP_2 ", NP_1 都是特定的个体, NP_2 都是类属意义的名词性短语, NP_2 表示 NP_1 所属的类别或属性, NP_1 和 NP_2 之间也是指称的个体和集合的关系。按照蒋严、潘海华所制定的翻译规则,可以得到如下的描写:

(60′)北京人′(他);

(61′)中学教师′(他);

（62′）三组′（小王），四组′（小李）

（63′）老王的′（这本书）

其语义内涵可以抽象为：S′：NP₂′（NP₁）；NP₂表示NP₁所属的类别。句子内部的逻辑语义关系为：

（60′）他∈北京人；

（61′）他∈中学教师；

（62′）小王∈三组，小李∈四组；

（63′）这本书∈老王的；

这类句子内部的语义关系可以抽象为：NP₁　NP₂。

有了以上分析，便可以对这种表示类属意义的名词性谓语句做如下的概括：

（60′）北京人′（他）＝1，iff 他∈北京人，否则为0；

（61′）中学教师′（他）＝1，iff 他∈中学教师，否则为0；

（62′）三组′（小王）＝1，四组′（小李）＝1 iff 小王∈三组，小李∈四组，否则为0；

（63′）老王的′（这本书）＝1，iff 这本书∈老王的，否则为0；

总之，其语义关系概括为：NP₂′（NP₁）＝1，iff　NP₁∈NP₂，否则为0。

2. "NP₁＝NP₂"时

表示数量、表称、时量、处所意义的名词性谓语句其语义内涵规约为"NP₁＝NP₂"，它是用NP₂来指出NP₁的数量、表称、时量、处所的名词性谓语句，是形式上最简单的名词性谓语句，能表示的语义内涵丰富，其句法结构表现为如下四种不同形式。

（1）表示"数量"意义

数量句的谓语都是数量结构，陈新义（2004年）根据该句子的语义特点，把它分为不变数量句和可变数量句。

一是不变数量句，句子在语义值上"NP₁＝NP₂"，NP₁表示上位单位，NP₂表示下位单位，这类句式用来表示数量的换算关系，NP₁和NP₂可以对换位置。如：

（64）一周七天。　　七天一周。

句子前后语序变换后仍是数量句,这种数量句的 NP_1 是上位单位,NP_2 是下位单位,上位单位在前,下位单位在后,表示由若干个小单位组成;下位单位在前,上位单位在后,表示若干个小单位组成一个大单位。按前面的翻译规则,其内部语义内涵表现为:

（64′）七天′（一周）　　一周′（七天）

这种类型的句式可以抽象为 $S:NP_1′(NP_2)$ 或 $NP_2′(NP_1)$,NP_1 和 NP_2,表示的数值相等,它们可以互换。句子内部的逻辑语义关系为:

（64′）七天＝一周　　一周＝七天,其语义关系抽象为:$NP_1＝NP_2$

有了以上分析,便可以对这种表示不变数量意义的句子做如下的概括:

（64′）七天′（一周）＝1, iff 一周＝七天,否则为0;其语义关系可概括为:

$NP_1′(NP_2)＝1$ 或 $NP_2′(NP_1)＝1$　　iff　　$NP_1＝NP_2$,否则为0。

二是可变数量句,句子表示临时的、不定的数量关系,又可分为表示顺序意义和非顺序意义的两种情况,如:

（65）他第一名。

（66）他25岁。

（67）每人5本。

（68）一件衣服500元。

这种句子的 NP_2 是依附于 NP_1 的,NP_1 和 NP_2 的位置可互换,但 NP_2 数量结构没有标记。这类表示数量意义的名词性谓语句内部的语义内涵和语义关系和表示类属意义的名词性谓语句差不多。我们暂不赘述,其形式化的分析过程和逻辑表达式（59）—（62）。

（2）表示"表称"意义

"表称"意义顾名思义是表示 NP_2 是 NP_1 的某种称谓的名谓句,可以分为姓名表称句,关系表称句和情感表称句。① 如:

---

① 详细见陈新义:《名词性谓语句的语义分析》,内蒙古大学硕士论文,2004年。

（69）妈妈张娅。

（70）我和他同乡。

（71）教师，人类灵魂的工程师。

这类句子的 NP_1 和 NP_2 之间有一种内在的等值关系。大部分句子的 NP_1 和 NP_2 可以互换位置，但交换位置后，可能就不再是名词性谓语句了。情感"表称"句和一部分关系"表称"句中，NP_2 表现了语义的动态性。

（3）表示"时量"意义

时量有时点和时段两种，所以相应地，表示时量意义的名谓句也分为时点句和时段句两种①。如：

（72）明天星期天。

（73）现在 10 点 20 分。

句子的 NP_1 和 NP_2 都是时间词，时间词都是顺序意义的词语。时点句是典型的时量句。时点句的 NP_2 都是绝对时间词，时段句的 NP_2 都是表示一段时间的数量结构。时点句表示时量中的一点，时段句表示时量中的一段。

（4）表示"处所"意义

这种句子中处所词 NP_2 对于 NP_1 来说是一种固定的关系。NP_1 一般是相对处所词或专有名词，NP_2 是绝对处所词。如：

（74）中国的首都北京。

（75）我的母校四川师范大学。

3. "$NP_1 > NP_2$"时

这类句子实际上是含"有"或"是"字的存在句的变化形式（省略或隐含），这类句子中的 NP_1 和 NP_2 之间除了有一种包含关系，还具有"量"的存在意义。如：

（76）山脚下一座四四方方的房子。

（77）院子里好多蚊子。

---

① 详细见陈新义：《名词性谓语句的语义分析》，内蒙古大学硕士论文，2004 年。

(78)教室里七八个人。

句子中的 NP_1 表示存在处所,NP_2 表示存在的事物,存在的方式"有"或"是"隐去了,呈现空语现象(Φ)。可以补上"有"或"是",但即便谓词不出现,句子也是完整的。整个句子所表示出"量"意义形式化为:

(76′)$\exists x \exists y [$山脚下(x) & 一座四四方方的房子(y) & $Prog(\Phi(x,y))]$。

(77′)$\exists x \exists y [$院子里(x) & 好多蚊子(y) & $Prog(\Phi(x,y))]$。

(78′)$\exists x \exists y [$教室里(x) & 七八个人(y) & $Prog(\Phi(x,y))]$。

上面句子中的 NP_1 和 NP_2 并不是完全的等同关系,而是存在关系,即包含关系。按前面的翻译规则,其内部的语义内涵表现为:

(76′)一座四四方方的房子′(山脚下)

这种类型的句式可以抽象为 $S:NP_1'(NP_2)$ 或 $NP_2'(NP_1)$,NP_1 和 NP_2,表示的关系是包含关系,句子内部的逻辑语义关系为:

(77′)"山脚下">"一座四四方方的房子",其语义关系抽象为:$NP_1>NP_2$

有了以上分析,便可以对这种句子做如下的概括:

(78′)一座四四方方的房子′(山脚下)$= 1$,iff 山脚下 $\ni$ 一座四四方方的房子,否则为 0;其语义关系可以概括为:

$NP_1'(NP_2)= 1$ 或 $NP_2'(NP_1)= 1$　iff　$NP_1 \ni NP_2$,否则为 0。

从句法结构("NP_1+NP_2")上看,名词性谓语句两个名词性词或短语之间省略了或隐含了谓词核心,好像一个偏正或同位结构等语言现象。但这只是表层的句法现象,句子内部相互之间的语义关系各不相同,这是因为句子生成过程中的语义规则在特定情况下可以违反线性组合规则(语法规则)的对应关系,即语义和句法之间存在着非同构的关系。

无论是使用谓词逻辑法,还是使用类型逻辑法,我们都是基于"计算推演"观念的逻辑语义理论,近年来贾格尔提出的竖线算子具有处理自然语言代词回指照应现象的功能。我们对于类型逻辑语法的竖线算子进行推广使用,确立可用于在省略槽中的添加省略或隐含了的动词的竖线算子的规则,然后再处理汉语名词性谓语句的语义求解问题。从前面的分析中,可以看出这些逻辑语法的计算推演方式能够准确展现出名词性谓语句中两个名词性词或短语之间的复杂的逻辑语义关系。这种形式化的计算推演表达经得起计算机的检验和识别,也为外民族人学习和解读汉语连动句提供了一种简单快捷的手段。

第七章　现代汉语存现句的
逻辑语义研究

　　表示什么地方出现、存在或消失什么东西,汉语里常常用存现句的结构形式。存现句中的动词后面常常有"着、了、过"等标记,用来表示存在、出现或消失等意义。但这些标记并不是存现意义的唯一手段,传统语言学的方法和手段也难以对其进行描写和解释。所以我们尝试着从逻辑语义学角度对汉语存现句中谓词部分的逻辑语义结构进行精细的描写和表示,也许能更全面了解它的结构和意义。通过这样的尝试,也尝试探索汉语存现句中谓词特征的形式化处理问题。①

　　从20世纪50年代开始,吕叔湘先生在讲"有无句"时,就对"存在句"②有了界定,之后很多学者开始关注此语法现象。典型代表人物有范方莲③和宋玉柱④。纵观存现句研究,存现句的研究过程大致分为三个阶段。第一阶段局限于结构和归类;第二阶段有了实质性的突破,开始深入句子结构内部,对它进行分段研究;第三阶段对存现句的研究更有深度和广度,对存现句本身的思考也更多。随着西方结构主义的引入,很多学者从结构形式⑤、生成语

---

　　① 本章主要根据课题负责人所指导的研究生卢秋蓉的硕士学位论文《现代汉语存现句的逻辑语义分析》(四川师范大学 2014 年,导师刘海燕)节选修改而成,部分内容曾发表在《现代语文》(语言研究版)2013 年第 2 期。

　　② 吕叔湘先生认为有一类有无句单纯表示事物的存在,即可称作存在句。

　　③ 范方莲:《存在句》,《中国语文》1963 年第 5 期。将存在句分为三段式研究,对各段进行描写以及归纳各段特点。

　　④ 宋玉柱:《略谈假存在句》,《中国语文》1963 年第 5 期。对存现句进行了界定。

　　⑤ 陈庭珍在《汉语中处所词作主语的存在句》(《中国语文》1957 年第 8 期)一文中对存现句的结构做了分析。

法①、语义分析②以及对外汉语教学③等方面对存现句进行了多角度的研究。

不管从什么角度来分析存现句,都必须先弄清楚存现句的界定问题。符合存现句结构形式的句型就是存现句吗? 存现句应该具有什么特点? 要回答这些问题,归根到底还是存现句的界定问题。存现句的界定问题一直是各学界关注的问题,究竟什么样的句型能进入存现句呢? 宋玉柱先生在回答此问题时提到:"存现句不仅要含有'存现'语义,还要受结构的制约,不能因为某种格式含有'存现'语义就归为存现句;同理,存现句也要受语义的限制,不能因为某些与存现句结构格式相同就归为存现句。"简而言之,在界定存现句时,必须遵循形式和意义相结合的原则,不能只注重某一方面。至今学界对存现句的界定依然存在着分歧,前人主要从认知功能语法、结构主义等角度对存现句进行了多方面的探讨,这些既有一些借鉴,又有一些遗憾。我们撇开以前的研究方法和研究视角,尝试着从逻辑语义学角度对汉语存现句中谓词部分的逻辑语义结构进行精细的描写和表示,并且试图通过这样的尝试,探索汉语存现句中谓词特征的形式化处理问题。在一定程度上归纳出存现句的逻辑语义表达式,便于计算机的识读和检索,也便于外民族人学习和掌握汉语中的这种特殊句式④。

从句法结构上来看,我们所研究的存现句主要为以下四种形式:一类是NLoc⑤(处所词语) + VP(动词+ 着/了/过) + NP(数量名短语);二类是 NLoc(处所词语) + V(有) + NP(数量名短语);三类是 NLoc(处所词语) + V(是)+ 数量名短语(NP);四类是 NLoc(处所词语)+NP(数量名短语)。

存现句一般包括三要素:存现事物(NP)、存现方式(VP)、存现地点(NLoc)。其内部的逻辑语义结构关系可以表示为:VP′(NP,NLoc),考虑到集

---

① 韩景泉:《英汉语存现句的生成语法研究》,《现代外语》(季刊)2001 年第 2 期。

② 张成进:《现代汉语存现句的语义价分析》,《广西大学学报》(哲学社会科学版)2010 年第 1 期。

③ 崔希亮:《汉语作为第二语言存现句的研究》,《汉语学习》2007 年第 1 期。

④ 详细见卢秋蓉、刘海燕:《汉语存现句中谓语部分的逻辑语义分析》,《现代语文》(语言研究版)2013 年 2 月 25 日。

⑤ 在本文中 NLoc 来表示存现句的 A 段,即"NLoc +V 着(了)+N"。

中性,我们暂且把讨论的范围限于以"数量名短语"充当 NP 和专名充当 NLoc 的存现句,本章对 VP 结构不作深入分析。由于谓语动词表示的语义特征各不相同,其内部又呈现出不同的关系和表达方式。所以,我们主要以谓语动词(VP)为中心,来探讨因谓语动词语义特征不同而呈现出的不同语义结构关系。

存现句的句法结构可以简单地描述为"NLoc + VP + NP"形式,其语义焦点表示"存在、出现、消失了什么"。存现句的焦点或重点一般是谓语,所以在分析存现句的语义时,基本上是从谓词出发的。本章要探讨的存现句就是按照句法结构中谓词的不同来划分的,所以根据存现句的句法结构形式,使用逻辑谓词法来分析存现句谓词部分的逻辑语义特征。把具有复杂性语义特征的谓词结构部分形式化,便于计算机识读和对外汉语教学。

第一节　"NLoc+VP(动词+着/了/过)+ NP"①的逻辑语义结构

一、"NLoc+V+着+NP"的逻辑语义结构

这种存现句的动词带有动态助词"着","着"用在动词后面可以表示动作正在进行或动作结束后状态的持续。这类句子叫进行体存在句。从语义上,一种表示动态,一种表示静态。

(一)动态进行体存现句

1a. 天上飞着一只鸟。

从形式上看,句子"天上"是方位短语作主语,表示处所;单独的动作动词"飞"加动态助词"着","飞着"是句子的谓语部分,表示存现方式;动词所涉

---

① 此类划分标准来自宋玉柱《存在句中动词后面"着"和"了"》,其中对"着"字的意义有不同的解释,本节参考陆剑明(2003)的观点。这部分内容曾由卢秋蓉、刘海燕发表在 2013 年第 2 期《现代语文》(语言研究版)上。

及的存在宾语是"一只鸟",表示存现事物。从语义上看,"飞"这个动作动词有很强的动作意义,并且常常发生位置上的变化。"着"用在动词后面,可以表示动作正在进行或动作结束后状态的持续。当"飞着"组合在一起时,由于"飞"这个动作很强,再附着"着"这个助词自然就让整个存现句呈现动态进行体。① 存现句中谓语动词"飞"的语义特征表现为[＋持续][＋动态动作][－附着],其存在事物是动作行为的施事者。从认知的角度,动作在时间上有"有界"和"无界"的对立;事物在空间有"有界"和"无界"的对立②。"飞"的语义还表现出[＋有界]和[＋无界]的特征,"一只鸟"的语义还表现出[＋有界]。从语用上看,这类存现句是以背景意义为前提而出现的,描写性很强。从逻辑关系③上看,对这样的事件有不同的划分,我们认为一个完整的事件应该包括开始前的预备阶段、起始阶段、中间阶段、终止阶段和结束后的阶段或者结果状态(Lakoff & Johnson 1999)。"飞、走、跑"等这类动作动词的参与者既是施事又是移事时,存现句可以抑制这些动作的施事,而突出它们的移事。谓语动词是"飞"的参与者既涉及各自的施事角色,又包括飞的状态。当"飞"这一动词带助词"着"时,它会促使整个句子抑制其他阶段,突出"中间阶段",即"飞的过程"。存现句一般包括三个要素:存现事物、存现方式、存现地点。按照这样的格式要求,这个句子的存现事物是"一只鸟",存现方式是"飞着",存现地点是"天上",因此这个句子内部的逻辑语义结构关系可以描写为:飞着′(天上,一只鸟)。

为了论述的集中性,只对谓语动词"飞着"所表示的语义特征进行深入详细的描写和分析。根据前面的分析和描写,句子中的谓语动词结构(VP)"飞着"的逻辑语义表现为:飞′(一只鸟)＆ 有′(飞,着)＆ 有′(飞着,动态动作持续)。

---

① 华滢:《存现句语义对谓语动词的制约》,《三门峡职业技术学院学报》(综合报)2006 年第 1 期。作者对谓语动词"飞"的语义探讨。

② 来自沈家煊:《"有界"与"无界"》,《中国语文》1996 年第 2 期。

③ 本论文从逻辑关系分析存现句的谓词部分主要结合 Lakoff. . Johnsonde 对事件的划分来分析。

（二）静态进行体存现句

2b. 衣服上绣着一朵花。

从形式上看,句子"衣服上"是方位短语作主语,表存现地点;单独动作动词"绣"加动态助词"着","绣着"是句子的谓语部分,表存现方式;动词所涉及存现宾语是"一朵花",表示存现事物。从语义上看,"绣"这类动词的动作义比较弱,没有位置变化。当动词动作性比较弱的"绣"加上表持续的助词"着"时,自然就让整句呈现静态进行体存现句。存现句谓语动词"绣"的语义特征[+持续][-动态动作][+附着],其存现事物是动作行为的受事宾语。从认知的角度来看,"绣"的语义还表现出[+有界][+无界],"一朵花"的语义还表现出[+有界]。从语用上看,这类存现句描述性比较强。从逻辑关系上看,每一个事件都是一个完整的阶段,但动词"绣"非强调"绣"的过程,什么时候终止以及采取什么方式,而是凸显其动作结束后的状态。

这种存现句中存现方式是"绣着",存现地点是"衣服上",存现事物是"一朵花"。这个句子内部的逻辑语义关系描写为:"绣着'(衣服上,一朵花)"。

为了论述的集中性,我们只对谓语动词"绣着"所表示的语义特征进行深入的描写和分析。根据前面的分析和描写,句子中的谓语动词结构(VP)"绣着"的逻辑语义可以表现为:绣′(Φ,一朵花)＆有′(飞,着)＆有′(飞着,静态动作持续)＆有′(飞着,附着)。

二、"NLoc+V+了+NP"的逻辑语义结构[①]

这种存现句的动词带动态助词"了","了"用在动词后面,表示动作或形状的实现。宋玉柱先生把这类称作完成体存现句。从语义上看,一类表静态,一类表动态。

---

① 详细见卢秋蓉、刘海燕:《汉语存现句谓词部分的逻辑语义分析》,《现代语文》(语言研究版)2013 年 2 月 25 日。

（一）静态完成体存现句

1c. 周围盖了许多房子。

从形式上来看，"周围"是处所名词作主语，表存现地点；动词"盖"附着助动词"了"作句子的谓语，表存现方式；结果宾语"许多房子"作存现句的存现宾语，表存现事物。

从语义上来看，"盖"这类动词的动作义比较强，但谓语中心后面附加助词"了"，削弱了"盖"的动作义，强化了动作完成结束后呈现的事实。本句的结果宾语也凸显了动作完成后表现的一定结果。存现句谓语动词"盖"的语义特征[+动态动作][+持续]，其存现事物是受事宾语。从认知的角度来看，谓词"盖"的语义还表现出[+有界][+无界]，存现宾语"许多房子"的语义还表现出[+有界]。从语用上看，这类存现句呈现的是动作完成后的一种状态，往往叙述性会比较强。从逻辑语义上看，受动态助词"了"的影响，动作动词"盖"的动作意义被弱化了，同时还抑制整个事件的其他阶段，却凸显了动作结束后的结束阶段或结束状态。

这种存现句中存现方式是"盖了"，存现地点是"周围"，存现事物是"许多房子"。这个句子内部的逻辑语义关系描写为："盖′（周围，许多房子）"。

为了论述的集中性，我们只对谓语动词"盖了"所表示的语义特征进行深入的描写和分析。根据前面的分析和描写，句子中的谓语动词结构（VP）"盖了"的逻辑语义可以表现为：盖′（Φ，许多房子）＆ 有′（盖，了）＆ 有′（盖了，动态动作完成后的持续）＆ 有′（盖了，静态）。

（二）动态完成体存现句

2d. 天边出现了一道彩虹。

从形式上来说，"天边"是处所名词作主语，表存现地点；动词"出现"附着助动词"了"作句子谓语部分，表存现方式；存现宾语"一道彩虹"表存现事物。从语义上来看，"出现"表示的动作义是瞬间产生的，动作达到某一个点时，就会瞬间爆发，其后附加个动态助词"了"，即表示瞬间完成后持续的结果。助词"了"字抑制了谓语的施事,而凸显动作结束后持续的状态。存现句谓语动词"出现"语义特征[+动态动作][-持续][-附着],其存现事物既不表示施事又不表示受事。从认知的角度来看,谓词"出现"的语义还表现出[+有界][+无界],其存现宾语"一道彩虹"的语义也表现出[+有界]。从语用上来看,这类存现句描述性比较强。从逻辑语义上来看,动作动词"出现"本突出的是事件的中间段,加上助词"了"可以凸显动作结束后的结束阶段或者结束状态,而弱化事件的其他阶段。

这种存现句中存现方式是"出现了",存现地点是"天边",存现事物是"一道彩虹"。这个句子内部的逻辑语义关系可以描写为:"出现了′(天边,一道彩虹)"。

为了论述的集中性,只对谓语动词"出现了"所表示的语义特征进行深入的描写和分析。根据前面的分析和描写,句子中的谓语动词结构(VP)"出现"的逻辑语义表现为:出现′(彩虹) & 有′(出现,了) & 有′(出现了,动态动作完成或结束)。

三、"NLoc+V+过+NP"的逻辑语义结构

这种存现句是动词带动态助词"过","过"用在动词后,表示曾经发生这样的动作或者曾经具有这样的性状。从语义上,一类表静态,一类表动态。

(一)静态经历体存现句

1e. 窗子上贴过两张剪纸。

从形式上来看,"窗子"是处所名词作主语,表存现地点;谓语部分"贴+过"表存现方式;存现宾语"两张剪纸"表存现事物。

从语义上来看,动词"贴"是瞬间动词,表"贴"的这一动作。本句在谓词后加"过",则表示曾经有过这一动作。存现句谓语动词"贴"的语义特征为[+动态动作][+持续][+附着],其存现句宾语"两张剪纸"是受事宾语。从认知角度来看,谓词"贴"的语义还表示出[+有界][+无界],其存现宾语"两张剪纸"的语义也表现出[+有界]。从语用上,这类存现句陈述的是一个事

实,记叙性很强。从逻辑上来看,动作动词"贴"本突出的是事件的中间段,加上助词"过",则表示曾经具有这样的状态,这样组合"贴+过"会突出结束后的状态,弱化其他部分。

这种存现句中存现方式是"贴过",存现地点是"窗子上",存现事物是"两张剪纸"。这个句子内部的逻辑语义关系可以描写为:"贴过′(窗子上,两张剪纸)"。

为了论述的集中性,我们只对谓语动词"贴过"所表示的语义特征进行深入的描写和分析。根据前面的分析和描写,句子中的谓语动词结构(VP)"贴过"的逻辑语义表现为:贴′(Φ,两张剪纸)& 有′(贴,过)& 有′(贴过,动态动作完成后持续的经历)& 有′(贴过,静态)。

(二)动态经历体存现句

2f. 唐山发生过地震。

从形式上来看,"唐山"是处所名词充当主语,表存现地点;动词"发生"后面附着动态助词"过"充当谓语,表存现方式;名词"地震"充当存现宾语,表存现事物。从语义上来看,瞬间动词"发生"后面附着动态助词"过"让整个句子呈现"经历"的状态,即表示地震这件事情在唐山已经发生过了,成为一件过去的事了。谓语动词"发生"的语义特征[+动态动作][−附着]。从认知的角度来看,存现句的宾语"地震"的语义表现出[+无界],谓语部分"发生"表现出[+有界]。从语用上来看,这种存现句的叙述性比较强。从逻辑语义上来看,谓语动词附着动态助词"过",让其语义部分突出事件结束后的状态,而弱化了事件的其他部分。

这种存现句中存现方式是"发生过",存现地点是"唐山",存现事物是"地震"。这个句子内部的逻辑语义关系可以描写为:"发生过′(唐山,地震)"。

同样只对谓语动词"发生过"所表示的语义特征进行深入的描写和分析。句子中的谓语动词结构(VP)"发生过"的逻辑语义表现为:发生(地震)& 有′(发生,过)& 有′(发生过,事件结束后的状态)& 有′(发生过,动态)。

第二节　"NLoc+有+NP"①的逻辑语义结构

这类存现句只有动词"有"字充当谓语,"有"字在存现句中表达的语义特征为[+存在]。如:

1g. 房间里有一个人。

从形式上来看,"房间里"是方位短语作主语,表存现地点;光杆动词"有"充当谓语,表存现方式;数量短语"一个人"充当存现宾语,表存现事物。从语义上看,动词"有"字是最能体现存现的语义之一。单独的动词"有"就可以把句子意思传达清楚,因此不需要再加上其他补充部分。存现句谓语动词"有"的语义特征[+持续][+存在]。从认知的角度看,存现句的宾语"一个人"的语义表现出[+有界],谓语部分不作此考察。② 从语用上看,这种存现句叙述性比较强,其中"有+存现宾语"部分多是对主语部分的解释。从逻辑语义上看,根据构式理论③,其语义部分会突出事件结束后的状态,而弱化了事件的其他部分。

这种存现句中存现方式是"有",存现地点是"房间里",存现事物是"一个人"。这个句子内部的逻辑语义关系可以描写为:"有′(房间里,一个人)"。

为了论述的集中性,只对谓语动词"有"所表示的语义特征进行深入的描写和分析。句子中的谓语动词结构(VP)"有"的逻辑语义表现为:有′(房间里,一个人)＆有′(有,存在状态)＆有′(有,持续)＆有′(有,静态)。

---

① 此类分类来自雷涛:《存在句的范围、构成和分类》,《中国语文》1993年第4期。

② 沈家煊:《"有界"与"无界"》,《中国语文》1996年第2期。他指出:"静态的存在跟动作在时间上的有界无界没有什么关系。"因此在此也不作考虑。

③ 谓语部分表达的基本意义"有"或者"存在",这一意义是该构式固有的,并由构式强加给出现在这一位置的动词。

第三节 "NLoc+是+NP"①的逻辑语义结构

这类存现句只有动词"是"字充当谓语,在句中表达的语义是[+存在]②。如:

桌子上是一本书。

从形式上看,"桌子上"是方位短语作主语,表存现地点;单独的谓语"是"充当谓语,表存现的方式;存现宾语"一本书"表存现事物。从语义上看,"是"在本句中是存在意义,并且"是"的这个意义只能出现在存现句中。存现句谓语动词"是"的语义特征[+持续][+存在],其存现宾语是受事。从认知的角度看,存现句的宾语还表现出[+有界]。从语用上,这种句子多是静态的叙述。从逻辑语义上看,"是"字的动作性比较弱,充当存现句谓语时,就会凸显事件结束后的状态,弱化事件的其他部分。其内部的逻辑语义结构跟"第2节"一样,暂不赘述。

第四节 "NLoc+数量词短语/N"的
逻辑语义结构

一、定心谓语存在句③

山谷里一片青青的森林。

从形式上看,本类存现句只有两个部分,实质的谓语部分被省略了,从而使数量词短语充当谓语。"山谷里"是方位短语作主语,表存现地点;"一片青青的森林"是存现宾语,表存现事物。从语义上看,谓语部分省略了存在语

---

① 此类分类来自雷涛:《存在句的范围、构成和分类》,《中国语文》1993 年第 4 期。
② 《现代汉语词典》对"是"的解释中,有"存在"这一义项,但这是专门为存在句设立的。
③ 宋玉柱称这类名词性偏正词组充当谓语的存在句为定心谓语存在句。

义,其等价于该句,即"山谷里一片青青的森林"。从认知的角度来看,存现宾语"一片青青的森林"的语义表现为[+有界]。从语用上看,这类存现句的描述性比较强,经常都是在叙述一种事实。从逻辑语义上看,既然本句可以补充谓语"存在"或"有"部分,逻辑语义关系上和"有"或"是"字存现句的解释是一样的。

二、名词性谓语存在句①

满脸青春美丽痘儿。

从形式上看,表地点的抽象名词"满脸"作主语,表存现地点;名词短语"青春美丽痘儿"充当谓语,表示存现事物;其实质的谓语部分省略了。从语义上,谓语部分可以补充出来,比如"都是"。存现宾语既不是施事又不是受事,其语义在认知上还表现出[+有界]。从语用上,这类存现句的描写性比较强。从逻辑语义上本句突出一种状态,弱化事件其他部分。

第四种存现句不同于其他三类存现句,省略了谓语部分。这些存现句中谓词被省略,不便对其中谓词所表示的语义特征进行逻辑语义分析。

前面四节是从逻辑语义学角度,对汉语存现句中谓词部分的逻辑语义结构进行的精细描写和表示。通过这样的尝试,试图探索汉语存现句中谓词特征的形式化处理问题。本章与蒙太格语法的PTQ英语系统②及Dowty系统③相比,略去了许多方面的内容,没有内涵问题的处理,也没有个体概念以及命题态度词的讨论,对于存现句中前段的存现处所、后段的存现事物的逻辑语义特征简化处理。句法生成的量化规则,名词、动词以及句子的合取与析取规则也被暂且略去。对存现句的前段存现处所和后段存现事物的逻辑语义特征分析的讨论留待进一步的研究,构建汉语存现句的形式语句系统的工作也是今后的期待,本章仅仅是从谓词逻辑角度出发,对存现句内部谓词的逻辑语义特征进行了形式化描写和分析,也是对自然语言形式语义学问题的一次探索。

---

① 宋玉柱先生提出的名词谓语存在句。
② PTQ系统是 The Proper Treatment of Quantification in Ordinary English 的简称。
③ Dowty系统是 Studies in the Logic of Verb Aspect and Time Reference in English 的简称。

第八章 现代汉语"连"字句的
逻辑语义研究

本章在大量语料考察统计的基础上,以逻辑语义学理论为指导,运用事件语义学的方法着重考察汉语"连"字句((X)+连+Y+也/都+VP)的句法结构和语义特征,并把其丰富的语义内涵进行形式化处理。"连"字句((X)+连+Y+也/都+VP)分为典型"连"字句和非典型"连"字句、单句"连"字句和复句"连"字句,将研究重点放在典型的单句形式的"连"字句上。"连"字句((X)+连+Y+也/都+VP)中的"X"、"Y"和"VP"分别呈现不同的结构形式。这种特殊的结构形式主要蕴涵了比较、强调、预设、周遍性等语义特征。运用事件语义学的方法来描写和分析"连"字句的事件结构,并对"连"字句((NP_1)+连+NP_2+也/都+VP)三种典型格式分别进行了形式化处理,为自然语言信息化处理做一些基础性的探索。①

一、研究背景

本章的研究对象是"连"字句。早在 20 世纪 20 年代,学者们就对"连"字句开始进行研究了,从"连"字的词性、"连"字句中的"也/都"、"连"字句的肯定和否定、"连"字句的语义内涵和语用特点等不同的角度做了深入细致的分析,这些成果主要是从传统语法的角度对"连"字句进行研究。为了丰富"连"字句的研究,我们将在前人的基础之上,选择一种全新的理论——逻辑语义学中的事件语义学理论,对"连"字句进行逻辑语义分析。我们认为典型"连"字

---

① 本专题根据课题负责人指导的硕士研究生叶力裴的硕士学位论文《现代汉语典型"连"字句的形式语义分析》(四川师范大学,2015,导师刘海燕教授)节选修改而成。

句是一个通过隐含比较表示强调的句式。在本章中,我们会试图将研究的重点放到对典型单句"连"字句的语义解读上,运用事件语义学理论中的新戴维森分析法来描写和分析"连"字句的事件结构形式及语义内涵。

二、相关研究情况

(一)"连"字句的句法研究

一是对"连"字句((X)+连+Y+也/都+VP)中"连"字词性的研究。

学者们对"连"字句中的"连"字的词性一直没有一个统一的认定,归结起来,主要有以下九种看法:

连词说:张静(1961)、崔应贤(2004)等都认为"连"是一个连词。李静远(1957)提出了"连"是连词,有推进和联系的作用。廖斯吉(1984)用反证法证明了"连……都/也……"中的"连"字不是介词,也不是副词,而是连词。

介词说:黎锦熙(1924)、胡裕树(1962)、吕叔湘(1980)、朱德熙(1982)、高桥弥守彦(1993)、洪波(2001)、陈昌来(2002)等都认为"连"是介词。石毓智(2001)认为现在所讨论的"连"字句中的"连"字是从表"连续"的动词虚化成的表程度标记的介词。

语气词说:沈开木(1988)将"连"字看成是语气词,认为"连"字的作用是表强调,此外从"连"表递进的角度看,应该将"连"字归为语气词。

语气助词说:宋玉柱(1980)、刘顺(1991)等认为"连"字是个助词。邢公畹(1994)认为"连"是一种特殊助词,在句中主要作用是提顿兼夸张。他认为它符合语气助词的特点,不一定必须使用,但如果使用的话起了加强语气的作用。

助词说:张友建(1957)、尹缉熙(《1982)、张谊生(2000)、邢福义(2001)等认为"连"字是个助词。黄伯荣、廖序东(2002)将"连"字判定为助词,认为"连"字用在名词、形容词、形容词性词语前表强调,隐含了"甚而至于"的意思,在谓词前用"也、都、还"与之呼应。

副词说:倪宝元、林士明(1979)认为"连"字的作用就是加强"Y"成分的强调语气,因而认定"连"是语气副词。黄诚一(1956)、周小兵(1990)等都认为"连"字是关联副词。

焦点标记词说:徐杰、李英哲(1993)提出"连"是仅次于"是"的焦点标记。张伯江、方梅(1996)认为"连"字是一个前置的话题焦点的标记,是一个有特殊预设的焦点标记。刘丹青、徐烈炯(1998)也认同此观点。

准量词说:白梅丽(1981)采用了祖伯尔的说法,认为"连"是一个准量词。

兼类词说:谢永玲(2002)考察"连"字在句子中的语法功能,认为"连"字是一个兼类词。"连"字可以是动词、副词,还可以是介词,她认为"连"字具体属于什么词类,要依据"连"字所处的语境和其表现出来的具体语法功能来决定。①

由此可见,关于"连"字的词性,学界还没有一个统一的界定。之所以有不同的意见,是因为各自所采用的研究方法和判定标准不同。其实无论现代汉语"连"字句中"连"字的词性具体是什么,至少我们可以肯定"连"字是一个虚词,它是由动词演变而来的,因此我们倾向将"连"看成是一个表示强调的谓词,且"连"字决定了整个"连"字句事件结构的基本表达式,这为下文对"连"字句进行事件语义学分析提供了基础。因为从事件语义学的角度来看,"连"字毫无争议就是谓词。

二是对"连"字句((X)+连+Y+也/都+VP)中"也""都"字的研究。

对于"连"字句中"也"与"都"的探讨,学者们主要讨论以下两个方面:第一,"连"字句中"也"与"都"的功能。有的学者探讨了二者在句法和语义上的共同特性,如白梅丽(1981)、崔希亮(1993)、袁毓林(2006),但更多的学者则关注二者的区别,他们或者探讨"也"与"都"在句法上的不同,如高桥弥守彦(1987);或者说明二者在功能上的差异,如周守晋(2004);或者从语义认知角度指出它们的不同,如韩玉国(2003)。第二,"也"与"都"的弱化、虚化问题。如叶川(2004)认为"连"字句中"也/都"已经弱化为语气词;邵敬敏(2008)认为"也/都"已经虚化为仅表"提示"隐含比较项的作用。

---

① 谢永玲:《也说"连"的词性》,《北京印刷学院学报》2002年第3期。

对于"也/都"的功用,我们比较认同邵敬敏(2008)的观点,认为"也/都"本身已经虚化,其功用转借给了"连……都/也……"格式。

(二)"连"字句的语义研究

"连"字句究竟表达了什么意义,一直是学者们探讨的核心问题,纵观学者们对"连"字句语义分析的相关论述,我们可以看到前辈们从不同角度,运用各种现代理论对"连"字句的语义作了相应的解释说明。纵观各种解释,有以下几种观点:

强调说:大多学者较为认同"连"字句表强调语义,从他们的论述来看,有的注重探讨"连"字句的强调点,如朱德熙(1982)认为"连"字句主要强调已谈及的事物与其他事物之间的一致性,北大中文系 1955 级和 1957 级语言班(1982)也认为"连……也/都……"格式强调或突出行为动作的主体(施事)或对象(受事);有的注重说明"连"字句表强调的原因,如周小兵(1990)则认为汉语"连"字句表示一个分级语义系列,"连……也/都……"的格式因为处于这一系列的顶端而受到了强调。洪波(2001)认为"连"字句是引介一种"典型事例",通过对"典型事例"(即是最有可能或最不可能的极端事例)强调来表达对相关事物(可能或不可能)周遍性的强调。

连接说:廖斯吉(1984、1987)认为"连……也/都……"这一结构的主要功能是"连接单句内部的两个成分"。

激活机制说:蔡永强(2002)运用认知语言学理论构建了"连"字句的激活模型,主张运用激活机制解释汉语句法结构意义的获得原理;张旺熹(2005)在此基础上提出了"连"字句的认知基础是"激活一个以量级序列为基础的情理值序列,并使某一成员序列化",并运用相关理论分析了"连"字句的语义特征。

隐含比较说:宋玉柱(1981)认为"连"字句是用一种极言其甚的方法表示一种隐含比较,主要表达某种言外之意。尹绂熙(1982)也认为"连"字句还有言犹未尽的成分,后面需要有一个分句跟"连"字所在的分句一起表明"连"字句的语义。

这些研究成果为我们进一步理解和探讨"连"字句句式的各种问题奠定了基础,也启发了我们思考"连"字句的语义特点究竟是什么? 我们能否有新的研究视角来解读"连"字句呢? 我们认为"连"字句主要表达的是一种强调,而这种强调是由谓词"连"来赋予整个句子的。

(三)"连"字句的语用研究

从相关论述来看,从语用角度对"连"字句进行研究的学者也不少。具体来看,学者们主要是从以下几种角度来研究"连"字句的:

第一,从信息论角度说明"连"字句的多重语言信息:基本信息、附带信息、预设信息和推断信息,如崔希亮(1990)。

第二,从话题和焦点角度论述"连"字句,如曹逢甫(1994)认为"连"字成分是话题;张伯江,方梅(1996)在此基础上认为"连"字之后的成分是一个对比性话题,用于表示极性对比。

第三,从语用上解释"连"字句的语义,如刘丹青,徐烈炯(1998)认为"连"字句的强调作用源于这一句式特有的预设和推理含义。

第四,指明"连"字句的语用功能,对于"连"字句的语用功能,学者们的看法不一,有的认为"连"字句表推断,如杨蔚(2001);有的认为表委婉、抱怨和责问,如叶川(2004);也有的认为表强调,如钟华(2006)、徐春秀(2007)、梁永红(2008);还有的认为"连"字句表达"反预期信息",如王远明(2008)。

总之,前辈们从句法、语义、语用等多个角度对它进行了研究,本文在这些研究成果的基础上,尝试从新的视角(事件语义学)来对"连"字句进行形式化分析,这有助于更加全面地了解和掌握它的结构和意义。同时这也为现代汉语的其他特殊句式的研究提出了新的思考方向。

虽然近几十年来学者们一直没有停止过对"连"字句的研究,但直到今天很多问题仍然没有得到解决。本章结合前人的研究成果,但试着撇开传统的研究方法和视角,尝试从逻辑语义学的角度来对现代汉语的单句"连"字句进行解析,期待能够更加全面地了解和掌握它的结构和意义。

特别说明的是,本章的语料(除部分注明外)主要来自北京大学汉语语言学研究中心(CCL)的现代汉语语料库(北大语料库)。

第一节　"连"字句的定义和分类

一、典型"连"字句和非典型"连"字句

周小兵(1990)将"连"字句分为"基础句"和"类推句",其中"基础句"是 N[1] 不同,V 相同;"类推句"是 N、V 都不同。他认为"类推句"是一种特殊的类型,"由于基础句的类推作用和'连''也'的作用,Nn+1(指'连'后 NP—引者)仍是强调的重点,但受强调的程度比不上基础句。因为基础句主要是 N 的对比和递进,而类推句主要是 NV 的对比和递进"。[2]

刘丹青(2005)在周小兵的基础之上对"连"字句提出了典型和非典型之分,他将周小兵(1990)看作是典型"连"字句,类推句看作是非典型"连"字句。文中以"老王连老鼠肉都敢吃"为例,认为这是一个典型的"连"字句。这个句子是将"连"字后的 Y 成分"老鼠肉"和预设中的其他的肉类——如"猪肉、牛肉、羊肉"等进行对比,由"他敢吃老鼠肉"=>"他敢吃猪肉"=>"他敢吃牛肉"…… 进而突出、强调了"他敢吃所有肉"。若把这类由系列语境假设 Y-VP 所组成的述谓结构里的 VP 看成是一个常数项,那么这里的 Y 就是一个可变的变化项。

按照刘丹青(2005)的分类,我们将"连"字句作如下(图 8-1)划分。

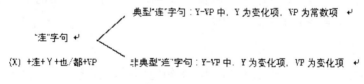

图8-1　"连"字句典型和非典型的划分

---

[1]　周文中所提到的"N",在本文指的是"连"字句((X)+连+Y+也/都+VP)格式中的"Y"。
[2]　周小兵:《汉语连字句》,《中国语文》1990 年第 4 期。

在语言心理中,这种典型"连"字句占据了显著和原型的地位,故本章在分析"连"字句语义内涵时,只以这种典型"连"字句为对象。

二、单句式的"连"字句和复句式的"连"字句

通过观察大量的语料我们发现,从形式上看,"连"字句可以以单句的形式出现,也可以以分句的形式出现在复句之中。

下面的例子(1)—(5)都是单句"连"字句。

(1)这个道理连小孩都懂。

(2)你连最便宜的商品都买不起。

(3)他连周末都在跑步。

(4)这次连乞丐都捐款了。

(5)老李连猪肉都吃不起。

列举的5个例句中的比较参项 X(隐含的)和参照项 Y 都直接和 VP 发生关系,这种单句"连"字句都是典型的"连"字句。

复句"连"字句形式相对较多。在复句中,"连"字句与分句之间可能存在递进关系、转折关系和因果关系等。例如:

(6)我这话说出来不但你不信,她不信,连我自己都不信。

(7)它虽然被称为水星,实际连一滴水也没有,是一个干枯死寂的世界。

(8)但它是个"聋子",连巨大的爆炸声也不理会。

在例子(6)中,"连"字句和分句之间是递进关系。例子(7)表示的是转折关系的复句,其中前一分句表示前提,"连"字句所在的后一分句表示转折。例子(8)表示的是因果关系,前一分句为原因,"连"字句表示结构。

从收集到的语料来看,复句"连"字句内部主要是递进关系和转折关系,表示因果关系的"连"字句相对较少。韩蕾(1998)曾对复句"连"字句中的"递进"关系和"转折"关系进行过归纳。他认为表示递进关系的"连"字复句主要有三种形式:①"别说 Y,就连 X 也/都 VP";②"不但 Y(VP),就连 X 也/都 VP";③"连 X 也/都 VP,何况 Y"。表示转折关系的"连"字复句主要是

"连 X 都 VP，但是 Y"。① 我们用表 8–1 来表示复句"连"字句的形式分类：②

表 8–1　复句"连"字句的形式分类

关系	形式	例句
递进	别说 X，连 Y 也/都 VP	别说你了，就连我自己都不相信。（自拟）
	不但 X（VP），连 Y 也/都 VP	我这话说出来不但你不信，她不信，就连我自己也不相信。
	连 Y 也/都 VP，何况 X	连我也不相信，更何况你呢？（自拟）
转折	连 Y 都 VP，但是 X	连我都考过了，但是你竟然没过。（自拟）
因果	"原因"，连 Y 也/都 VP	但它是个"聋子"，连巨大的爆炸声也不理会。

通过收集到的语料来看，从句型特点上省略了比较参项的典型单句"连"字句（也就是没有形式上的比较参项的典型"连"字句），在现代汉语里的比重很大，而且洪波（2001）也曾明确指出这种"连"字句已有垄断之势。因此本章中所探讨的典型"连"字句都是这种隐藏了比较参项的单句"连"字句。

第二节　"连"字句的语表结构

究竟什么成分可以进入"连"字句（（X）+连+Y+也/都+VP）这一格式之中呢？下文尝试从词性的角度来分别讨论"X"、"Y"和"VP"的结构形式。

一、"X"的结构形式

"连"字句（（X）+连+Y+也/都+VP）中的"X"可以空缺，也可以出现。当"连"字前面没有任何成分时，可以记成"○"。当"X"出现时，"X"主要由名词性词语来充当，也有由谓词性词语、副词等来充当的情况。大致情况如下：

---

① 韩蕾：《谈表比较的"连"字句》，《徐州师范大学学报》1998 年第 1 期。
② 由于韩文中对"连"字句格式的写法跟本书略有不同，为了使读者不混淆，这里我们将韩文中的格式跟本书的格式进行了统一处理。

表8-2 复句"连"字句的形式分类

X 的结构形式			例句
X:空缺			○连小顺儿和妞子似乎都感到了大难临头。
X 为 NP	名词	专有名词	老段连猪肉都吃不起。
		普通名词	公路客运班车连中长途也班班满座。
		时间名词	十一黄金周连郊外都堵车了。(自拟)
	代词		她连好友都出卖。
	偏正短语		丹丹的手连她男友都没牵过。
	方位处所短语		教室里连一个人都看不到。
X 为 VP	动宾短语		打你连一只手指头都不用动。
	介宾短语		跟你连话都不想说。
X 为副词			早晚连你也会被她卖了。

总之,句式中"X"成分一般是名词性词语居多,因此在下面分析"连"字句时,主要是分析"X"省略或为名词性词语的情况。

二、"Y"的结构形式

"连"字句中的"Y"的结构较为复杂,可是名词、代词、动词、形容词、数量词等;也可由主谓短语(小句)、动宾短语、连谓短语、同位语短语、偏正短语、联合短语、"的"在结构、述补短语、数量短语、介词短语、方位处所短语等。因此,从句法功能角度将"Y"按体词性成分和谓词性成分进行划分。其大致情况如下:

表8-3 "X+连+Y+也/都+VP"中的 Y 的句法成分总结

Y 的结构形式		例句
Y 为 NP	名词	战争胜利之后,就连斯大林也称赞彭德怀是"当代军事家"。
	代词	你连这件事都不知道?
	数量词(或短语)	这么冷的房间,我连一晚都受不了。

续表

Y 的结构形式		例句
Y 为 NP	联合短语	红了眼的胡图族民兵手持砍刀、棍棒和长矛疯狂追杀图西族人,甚至连老人、孩子和孕妇也不放过。
	偏正短语	但它是个"聋子",连巨大的爆炸声也不理会。
	方位处所短语	西北旺的回民公墓已经埋完了,连山上都埋完了。
	"的"字短语	现在这世道都变了,连借钱的都这么嚣张。（自拟）
	同位语短语	在这一点上,就连"铁杆盟友"英国首相布莱尔也不免有同样的顾虑。
Y 为 VP	动词	你看,我这么喊他,他连动都不动,真要把人气死了!
	形容词	跑了这么久,他的脸连红都没红,太奇怪了。
	主谓短语(小句)	在当地政府的邀请下在这里举行了展示中华文化传统和特色的春节盛装游行,连法国人都感到惊奇,也让他们大开了眼界。
	动宾短语	如今连找对象也成了难题。
	介宾短语	他连跟我吃饭都不愿意。
	连谓短语	当时我不知道怎么办才好,连放弃读书都想过。
	述补短语	他连看一眼都不愿意。

从上可知,Y 的句法成分从形式上看多数是具有名词性特征的,即使有些 Y 是非名词性的,但是胡裕树,范晓(1994)也认为这些非名词性成分已经"名物化"了。如"如今连找对象也成了难题"中动宾结构的 Y 成分"找对象"在这里实际表达的是"找对象这件事",整个句子表达的是"如今连找对象这件事也成了难题。"因此本章在解读"连"字句时,主要讨论的是 Y 的结构形式为名词性词语的情况。

三、"VP"的结构形式

"连"字句中的"VP"成分一般由谓词性短语充当,最常见的谓词性短语是动宾短语,形容词短语和表状态或结果的动补短语。大致如下:

表 8-4　"（X）+连+Y+也／都+VP"中的 Y 的句法结构

VP 的结构形式	例句
VP：动宾短语	多名藏兵和当地百姓用火枪和大刀长矛抗击着数倍于己的敌军，最后连寺庙里的喇嘛也投入了惨烈的保卫战。
VP：形容词短语	人遇到喜事，连天气也好了，他似乎没见过这样可爱的冬晴。
VP：动补短语	现在她连初恋的名字都想不起来了。

第三节　"连"字句的语义内涵

我们在上文考察了"连"字句（（X）+连+Y+也／都+VP）中"X"、"Y"和"VP"各部分的句法结构形式。考察中发现该句式既蕴含了丰富的句式意义，又表现了复杂的语义关系。那么"连"字句的整个句式意义是什么呢？又是如何体现出来的呢？

一、［+比较］和［+强调］意义

"连"字句是一个表示强调意义的句式，而这种强调又是怎么体现出来的呢？我们认为"连"字句的强调离不开句子中隐含的对比。周小兵（1990）观察到了"连"字句的"强调"与"对比"的关系，他指出"所谓的强调义，不是由单个'连'表达的"，"连"字的出现在递进句的后一个分句中，前面有一个或数个与它对比的"对比前件"，强调义"是由'连……也……'格式和它的对比前件共同表达的，尽管有时这一对比前件是零形式"。[1] 崔希亮（1990）认为其中X（崔文中的 X，在本章中为成分 Y）与预设成分构成了对比，且所对比的预设成分具有全量义。[2]

① 周小兵：《汉语连字句》，《中国语文》1990 年第 4 期。
② 崔希亮：《试论关联形式"连…也／都…"的多重语言信息》，《世界汉语教学》1990 年第 3 期。

刘丹青、徐烈炯（1998）也明确指出了：在"连"字句中，"连"引出的 NP 与预设中的成分构成对比，而且所对比的预设成分含有全量义（所有对象），其推理含义中也有全量成分，句义和预设在内容上也构成对比，预设和推理义又都有比较级的意义成分。对比、全量、比较级等因素使"连 NP 都/也 VP"句整体上有较大的信息强度，这是它被公认为汉语中的一种强调句式的原因。①

在上文中，学者们都明确指出"连"字句的强调含义来自对比。根据比较对象的隐现，将这种对比分为显性对比和隐性对比。显性的对比是指比较参项是在表层结构中直接出现的，这种显现对比一般出现在复句之中。如下：

（9）在这种情况下，不仅原子的外壳被压破了，而且连原子核也被压破了。

（10）我这话说出来不但你不信，她不信，连我自己都不信。

在（9）中，是将"连"字后参照项"原子核"和比较参项"原子的外壳"进行对比。在（10）中，是将"连"字后的参照项"我自己"和比较参项"你、她"进行对比。这种复句结构中"连"字句的参照项和比较参项都是直接出现在表层结构上的。

隐性对比是指比较参项没有直接在表层结构上出现，需要通过语境才能确认的对比。这种隐性对比的"连"字句一般是单句形式。如：

（11）连他的敌人都佩服他。

（12）老李连猪肉都吃不起。

例（11）和（12）中，"连"字后的参照项"他的敌人"、"猪肉"所对应的比较参项没有直接在句中表现出来，而是隐含在句子之外的。

"连"字句的这种强调必须是在同一个集合里，而且这种强调是将 Y 跟在这个集合内的其他参项（显性或隐性）相比较的结果。因此这种语义上的强调是不能脱离关涉的集合。而且我们认为"连"字句强调的不是"连"字后的 Y 成分，而是包括 Y 成分在内的整个集合，这跟"连"字句的预设内涵和周遍性语义有关，我们将在后面进行详细论述。

---

① 刘丹青、徐烈炯：《焦点与背景、话题及汉语"连"字句》，《中国语文》1998 年第 4 期。

二、[+预设]意义

"连"字句的语义离不开预设,那么什么是预设呢? 简单地说,预设就是指听话者和说话者双方都共知并且认可的前提。预设有两个特征:一是说话者和听话者双方具有共享性;二是话语信息具有隐含性。也就是说预设是交际双方共享的隐含信息。

预设是句子形成的前提,它表达的是说话者对话语的指称部分代表的所指和该所指同其他同类所指的关系的一种评价。它是一种主观评价,也是一种对客观世界的推测。它是心理的,也是社会的,可以是被社会所公认的一种共识,也可以是纯粹个人的极主观的独到看法。不管听话者是否承认这种"评价",但是说话者认为它是合理的,肯定的,是被听话者所认同的,这是说话者在说话之前就已经在心理上留下的一种评价。预设所针对的对象是指称部分所代表的集合的其他成员。换句话说,预设必须在一个范围(集合)之内。

"连"字句都含有一个说话者的主观预设,即进入该句式的 Y 成分都处在一个可能性(也可称为可预期性)的等级尺度的低端或顶端,相对于处于该范围中的其他成员来说,它是最不可能有 VP 行为的。如例句"你连亲兄弟都出卖"的预设是"亲兄弟"是设定的人(包括亲兄弟在内的一个集合)中最不可能出卖的。其中"亲兄弟"所在的集合是:{亲兄弟、好友、一般朋友、陌生人……}。

在说话者的心理预设中,是将"亲兄弟"和"其他人"进行对比,"亲兄弟"比"其他人"更为重要。

典型"连"字句中除了预设义外,还表达了什么意义,蕴涵什么信息呢? 崔希亮(1990)认为"连"字句除了表达语句明确显示出的基本信息外,还表达了"不寻常"意义的附带信息,及含有"最不"意义的预设信息和"更加"意义的推断信息。[①] 崔文中以"连老师的话都不听"为例,得出了四层信息。

第一,基本信息:"有人(S)不听老师的话。"

---

① 崔希亮:《试论关联形式"连……也/都……"的多重语言信息》,《世界汉语教学》1990年第 3 期。

第二,附带信息:"(S)不听老师的话有些不寻常。"

第三,预设信息:"在说话人看来,'老师的话'和其他人的话比起来是最不该不听的。"

第四,推断信息:"(S)更不听其他人的话。"

刘丹青、徐烈炯(1998)在崔希亮的基础上进一步阐释了整个推断过程,并以"连老王都坚持不下去了"为例进行分析。

预设义:一定范围内 NP 比其他所有对象都不可能 VP(即 NP 最不可能 VP)

(预设义:"老王比所有人都能坚持")

句义:NP 确实 VP （句义:"老王不能坚持了")

推理义:其他所有对象更会 VP(推理含义:"其他所有人都更不能坚持")

我们认为,刘丹青、徐烈炯(1998)只分析了"连"字句推理的第一层含义,应该再增加一层周遍性的推理义:"所有人都 VP"。以"连老王都坚持不下去了"为例,其周遍性的推理义是"所有人都不能坚持"。

从已经被学界所公认的观点来看,基本句义是可以从句子中直接提取出来的,而预设义和推理义是更深层次的意义,它们隐含在句子之外,是需要推导而出的。可以将典型"连"字句的意义分为两层:第一层,从语表结构来看,"连"字句是以固定的格式表达的"Y-VP"的表层意义,它说明了这样一个事实:Y 已经或极可能 VP,这一信息是对"Y-VP"的确认。第二层,从深层结构来看,首先预设了"Y 最不可能 VP"这样一个前提,并从基本义上推导出了一个"其他对象都 VP"的推导义,进而推导出一个周遍性的推导义:"所有人都VP"。用下图来表示"连"字句的内部层次。

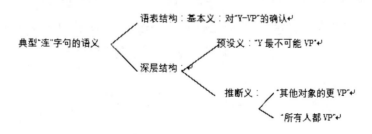

图8-2 "连"字句的内部层次

三、［＋周遍性］意义

"连"字句表示出的周遍性跟语用量级有关。沈家煊在《不对称和标记论》(1999)中,提到了 Fauconnier 的量级(scale)概念,以"重量"为例,用以下图表示这种"量级模型"。

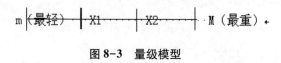

图 8-3　量级模型

在图 8-3,m 和 M 分别是量级上最轻和最重的两端,X1 和 X2 是处于这个量级中的任意的两个量级,X1 比 X2 轻。基于对重量等级的认知,形成了一种常规推理:在 X1 比 X2 轻的情况下,某人能举起 X2,那么这人也能举起 X1。

根据这一种分级现象的解释,"连"字可看作是一个受它作用的成分在一系列的语用蕴涵(与句子的语境相关)下(操作词),在这个语用分级序列的两端(即最小和最大量的量词)可对等使用。根据这个量级模型来看,"连"字句中的 Y 位于这个量级系列的一端(最小或最大上),根据全量肯定或否定规律,对一个极小量 m 的否定意味着对全量的否定,对一个极大量 M 的肯定意味着对全量的肯定。"连"字句的周遍义就是这样推导出来的。如:

(13)a. 这个道理连小孩都懂。

(14)a. 你连最便宜的商品都买不起。

在这些例子中,(13a)中,"连"字后 Y 成分"小孩"和预设里的"少年人""青年人""中年人""老年人"……进行对比,"连"字后 Y 成分和其对比的成分正好形成了一个序列,一个语用量级。这个语用量级是图 8-4。

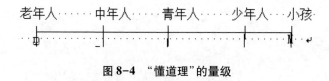

图 8-4　"懂道理"的量级

在这个有关"懂道理"的量级里,"小孩是最不应该懂道理的",所以"小孩"是极大量,因此对极大量"小孩"懂道理的肯定,也意味着"对其他人懂道理"的肯定,进而推导出对"所有人懂道理"的肯定,这就是"连"字句周遍义的生成路径。这里用"小孩懂道理"来突出、强调"所有的人懂道理"。如:

(13)b. 这个道理小孩懂。=>这个道理少年人懂。=>……=>这个道理老年人懂。=>这个道理所有人都懂。

在(14a)中,"连"字后 Y 成分"最便宜的商品"与预设里的"价格一般的商品"、"价格略贵的商品"、"最贵的商品"……进行对比,建立起一个有关"买东西"的量级,如图 8-5:

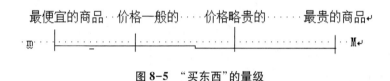

图 8-5　"买东西"的量级

在这个"买东西"的量级中,"最便宜的商品是最应该买得起",因此"最便宜的商品"位于这个序列的极小量,而对极小量"最便宜的商品"的否定,也意味着其他的商品买不起,并最终推导出"所有商品你都买不起的"的周遍义。这里用"买不起最便宜的商品"来突出、强调"买不起所有商品"。如:

(14)b. 你买不起最便宜的商品=>你买不起价格一般的商品=>……
=>你买不起最贵的商品 => 你买不起任何商品。

值得注意的是,郭锐(2006)认为,"连"字句只是与之衍推的其他事件相比,表示的内容可能性最低,但并不是在所有同类事件中可能性最低。只有其表达的语义内容是这个衍推序列的起始项时,它才是在所有同类事件中表示可能性最低。① 如:

(15)连一个小小的医生也敢小看我,太不像话!

在"医护员工"｛护士、一般医生、专家……｝这个序列中,显然还有比"医生"更低的成分,如"护士",但是在(15)中,这里是将预设定在了｛一般医生、

---

① 郭锐:《衍推和否定》,《世界汉语教学》2006 年第 2 期。

专家……⎜这个序列中。

总之,我们可得出"连"字后 Y 成分是相关语用尺度上的极端项,并且运用尺度原理将这一类语用原则进行推导,将 Y 成分跟"连"字所引进的语用尺度上的其他成分(隐含对比项)进行对比,进而突出、强调了包括 Y 在内的集合都具有 VP 的性质。

通过长期的语法化过程,"连"字句的这种周遍性强调义被固定了下来。"连"字句是 Goldberg 所提出的"构式语法"中的一个"构式",这种句式的句法形式、语法解释和语用功能是作为三位一体的固定形式运用到理解过程中去的。① 所以,这里的分析,也不是随语境变化的、临时的语义分析。

句子的语义研究其实就是对句子的语义结构进行分析,其中语义结构包括了语义角色及语义角色之间的关系。那么有没有一种方法可以直接表现出"连"字句的周遍性语义和各部分的语义角色及其语义关系呢? 我们将在下文,用事件语义学的内容来分析"连"字句的语义内涵和语义特征。

第四节 "连"字句的逻辑语义内涵

一、"连"字句的基本事件结构

上文已经讨论过"连"字句各个部分的结构形式。单句"连"字句的基本句式结构为"(X)+连+Y+也/都+VP",其中 X(可以省略)、Y 为名词性(词组),VP 为谓词词组。② 因此,直接将这一格式写成"(NP$_1$)+连+NP$_2$+也/都+VP",这一结构具有比较、强调、预设、周遍性等语义内涵。其实这些意义都是通过了几个事件之间的对比而形成的,下面我们从逻辑语义学中事件语义学的角度出发,用新戴维森分析法来讨论"连"字句的语义内涵和语义

---

① 陆俭明:《词语句法、语义的多功能性:对"构式语法"理论的解释》,《外国语》2004 年第 2 期。

② 为了方便说明,本章只讨论典型单句形式的"连"字句,且 X 和 Y 都为名词(词组)的情况。

特征。

　　"连"字的词性经历了由实到虚的过程。由于虚化、语法化等各种原因，"连"字从动词发展出了其他的词性。"连"字在演变过程中，逐渐与"也""都"副词连用，最终固定下来形成了现在的"连"字句，整个句式因而也有了"强调"的语义。因此，从事件语义学的角度出发，我们认为"连"字句中的"连"和 V 都应该被看成是事件结构中引入论元的谓词。如：

　　(16) a. 这个道理连小孩都懂。

　　　　 b. 你连最便宜的商品都买不起。

　　按照上述的分析，(16a)中有两个谓词，分别是"连"和"懂"，(16b)中也有两个谓词，分别是"连"和"买不起"。

　　按照事件语义学的观点，一个单句通常表示一个单事件。汉语特殊句式也是单句，因而其表示的是单事件结构。单事件可只由一个原子事件组成，也可由多个原子事件组成。根据帕森斯理论，每个原子事件又由若干亚原子事件组成。这样来看，典型"连"字句是一个由若干亚原子事件组成的单事件结构。那么"连"字句中有几个事件呢？各个事件之间又是怎样的关系呢？

　　谓词的性质决定了命题的性质。谓词"连"不仅决定了事件结构 e_2 的性质，还决定了整个事件结构 e 的性质。那么谓词"连"赋予原子事件 e_2 的性质是什么呢？从历时角度看，"连"字从最初的动词慢慢虚化，随着语法化，"连"字逐渐有了"强调"的意味，最终和"也/都"连用固定，形成了现在的"连"字句。"连"字句整个句式因而也有了"强调"的语义。在这个过程中，"连"字的词汇意义在不断地削弱，表强调功能的意义在不断增加。因此在"连"字句的基本格式中，谓词"连"更大程度地表示"强调义"的功能，而不是"连"字本身的词汇意义。

　　根据事件语义学的思想，可以把"(NP_1)+连+ NP_2 +也/都+VP"看成是一个由两个事件所组成的复合事件 e。换句话说，就是以谓词 P（由 VP 中的 V 充当）为核心的事件结构的原子事件 e_1 和以谓词"连"为核心事件结构的原子事件 e_2 合起来组成了复合事件 e(e 表示的是整个"连"字句格式的事件)。其

中 e_1 和 e_2 之间是并列关系,用表达式来标明应记作 $e = e_1 \cup e_2$,(符号"$\cup$"表示合取运算)。

(16) a.这个道理连小孩都懂。

　　b. 你连最便宜的商品都买不起。

(16) a'. 小孩懂这个道理。

　　b'.你买不起最便宜的商品。

(16) a''. 任何人都懂这个道理。

　　b''.你买不起任何商品。

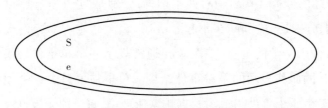

图 8-6　单事件的结构图

其中 S 表示句子,e 表示事件。因句子中的时体因素没法在图 8-6 中描述出来,所以句子的语义内涵是大于事件的。其事件结构分别描述为 (16'a'/b'):

(16') a'. $\exists e [懂(e) \wedge \mathrm{Agt}(e) = 小孩 \wedge \mathrm{Th}(e) = 这个道理]$

　　b'. $\exists e [买不起(e) \wedge \mathrm{Agt}(e) = 你 \wedge \mathrm{Th}(e) = 最便宜的商品]$

在事件语义学中,补语通常和动词一起处理成事件论元的谓词,在这里直接将"买不起"看作谓词。(16a')可以解读为存在"小孩懂道理"这样的一个事件,其中"小孩"为谓词"懂"的施事,"这个道理"为谓词"懂"的客体。(16b')可以解读为存在"你买不起最便宜的商品"这样的一个事件,其中"你"为谓词"买不起"的施事,"最便宜的商品"为谓词"买不起"的客体。(16a'')、(16b'')的事件结构分别描述为(16''a'')、(16''b''):

(16'') a''. $\exists e [懂(e) \wedge \mathrm{Agt}(e) = 任何人 \wedge \mathrm{Th}(e) = 这个道理]$

　　b''. $\exists e [买不起(e) \wedge \mathrm{Agt}(e) = 你 \wedge \mathrm{Th}(e) = 任何商品]$

而(16)中的"连"字句在语义上都有双重含义,如(16a)这个例句的基本义是"小孩懂这个道理",但是谓词"连"却让整个句子有了更深层的意义:"强调了包括小孩在内的所有人都懂这个道理"。(16b)的基本义是"你买不起最便宜的商品",隐藏强调的是"你买不起包括最便宜商品在内的所有商品"这一事实。

从语义蕴涵上来说,可以清楚地看到(16a)"这个道理连小孩都懂"语义蕴涵了(16a′)和(16a″)这两个意思。

可以将(16)中"连"字句看成是一个包含复合事件的单句。关系如下:

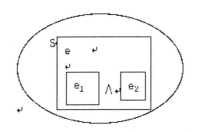

图 8-7　单事件的结构图

其中 S 表示句子,e 表示事件,e_1 表示显性事件,e_2 表示隐含事件。(16)中的各句不仅包括了"NP_1/NP_2 VP"这一事件,同时还隐含强调了另一个事件:"强调包括 NP_2 在内的集合中的所有都 VP"。所以(16a)—(16a″)各句事件语义结构的两个原子事件 e_1 和 e_2 分别是(17a)—(17b):

(17) a. 显现事件 e_1 = 小孩懂这个道理

　　　隐含事件 e_2 = 强调包括小孩在内的所有人懂道理

　　b. 显现事件 e_1 = 你买不起最便宜的商品

　　　隐含事件 e_2 = 强调你买不起包括最便宜的商品在内的所有商品

按照事件语义学,把(16a)—(16b)所对应的事件结构分别记作(17a′)—(17b′):

(17a′) $\exists e [\exists e_1 [\exists e_2 [e = S(e_1 \cup e_2) \land 懂(e_1) \land Agt(e_1) = 小孩 \land Th(e_1) = 这个道理 \land 连(e_2) = 懂 \land Agt(e_2) = 包括小孩在内的所有人 \land Th(e_2) = 这个道理]]] < 具有"懂"的可能性 < (小孩 \in \{包括小孩在内的所有人\}) \cap (小孩 < \neg 小孩) >>$

（17b′）$\exists e[\exists e_1[\exists e_2[e=S(e_1\cup e_2)\wedge$ 买不起$(e_1)\wedge$ Agt$(e_1)=$ 你 $\wedge$ Th$(e_1)=$ 最便宜的商品 $\wedge$ 连$(e_2)=$ 买不起 $\wedge$ Agt$(e_2)=$ 你 $\wedge$ Th$(e_2)=$ 包括最便宜的商品在内的所有商品$]]]<$具有"买不起"的可能性$<($最便宜的商品 $\in$ ｜包括最便宜的商品在内的所有商品｜$)\cap($最便宜的商品$<\neg$ 最便宜的商品$)>>$

（17）中的 $S(e_1\cup e_2)$ 表示原子事件 e_1 和原子事件 e_2 合起来构成的单事件。具体地说，（17a′）表示存在着一个单事件 e，这个事件 e 是原子事件 e_1 和原子事件 e_2 的总和。原子事件 e_1 是"小孩懂道理"，原子事件 e_2 是"强调包括小孩在内的所有人懂道理"。在事件 e_1 里，NP_2"小孩"是谓词"懂"的施事，"这个道理"是谓词"懂"的客体。而在事件 e_2 中，"连"字在这里的作用是引出隐性的论元。由于谓词"连"的周遍性强调意义，这里强调的施事是隐藏的一个集合内的所有，即"包括小孩在内的所有人"。其中"具有'懂'的可能性$<($小孩 $\in$ ｜包括小孩在内的所有人｜$)\cap($小孩$<\neg$ 小孩$)>$"表示在"懂道理"这个属性上，"小孩"是属于｜包括小孩在内的所有人｜这个集合之内的一个子集，且"小孩"是低于其他人的（符号"$\neg$"表示"非"，符号"$\cap$"表示交集，符号"$<$"表示前面的低于后面的）。

（17b′）表示有这么一个单事件 e，这个事件 e 是原子事件 e_1 和原子事件 e_2 的总和。原子事件 e_1 是"你买不起最便宜的商品"这一事件，其中 NP_1"你"是谓词"买不起"的施事，NP_2"最便宜的商品"是谓词"买不起"的客体。事件 e_2 是"强调你买不起包括最便宜的商品在内的所有商品"这一事件，其中"你"是强调谓词"连"的施事，"包括最便宜的商品在内的所有商品"是强调谓词"连"的客体。其中"具有'买不起'的可能性$<($最便宜的商品 $\in$ ｜包括最便宜的商品在内的所有商品｜$)\cap($最便宜的商品$<\neg$ 最便宜的商品$)>$"是说明在"买不起"这一属性上，"最便宜的商品"是属于｜包括最便宜的商品在内的所有商品｜这个集合内的一个子集，且"最便宜的商品"是低于其他商品的。

上面分析的"（NP_1）+连+NP_2+也/都+VP"中 NP_1 存在的形式，下面来分析 NP_1 省略的形式，即"连+NP+也/都+VP"。

(18) a.连警察都不管这件事。

b.连乞丐都捐款了。

c.连实习医生都能做白内障手术了。

在(18a)—(18c)中,各句事件语义结构中的前、后两个原子事件 e_1 和 e_2 分别用(18a′)—(18c′)来表示。

(18a′)显性事件 e_1 = 警察不管这件事

隐藏事件 e_2 = 强调包括警察在内的所有人都不管这件事

(18b′)显性事件 e_1 = 乞丐捐款了

隐藏事件 e_2 = 强调包括乞丐在内的所有人都捐款了

(18c′)显性事件 e_1 = 实习医生能做白内障手术了

隐藏事件 e_2 = 强调包括实习医生在内的所有医生都能做白内障手术

(18a′)—(18c′)所对应的事件结构式分别是(18a″)—(18c″)。

(18a″) $\exists e[\exists e_1[\exists e_2[e=S(e_1\cup e_2) \wedge$ 不管$(e_1) \wedge Agt(e_1)=$ 警察 $\wedge Th(e_1)=$ 这件事 $\wedge$ 连$(e_2)=$ 不管 $\wedge Agt(e_2)=$ 包括警察在内的所有人 $\wedge Th(e_2)=$ 这件事]]]<具有"不管"可能性<(警察$\in$ |包括警察在内的所有人|)$\cap$(警察<¬ 警察)>>

(18b″) $\exists e[\exists e_1[\exists e_2[e=S(e_1\cup e_2) \wedge$ 捐$(e1) \wedge Agt(e_1)=$ 乞丐 $\wedge Th(e_1)=$ 款 $\wedge$ 连$(e_2)=$ 捐 $\wedge Agt(e_2)=$ 包括乞丐在内的所有人 $\wedge Th(e_1)=$ 款]]]<具有"捐款"可能性<(乞丐$\in$ |包括乞丐在内的所有人|)$\cap$(乞丐<¬ 乞丐)>>

(18c″) $\exists e[\exists e_1[\exists e_2[e=S(e_1\cup e_2) \wedge$ 做$(e_1) \wedge Agt(e_1)=$ 实习医生 $\wedge Th(e_1)=$ 白内障手术 $\wedge$ 连$(e_2)=$ 做 $\wedge Agt(e_2)=$ 包括实习医生在内的所有医生 $\wedge Th(e_2)=$ 白内障手术]]]<具有"能做白内障手术"可能性<(实习医生$\in$ |包括实习医生在内的所有医生|)$\cap$(实习医生<¬ 实习医生)>>

(18a″)中存在着两个事件,第一个原子事件 e_1 是"警察不管件事",其中的 NP"警察"是谓词"不管"的施事,"这件事"是谓词"不管"的客体。第二个隐含事件 e_2 是"强调所有人都不管这件事","包括警察在内的所有人"是谓词"连"的施事。这里在"不管"的属性上,"警察"是低于"其他人"的。(18b″)和(18c″)也是同样的道理。

二、"(NP$_1$)+连+NP$_2$+也/都+VP"的逻辑语义内涵

用事件语义学理论来分析"连"字句的语义结构,主要涉及得失语义角色之间的关系,这样自然离不开语义角色理论。我们将对语义角色进行简要说明,为"连"字句的形式化奠定基础。现代语言学中的语义角色理论主要来自Gruber的题元关系理论和Fillmore的格语法(Case Grammar)。目前,学者们对语义角色的数量、定义及特征等还没有达成共识。其观点有下面这些分歧:

一是Gruber(1965)认为的题元角色有:施事(Agent)、客体(Theme)[①]、处所(Locative)、来源(Source)、和目标(Goal)等。二是Fillmore(1971)对语义角色的归类是:施事(Agent)、当事(Experiencer)、工具(Instrument)、客体(object)、来源(Source)、目标(Goal)、处所(Locative)、时间(Time)。三是Dowty(1991)把无数的题元角色直接简化成两类:原型施事(Proto-agent)和原型受事(Proto-patient)。四是Parsons(1990)则认为以下六种语义角色是基本的:施事(Agent)、客体(Theme)、目标(Goal)、受益者(Rccipient)、工具(Instrument)/行为物(Performer)、感受者(Experiencer)。

虽然上述学者们对语义角色的分类都各不相同,但是我们还是可以看出他们通常保留了最开始的主要类别。在对"连"字句进行语义分析时,涉及的语义角色主要包括:施事(Agent)、客体(Theme)、与事(Dative)、工具(Instrument)、处所(Locative)、时间(Time)等。

而我们比较认同吴平(2009)对事件结构中各论元角色的特征所下的定义。

A. 施事特征:

a. 具有意愿性;b. 具有感知力;c. 具有主动的行为或动作能力;d. 能对

---

① Theme 的中文翻译各有不同,有翻译为"客事""主题""客体"等的。这里采用"客体"的翻译。

出现在同一原子事件中的另一个事件参与者产生影响；e. 能改变同一原子事件中另一事件参与者的状态、性质或位置；

B. 客体特征：

a. 不具有意愿性；b. 不具有感知力；c. 不具有主动的行为或动作能力；d. 受同一原子事件中另一个事件参与者的影响；e. 状态、性质或位置发生改变。①

在分析表强调的"连"字句时，客体的概念是广义的。当具有主动的行为或动作能力的"施事"是对客体造成影响的另一事件参与者时，所指的"客体（Theme）"等同于语义角色的"受事（Patient）"。我们可以把"受事"处理成"客体"，但是"客体"绝不仅仅只是"受事"，即"客体">"受事"。"客体"是一个更广泛的概念。如"她的手连面粉都没碰一下"，NP₂里的"面粉"是谓词"没碰一下"的"材料"，但是在这里，我们对其采取了宽泛的态度，将其统称为"客体"。因为这里的客体不具有意愿性。

下面将施事和客体的语义特征进行对比，大致如下：

表8-8 施事和客体的语义特征

语义角色 \ 语义特征	±意愿	±感知	±使动	±变化	±受动
施事（Agt）	+	+	+	-	-
客体（Th）	-	-	-	+	±

"连"字句其典型格式是"（NP₁）+连+NP₂+也/都+VP"，通过对语料的分析，我们注意到，在这一格式中，NP₂跟VP的语义关系是多种多样的，NP₂在语义上也不是VP的某种固定的语义成分，但可以肯定的是，无论什么成分，它必定是VP在语义上可控的成分，在语义上不能被VP所控制的成分是不能进入NP₂的。

---

① 吴平：《汉语特殊句式的事件语义分析与计算》，中国社会科学出版社2009年版，第56—57页。

根据"连"字句中 NP_2 和 VP 之间的语义关系,可将"连"字句大致分以下几种:

一是(NP_1)+连+$NP_{2施}$+也/都+VP($NP_{2施}$是 VP 动作行为的主体,即施事)

二是(NP_1)+连+$NP_{2客}$+也/都+ VP($NP_{2客}$是 VP 动作行为的对象,即客体)

三是(NP_1)+连+$NP_{2中}$+也/都+ VP($NP_{2中}$不是 VP 的施事和客体这两种核心论元,而是时间、处所、工具等外围论元,既非施事亦非客体)

"连"字句中 NP_1 和 VP 之间的语义关系多种多样,大致有以下几种情况:

一是($NP_{1施}$)+连+NP_2+也/都+VP($NP_{1施}$是 VP 动作行为的主体,即施事)

二是($NP_{1客}$)+连+NP_2+也/都+ VP($NP_{1客}$是 VP 动作行为的对象,即客体)

三是($NP_{1中}$)+连+NP_2+也/都+ VP($NP_{1中}$,指的不是 VP 的施事和客体这两种核心论元,而是时间、处所、工具等外围论元,既非施事亦非客体)

下面我们结合具体用例,对这几种情况进行简要说明:

(19)a.这个字连老师也不认识。　　b.小王连父母都不帮他了。

(20)a.他连公共汽车也坐不起了。　　b.老刘连蛇肉都敢吃。

(21)a.他连大年三十都上班。　　b.这房子连过道都住满人了。

三组例子从其表面的句法结构来看都是"(NP_1)+连+NP_2+也/都+VP"的形式,仔细观察,也能找到它们语义上的不同。

(19)代表第一种情况:(19a)NP_2"老师"是原子事件 e_1 中"不认识"的行为者,即"施事",NP_1"这个字"是谓词"不认识"的客体。(19b)NP_2"父母"是原子事件 e_1 中谓词"不帮"的行为者,"施事",NP_1"他"是谓词"不帮"的客体。

(20)代表第二种情况:(20a)NP_2"公共汽车"是原子事件 e_1 中谓词"坐不起"影响的客体,NP_1"他"是谓词"坐不起"的行为者,即"施事"。(20b)NP_2"蛇肉"是原子事件 e_2 中谓词"敢吃"的影响的客体,NP_1"老刘"是谓词"敢吃"的行为者,即"施事"。

(21)代表第三种情况:(21a)中 NP_1"他"是原子事件 e_1 中的谓词"上班"的行为者,即施事。时间名词 NP_2"大年三十"是原子事件 e_1 中谓词"上班"发生的时间。(21b)NP$_2$"过道"在原子事件 e$_1$ 中表示谓词"住满"的处所,"人"是谓词"住满"的施事。

上面三组例子中"连"字句中 NP$_2$ 与 VP 之间有三种不同的语义关系,在(19)中,NP$_2$ 是原子事件 e$_1$ 中谓词 P 的施事;在(20)中,NP$_2$ 是原子事件 e$_1$ 中谓词 P 的客体;在(21)中,NP$_2$ 是在原子事件 e$_1$ 中,它既不是施事,也不是受事,而是外围论元。

(一)"(NP$_1$)+连+NP$_{2施}$+也/都+ VP(NP$_{2施}$为施事性成分)"的逻辑语义表达式

在例(19)中,事件语义结构中的第一个原子事件 e$_1$ 和第二个原子事件 e$_2$ 分别是(19a′)—(19b′)。

(19)a′.显性事件 e$_1$=老师不认识这个字

隐含事件 e$_2$=强调包括老师在内的所有人都不认识这个字

b′.显性事件 e$_1$=父母不帮小王

隐含事件 e$_2$=强调包括父母在内的所有人都不帮小王

需要特别说明的是,一个成分是不是施事论元角色,最主要的一条是看它是否具有主动行为的意愿性。在原子事件 e$_1$ 中,"老师"、"父母"、"老张"都是人的名词,具有意愿性和主动的行为或动作能力,因此是施事。(19a′)—(19b′)所对应的事件结构是(19 a″)—(19 b″):

(19 a″) $\exists$e [$\exists$e$_1$[$\exists$e$_2$[e= S(e$_1$∪e$_2$)∧不认识(e$_1$)∧Agt(e$_1$)=老师∧Th(e$_1$)=这个字∧连(e$_2$)=不认识∧Agt(e$_2$)= 包括老师在内的所有人∧Th(e$_2$)=这个字]]]<具有"不认识"的可能性<(老师∈{包括老师在内的所有人}∩(老师<¬ 老师)>>

(19b″) $\exists$e [$\exists$e$_1$[$\exists$e$_2$[e=S(e$_1$∪e$_2$)∧不帮(e$_1$)∧Agt(e$_1$)=父母∧Th(e$_1$)= 他∧连(e$_2$)= 不帮∧Agt(e$_2$)= 包括父母在内的所有人∧Th(e$_2$)=他]]]<具有"不帮"的可能性<(父母∈{包括父母在内的所有人})∩(父母<¬ 父母)>>

在上面例子中,NP$_2$ 做的都是谓词 P 的施事,NP$_1$ 做的都是谓词 P 的客体。

（二）"（NP₁）+连+NP₂客+也／都+VP（NP₂客为客体成分）"的逻辑语义表达式

在"（NP₁）+连+NP₂客+也／都+VP"中 NP₁ 充当了"施事"的语义角色之外，NP₂ 充当了"客体"的语义角色，在例（20），事件语义结构中的第一个原子事件 e_1 和第二个原子事件 e_2 分别是（20a′）—（20b′）。

（20）a′.显性事件 e_1=他坐不起公共汽车

　　　　隐含事件 e_2=强调他坐不起包括公共汽车在内的所有交通工具

　　　b′.显性事件 e_1=老刘敢吃蛇肉

　　　　隐含事件 e_2= 强调老刘敢吃包括蛇肉在内的所有肉

两个句子所包含的逻辑语义内涵如（20a″）—（20b″）。

（20a″）$\exists e[\ \exists e_1[\ \exists e_2[e=S(e_1 \cup e_2) \wedge$ 坐不起$(e_1) \wedge Agt(e_1)=$ 他 $\wedge Th(e_1)=$ 公共汽车 $\wedge$ 连$(e_2)=$ 坐不起 $\wedge Agt(e_2)=$ 他 $\wedge Th(e_2)=$ 包括公共汽车在内的所有交通工具$]]]<$具有"坐不起"的可能性$<($公共汽车 $\in\{$包括公共汽车在内的所有交通工具$\})\bigcap($公共汽车$<\neg$ 公共汽车$)>>$

（20b″）$\exists e[\ \exists e_1[\ \exists e_2[e=S(e_1 \cup e_2) \wedge$ 敢吃$(e_1) \wedge Agt(e_1)=$ 老刘 $\wedge Th(e_1)=$ 蛇肉 $\wedge$ 连$(e_2)=$ 敢吃 $\wedge Agt(e_2)=$ 老刘 $\wedge Th(e_2)=$ 包括蛇肉在内的所有肉类$]]]($蛇肉 $\in\{$包括蛇肉内的所有肉类$\})$

上例 NP₂ 是原子事件 e_1 中谓词 P 的受事客体，NP₁ 是原子事件 e_2 中谓词 P 的施事。

（三）"（NP₁）+连+NP₂中+也／都+VP（NP₂非施事亦非客体）"的逻辑语义表达式

"（NP₁）+连+NP₂中+也／都+VP（NP₂非施事亦非客体）"中 NP₂ 和 VP 之间既非施事也非客体，可能充当 VP 的"时间"、"处所"、"工具"等语义角色，如（21a-b）。在例（21）的事件语义结构中，第一个原子事件 e_1 和第二个原子事件 e_2 分别如下：

（21）a′.显性事件 e_1＝他要上班

隐含事件 e_2＝强调他在包括大年三十的所有时间里都要上班

b′.显性事件 e_1＝房子住满了人

隐含事件 e_2＝强调房子的任何地方包括过道都住满了人

两个句子所包含的逻辑语义内涵如（21a″）—（21b″）。

（21a″）∃e［∃e_1［∃e_2［e＝S（e_1∪e_2）∧上班（e_1）∧Agt（e_1）＝他∧T（e_1）＝大年三十∧连（e_2）＝上班∧Agt（e_2）＝他∧T（e_2）＝包括大年三十在内的所有时间］］］<具有"上班"的可能性<（大年三十∈｜包括大年三十在内的所有时间｝）∩（大年三十<¬ 大年三十）>>

（21b″）∃e［∃e_1［∃e_2［e＝S（e_1∪e_2）∧住满（e_1）∧Agt（e_1）＝人∧Loc（e_1）＝过道∧连（e_2）＝住满∧Agt（e_2）＝人∧Loc（e_2）＝包括过道在内的所有地方］］］<具有"住满"的可能性<（过道∈｜包括过道在内的所有地方｝）∩（过道<¬ 过道）>>

上述例子中 NP_2 都是原子事件 e_1 中谓词 P 的时间、处所，NP_1 皆是原子事件 e_2 中谓词 P 的施事或其他。在"（NP_1）+连+$NP_{2中}$+也/都+VP（$NP_{2中}$表示既非施事亦非客体）"中的 NP_2 还可以表示"工具"的时候，如：

（22）a.老何连电脑都会用了。

（22a）中"电脑"在说话者心中是"老何最不应该会用的一种电器"，但是当老何都能操作"最难的电脑"时，暗含着老何能操作所有电器。因此我们将（20a）的事件结构记作如（21a′）。

（22a′）∃e［∃e_1［∃e_2［e＝S（e_1∪e_2）∧会用（e_1）∧Agt（e_1）＝老何∧Ins（e_1）＝电脑∧连（e_2）＝会用∧Agt（e_2）＝老何∧Ins（e_2）＝包括电脑在内的所有家电］］］<具有"会用"的可能性<（电脑∈｜包括电脑在内的所有家电｝）∩（电脑<¬ 电脑）>>

（22a）表示有一个由原子事件 e_1 和原子事件 e_2 组成的事件 e，其中原子事件 e_1 是"老何会用电脑"，原子事件 e_2 是"强调老何会用包括电脑在内的所有家电"。在 e_1 中"老何"是谓词"会用"的施事，"电脑"是谓词"会用"的工具。在 e_2 中，"老何"是谓词"连"的施事，"包括电脑在内的所有家电"是谓词"连"

的工具。其中,在"会用"这一性质上,"电脑"的可能性是远远低于其他家电的。

　　总之,基于大量的语料,我们对现代汉语"连"字句的语表结构和丰富的语义内涵进行了描写分析,认为"连"字句是一个表示强调的句式。"连"字句的强调来自对比,且对比不能脱离所关涉的集合。这种强调是将 Y 跟在这个集合内的其他参项(显性或隐性)相比较的结果。"连"字句强调的不是"连"字后的 Y 成分,而是包括 Y 成分在内的整个集合具有 VP 的性质,整个句式突显了预设和周遍性意义。为了让这些丰富的语义内涵在自然语言信息化处理中更加精细和准确,我们用事件语义学的基本理论和方法对典型"连"字句进行了形式化的描写和解释,构建更为全面的"连"字句的逻辑语义系统。但是仍有很多遗憾,例如没有对"老王连刘丹都不认识"这样的歧义句进行深入的探讨;另外,对事件语义学的许多规则也没能细化。这些都是下一步应该解决的问题。

第九章 现代汉语"给"字句的
逻辑语义研究

以"给"为标记的"给"字句是现代汉语中的常用句式。在现代汉语中，"给"字[kei214]有动词、介词、助词三种词性，由于"给"的词性丰富，用法多样，"给"字句的句式意义就较为特殊和复杂，这也是现代汉语研究和对外汉语教学中的重点和难点。本章主要从句法结构与语义内涵等方面，分析以"给"为标记词的"给"字句的特征内涵。并运用逻辑语义学中的事件语义学和谓词逻辑法，对现代汉语"给"字句丰富的语义内涵进行形式化描写和分析。特别是用形式化方法来对五种汉语"给"字句特殊的语义内涵进行分析，希望能给语言的信息处理做一些基础性的探索。①

第一节 研究现状

首先来看对"给"字词性的研究。

"给"是现代汉语的一个常用词，学界已有不少研究以此为对象。对"给"的研究主要集中在它的词性和用法上。学界普遍认为"给"字在现代汉语中有三种不同的词性：动词、介词和助词。但在"V+给"中，"给"到底是什么词性？是动词抑或介词？学界则颇有争议。对于"给"语法性质问题，有如下一些观点。

---

① 本章根据课题负责人指导的硕士研究生宋静的硕士学位论文《现代汉语"给"字句的逻辑语义分析》(四川师范大学，2016，导师刘海燕教授)节选修改而成。

一是"介词说"。根据其"引进交付、传递的接受者"①的功能,吕叔湘(1999),黄伯荣、廖序东(2001)等将"给"判定为介词。此外,虽然有的学者也认为"给"是介词,但却强调应该把"V+给"这个组合当作一个复合动词来看待,例如邢福义、胡裕树(1995)、陈昌来(2007)。

二是"动词说"。朱德熙(1981)认为"送给他一件毛衣"这句话是一个包含"V+给"的连谓结构,所以其中的"给"也是动词。② 将"V+给"中的"给"当作动词的还有蒋瑾媛(2004)。

三是"助词说"。施关淦(1981)、刘永华(2003)强调"给"只是一个助词,前者认为"V+给"合起来才算一个词。

四是"轻动词说"。邓思颖(2010)指出汉语中跟事件意义有密切关系的轻动词,有表达事件变化的"给"和表达使役意义的"把"等。顾嘉闻(2014)认为,不同动词在"V+给+NP"结构中与"给"搭配,使得"给"有轻动词和动词两种不同词性。③

据我们的考察,应该将"V+给"中的"V"具体分为"单音节 V"和"复音节 V"。与前者搭配的"给"是动词,而结构"V+给"也应该是一个动词;与后者相搭配的"给"则是介词。

其次来看对"给"字句的研究。

可以说是《与动词"给"相关的句法问题》(朱德熙 1979)一文开启了现代汉语"给"字句的研究,此文发表在《方言》之后,引起学界对"给"字句的注意,此后,对"给"字句的研究一直没有间断过。

一是在传统理论方法下的"给"字句研究。

这方面的研究主要以三个平面的理论为基础。第一是以"给"字句句法结构为对象的研究。朱德熙(1979)认为"给"字既是介词又是动词,又进一步研究了三种由动词"给"组成的句式,即 S_1: N_S+D+给+N_1+N(例如"我送给他

---

① 吕叔湘:《现代汉语八百词(增订本)》,商务印书馆 1999 年版,第 226 页。
② 朱德熙:《语法讲义》,商务印书馆 1981 年版,第 170 页。
③ 顾嘉闻:《"V+给+NP"多角度研究》,辽宁大学硕士学位论文,2014 年。

一本书")及其紧缩句式 S_4:N_S+D+N_1+N(例如"我送他一本书");S_2:N_S+D+N+给+N_1(例如"我送一本书给他");S_3:N_S+给+N_1+D+N(例如"我给他写一封信")。之后又分出三种不同类型的动词:表达"给予"义的 Va(如卖、送),表达"取得"义的 Vb(如买、娶),以及既不表达"给予"义也不表达"取得"义的 Vc(如画、炒)。并以此考查了各类动词在不同句式中的分布情况。①在现代汉语中,"给"字是一个常用词,很多不同格式的句子都是由"给"字构成的,句法意义也因结构不同而各不相同。崔承一(1989)对七种 37 类的"给"字句进行集中考查,指出各种"给"字句的结构及其意义,并指出双宾句是由"给"字构成的句式中最典型的。②陆俭明(2005)使用语义特征分析法和变换分析法说明了诸如"我送(偷/做)一件衣服给她"这样的句子为什么会产生句式歧义,和各种句式可能表示的语法意义。江郁莹(2013)考查新加坡华语、中国台湾华语中"给"字句的口语语料,根据结果指出"双宾句式、介词用法、使役用法以及宾语提前用法"这四种"给"字句的典型用法。③

另外,关于方言中的,以及历时方面的研究,也多着眼于句法语义。先来看对方言中的"给"字句:已有不少前辈对"给"字句在各种方言中的情况进行了研究,相对于普通话来说,"给"字句在方言中的用法要丰富得多。周磊(2002)对"给"字句在乌鲁木齐话中的研究、沈明(2002)对"给"字句在太原话中的研究、孙立新(2007)对"给"字句在户县方言的研究、张恒(2007)对"给"与"给"字句在开封话的研究、申向阳(2008)对"把"字句及"给"字句在九寨沟方言中的研究、任永辉(2010)对"给"字句在宝鸡方言中的研究、闫克(2013)对"给"字句在南阳方言中的研究等等。这些学者通过与"给"字句在普通话中的用法的对比,考查了"给"字句在不同方言中的特殊语法现象。

再来看历时方面的"给"字句研究:④根据对大量清代语料的查考,杨啸

---

① 朱德熙:《与动词"给"相关的句法问题》,《方言》1979 年第 2 期。

② 崔承一:《论"给"字句的结构系列及其意义》,《延边大学学报》(社会科学版)1989 年第 Z1 期。

③ 江郁莹:《"给"字句式探索》,《国际汉语学报》2013 年第 1 期。

④ 宋静:《"给"字句的历时考察》,《鸡西大学学报》2015 年第 9 期。

（2003）考证"给"的各个义位的由来，从历时角度来说明"给"字各个义位之间的发展关系。宋慧曼（2011）以《明清档案》中的语料为考查对象，揭示了"给"字句在清初文献中的情况，并总结出动词"给"的四种基本用法："给"+动词、"给"+名词宾语、动词+"给"、NS+动词+N+"给"+N。

第二是"给"字句的语义研究。王健（2004）认为，因其所处的句法位置和相关位置词语语义性质的变化，导致"给"在语法化过程中发生功能扩展，产生处置标记的功能。① 沈本秋（2004）运用生成语法的相关理论，研究"给"字句句法生成的语义基础，并将"给"字句与英语同类句式进行比较。作者将"给"以及对应的英语词"to""for"称为"恒体"，而将动词称为"变体"。"给"和动词各自的论元可能完全重复，也可能部分重复，经过搭配、选择等操作，最后形成"给"字句及英语对应句式的语义基础。② 木村英树（2005）考查了北京话的"给"字句，并分析了其中的给予动词"给"如何发展出被动介词功能的语义动因，指出不是由<被使动者>标识功能发展出被动介词的功能来的，而是经由<受益者>标识功能发展而来的。③ 周红（2007）分析了不同语义类型"给"字句之间的关联性，并以"给予图式"的方式展示了"给"字句语义的变化过程。熊文菊（2011）主要讨论"给"字句的机制，作者分别考查了述谓成分和谓语核心动词的句法语义特征，与事成分的语义特征以及主宾语的语义类型等。王淑华（2014）从语义层次上解释"给"的各种用法，指出"赋予"是"给"的核心义素，在各种具体的情境中，分别采用不同的句法表示赋予物隶属不同的实体、服务、状态、机会等意义。④

第三是"给"字句的语用研究。陈敏（2003）通过变换分析、成分的移位或空缺分析等方法，从动态角度考查了在实际语言应用中的"给予"义"给"字句的语用效果。蒋晓玲（2006）借鉴回指理论、焦点理论、信息理论等，考查了谓

---

① 王健：《"给"字句表处置的来源》，《语文研究》2004 年第 4 期。

② 沈本秋：《"给"字句及其英语同类句式的语义研究》，《广州大学学报》（社会科学版）2004 年第 7 期。

③ 木村英树：《北京话"给"字句扩展为被动句的语义动因》，《汉语学报》2005 年第 2 期。

④ 王淑华：《常用"给"字句的语义解释》，《安徽农业大学学报》（社会科学版）2014 年第 5 期。

语中包含介词"给"的语句,探析"给"字句与篇章之间的适应机制与制约作用。① 栾育青(2008)从语用的角度指出 S_1 : S+V+给+O1+O2 和 S_2 : S+给+O1+V+O2 这两个句式的不同: S_1 着重表达的是动作到达的终点, S_2 着重表达的是动作的受益者。②

二是在现代理论方法的指导下来研究"给"字句的研究现状。

近些年,语言学流派之间百家争鸣,语言学理论体系不断扩展,开阔了语言研究的视野,也提供了许多新的理论方法。其中,形式主义和功能主义是当下语言学研究两大分支。

第一是以"功能—认知语法"为基础的"给"字句研究。沈家煊(1999)说明了"给"字句中不同句式,并指出句式与词类序列不同,作者认为一个句式就是一个"完形"(Gestalt),强调应该理解句式的整体意义。③ 蒋绍愚(2002)结合语法化、类推和功能扩能等机制,回溯"给"字句的演变,指出不是由于"给"字本身的语义演变,导致"给"字句的语法变化,而是句式整体的演变。④ 王宁婕(2012)较为深入细致地考查了"给我+XP"这种典型双及物句式,逐一分析了该句式中各个部分的类型和语义特征,并探讨了该句式的产生机制。⑤ 顾嘉闻(2014)结合隐喻理论与构式语法理论,从共时角度分析了"V+给+NP"中的各部分,概括出这一句式下的两种承继方式,即"隐喻+多重继承"和"多重继承"。

第二是以生成语法理论为基础的研究。周长银(2000)运用生成语法来研究现代汉语的"给"字句,解释了各类"给"字句相关的句法特性,在 Larson 壳的基础上,讨论各类"给"字句的推导过程,也概括了"给"字句中各类相关动词的分布情况。金荣、沈本秋(2006)和陈小文(2008)分别运用乔姆斯基的

---

① 蒋晓玲:《"给"字句在篇章中的使用考察》,浙江师范大学硕士学位论文,2006 年。
② 栾育青:《两种"给"字句在语用上的不同》,《语言与文化研究》(第三辑)2008 年第 2 期。
③ 沈家煊:《"在"字句和"给"字句》,《中国语文》1999 年第 2 期。
④ 蒋绍愚:《"给"字句、"教"字句表被动的来源》,《语言学论丛》第 26 辑,商务印书馆 2002 年版。
⑤ 王宁婕:《现代汉语"给我+XP"构式的考察与研究》,上海师范大学硕士学位论文,2012 年。

最简方案(1995)理论和最简探索框架(2000),对"给"字句进行句法研究,描述了"给"字句的语义特征,探讨了其句法结构和推导过程。[①] 胡慧盈(2007)基于现代汉语语料库,从构块语法理论的角度,提出现代汉语"给"字的八种句式都是独立构块的看法。[②] 袁芳(2010)综合 Chomsky 的移位拷贝理论和 Homstein 对英语控制结构的移位分析,提出了"拷贝分析法",对复杂双宾结构"N_1+V 给+N_2+N_3+VP"进行研究。胡波(2010)运用最简方案理论,借鉴 VP 壳对几种典型"给予"义进行讨论,总结"给"字句的句法特征。

第三是以事件语义学为基础的研究。曾莉(2010)在事件语义学的方法下来分析汉语的双宾语句,认为含有"给予"义的"给"字句属于典型双宾语句。张磊(2014)从事件语义学的角度构建了一个语义连续统,其成员包括"把+NP+给+VP"结构、"NP+给+VP"结构"NP+VP"结构、等,并认为"给 VP"是一个独立的句式。[③]

从上面的研究状况来看,目前的研究已经涵盖了"给"字句的共时、历时、方言等方面,但还比较缺乏对"给"字句的逻辑语义分析。对现代汉语"给"字句的研究,一直都在继续,学者们从各种不同的角度来研究"给"字句。并且,近年随着计算机科学的快速发展,不少研究开始着眼于将自然语言转换为人工语言。对现代汉语"给"字句进行逻辑语义分析,就是尝试用人工语言来表示"给"字,探索逻辑与意义的接口,为计算机识别和处理这一特殊句式做出一些探索。

第二节 "给"字句的界定和句法结构

"给"有动词、介词、助词三种词性,由于"给"的词性不同而导致了"给"

---

① 陈小文:《现代汉语"给"字句最简探索研究》,《科教文汇》2008 年第 1 期。

② 胡慧盈:《基于构块语法的现代汉语给字句研究》,安徽大学硕士学位论文,2007 年。

③ 张磊:《"给-VP"结构的事件语义分析》,《鲁东大学学报》(哲学社会科学版)2014 年第 4 期。

字句不同的句式意义。我们将研究对象限定为现代汉语普通话中的"给"字句,即以"给"为标记词,有句调,能表达完整意义的单句。这种"给"字句中的"给"具有动词、介词、助词三种词性和用法,如:

（1）张三给李四一本书。

（2）张三给李四买一本书。

（3）张三买一本书给李四。

（4）饭给煮糊了。

具体来看,(1)中的"给"是动词,表示给予;(2)中的"给"是介词,用于引进动作的对象;(3)中的"给"是动词,表示给予;(4)中的"给"是助词,表示被动、处置,直接用于动词前。

我们对《四世同堂》进行了封闭语料考察,分析了其中所有的 1582 个"给"字句,并整理为下面的表格:

表 9-1　"给"字句使用频率表

句式	频数	百分比
NS+（V_1）+给+N_1+N_2　（A+（V）+给+B+C）	586	37%
NS+给+N_1+V_1+N_2　（A+给+B+V+C）	764	48%
NS+V_1+N_2+给+N_1　（A+V+C+给+B）	14	1%
NS+给+VP	155	10%
NS+VP+给	63	4%
总计	1582	100%

当"给"作动词和介词时,常与表"给予"义的动词搭配,所处的"给"字句表达"给予、传递"的含义。按照陈昌来的观点,完整的给予事件句的结构为:给予者+给予行为+接受者+给予物,给予者、给予物、接受者是三个与"给予"动词相关的成分。① 我们将"给"字句的语表结构分为四段,除了"给"字之

---

① 陈昌来(2007)认为,"给予"作为一个事件,由给予行为(给予动词)、给予者、给予物、接受者四个部分构成,我们这里依据陈昌来的说法,为与给予动词"给"相关的成分命名。

外,给予者是 A 段,接受者是 B 段,给予物为 C 段,给予行为则由 V 表示。"给"作动词时,具有"给予"义,可以用来表示给予行为;而作介词时没有比较实在的"给予"义,所以不能表示给予的行为,所以句中还需要其他具有"给予"义的动词。

一、"NS+(V$_1$)+给+N$_1$+N$_2$"句式

(一)"NS+(V$_1$)+给+N$_1$+N$_2$"的结构形式

表 9-2　"NS+(V$_1$)+给+N$_1$+N$_2$"式"给"字句的语表结构形式

语表结构形式			例句
常式句	NS+(V$_1$)+给+N$_1$+N$_2$	A+给+B+C	他给了白巡长几张票子。
		A+V+给+B+C	我还能借给你几块钱!
变式句	给+N$_1$+N$_2$	给+B+C	假若给她两件好衣裳和一点好饮食。
	给+N$_2$	给+C	都可以给一些解释。
	N$_2$+是+NS+给+N$_1$	C+是+A+给+B	这顿饭是冠先生给他的。
	NS+把+N$_2$+给+N$_1$	A+把+C+给+B	因为他把女儿给了孟石。
	N$_2$+给	C+给	车钱已经给了。
	NS+(V$_1$)给+N$_1$+N$_2$+VP	A+V+给+B+C+VP	日本人也许会给他点颜色看看。
	NS+(V$_1$)+给+N$_1$+以+N$_2$	A+(V)+给+B+以+C	他知道那必给刘师傅以极大的难堪。

　　语料统计中这种"给"字句的典型句出现的频率只是次高,而不是最高。这是由于在现代汉语中介词的使用频率很高,在这过程中动词"给"逐渐虚化为介词,这减少了"给"作为动词的使用。这个句式里的"给"是一个表示"给予"义的三元动词,可以形成双宾句,其中 N$_1$ 是动词"给"的间接与事宾语,N$_2$ 是直接受事宾语。N$_1$ 可能有生也可能无生,N$_2$ 可能是具体的物品也可能是抽象的存在,N$_1$ 或 N$_2$ 在具体的语句中可能会被省略其中一个。"NS+给+N$_1$+

N_2+VP"结构则是在此句的基础上添加 VP 生成的。

（二）"NS+（V_1）+给+N_1+N_2"各部分的结构形式

这个结构中的"V_1"都是"交、送、买、卖"等单音节动词。

表 9-3　"给"字句式"NS+（V_1）+给+N_1+N_2"的语表结构

各部分语表构成		例句
A（给予者）为 NP	人称代词	他会板起面孔给妖精一个冷肩膀吃。
	专有名词	冠家给了他们香烟。
	普通名词	那些消息都没给他高度的兴奋。
V 给予行为	单音节动词交、借、送等	而时常送给他点茵陈酒。
B（接受者）为 NP	人称代词	恨，给了他灵感。
	专有名词	外婆给了长顺警告。
	普通名词	为是给英国人一个好印象，
C（给予物）为 NP	普通名词	咱们得给她休书。
	数量短语	菊子翻了脸,给东阳一个下马威。
	联合短语	假若那根木头能给她好吃好穿与汽车。
	偏正短语	日本人给了他做科长的机会。

（三）"NS+（V_1）+给+N_1+N_2"句式的生成过程

使用 X—标杠模式、题元准则等理论来分析自然语言,只能将成分结构两两分支。但动词"给"带有三个论元。如果不想突破双枝性原则,只能借用"轻动词理论",引进一个零执行轻动词,[1]投射形成"动词短语的套组结构"（VP—shell）。[2] 如此一来,主语和动词短语可以由轻动词统领,成为一个轻

---

[1]　所谓"执行"（do-an-act）是句子谓语的功能语义,类似时态、语态、情态等等功能语义。生成语法中,功能语义在句子中表现的方式就是投射成一个短语结构。（何元建,2011）

[2]　参见何元建:《现代汉语生成语法》,北京大学出版社 2011 年版。

动词短语(VP),动词短语在下一层次中再继续分为两支。

目前,学界对"给"字双宾句式的生成模式莫衷一是。黄正德(2007)认为应该"把双宾结构视为一种致使结构",例如"张三给李四一本书",可以根据"给"的词义,将其分解为两个轻动词:CAUSE 与 HAVE①。可以将这个句子理解为"张三使李四拥有一本书"。其中"李四拥有一本书"是个经验句式,其主语是个历事论元。主语是一个致事论元,"给"为致使动词,全句是个致动句式。

而按照熊仲儒(2013)的观点来看,领有范畴 POSS 赋予给予类双宾句的句式语义,给予类双宾句跟它对应的与格句在语义上不同,双宾句凸显领有关系(possessive relationship),而与格句凸显转移的路径②。

从实质上看,黄正德与熊仲儒对"给予"类双宾句的理解是一致的,因为黄正德最终将词汇意义分解为:[+使+拥有],而这与熊仲儒"给予类双宾句凸显领有关系"的观点实际上是一致的。

从生成语法角度看"给"字的生成过程为:由零执行轻动词 v 投射成一个两分的轻动词短语 vP。"张三"是这个短语中的施事主语,位于限定语 DP 位置,整个谓语位于补足语的位置。由于轻动词是零形式的,需要附着于动词之上,如同黏着语素一样。所以"给"需要先发生位移,从而与零执行轻动词结合。动词"给"是 VP 的中心语,限定语 DP 位置上是间接宾语"李四",补足语位置上则是直接宾语"一本书"。

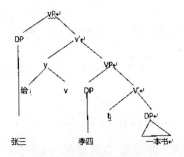

图 9-1 "NS+(V₁)+给+N₁+N₂"句式的生成过程举例

---

① 黄正德:《汉语动词的题元结构与其句法表现》,《语言科学》2007 年第 4 期。

② 熊仲儒:《当代语法学教程》,北京大学出版社 2013 年版,第 266 页。

二、"NS+给+N₁+V₁+N₂"句式

（一）"NS+给+N₁+V₁+N₂"结构形式

表 9-4　"NS+给+N₁+V₁+N₂"的语表结构

	语表结构形式		例句
常式句	NS+给+N₁+V₁+N₂	A+给+B+V+C	她已给祁家生了儿女。
变式句	NS+给+N₁+V₁+N₂+V₃	A+给+B+V+C+V3	我给你送二斤杂合面儿去。
	NS+给+N₁+V₁	A+给+B+V	我给你道歉！

这是频率最高的句式,其中的介词"给"用于引介动作的受益者或受害者。"给我+VP"常用于祈使语气的命令句。

（二）"NS+给+N₁+V₁+N₂"各部分的结构形式

表 9-5　"NS+给+N₁+V₁+N₂"各部分句法结构

各部分语表构成		例句
A 段（给予者）为 NP	普通名词	秋给北平的城郊带来萧瑟。
	专有名词	晓荷给太太的话加上个尾巴。
	人称代词	我不能给你弄钱去！
	偏正短语	无耻的汪逆只给人们带来不幸。
B 段（接受者）为 NP	普通名词	瑞丰给两位邻居磕了一个头。
	专有名词	她给高第叫了一部洋车。
	人称代词	你可别给我招灾惹祸呀！
	偏正短语	科长给他的性命保了险！
	方位短语	给家中省下一炉儿火。
	"的"字短语	她就该给老的小的弄饭吃。

续表

各部分语表构成		例句
V+C 段（给予行为+给予物）为 VP	述宾短语	给大小姐留点心?
	连谓短语	我给你送点肉来!
	动词的重叠式	出去给你爸爸活动活动!
	述宾结构的动词	我给你道歉!

（三）"NS+给+N_1+V_1+N_2"的生成过程

"NS+给+N_1+V_1+N_2"这种句式的典型例句,上文已经分析过"张三给李四送一本书"。下面的树形图仍以此为例来分析该句式的句法关系。同样假设该句式含有一个零执行轻动词,其投射为一个轻动词短语 vP。

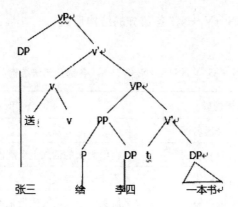

图 9-2　"NS+给+N_1+V_1+N_2"句式的生成过程举例

轻动词短语的限定语位置上是施事主语"张三";VP 的附加语位置上是介词短语"给李四",作状语修饰"送"这个动作;为了与轻动词结合,中心语"送"产生移位;位于 VP 的补足语位置的是直接宾语"一本书"。

三、"NS+V₁+N₂+给+N₁"句式

(一)"NS+V₁+N₂+给+N₁"整体结构形式

这个结构中的"V₁+N₂"是一个谓词性短语,即"VP"。"V₁"是"单音节动词","N₂"是一个"名词"。动词"给"与VP形成连动结构,如:"小官们送礼给大官。"

(二)"NS+V₁+N₂+给+N₁"各部分的结构形式

表9-6 "NS+V₁+N₂+给+N₁"各部分句法结构

各部分语表构成		例句
A 段给予者	普通名词	<u>小官们</u>送礼给大官。
	人称代词	<u>您</u>就带个信儿给瑞宣。
V+C(给予行为+给予物)为 VP	谓词性短语	你哪儿有<u>富余钱</u>给我呢?
B 段接受者	普通名词	小官们送礼给<u>大官</u>。
	人称代词	"你拿什么给<u>我</u>呢?"

(三)"NS+V₁+N₂+给+N₁"的生成过程

根据上面的分析,"张三送一本书给李四。"属于连动式。按照何元建(2011)的看法,连动式实际上是从属结构,而非传统认为的并列结构。连动式中的两个动词有主次之分,一为谓语动词,另一个则是谓语动词的修饰语。① 在二阶短语中,中心语是谓语动词,附加语是作修饰语的动词短语。

vP 是由零执行轻动词 v 投射而成的,施事主语"张三"处于轻动 vP 的限定语位置;中心语是"送",移位与轻动词结合,成为轻动词短语 VP 的中心语;补足语位置上是整个连动式谓语结构;而"给李四"作为谓语动词的修饰语,

---

① 何元健:《现代汉语生成语法》,北京大学出版社 2011 年版,第 205 页。

处于连动式谓语结构的附加语位置上；在补足语位的则是作为谓语动词的受事宾语"一本书"。

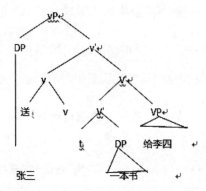

图9-3 "NS+V₁+N₂+给+N₁"句式的生成过程举例

四、"NS+给+VP"句式

（一）"NS+给+VP"整体结构形式

"VP"前的"给"字是一个助词。这个句式可以分别同"把"字、"被"字、以及表被动的"让"、"叫/教"字等连用，起到加强语气的作用。具体如表9-7。

表9-7 "NS+给+VP"句式的结构形式

	语表结构形式	例句
常式句	NS+给+VP	他马上就会给抓起来。
变式句	NS+教+N₁+给+VP	城全教人家给打下来了。
	NS+叫+N₁+给+VP	假如不幸父母的棺材真叫人家给掘出来。
	NS+被+N₁+给+VP	洋书都被大哥给烧掉。
	NS+把+N₁+给+VP	上海的炮声把久压在北平人的头上的黑云给掀开了！
	NS+让+N₁+给+VP	准是让日本鬼子给偷去了！

（二）"VP"的构成形式

表9-8　"NS+给+VP"中"VP"的结构形式

VP 的语表构成	例句
单音节动词	人教他们给<u>砍</u>了。
双音节动词	不是老头子教日本人给<u>枪毙</u>了，就是大少爷病重。
动结式短语	我仿佛是教人家给<u>扣在大缸里</u>啦。
动趋式短语	他会自己用嘴哼唧着给<u>补充上</u>。
重叠式动词	您能给<u>打听打听</u>吗？

（三）"NS+给+VP"的生成过程

"NS+给+VP"中的助词"给"常常与"把"字、"被"字搭配使用，例如"饭给煮糊了"。何元建（2011）指出，作为轻动词，"给"是使成标记，在"把"字句、"被"字句中表达一种"使承受或经受、使成为"的意义。[①] 在句子生成的过程中，vP 是由轻动词"给"投射而成的轻动词短语。vP 的中心语是轻动词"给"，限定语位置上是作为客事的"饭"，表示客事的结果意义的动结式处于补足语位置。

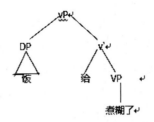

图9-4　"NS+给+VP"句式的生成过程举例

[①]　参见何元建：《现代汉语生成语法》，北京大学出版社 2011 年版，第349—359 页。

五、"NS+VP+给"句式

（一）"NS+VP+给"整体结构形式

该句式常有两种形式：一是常式句"NS+VP+给+N"，如："我必报告给日本方面。""他真不肯投降给敌人。"二是省略了主语 NS 的变式句"VP+给+N"。如："分散给每一个北平人。""而后转卖给日本人。"

表 9-9 "NS+VP+给"句式的语表结构形式

	语表结构形式	例句
常式句	NS+VP+给+N	我必报告给日本方面。
变式句	VP+给+N	分散给每一个北平人。

（二）"VP"的构成形式

这种结构中的"VP"常常是复合动词，如："把房子租下来，转租给日本人，的确是个妙计。""北平也不会就退还给中国人！"

（三）"NS+VP+给"的生成过程

下面以"我们赠送给希望小学许多书。"为例，来分析句式"NS+VP+给"的生成过程。首先，逻辑形式中的零执行轻动词 v 映射出一个轻动词短语 vP；vP 的中心语来自谓语动词的中心语，它结合介词之后再结合轻动词；位于谓词短语 VP 的附加语位置的是介词短语，在补足语位置的则是受事宾语。

我们以老舍的《四世同堂》为例，统计了"给"字句的这五种句式在现代汉语中的出现频率。统计结果如下："NS+给+N_2+V+N_1"频率最高，其中的"给"是引进对象的介词。不过"给"最初只是一个动词，历时发展中经历了"动

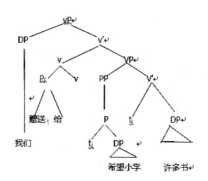

图 9-5　"NS+VP+给"句式的生成过程举例

词—介词—助词"的虚化过程,所以含有动词"给"的句式"NS+(V₁)给+N₁+N₂"应是初始句式,其他各种句式是随着"给"字的历时变化而发展来的。

另外,句式"NS+(V₁)+给+N₁+N₂"和"NS+V₁+N₂+给+N₁"在句法上能够进行无限制转换,可以将"小张织给小李一件毛衣"转换为"小张织一件毛衣给小李"。二者之间的差别是:句中的"(V₁)"和"给"是合还是分。前者合,并携带两个宾语;后者分,各带一个宾语。

第三节　汉语"给"字句的语义内涵

一、"NS+(V₁)+给+N₁+N₂"的语义内涵

(一)"NS+(V₁)+给+N₁+N₂"中"V₁"的语义特征

通过对封闭语料的考察,可以对 V₁ 作更为细致的探讨。根据动词支配的名词宾语的所有权是否发生转移,可以把"V₁+给"中的"V₁"分为"具有移动意义"的动词和"不具有移动意义"的动词。具有移动意义的动词主要有:放、留、送、发、租、丢、嫁、分、交、带、让、献、递、卖、扔、支、匀、换、配、还、借、派、押、捎、捐、赠、托、塞、输、掷、赏、圈等。不具有移动意义的动词主要有:唱、背、教、报、说、指、写、讲、作。我们发现,表移动的动词本身可以表达"给予"义,而表

不移动的动词则不能单独表达"给予"义。

一是给予动词"V_1"本身具有"给予"意义。① 这些动词本身具有"给予"义,如"我送给你一支笔"中的"送",在这样的语句中省略"给"也不会改变句子的意义,"我送你一支笔"的意义与原句一样。"给"也具有标记动作方向的作用,在有的句子中,单凭动词不能清楚了解动作的方向,句子因此产生歧义。例如"我借你十块钱"。在这样的句子中加上一个"给"字,使动作的方向得以明确,从而消除句子的歧义。加上"给"的句子"我借给你十块钱"就不再有方向上的歧义了。虽然"送"与"借"都含有"给予"义,但蕴含的方向意义不同。"送"是单向的,只表示"送出去",方向明确;而"借"是双向的,既有"借出去"的可能,也有"借进来"的可能,所以方向不明确。

通过省略句中的"给",可以来验证动词是否具有明确的方向性。

第一种情况:省略"给"之后,句义明晰且与原句一致。②

(5)我送给你一本书。　　我送你一本书。

(6)我交给你一本书。　　我交你一本书。

(7)我卖给你一本书。　　我卖你一本书。

(8)我赏给你一本书。　　我赏你一本书。

这一组动词都是单向性的,表达的都是"送出去""交出去"的意义,而不是"送进来""交进来"的意义。这一类动词用在双宾句中,无论有没有与"给"搭配,都可以表示"给予物从给予者转移到接受者"的过程,方向明确。

第二种情况:省略"给"之后,句子不合法。③

(9)我留给你一本书。　　?我留你一本书。

(10)我捎给你一本书。　　?我捎你一本书。

(11)我递给你一本书。　　?我递你一本书。

这一类方向性比较弱的动词,单用不能表示出明确的方向意义,并且这些

---

① 这一部分的例句均为自己造句。

② 这一部分是受陆俭明先生的启示,陆俭明(2005)在介绍语义特征分析法时对"给"字句中动词进行了语义分析,我们是从另外的角度,对"给"字句中动词进行语义分析。

③ 句子前加"?"表示句子有时可以成立,只是不这么用。

动作都是短时间的,需要表达出动作的完成意义,所以只能与"给"连用。

第三种情况:省略"给"之后,方向不明,产生歧义。①

（12）我租给你一间房。　　　　*我租你一间房。

（13）我匀给你一本书。　　　　*我匀你一本书。

（14）我借给你一本书。　　　　*我借你一本书。

（15）我押给你一本书。　　　　*我押你一本书。

这类动词的方向性比较灵活,既可以表示"租出去"、"借出去"的意义,也可以表达"租进来"、"借进来"的意义。与"给"连用时,方向明确清晰。一旦将"给"删除,方向就会变得模棱两可。

二是"V_1"本身不具有"给予"的意义。

（16）一股脑儿像背书似的背给瑞全听。

（17）她能记起奶奶讲给她听的故事。

（18）他这话虽是说给街坊邻居们听的。

句中"背""讲""说"等动词,没有"给予"的意义,然而和"给"搭配在一起,就具有了表达动作方向的功能,接受者必须出现在"V+给"这个动作后面。

（二）"NS+（V_1）+给+N_1+N_2"中"给"的语义特征

从句法结构上来看,"（NS)+给+N_1+N_2"中表达"给予"义的"给"携带双宾语,与事"N_1"是间接宾语,受事"N_2"是直接宾语。作为给予动词,"给"表达了句中直接宾语的位移状态。

（三）"NS+（V_1）+给+N_1+N_2"中"N_1"的语义特征

在句子中的"N_1"始终是一种具体明确的存在物,这样才能从语义上符合句子意义的要求。因为能够接受某种给予的,必定是某种明确的、可以承接转移的存在对象。

---

① 句子前加"＊"表示句子不合格。

（四）"NS+（V₁）+给+N₁+N₂"中"N₂"的语义特征

"N₂"具有比"N₁"丰富的可能性，所以语义特征也更加复杂一些。"N₂"既可能是比较具体的受事对象，诸如"本子""钢笔"等；也可能是"面子""建议"等比较抽象的受事对象。

（五）"NS+（V₁）+给+N₁+N₂"的句式意义

"NS+（V₁）+给+N₁+N₂"是一种较为典型的"给"字句。该结构的句式意义是："N₂"从"NS"转移到"N₁"。受事"N₂"由施事"NS"转向与事"N₁"。但实际情况下，"N₂"的语义特征会对是否转移产生影响，如"书给他享受"中的"享受"本来就不是NS"书"所具有的，只有在施事、受事共同参与时才能感受到。而一般的句子如"她给他一把镇纸"中的"镇纸"，就实实在在地从"她"到了"他"那里，发生了位移。

从句法上来看，"给+N₁+N₂"的表层结构是"V给+间宾+直宾"。刘鑫民（2004）指出汉语的一种语序倾向：当多个成分同时被一个动词支配时，通常生命度高的成分位于生命度低的成分之前。例如"给他一巴掌"这句话。句中间接宾语"他"[+有生]生命度较高，直接宾语"一巴掌"[−有生]生命度较低，所以，"他"位于"一巴掌"之前。这说明句中成分的语义特征对句子的语序有着重要的作用。

二、"NS+给+N₁+V₁+N₂"的语义内涵

（一）"NS+给+N₁+V₁+N₂"的语义特征（句式中的"给"用作介词，表示引进对象。）

1."NS+给+N₁+V₁+N₂"中"N₁"的语义特征

"N₁"既可以是"病人""冠先生""她""骗她的人""笼中的小黄鸟"等生命的有生的主体；还可以是"街门上""三间屋里""北平的城郊""太

太的话"等无生的处所和事物。"N_1"最为丰富特别的语义特征体现在第一人称代词上。"给我+VP"句式具有具体的说话者和听话者,常出现在对话中,表示"为我,替我"的意思或表达祈使意义。我们将"给我+VP"按照语义分为 A、B 两式,A 式中的"给我"意思是"为我、替我";B 式则表达祈使。

下面先来看 A 式。

(19)下半天到东城给我取件东西来　=>下半天到东城为我(替我)取件东西来

(20)给我通报一声　　　　　　　=> 为我(替我)通报一声

(21)你去给我卖了吧　　　　　　=> 你去替我(为我)卖了吧

(22)给我们说几句好话吧　　　　=>为我们(替我们)说几句好话吧

介词"给"在 A 式中的作用是介引 N_1"我",而"我"在句中则是受益或受损的对象。NS 和 VP 之间,在句法上是主谓关系,从语义上看,则 NS 是 VP 这个动作行为的施事主体。

再来看 B 式的情况。

(23)你可别给我招灾惹祸呀　　≠>　　*你可别为我(替我)招灾惹祸呀

(24)还不给我爬起来　　　　　≠>　　*还不为我(替我)爬起来

(25)给我滚　　　　　　　　　≠>　　*为我(替我)滚

句子中的"给我"不能替换为"为我/替我",并且这些句子里的"给我"不能分开,应该当作一个整体来看。"给我"的作用是表达或在原有基础上增强祈使语气。

(26)滚!　　　　　　给我滚!

(27)爬起来!　　　　给我爬起来!

(28)你走开!　　　　你给我走开!

(29)你小心点儿!　　你给我小心点儿!

句子中的"给我"能够明晰或增强句中说话人的祈使语气。如"你给我小心点儿!"表达的是一种威胁、命令的意义,而没有表达关心、嘱咐的意义。

2."NS+给+N_1+V_1+N_2"中"V_1"的语义特征

由"V_1+N_2"组成的"VP"可能是短语,也可能只有动词,通常是像"捶背""行礼""磕了头""道歉"之类的动作行为。"VP"后还能加上补语,通常为动词或趋向动词,如"找点事儿做""买点酒来"等。

(二)"NS+给+N_1+V_1+N_2"的句式意义

在该句式中,动作行为的施事 NS 可能会被省略,介词"给"后面的 N_1,根据不同的情形,可能是动作的受益者,也可能是受损者。这主要是由"V_1"的性质来决定的。如"给他做饭"中的 N_1"他"是动作行为"做饭"的受益者;"给父母丢脸"中 N_1"父母"则是"丢脸"的受损者。

三、"NS+V_1+N_2+给+N_1"的语义内涵

(一)"NS+V_1+N_2+给+N_1"的语义特征

1."NS+V_1+N_2+给+N_1"中"V_1"的语义特征

这个句式中的"V_1+N_2"仍是一个整体的"VP"。这个 VP 既可以用于表达转移递交某种实际、具体的事物;还可以仅仅表达一种存在、拥有的状态,如"有空闲时间"。根据"VP"不同的语义特征,"VP+给+N"结构可以做不同的变换。

当"VP"表示"转移""传递"时,"VP+给+N"可以变为"给+N+VP",如:"小官们送礼给大官。=> 小官们给大官送礼。"当"VP"表示"存在""拥有"的状态时,"VP+给+N"则不能变换为"给+N+VP"。如:"你哪儿有富余钱给我呢? ≠> *你给我……""你拿什么给我呢? ≠> *你给我拿什么呢?"

2."NS+V_1+N_2+给+N_1"中"N_1"的语义特征

这里的"N_1"为具体的人事物,可能是普通名词、人称代词或者专有名词,表示的是具体的对象。

3. "NS+V$_1$+N$_2$+给+N$_1$"中"给"的语义特征

这里的"给"表示的是某个对象在空间里的动态转移,具有实在的动作意义,所以是动词。"V$_1$+N$_2$"与"给"搭配,形成连动结构。这里的"给"不能省略,否则句子就不合格。例如:

"小官们送礼给大官。 $\neq>$ *小官们送礼大官。"

"我买本书给你。 $\neq>$ *我买本书你。"

如果省略动词"给",这类句子的"给予"意义就不好表达,动词"送"虽然可以发出"给予"动作,但却不能明确实现这个动作,只有加上"给"才能达成这个"给予"的动作。

（二）"NS+V$_1$+N$_2$+给+N$_1$"的句式意义

整个句式表示行为人制作或给予意义,或表示把东西制作好后再授予接受者意义。

四、"NS+给+VP"的语义内涵

（一）"NS+给+VP"中"VP"的语义特征

其中"VP"是"死"等表示结果意义的动词,或"抬起来"动词短语,还可以是"收拾收拾""说一说"等动词的重叠式,表达的是一种短暂、尝试和商量意义。

（二）"NS+给+VP"的句式意义

"NS+给+VP"通常强调的是动作的结果,但当谓词性成分是重叠式动词时,表示的是尝试意义。当"VP"中的动词或短语表示的是结果意义时,"给"有可能出现两种情况,一种表被动,一种表方向。"公司的经理给撤了,他当上了代理经理。"这里的"给"表被动,句子的意义为:"原来的经理被撤职了"。而在"孩子们都醒了,大声地催促妈妈给熬粥"中的"给",则表示方向,意义为"妈妈给孩子们煮粥"。

五、"NS+VP+给"的语义内涵

（一）"NS+VP+给"中"VP"的语义特征

VP 是一个表达"移动、传递"意义的动作行为，这个动作行为可能传递的是实际具体的物体，也可能传递的是虚拟抽象的感念、想法等。因其所含"VP"的不同，"VP+给+N"可以变换成不同的句式。

当"VP"表示"转移""传递"意义，不是"把"字句时，"NS+VP+给+N"可以变换为"NS+给+N+VP"。如："和尚交代给他几个地址。=> 和尚给他交代几个地址。"

当"VP"表示"转移""传递"意义，是"把"字句时，句式变换后焦点会发生变化。"把"字句的焦点是由"把"引介的传递对象，而变换后焦点变成了传递动作的目标。如：

"他知道丁约翰必定把啤酒供献给了冠家。=>他知道丁约翰必定给冠家供献了啤酒。"

"他把这个意思暗示给瑞宣好几次。=>他给瑞宣暗示这个意思好几次。"

（二）"NS+VP+给"中"给"的语义特征

"NS+VP+给+N"中的"给"是介词，作用是引介动作行为的对象。我们仍以删除的方式来考查此类句式中"给"字是否可以被省略。

（30）我必报告给日本方面。　　　　　？我必报告日本方面。

（31）他真不肯投降给敌人。　　　　　*他真不肯投降敌人。

（32）丁约翰必定把啤酒供献给了冠家。　？丁约翰必定把啤酒供献了冠家。

（33）他把这个意思暗示给瑞宣好几次。　？他把这个意思暗示瑞宣好几次。

当 VP 为表示给予、传递意义的双音节动词时，省略"给"字后句子仍然可理解，但通常不会这样来表达；而当 VP 没有给予、传递的意义时，"给"字不能省略，否则句子就不能成立，因为缺乏了表达"给予、传递"或指示方向的词。

（三）"NS+VP+给+N"的句式意义

该句式中的介词"给"不具有具体的"给予、传递"的意义。传递动作的发出者为"NS"，传递动作的受事，即给予、传递的对象为"N"。在实际语境中，该句式能够清楚标识传递行为的方向性。

因此，在"给"字句的五种句式中，"给"具有不同的功能，与句中其他成分之间的语义关系也不尽相同。具体如下表9-10所示。

表 9-10　五种"给"字句式的意义

句式	"给"的功能	句式意义
NS +（V$_1$）给 + V$_1$+V$_2$	动词,给予、传递	行为人给予接受者某样东西
NS + 给 + V$_1$ + V$_1$+V$_2$	介词,引出接受者	行为人对接受者给予或制作某样东西
NS + V$_1$ + V$_2$ + 给+V$_1$	动词,传递、给予	行为人制作或给予某种东西,再给予接受者的意义
NS+给+VP	助词,用于 VP 之前起到辅助作用	表示"NS"被处置的过程
NS+VP+给	介词,用于引进对象	表示将某物传递给某个主体的行为

综上所述，在给字句中的"给"有动词、介词、助词三种词性；具体来看，"给"具有给予、被动、使成、致使、表方向等功能。我们在上文用树形图的方式表示出它们各自的生成过程，但这还不够科学、精确。所以在下面，我们将使用逻辑语义分析法，对其内部的生成过程做进一步的描写分析，并期待能为计算机识别和理解这一句式提供一些帮助。

第四节　"给"字句的逻辑语义内涵

我们将从事件语义学的角度，来探究现代汉语"给"字句的语义内涵。按照事件语义学的观点,每个句子都是某种事件结构,事件结构由谓词和论元组成,而主要谓词的性质可以决定整个事件的性质。另外需要注意的是,这里的谓词指的是逻辑谓词,而不是句法上谓语中的谓词。在事件语义学中,介词也可以充当逻辑谓词。

一、"给"的逻辑语义内涵

在"给"字句中,"给"的性质不同,分别担当不同的语义角色,而句中的其他句法成分也因为句式的差异,产生不同的语义关系和语义角色。

首先,作为动词的"给"。Vendler(1967)按照语义将动词分为四种类型,即:完成动词、活动动词、达成动词和状态动词。完成动词有始有终,表达一种非匀质的动作行为;活动动词(又称为过程动词)常常有始无终,表达一种匀质的动作行为;达成动词(或称瞬间达成动词)表达的是一种瞬间完成、没有中间状态的非匀质的动作行为;状态动词无始无终,所表达的是一种匀质的动作行为。① 按照这样的分类方式来看,我们认为动词"给"是一个完成动词,"给予"是一个有始有终的动作行为,并且是一个均质的过程。

其次,介词"给"用来引进受益者、接受者,而介词"给"构成的介词短语,在事件语义学的分析中,被解释成一个独立的事件结构,可以把它看作一个原子事件。

下文刻画的"给"字句均为仅包含单事件结构的单句,不过单事件也有可能由多个原子事件组成。下文主要运用事件语义学的相关方法来研究"给"字句,并运用逻辑语言来表述其语义内涵。

二、"NS+(V₁)+给+N₁+N₂"的逻辑语义内涵

句式"NS+(V₁)+给+N₁+N₂"是动词"给"的典型用法,其中的"给"具有"给予"的功能。从句法结构上看,可以将这个句式分析为[(V)给+间接宾

---

① 吴平:《汉语特殊句式的事件语义分析与计算》,中国社会科学出版社 2009 年版,第27页。

语+直接宾语],而从各个成分所担当的语义角色来看,则是[给予者+给予行为+接受者+给予物]。

(一)"给"单独作谓语动词时的逻辑语义内涵

以"张三给李四一本书。"为例。这种"给"字双宾语句的语义内涵可以这样来表述:作为给予行为主体的给予者"张三",通过"给"这个给予动作,将给予物"一本书"转移到接受者"李四",这个过程使给予物发生了从给予者到接受者的位移。因为可以从"给"字双宾语句中找出明确的"给予者""接受者""给予物"以及作为逻辑谓词的"给予行为",所以我们把这个句子分析为一个"给予事件",这个例句的语义内涵可以表示为:①

$$\exists e[给(e) \wedge Agt(e,张三) \wedge Th(e,一本书) \wedge Dat(e,李四) \wedge Cul(e)]$$

其中,∃表示存在量词,e 表示事件,这是一个复杂事件,"给"是这个事件中的逻辑谓词,依据上文分析"给"是个完成谓词,在这个完成事件中,Agt(agent)是事件的施事者"张三",Th(theme)是事件的直接承受者—客体"一本书",Dat(dative)是事件的参与者—与事"李四","Cul(e)"是事件的终止点,表示时间是在这一时间点上结束的,逻辑连结词"∧"是合取,表示取其连接的前后两个部分的交集。"给"可以携带三个论元,是一个三价动词。我们用 λ 算子来对上面的表达式进行抽象,就可以得到这类句式的语义表达式:

$$\lambda e[\exists e[给(e) \wedge Agt(e,x) \wedge Th(e,z) \wedge Dat(e,y) \wedge Cul(e)]]$$

这个表达式的意思是:存在一个给予事件 e,其逻辑谓词是"给",施事主语"x"通过给予行为"给"作用于客体"z",与事"y"也参与了给予事件,接着给予事件终结。

(二)"V+给"作谓语动词时的逻辑语义内涵

以"张三卖给李四一本书。"为例。这种句式表示的也是:施事者通过给予行为使得给予物从给予者到接受者的动作行为。与上面的句式的不同之处

---

① Cul 是 Culmination 的缩略形式,其意义为"终结点"。(吴平,2009:29)

在于,前者没有表明什么方式,后者则明确表明转移的方式是"卖"而不是其他的方式"送""借""递""还"等。这个例句的逻辑语义表达式可以表示为:

$$\exists e[卖给(e) \wedge Agt(e, 张三) \wedge Th(e, 一本书) \wedge Dat(e, 李四) \wedge Cul(e)]$$

运用 λ 算子,可以进一步抽象其中的变量,得到这类句式的逻辑语义表达式:

$$\lambda e[\exists e[V给(e) \wedge Agt(e, x) \wedge Th(e, z) \wedge Dat(e, y) \wedge Cul(e)]]$$

可以将上面两种基本一致的"给"字双宾语句式的逻辑表达式整合为:①

$$\lambda e[\exists e[(V)给(e) \wedge Agt(e, x) \wedge Th(e, z) \wedge Dat(e, y) \wedge Cul(e)]]$$

因此,含有"给"字的双宾语句式的逻辑语义表示为:存在一个给予事件,其逻辑谓词由"给"或"V给"担当,这个逻辑谓词可以携带三个论元,分别是:施事主语 x,间接与事宾语 y 和直接受事宾语 z。由于这个逻辑谓词能够携带三个论元,而一般的逻辑谓词只有施事和受事两个论元,所以由这一逻辑谓词构成的事件是一个复杂事件。不过,由于在这个给予事件中只有一个原子事件,所以仍然能够遵循句子的二分原则。

三、"NS+给+N₁+V₁+N₂"的逻辑语义内涵

以"张三给李四买一本书。"为例。句中的动词"买"作为逻辑谓词,可以形成一个原子事件 e_1。而"给"在句中是介词,用来引进受益者,构成一个介词短语,并且介词短语也可以作为原子事件 e_2。这样一来,句子中就有两个原子事件了。在原子事件 e_1 中,"张三"为施事主语,"一本书"为受事宾语,我们将其表示为:买(张三,一本书);在原子事件 e_2 中,逻辑谓词"给"所带的论元为动作的受益者"李四",可以表示为:给(李四)。可以用逻辑符号将整个句子的语义表示为:②

$$\exists e[\exists e_1[\exists e_2[e=S(e_1 \cup e_2) \wedge 买(e_1) \wedge Agt(e_1)=张三 \wedge Th(e_1)=一本书 \wedge 给(e_2) \wedge$$
$$Dat(e_2)=李四 \wedge TPCONNECT(e_1, e_2, 张三)]]]$$

---

① 这里的"(V)"表示括号中的动词有时会被省略。

② TPCONNECT 是"Time-Participant Connected"的缩略形式,意思是"时间-参与者相关性"。描述事件所包含的两个原子事件发生的时段相同,并且拥有共同的参与者。(吴平,2009:47)

这个表达式的意思是：存在一个事件结构 e 及其原子事件 e_1 和 e_2，"U"是合取符号①，"$e_1 U e_2$"表示两个原子事件之间是并列关系。在原子事件 e_1 中，"买(张三,一本书)"表示该事件中的逻辑谓词为"买"，施事主语是"张三"，事件的客体是"一本书"。在原子事件 e_2 中，逻辑谓词是介词"给"，事件的受益者是"李四"，从逻辑的角度来看，这个事件也存在一个施事者，就是"张三"，不过它在表层结构上是隐性的。所以，"张三"是两个原子事件共同的参与者，并且这两个原子事件发生在相同的时段。

用 λ 算子来进一步抽象上面例句的逻辑表达式，用逻辑符号来表示其中的变量，就可以概括出这类句式的逻辑语义表达式：

$$\lambda P[\lambda y[\lambda z[\lambda x[\lambda e[\exists e_1[\exists e_2[e=S(e_1 U e_2) \wedge P(e_1) \wedge Agt(e_1)=x \wedge Th(e_1)=z \wedge$$
$$给(e_2) \wedge Dat(e_2)=y \wedge TPCONNECT(e_1, e_2, x)]]]]]]]$$

其中的 P 是句中的逻辑谓词，该句式中的谓词都具有"给予"义，变量 x 的论域是具有施事功能的主体的集合，变量 y 的论域则是能够直接承受给予动作的客体的集合，变量 z 的论域是具有接受能力的受益者的集合。

四、"NS+V₁+N₂+给+N₁"的逻辑语义内涵

该句式中的"给"具有实际的"传递、给予"意义，是一个动词，与"V₁"搭配构成连动式，各个动作行为的发生有先有后。根据动词 V₁ 的不同，可以将这一句式分为以下三类。

(一)两个动词表示一个过程时的逻辑语义内涵

以"张三送一本书给李四。"为例，在这个句子中，逻辑谓词分别为"送"、"给"，两个原子事件构成一个复合事件结构。其中"张三"是两个逻辑谓词都有的施事论元。实际上因为"送"和"给"都具有"给予"义，所以"送"的过程也就是"给"的过程。这个例句的语义内涵可以表示如下：

$$\exists e[\exists e_1[\exists e_2[e=S(e_1 U e_2) \wedge 送(e_1) \wedge Agt(e_1)=张三 \wedge Th(e_1)=一本书 \wedge 给(e_2) \wedge$$
$$Dat(e_2)=李四 \wedge TCONNECT①(e_1, e_2)]]]$$

---

① "U"用于表示原子事件的逻辑关系，"∧"用于表示事件内部成分之间的逻辑关系。

用 λ 算子来进一步抽象上面例句的逻辑表达式,用逻辑符号来表示其中的变量,就可以概括出这类句式的逻辑语义表达式:

$$\lambda P[\lambda y[\lambda z[\lambda x[\lambda e[\exists e_1[\exists e_2[e=S(e_1 \cup e_2) \wedge P(e_1) \wedge Agt(e_1)=x \wedge Th(e_1)=z \wedge$$
$$给(e_2) \wedge Dat(e_2)=y \wedge TCONNECT(e_1, e_2)]]]]]]]$$

这类句式中的逻辑谓词 P 只能由不具有"取得""制作",仅仅表达"给予"义的动词充当,这类逻辑谓词可以携带三个论元,分别是谓词 P 以及谓词"给"所携带的施事论元 x、与事论元 y 和受事论元 z,三者都是个体词。

(二)两个动词表示两个过程并均为转移过程逻辑语义内涵

以"张三买一本书给李四。"为例。这个句子包含了两个原子事件:一是"张三从卖家买一本书。"表达的是"一本书从卖家转移到张三"的事件 e_1;二是"张三给李四一本书。"表达的是"一本书从张三转移到李四"的事件 e_2。两个事件发生的事件有先有后,事件 e_1 先发生之后,事件 e_2 才接着发生。所以,原子事件 e_1 的终结点应该在原子事件 e_2 的终结点之前。在逻辑式中,我们用"$Cul(e_1) \subseteq Cul(e_2)$"来表示这种关系。这个例句的语义内涵可以表示如下:

$$\exists e[\exists e_1[\exists e_2[e=S(e_1 \cup e_2) \wedge 买(e_1) \wedge Agt(e_1)=张三 \wedge Th(e_1)=一本书 \wedge 给(e_2) \wedge$$
$$Dat(e_2)=李四 \wedge Cul(e_1) \subseteq Cul(e_2)]]]$$

用 λ 算子来进一步抽象上面例句的逻辑表达式,用逻辑符号来表示其中的变量,就可以概括出这类句式的逻辑语义表达式:

$$\lambda P[\lambda y[\lambda z[\lambda x[\lambda e[\exists e_1[\exists e_2[e \Rightarrow (e_1 \cup e_2) \wedge P(e_1) \wedge Agt(e_1)=x \wedge Th(e_1)=z \wedge$$
$$给(e_2) \wedge Dat(e_2)=y \wedge Cul(e_1) \subseteq e_2]]]]]]]$$

与之前的句式不同,这类句式中的逻辑谓词 P 含有"取得"义,并且只是一个二元谓词。变量 x 是能发出动作的施事主语,变量 y 是受事宾语,变量 z 为动作的参与者,三者都是个体词。

(三)两个动词表示两个过程,一个制作过程,一个转移过程时的逻辑语义内涵

以"张三做一只风筝给李四。"为例,句中动词"做"和"给"表达了不同的

动作行为,前者表达的是一个制作的动作行为,后者表达的是转移的动作行为。这类句子含有两个原子事件,即:做(张三,一只风筝)和给(张三,一只风筝,李四)。前者表示"张三做一只风筝"这件事,是整个事件的前提;后者表示"张三给李四一只风筝"这件事,是整个事件的目的。这个例句的语义内涵可以表示如下:[①]

$$\exists e[\exists e_1[\exists e_2[e=S(e_1 \cup e_2) \wedge 做(e_1) \wedge Agt(e_1)=张三 \wedge Th(e_1)=一只风筝 \wedge 给(e_2) \wedge Dat(e_2)=李四 \wedge INCR(e_1, e_2, C(e_2))]]]$$

用 λ 算子来进一步抽象上面例句的逻辑表达式,用逻辑符号来表示其中的变量,就可以概括出这类句式的逻辑语义表达式:

$$\lambda P[\lambda y[\lambda z[\lambda x[\lambda e[\exists e_1[\exists e_2[e=^s(e_1 \cup e_2) \wedge P(e_1) \wedge Agt(e_1)=x \wedge Th(e_1)=z \wedge 给(e_2) \wedge Dat(e_2)=y \wedge INCR(e_1, e_2, C(e_2))]]]]]]]$$

这类句式中的逻辑谓词具有"制作"义,是一个二元谓词。变量 x 是能发出动作的施事,变量 y 是与事,变量 z 为动作的客体,三者都是个体词。

根据 V_1 不同的语义,"给"字句可以被分成三类具体的句式。三者的不同之处是,内部原子事件之间的时间关系不尽相同。句式一中两个动词所构成的动作事件同时发生,相当于是同一个过程;句式二中前一动作事件的终结点必定早于后一个动作事件的终结点,属于两个不同的转移过程;句式三中前一动作事件常是制作某样事物,是一个渐进的过程,后一个动作事件是一个转移过程,其终结点就是整个事件的终结点。

五、"NS+给+VP"的逻辑语义内涵

句中"给"已虚化为助词。沈阳、司马翎(2010)认为该句式中"给"的功能是"引出隐性的语义论元"。张磊(2104)从事件语义学的角度对句式结构"给-VP"进行了分析,并指出该结构中逻辑上的致事是由"给"引出的,"给-VP 中的 VP 具有 $V_{活动}$-$V_{结果}$ 的形式特点",这一点与沈阳、司马翎(2010)

---

① INCR 表示两个事件之间的渐进关系,渐进过程(incremental process)通过 e2 的渐进链 C(e2)联系起来。(吴平,2009)

的观点一致。

这类语句中的受事提前作主语,整个句式具有一种被动结果的意义。其句式义可以表述为:VP 中 $V_{活动}$ 的受事承受了 $V_{结果}$ 的语义。以"米饭给煮糊了"。为例。V 的受事是"米饭",它在句法上处于主语的位置。助词"给"具有强调、加强被动语气的效果。在语义上,整个句子由"煮米饭"和"米饭糊了"两个原子事件构成。两个事件共有的客体成分是"米饭"。可以将这个例句的语义内涵表述如下:

$$\exists e[\exists e_1[\exists e_2[e=S(e_1 \cup e_2) \wedge 给 _{PAST}(e_1)=煮 \wedge Th(e_1)=米饭 \wedge Become-糊(e_2) \wedge Th(e_2)=米饭 \wedge INCR(e_1, e_2, C(e_2))]]]$$

用 λ 算子来进一步抽象上面例句的逻辑表达式,用逻辑符号来表示其中的变量,就可以概括出这类句式的逻辑语义表达式:

$$\lambda r[\lambda P[\lambda z[\lambda e[\exists e_1[\exists e_2[e=^s(e_1 \cup e_2) \wedge 给 _{PAST}(e_1)=P \wedge Th(e_1)=Z \wedge Become-r(e_2) \wedge Th(e_2)=Z \wedge INCR(e_1, e_2, C(e_2))]]]]]]$$

该类语句的逻辑谓词 P 由动词充当;个体词 z 表示的是承受动作客体;r 是内部原子事件 e_2 的逻辑谓词,表示的是动作行为的结果。

六、"NS+VP+给"的逻辑语义内涵

句子中 VP 通常由复合动词充当,"给"是介词,指示动作的方向。复合动词与介词"给"搭配,共同表达动作行为的方向或目标,整个句式表达一种转移传递的意义。VP 既可表达一种具体的、显性的空间转移,也可表达一种抽象的、隐性的转移。

(一)表显性转移特征时的逻辑语义内涵

以"张三交代给李四几个地址。"为例。该类句式在句法结构和语义上都类似于上文提到过的"给"字双宾语句式。但不同之处是,这里的 VP 是由两个动词构成的,因此不再与"给"组合成一个新的复合动词,而是构成一个动介结构的短语。这个例句包含了"交代"和"给"两个逻辑谓词,构成两个原子事件,且二者发生的时间具有相关性。例句的语义内涵可以表示如下:

$$\exists e[\exists e_1[\exists e_2[e=S(e_1\cup e_2)\wedge 交代(e_1)\wedge Agt(e_1)=张三\wedge Th(e_1)=几个地址\wedge 给$$
$$(e_2)\wedge Dat(e_2)=李四\wedge TPCONNECT(e_1, e_2, 张三)]]]$$

用 λ 算子来进一步抽象上面例句的逻辑表达式,用逻辑符号来表示其中的变量,就可以概括出这类句式的逻辑语义表达式:

$$\lambda P[\lambda y[\lambda z[\lambda x[\lambda e[\exists e_1[\exists e_2[e\Rightarrow(e_1\cup e_2)\wedge P(e_1)\wedge Agt(e_1)=x\wedge Th(e_1)=z\wedge$$
$$给(e_2)\wedge Dat(e_2)=y\wedge TPCONNECT(e_1, e_2, x)]]]]]]]$$

这个语义表达式与"给+N$_1$+V$_1$+N$_2$"的相似,但不同之处在于其中的逻辑谓词 P,该式中的 P 通常是由具有"给予""转移""传递"义的复合动词充当。

(二)表隐性转移特征时的逻辑语义内涵

以"我必报告给日本方面。"为例。在这语句中,动作行为所表示的是一个抽象的转移过程,其结果没有显露出来,是隐性的。所以这类句式表达的是一种抽象的转移、传递意。句中的逻辑谓词"报告"原本只能携带一个论元。但由于介词"给"能带多个论元,当"报告"与"给"搭配时,就出现增元现象。句中含有两个原子事件:e_1 和 e_2,二者的发生时间相同。这个例句的语义内涵可以表示如下:

$$\exists e[\exists e_1[\exists e_2[e=S(e_1\cup e_2)\wedge 报告(e_1)\wedge Agt(e_1)=我\wedge 给(e_2)\wedge Dat(e_2)=日本方$$
$$面\wedge TCONNECT(e_1, e_2)]]]$$

用 λ 算子来进一步抽象上面例句的逻辑表达式,用逻辑符号来表示其中的变量,就可以概括出这类句式的逻辑语义表达式:

$$\lambda P[\lambda y[\lambda x[\lambda e[\exists e_1[\exists e_2[e\Rightarrow(e_1\cup e_2)\wedge P(e_1)\wedge Agt(e_1)=x\wedge 给(e_2)\wedge$$
$$Dat(e_2)=y\wedge TCONNECT(e_1, e_2)]]]]]]]$$

表达式中逻辑谓词 P 通常是一元谓词,不能表示实际的转移意义。其中的论元 x、y 都是个体词。

通过丰富的语料,既分析其语表句法特征,也考查其内部的语义特征,对"给"字句有了较为全面深入的认识。在此基础上,运用事件语义学和逻辑谓词法的相关理论方法,分析了五种现代汉语"给"字句的逻辑语义内涵,并尝试刻画各自独特的语义内涵。将动词"给"和介词"给"都当作逻辑谓词来处理,使事件语义学的方法得以贯彻,将句式中的复杂事件成功解析为相对简单的原子事件,并梳理出各个原子事件之间的逻辑关系,包括时间关系。希望这样的研究能够帮助我们更加深入地了解现代汉语"给"字句。

第十章　现代汉语"在"字句的
逻辑语义研究

现代汉语的"在"有动词、介词、副词、助词等不同的词性。"在"字句也是现代汉语常见的句式,具有较为特殊且复杂的语义内涵,还有一些具有歧义的"在"字句。我们主要从句法结构与语义内涵两方面,来探讨现代汉语中的一般"在"字句和歧义"在"字句。并在本体研究的基础上,借鉴逻辑语义学的理论方法,来对特殊的"在"字句式进行逻辑语义分析。①

第一节　引　言

一、研究现状

(一)"在"字句中"在"的词性研究

目前学界已有大量关于"在"的词性的研究。主要有以下几方面的观点:①动词说(以王力、朱德熙、范继淹、邵洪亮、刘宁生为代表);②次动词说(丁声树(1961));③介词说(以黎锦熙、范继淹、朱德熙、邵洪亮、刘宁生为代表);④助词说(以吕叔湘、俞光中、曹广顺、陈宝勤、罗自群等为代表);⑤语素说(以潘汞(1960)、胡裕树(1981)为代表);⑥副词说(以吕叔湘(1984)、李春林(1984)、胡裕树(1981)为代表);⑦语法化说(以喻遂生(2002)、张亚军

---

① 本章根据课题负责人所指导的硕士研究生李航的硕士学位论文《现代汉语"在"字句的逻辑语义分析》(四川师范大学,2016,导师刘海燕教授)节选修改而成。

（2002）、冯雪冬（2009）为代表）。

"在"字到底是动词还是介词，前辈们莫衷一是。但从历时的角度来看，最初"在"字本身是一个动词，但在使用中逐渐发展出介词、副词的功能。但这个语法化的过程似乎还没有完全结束，所以在使用中，"在"字既有介词的功能，又在某些语境中保留着动词的功能。从而导致动介之争。

（二）"在"字句的句法结构研究

通过对"在"字句中"在"字短语的研究，发现通常是名词性词语在介词"在"后面充当宾语。前辈们对于"在"字句中不同位置的"在"字短语也做了不少研究。

戴浩一（1975）指出"在+处所"短语在"在"字句中有四个可能的位置："动词前、动词后、动词前或后（意思不同）、动词前或后（意思变化极少）"。范继淹（1982）则给出三种"在"字短语的分布情况："A式：PP+NP+VP（介词短语在主语前）；B式：NP+PP+VP（介词短语在动词前）；C式：NP+VP+PP（介词短语在动词后）"。

我们将前人分类归纳如下：二分法。有的学者按照"在"字短语位于述语前还是述语后为标准，将"在"字句分为两种：A：PP+VP；B：VP+AP。三分法。还有一些学者在上面的基础上，单独列出位于全句句首的"在+NP"的为一种，分出三种"在"字句式。即：A：PP+NP+VP；B：NP+PP+VP；C：NP+VP+PP。四分法。有的把上面的C式又根据具体"在+NP"位于受事宾语前后分为两种，从而将"在"字句分为以下四种：A：PP+NP+VP；B：NP+PP+VP；C：NP+V+PP；D：NP+VO+PP。在下文中，我们以三分法为基础考察分析现代汉语"在"字句。

（三）"在"字句语义特征研究

首先来看"PP+NP+VP"式。刘宁生（1984）认为，句首的"在+处所"是全句的修饰语。并指出其具有不同的语义指向，有时候是指向谓语，有时候是指向主语。吕文华（1997）认为句首"在+处所"的语法意义主要有如下两种：一是表示动作、事件发生或出现的场所;二是表示叙述或描写的对象。"在+处所"在单句中可以充任状语,在篇章中可以起关联作用。储泽祥(2004)指出:"'在'没有实在词汇意义,但是具有'定位性',可以强调处所,突出某事物所处的位置",他还指出,大部分句首的介词"在"都是可隐可现的,但也有少数是必现或必不现的。

我们认为,从语义上来看,句首的"在+处所"可以起定位的作用,指明事件发生或出现的场所;从篇章上来看,也可以衔接上下文,使句子表达更为流畅。

其次来看"NP+PP+VP"式。在句法上,PP属于内层结构。认为"在+处所"短语可以引出动作发生的场所。不及物动词句又可以分为动作动词句和状态动词句。"在+处所"在前者中表示的是动作发生的处所,在后者中表示的是状态呈现的处所。

最后是"NP+VP+PP"式。王还(1980)认为这类句式的句式意义是"人或事物通过动作达到某处所";朱德熙(1981)认为其句义是"人或事物所在的位置";范继淹(1982)认为其句义是"动作达到的处所或状态呈现的处所"。

(四)"在"字句的语用研究

孟万春(2006)认为,介词"在"没有实在的词汇意义,但具有隐含的语法意义,可以称为"定位性"。通过"在"的定位性,可以确定叙事地点,并且可以引出话题,也起着顺接的作用。"在"字句分为动作"在"字句和状态"在"字句,二者的语义焦点有所不同。

齐沪扬(1998)讨论"在"字句有无被动表达式的情况,认为只有那些由含"附着义"动词(如"挂、贴"等)构成的动作"在"字句,才能变换为被动"在"字句。

王一平(1999)认为,如果后续句中有"在+处所"与前面句子中的成分同指或部分同指时,为了话语衔接的方便,往往要求这两个同指成分在空间距离上尽可能靠近一些,并且后续句中的"在+处所"有置于句首的倾向。

(五)新视野下的"在"字句研究

齐沪扬(1999)提出"在+处所"结构表示的是静态位置,并进一步将这个结构分为两类:一类是状态"在"字句,表示空间位移;另一类是动作"在"字句,表示时间位移。"'在'字句表示静态位置,从空间位移的角度看,物体是相对静止的,但从时间位移的角度考虑,就有可能产生在'在+NP'这个位置上有相对静止的状态和在'在+NP'这个位置上伴有动作这两种情况"。①

俞咏梅(1999)指出"在+处所"是动词非强制性成分,可能是施事[处所],也可能是受事[处所],还可能是施事[处所]或受事[处所]。

吴平(2007)认为只有当处所事件在所发生的持续时间内包孕着另一个事件,该句式才能体现为复合处所事件,并且被包孕的事件通常是一个非处所性质的事件。

赵春利、石定栩(2012)从空间关系的角度来分析"NP_1+在 NP_2+V+NP_3"句式,并认为这是典型的歧义句,但歧义源自于对现实世界关系的不同理解,而不是结构本身。

二、研究意义和目的

在前人的研究基础上,对"在"字句进行形式语义分析,探讨其语义内涵。特别是对特殊的"在"字句式进行描写和解释,并做出形式化的处理。力图完成三方面的任务:一是探讨"在"字句的深层结构,解析其句式意义、语义关系和特征;二是描写处所前"在"字的虚化机制,探讨造成"在"字句歧义的原因;三是对"在"字句进行形式化处理。

研究意义:一是在量化统计的基础上,分别考察作为动词、副词、介词时的"在"的使用情况,分析"在"字句的句法结构。"在"的词性问题是语言学界的一个热点问题,学者们已有大量研究。在前人的基础上,我们通过量化统

---

① 齐沪扬:《表示静态位置的状态"在"字句》,《汉语学习》1999 年第 2 期。

计,结合逻辑语义学的相关理论来分析"在"的词性,以及在特殊句式中,"在"字亦动亦介的情况,分析造成这种歧义现象的原因和机制。二是考察分析"在"字句中介词"在"的虚化及脱落问题。概括"在"字句式的语义特征、各成分之间的语义关系,"在"字结构的移位、歧义表现。力图更加全面地了解和掌握"在"字句的结构和意义。三是特殊"在"字句的形式化问题。通过对"在"字句的形式化分析,能够清楚地解析"在"字结构的歧义,使描写本身更具有严谨性和精确性,有利于计算机对该句式的识别和翻译。

本章旨在描写现代汉语中"在"字句的基本结构,概括其句式特征,并在此基础上进行逻辑语义分析。在对句式进行逻辑语义分析时,我们主要借鉴事件语义学中的事件理论,用逻辑符号表示变量,完成对句式的逻辑抽象表达。

事件语义学把每个句子都看作是由谓词和论元组成的事件结构。事件可以分为简单事件和复合事件,简单事件由一个单句构成,复合事件则是由一个原子事件或多个原子事件组成。现代汉语"在"字句既可能是简单事件也可能是复合事件,没有歧义的"在"字句是简单事件,而有歧义的"在"字句通常是由一个原子事件或多个原子事件构成的复合事件。

需要说明的是,在事件语义学中不仅动词充当谓词,介词也可以作为谓词,介词短语在语义上也可以被解释为一个独立的事件结构。

本章的语料主要有以下四种来源:一是检索于北大 CCL 语料库;二是引自其他学者已公开发表的关于"在"字句的著作;三是来源于平时谈话中的记录;也有少量例句是按照语感和汉语语法规则自造的。

第二节　"在"字句的界定和句法结构

是不是含有"在"的句子就是"在"字句呢? 我们以《四世同堂》一书为封闭预料,统计其中含有"在"的句子,具体情况如下:

表 10-1　《四世同堂》一书中含有"在"的句子统计情况

句式	频数	百分比
NP+在(动词)+NP	270	10%
NP+PP(在+NP)+VP	595	22%
NP+VP+PP(在+NP)	1177	44%
PP(在+NP)+NP+VP	517	19%
在(副词)+VP	131	5%
总计	2690	100%

从表中可知,频率最高的句式为"NP+VP+PP(在+NP)",其中的"在"是介词;动词"在"的频率排第四位,占总数的 10%;频率最低的是作副词的"在",仅为 5%。本文仅讨论包含介词"在"的句子,排除包含动词"在"和副词"在"的句子。并将包含介词"在"的"在"字句分为两类:

第一类是一般"在"字句。包括以下三种具体的句式:"NP(NP$_1$)+PP(在+NP$_2$)+VP(V+NP$_3$)"、"NP(NP$_1$)+VP(V+NP$_3$)+PP(在+NP$_2$)"、"PP(在+NP$_2$)+NP(NP$_1$)+VP(V+NP$_3$)"。

第二类是特殊"在"字句,即有歧义的"在"字句。这些"在"字句可能表示两种或两种以上的意义,语表结构通常是"NP+在+NP$_2$+VP(V+NP$_3$)"或省略了主语的"在+NP$_2$+VP(V+NP$_3$)"。

一、一般"在"字句的句法结构

一般"在"字句有以下三种具体的语表结构:NP+PP+VP、NP+VP+PP、PP+NP+VP。下文主要结合例句来分析这三种一般"在"字句的句法特征。

(一)"NP+PP+VP"结构

该句式中的"在"为介词,其中的 PP 是"在+NP"结构,"NP"通常是表示

处所的名词或代词,也可能是事件发生的时间或范围。位于主语和动词短语之间的"在+NP"构成一个介词短语。例如:

(1)我在这里住。

(2)国旗在天安门广场迎风飘扬。

(3)专车在下午三点半到达。

主语后的"PP+VP"是谓语成分,对主语"NP"进行陈述。其中的"在+NP"结构对后面的动词短语"VP"进行修饰或限制,表达"VP"所指动作发生的处所、时间、范围等信息。介词短语"在+NP"在这里充当状语,所以该句式中的"在+NP"短语作状语,位于主语和动词之间。

而句式"NP+PP+VP"中的"NP""PP"和"VP"表面上是线性并列排列,实际上"PP"和"VP"的关系更为紧密直接,也可以分析为:"PP"是"VP"的附加成分,"PP"直接限制"VP",二者的句法关系密切,当主语"NP"不出现时,"PP+VP"也可以形成合格的句子。如:

日本兵在家中乱搜乱抢。……在家中乱搜乱枪。

他们在文化上代代相传。……在文化上代代相传。

但如果去掉"在+N",句子意义则会发生很大的变化。同样以上述两个句子为例:

日本兵在家中乱搜乱抢。……日本兵乱搜乱枪。(缺失动作的发生处所)

他们在文化上代代相传。……他们代代相传。(缺失动作的发生范围)

倘若缺少"PP"短语,句子意义将会变得含糊不清,只能依靠句外语境来帮助理解句子。

何元建(2011)认为:动词的修饰语属于状语范畴。不管是什么成分修饰动词,在句法结构上都是动词的附加语,都是状语。所以,介词短语"在+N"也可在句中充当修饰语,修饰后面的动词。以"日本兵在家中乱搜乱翻"为例,其生成树形图如下:

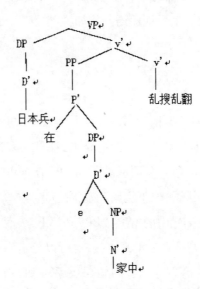

图 10-1 "日本兵在家中乱搜乱翻"生成树形图

（二）"NP+VP+PP"结构

该句式中的"在"是介词，PP 为"在+NP"结构，其中的"NP"多为表示处所的名词或代词，也可能是表示事件发生的时间或范围的成分。和前一个句子不同的是："在+NP"构成的介词短语位于句子的末尾，处于动词短语的后面。例如：

（4）她落在了地上。

（5）衣服挂在树枝上。

（6）第三次大轰炸发生在下午一点多。

上述例句中的"在"字也是介词，它也往往跟时间、处所、方位等词语组合成"在"字短语，出现在"在"字句的末尾位置。介词短语"在+NP"可以对前面的"VP"部分进行补充，说明因动作行为而造成的事物位置的改变，介词短语"在+NP"位于动词后作补语，补充修饰动词。以"她落在了地上"为例，把主语"她"之后的成分表示成如下的树形图：

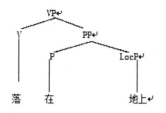

图 10-2

在上面的树形图中,动词与介词短语之间是动补关系,"落"是短语"落在地上"的核心,它决定了所在的结构体的范畴为动词性(V),而它的姐妹成分"在地上"决定了结构体为短语(P),所以整个结构体为"VP";"在"是"在地上"的核心,它决定所在结构体的范畴是介词性的(P)。①

以同一个句子为例,根据熊仲儒的句法假设理论,也可以假定"落"吸引"在",则"在"向"落"产生移位。"在"和"落"都是所在结构体的核心,我们称"在"向"落"的移位为"核心移位(head movement)",核心移位得到动介合成词。我们假定轻动词 v 为"落"选择了"在地上"和"她",树形图如下:

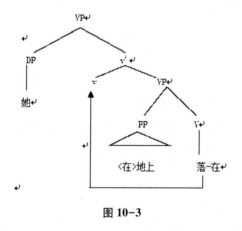

图 10-3

该句式还有一种格式,"在"字短语位于"动词+宾语"的后面。在本质上,这种格式同上例句式属于同一类,即"NP$_1$+VP+NP$_2$+PP",例如:

(7)爷爷种了几棵桂花树在院子里。

①　熊仲儒:《当代语法学教程》,北京大学出版社 2013 年版,第 51—52 页。

(8)他写了几个字在黑板上。

(三)"PP+NP+VP"结构

"PP+NP+VP"中的"在"字短语位于句首,该句式可分为三种形式:
PP+NP+VP、PP+VP(有+NP)、PP+VP(V 着/了+NP)。

1. "PP+NP+VP"式

"在"字短语在名词性主语"NP"之前,在句首作状语,主语后的成分为谓语。可以把此类句式看作是状语成分前置的倒装"在"字句。例如:

(9)在客厅里姐姐唱了三首儿歌。

(10)在大街上警察发现了一个小偷。

此类句式在谓语中都用了动词的完成时,动词后都有"了",如"唱了"、"发现了"。何元建(2011)把动词后的"了"称为"体貌词",并称其有加强完成貌的作用。理论上,倒装与"正装"相对应,汉语的基本语序是"主谓宾(SVO)"。以"在院子里她种了一株玫瑰花"为例,它原本的语序是"她在院子里种了一株玫瑰花",在这里把倒装成分"在院子里"看作是焦点,"种了"是一个完成了的动作。按照何元建的现代汉语生成语法理论,可以说在倒装句中存在一个表完结的体貌词"了",处所短语不能留在动词之后(即"﹡她种了在院子里一株玫瑰花"),否则不合法;倒装句式是焦点结构,其焦点词为零形式,①体貌词"了"与动词"种"相结合,就有如下的树形图:

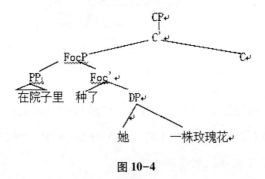

图 10-4

---

① 何元建:《现代汉语生成语法》,北京大学出版社 2011 年版,第 451 页。

2. "PP+VP（有+NP）"式

该句式是存现句的一种,也属于表存在的"有"字句。此句式是没有主语的非主谓句,"NP"在这里充当"有"的宾语。"VP"中的"有+NP"可以分析为述宾结构或动宾结构;句首的"PP"修饰限制"有+NP"作句首状语。例如:

（11）在食堂里有很多人。

（12）在课桌上有一本英语词典。

（13）在墙上有一幅画。

以上例句属于"有"字句的一种。存现即存在或出现（或消失）,"有"是表存现的语法标记,是表达"存现"这个语法范畴的轻动词。① 我们还要确定"在"的语法范畴。当"在"为介词时,就可解释"有很多人在食堂里"的构造机制,而要解释"在食堂里有很多人"时,则需要把"在"看作是动词"在",根据陈重瑜的同音删减原则,假设动词"在"是通过介词"在"并入而成的。处所短语"PP"出现在"有"之前,根据生成语法可以得到下面的树形图:

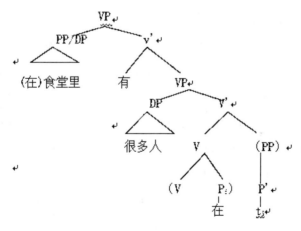

图 10-5

"食堂里"是限定词短语 DP,"在教室里"是介词短语 PP,这里的"在"不同于充当动词补语的"在",可以说"［在食堂里］有很多人",但不可以说"［在食堂里］有很多人在",这是因为没有进行同音删减,何元建认为,如果想要句

---

① 何元建:《现代汉语生成语法》,北京大学出版社 2011 年版,第 369—375 页。

子成立,其中一个音必须不出现。"如果是介词短语(PP)中的'在'不出现,我们就得到限定词短语(DP);如果是充当动词补语的'在'不出现,动词就是零形式,到了语音形式库之后就会被删除。"①因此,如果介词短语PP中的"在"不出现,就只有限定词短语DP"食堂里",可以说"食堂里有很多人在";如果充当动词补语的"在"不出现,动词就是零形式,会被同音删除,得到"在食堂里有很多人"这样的句子。

3. "PP+VP(V着/了+NP)"式

在此类句子中,句首介词短语"PP"直接出现在动词性词语"VP"的前面,"VP"由"(动词+着/了)+宾语"构成。例如:

(14)在墙上挂着一幅画。

(15)在天空中,飞翔着几只燕子。

(16)在窗台上,放着一双白球鞋。

可以称这类句子为处所倒装句。以"在墙上挂着一幅画。"为例,它不倒装的形式是"一幅画挂在墙上",要分析这个倒装句,首先得从它的正装句入手。处所倒装有标记,即"在"必须换成"着",我们知道倒装是为了强调某个相关成分,在正装句中,动词后是没有助词的,即"挂",而在倒装句中,动词"挂"后出现助词"着"。"挂着""飞翔着""放着"表示的都是状态而非动作,"着"是体貌词,表达由于动作持续而形成的某种状态。对比"PP+NP+VP"式句子,二者有很多相似之处,只是一个是动作行为的完成时,一个是动作行为的持续状态。我们可得出下图:

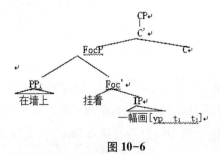

图10-6

---

① 何元建:《现代汉语生成语法》,北京大学出版社2011年版,第372页。

二、歧义"在"字句的句法结构

"NP_1+在+NP_2+VP（V+NP_3）"或其省略主语的"在+NP_2+VP（V+NP_3）"是典型的歧义"在"字句,已有很多学者探讨过这种句式。"歧义结构可以分为歧义句型和歧义句例,歧义句型指的是歧义格式,是具有潜在歧义的词类序列;而歧义句例则指的是歧义句型每类词填入具体词语后形成的不止一种意思的语言片段。"[①]本章所讨论的是歧义句例,下面以具体的例子来分析和描写它的句法结构:

（17）明明<u>在汽车上</u>喷油漆。

（18）王红<u>在地板上</u>写字。

（19）老张<u>在屋顶上</u>发现小偷。

（20）刘强<u>在火车上</u>写标语。

（21）爸爸<u>在树上</u>挂灯笼。

（22）哥哥<u>在水里</u>看见一只螃蟹。

（23）饲养员<u>在笼子里</u>抓鸟。

这类句子往往有不止一种的理解,比如说例句"王红在地板上写字。",这个句子可以理解为"把字写在地板上",也可以理解为"王红在地板上,字没写在地板上",还可以理解为"王红和字都在地板上"。我们把这一类句子划为有歧义的"在"字句。

同样以句子"爸爸在树上挂灯笼。"为例,如果把句子理解为"爸爸在树上,爸爸在挂灯笼"时,暂且认为句子中的"在"是动词,得到图10-7树形图。

如果把句子理解为"爸爸没在树上,只是把灯笼挂在树上"时,这里的"在"就是介词,介词短语"在树上"是动词的附加语,作为修饰语出现。同句子"NP+PP+VP"树形图生成原理一样,得到图10-8树形图。

---

① 李燕:《"NP_1+在+NPL+VP+NP_2"的歧义度研究》,《云南师范大学学报》2009年第1期。

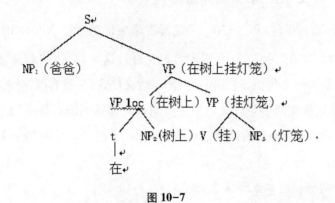

图 10-7

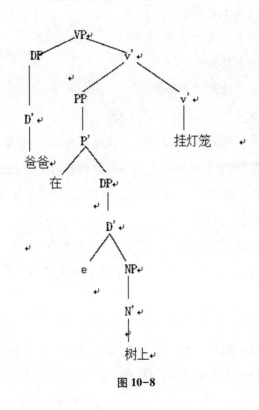

图 10-8

三、"在"字句结构上的变化

（一）"在"的隐现、虚化

有些句子可以省略其中的介词"在"，导致"在"的隐现现象。主要有以下三种介词的"隐现"情况：

一是必隐，即介词不出现，例如："墙上有一幅画。"

二是必现，即介词必须出现，例如："我们在小河里发现了一条鱼。"

三是可现可隐，即介词出现与否对句子的语义不会产生太大的影响，例如："（在）这里有许多独特的动物。"陈信春从语义、句法角度，讨论了"在+NP"表达多种语法意义时的隐现情况，他认为当介词词组前面有副词时，介词"在"必现；介词宾语越复杂，介词"在"就越需要出现。

陈昌来认为，在介词框架中，如果后部是方位词或名词，介词在外层，方位词或名词在内层；如果后部是准助词，准助词在外层，介词在内层。通常情况下，外层是自由的，内层是强制的，前者介词可有可无，后者介词具有强制性。

1. "在"的隐现、虚化情况

我们将对"在+处所"这一结构中"在"的必隐、必现、可现可隐等现象进行描写并分析其制约因素。

首先是"在"必隐的情况。当介词"在"介引某些成分时，"在"往往不出现，这些成分包括方位词、遍指性处所词等。

（24）窗上碎了一块玻璃。

（25）草地上开了一朵菊花。

（26）大街小巷飘扬着五星红旗，处处是五彩缤纷的标语和群众的欢歌。

其次是"在"必现的情况。当"在"介引的成分含有副词"就"时，处所介词"在"必须出现。如：

（27）就在房子的两旁，种着两棵大槐树，老人们常在树底下乘凉。

　　＊就房子的两旁，种着两棵大槐树，老人们常在树底下乘凉。

（28）就在他们数米远的地方，一条大狼狗扑了上来。

＊就他们数米远的地方,一条大狼狗扑了上来。

当"在"不出现时,副词"就"直接修饰名词,这不符合汉语的一般规则。但有种情况例外,当副词"就"后面有表强调的介词"连"时,"在"一般不出现。例如:

(29)每期都画上一门威武的大炮,就连他的背心上、笔记本上也印着大炮。

最后是"在"可现可隐的情况。当"在"介引方位词、"名词+方位词"、(除遍指性)处所词时,可以出现也可以不出现,对句子的影响不大。

(30)(在)湖的南部古城遗址中,有一个用整块石头雕成的石门框。

(31)(在)牌桌周围围着许多人,大家都在兴致勃勃地看他俩玩牌。

(32)(在)空旷的厂房里,摆着已经生锈的机器。

以上句子去掉"在"字也是合法的,加上"在"也不影响句子的表达。"在"出现与否对句子的意义都没有影响。

2."在"隐现的动因

"在"字句中"在"隐现的机制和动因,可以从三个平面来分析和解释。

(1)句法动因

根据"在+处所"短语不同的位置,可以形成不同的句式。在这些句式中,"在"隐现的情况也各不相同;而"在+处所"短语构成的不同也会影响"在"的隐现。我们主要从句法位置和介词宾语的构成这两点来说明。

首先是句法位置的影响。"在+处所"在句子里的不同位置影响了"在"的隐现。当"在+处所"在句中位置出现时,"在"很少省略;处在句末时,除位于个别单音节动词后可以省略,"在"一般也都会出现;而当"在+处所"位于句首时,"在"一般不会出现,这主要表现在位于句首的方位短语和存在句中。

表达事物存在背景的词语作为话题出现在句首,是汉语存在句的特点,这样的特点体现了汉语突出话题的语言特点。存在句经历了一种从篇章结构向句法结构过渡的语法化历程。"从语法化历程上看,处所介词'在'没有参与到存在句语法化过程中,存在句结构单一化过程中,介词尤其是处所介词'在'基本没有出现,说明它是排除在结构单一化过程之外的成分,不是句法结构中的稳定成员。即使出现,也是语义语用层面上需要,在句法层上是非强制的,因而出现的频率不高。"可见,"在"并没有参与到存在句的语法化过程中,也就是说,介词"在"不是存在句句法结构中的稳定因素,它的出现不具有强制性和必要性,存在句不要求介词"在"的出现。

在现代汉语中,处所介词"在"一般标记方所,介引名词成分。如果处所介词"在"的使用会引起句法上的冗余,"在"一般就不出现,例如:

(33)他琢磨了两天,最终还是放下面子,沿街摆了桌子,吆喝了起来。

(34)在酷暑时节,从敞开的门到窗口,流动着干热的风。

上例动词"沿"本身具有赋予方所题元的能力,可直接搭配表示方所的名词作宾语,如果加上"在"就会显得冗余。这类动词还有"靠""迎"等。"从……到"表示运动路径的起点和终点,通常是方所,用"在"同样会造成句法功能上的冗余。

宋玉柱将存在句分为动态存在句和静态存在句,介词"在"在静态存在句中可隐可现,比较自由,例如:"窗台上放着一双球鞋。""茶几上摆着各种水果,有苹果、桃子、香蕉……"以上例句均可加"在",不影响句子意义。

动态存在句有时加"在",有时不加"在",例如:"烟囱里冒着袅袅炊烟。(不可加"在")""夜空十分清亮,天上闪着星星。(可加"在")"

"动词+了"的存在句,"在"的隐现分两种情况。当动词是短暂性动词,具有非持续的特征,这些句子都不用"在",例如:"家里来了两位客人。""来"是短暂性动词,这种情况下,存在句不用介词"在"。

但是,当此类句子隐含着动作的发出者时,则可以加"在",例如:"院子里种了一棵桂花树。""地上打了一个洞。"

其次是介词宾语的影响。一是介词短语中的处所词是地名、单位名、国名等命名性处所词,介词"在"不能省略,例如:

(35)在四川大学,一共向50名学生做了问卷调查。

(36)在中国,孝道是衡量一个人品质的重要因素。

(37)在慈善中心,他捐出了身上仅有的70块钱。

(38)在一些地方,乱排放污水,乱倾倒垃圾的现象时有发生。

以上例句中的处所成分不能后附方位词,所以如果省略了"在"就无法表达处所的概念,句子也不符合语法规范。这些非方位词组成的处所词,位于句首时,必须依赖介词,因此"在+处所词"与后面的整个主谓结构之间存在语音停顿。

二是处所词是方位短语时,并且方位短语位于句首,有两种情况:

第一,结构简单的方位短语,介词"在"比较自由,可隐可现。例如:"(在)操场上,同学们在踢足球。""(在)舞台上表演着川剧。"

第二,结构比较复杂的方位短语,介词"在"不能省略。这些方位短语一般有定语修饰,与谓语动词距离又相对较远,需要用介词来标示两者之间的主从关系,以突出动作行为时间的背景处所。例如:

(39)在这么一个以蛮横不讲理为荣,以破坏秩序为增光耀祖的社会里,巡警简直是多余。

(40)在一本日本悬疑小说里,我无意间见到这样的句子。

三是口语里的祈使句或陈述句里,介词"在"可以省略,动词一般是简单的单音节动词。例如:"我们成都见""屋里坐""他住川师"等。

(2)语义动因

储泽祥认为"在"的基本语义作用是"定位性",标记空间义,"在"的隐现与空间语义范畴典型性具有密切的关系。根据王寅的"原型范畴"理论,范畴内的成员越典型,就越不需要额外的标记来帮助理解。"处所性"是空间语义范畴的典型属性,它的典型性越强,就越不需要"在"来标记。

表遍指的处所词,其处所性很强,非常典型,还有机构名称、单位名、地名、准方位标名词以及专门性的处所名词等,这些都是典型的处所名词。因此在这类句子中,介词"在"往往是可以省略的。

在由"是……的"构成的句子里,"在"要出现。"是……的"有焦点标记的作用,"是"是焦点标记词,它对所标示的成分有强调、聚焦定位的作用,介词"在"能够帮助"是"更加突出所强调的处所。例如:

(41)例会是在学校操场上举行的。

(42)他一生中的大部分时光是在那座小镇里度过的。

（43）我是在公交车上碰见他的。

（44）由于它们都是在海底爬行生活的，所以又把它们称为爬行虾类。

（3）语用动因

介词有话题标记、突显焦点等语用功能，在需要强调句子的某一部分时，介词必须出现。"在"隐现的语用功能如下：

一是突显话题。存在句位于篇章或段首有引出话题的功能，"在"的隐现取决于认知凸显的需要，"在"是说话人为了凸显下文事件所发生的背景。如"在马路的尽头有一块石头，石头在路的拐弯处，石头的背后是一条潺潺流动的小溪"。介词"在"的出现，凸显了句中的"马路的尽头"这一存在空间，说话人引导听话者关注到存在空间和空间的关系，由"马路的尽头"引出事件的主体"石头"，再通过"石头"引出"小溪"。这些事物按着顺序依次出现，并且都发生在"马路的尽头"这一空间下。

存在句句首不出现介词"在"时，如："门外的陈列窗里，发黄的墙壁上挂着新郎新娘的结婚照和祝贺孩子七五三的呆板的照片。"句中没出现介词"在"，"陈列窗""墙壁""照片"这些存在事件引出了"这些照片从未换过"这些事件。不使用"在"时，则是由整个存在主体来引出下文的存在事件。

使用介词"在"可以突显话题，使听话者关注到存在空间和主体之间的事件关系，强调存在空间的重要性，按着主体顺序来引导听话者对整个事件进行了解。

二是承接上文。当存在句所表达的存在空间与上文的语境的背景相似或相关时，为了保持语篇连贯，说话人有必要交代存在空间，以突出上下文的关系，此时"在"必须出现。存在空间和上文语境存在同一关系、整体与部分或部分与部分关系时，上下文的空间关系强。例如："夏天的傍晚，我常常一个人到后院的菜地里玩耍。在那里，种着各种果树，在菜地的角落，还有一个小小的鱼塘，在鱼塘的中间，有一座小假山。"句中"那里"对应的是上文的"菜地"，"菜地的角落"对应的是上文的"菜地"，篇章是连贯的，作者也通过"在+处所"这样的短语引领读者适应空间视角的转换，帮助读者理解所读到的信息。"在"在这里承接了上文，也突显了与事件相关的存在空间。

三是省力原则。口语中,省略动词后介词"在"的情况比较多,省略"在"的条件是动词后的名词性成分是处所名词或方位短语,且该成分要简短简洁。如:

(45)有的人坐讲桌上,有的人坐地上,还有的人干脆站桌上。

(46)书放桌上。

(47)钥匙放兜里。

(48)你别扔地上啊!

(49)就写墙上。

郭熙在谈及"在"及其零位("在"不出现)之间关系时,认为"在"脱落的条件主要是"在"的语音变化、动词音节、动词语体等。口语交际中,话语力求简单直接,说话人为追求省力,习惯把位于动词后的介词省去。其后可以省略介词的动词一般是单音节动词,如"放""站""躺""写""摆""扔""挂""贴"等。

(二)"在+处所"的移位和变换

1. 变换的形式

"在+处所"在句子里,介词短语一般有三个可能的位置,即"在+处所"位于句首、句中、句末。根据范继淹的分法,"在+处所"在句中有三个位置,即如下三种(PP 代表"在+处所"、NP 代表名词短语、VP 代表动词短语):

A 式:PP+NP+VP("在+处所"在主语前);

B 式:NP+PP+VP("在+处所"在动词前、主语后);

C 式:NP+VP+PP("在+处所"在动词后)。

A 式中的"在+处所"前置,位于句首,PP 做状语修饰整个句子。在形式上大部分 PP 后用逗号来表示停顿。B 式中的"在+处所"位于主语后、动词前,作小句的状语修饰谓语。C 式中的"在+处所"结构位于动词后,这些动词一般是单音节动词。

有些句子中的"在+处所"既可以出现在句末,也可以出现在句中。如:"他住在学校。→他在学校住。""弟弟爬在地上。→弟弟在地上爬。"而有的

句子则不能进行这样的变换,"在+处所"只能出现在句中,不能出现在句末。如:

(50)我便在那些无人的住宅内游荡,在主人的床上躺躺。

→　*我便在那些无人的住宅内游荡,躺躺在主人的床上。

(51)我在陶然亭水榭等你。

→　*我等你在陶然亭水榭。

通过观察,发现当 VP 为重叠形式,动词带宾语、动态助词、补语时,"在+处所"只能置于句中,不能置于句末。而当"在+处所"短语本身结构复杂、音节数较多时,为了保持句子结构的平衡,常常将"在+处所"结构置于句首。如:"在煤市街、鲜鱼口那一带,人们带着酒臭与热脸,打着响亮满意的'嗝儿',往戏园里挤。"

2. 变换后的句法差异

A 式的"在+处所"短语位于句首,在句中充当句首状语成分,修饰整个句子。从句法结构上来看,"在+处所"是主谓结构的附加成分,省去"在+处所"短语,句子依然成立,它是小句的外层部分。①各成分之间的关系如下图所示:

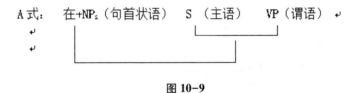

图 10-9

句首的 PP 指出了存在的场所和动作或事件发生的场所。句首的"在+处所"前一般不能加否定副词修饰,如:

(52)在院里,他绕了一个圈儿。→　*不在院里,他绕了一个圈儿。

(53)在路上,他已经遇到三三两两的学生。→　*不在路上,他已经遇到三三两两的学生;

① 李志贤:《现代汉语介词短语"在+NP"的语序制约因素及其构式义考察》,上海师范大学博士论文,2014 年。

但"在+处所"短语有时可以受"就是""只"的修饰,如:"就在路上,他已经遇到三三两两的学生。"如果动词是光杆形式,A式句子不能成立,只有当谓语部分加了一定的修饰语,句子才能成立。所以A式的谓语部分较复杂,常跟带修饰语的宾语,副词状语或助词等形式。例如:

(54)＊在运动场他们开会。→　　在运动场他们开着会呢。

(55)＊在小河里爷爷钓鱼。→　　在小河里爷爷正在钓鱼。

左边句子中VP为光杆动词形式时,句子不成立,只有像右边的句子,加上一定的修饰语,才能成立。当"在+处所"位于句首时,句子在句法上排斥光杆动词形式。

B式的"在+处所"位于句中,在主语前、谓语后,它在句中充当状语成分,修饰谓语结构。B式结构如图所示:

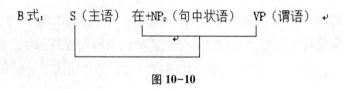

图 10-10

不同于A式,句中的"在+处所"前可以受否定副词、程度副词、助动词等附加成分的修饰。例如:

(56)小明一直在操场上跑步。

(57)他不在学校里住。

(58)我没有说话,只好在一旁默默地看着。

B式中的"在+处所"属于VP的修饰成分,在它前面加上副词时,修饰的对象只是句中的谓语部分,而不是整个主谓结构,不能说"一直在操场上小明跑步"、"不在学校里他住"。当"在+处所"位于句中时,常常可以在它前面加上状语。与A式相比,B式可以用动词的光杆形式。例如:

(59)书记通知全体党员在操场上开会。

(60)我们小时候吃不饱穿不暖,天天在家里挨饿。

上例中的"在"是介词和副词的合并,但形式上只出现一个"在"字。B式

对动词的选择较为自由,但"坐""站"等须带有附加成分句子才能成立,例如:

(61)a＊他在床上坐。　 b 他在床上坐着。　 c 他在床上坐了一会儿。

(62)a＊他在门口站。　 b 他在门口站着。　 c 他在门口站了半天。

句子分别加了动态助词"着"和时量补语"一会儿"、"半天"后句子才可成立。

C 式的"在+处所"位于动词之后,它在句中充当补语,补充前面的动词,是动词的补充成分。句法成分关系如下图:

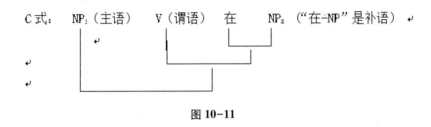

图 10-11

在 C 式的介词"在"之后可以添加动态助词"了",这样"在"和"处所"被隔开,在语音上动词和"在"相连,句子表达完成义。

(63)老人的头碰在了墙上,日本兵说:"看!"

(64)他被关在了门外。

大部分学者认为 C 式中的动词主要是单音节动词,双音节动词很难进入 C 式。而 B 式的动词则主要以双音节为主。

3. 变换后的语义差异

A、B、C 三式之间的语义差异,主要体现在"VP"和"NP₂(指介词短语中的名词成分)"上。因为 B 式的倒装形式是 A 式,B 式和 A 式的语义差异就是常式句和倒装句之间的差异,这里暂不赘述。下面只分析 B 式和 C 式之间的语义差异。

B 式中的"VP"可以分为两类:

第一类是动作行为动词。如"工作、跑步、玩耍、演讲、擦、贴、写、种、签"等。这些动词进入 B 式后,"PP＋VP"表示的是该动作行为发生的处所。例如:

（65）小朋友们在操场上玩耍。

（66）爷爷在院子里种了一棵桂花树。

第二类是非动作行为动词。这类动词主要表示情态或状态，如"发生、出生、开幕、完成、结束、受伤、产生"等。这些动词进入 B 式后，"PP+VP"表示的是动作发生后的状态。例如：

（67）他在北方出生。

（68）白糖在热水中溶化。

B 式中 PP 的结构（即"在+NP_2"）中，NP_2 一般是由表示处所或时间的名词充当，写作 NP_2。C 式中的"VP"可以分为以下几类：

第一类是表示具体行为动作的动词。这些动词表示一个具体的动作，有很强的动作性，且这个动作的发出具有主动性。如："跑、走、冲"等。

（69）警察追着一名小偷，跑在他后面。

（70）他一头倒在床上。

第二类是表示位移的动词。这里的位移指的是动作的发出者发出动作后致使客体发生了位移，包含了一个从动作发出者所在位置向 N 的移动。例如：

（72）他把身上最后的一点钱甩在地上。

（73）奶奶把水泼在地上。

第三类是表示附着义的动词。发出者通过动作行为使动作客体附着在 N 上。例如：

（74）他把油擦在纸上。

（75）我把笔捏在手里。

第四类是表示静态或状态变化的动词。这类动词有"住、死、躺"等。例如：

（76）他们老两口住在学校。

（77）猎犬最后死在丛林中。

C 式中的 NP_2 大多是方位词，当 PP 和动作动词组合时，表示动作发生的处所；和位移动词组合时，表示客体发生位移的终点；和附着义动词组合时，表示动作的附着点;和表示静态或状态动词组合时,表示状态呈现的处所。

第三节　"在"字句的语义内涵

学者们对"在"字句的语义方面也有很多研究,主要集中于"在"字短语的语义方面,着重分析讨论"在+处所"的意义,但对"在"字句的其他部分的讨论、各个部分的语义指向以及它们之间的关系的讨论还不够充分。在考察封闭语料的基础上,我们将根据统计结果,确定"在"字句的范围,区分一般"在"字句和特殊"在"字句,并分析它们各自的语义内涵、语义指向和句式意义。

一、一般"在"字句的语义内涵

这部分的讨论对象仍是"NP+PP+VP""NP+VP+PP""PP+NP+VP"这三种结构。

(一)"NP_1+PP(在+NP_2)+VP(V+NP_3)"式的语义内涵

1. "NP""VP""PP"的语义特征

首先是"NP_1"的语义特征。一般情况下,主语"NP"是动作行为的实施者,大多是人或有生命的物体,但也可是无生命的物体或者事件。其具体情况如下:

一是有生命的人或物。这类名词在"在"字句中最为常见,代指有生命的物体的"小鸟、燕子、鱼"等。这些都是具有能动性的物体,可以充当动作行为的发出者也可以是句子所陈述的对象。

二是地名或处所。这类名词的使用较少,使用地名或处所名词时,往往需要将其拟人化,使之具有能动性。

三是无生命的物体。这类名词的使用也比较常见,它们没有能动性,所以一般是充当被陈述对象。例如"国旗在天安门广场飘扬","国旗"是不可能自己飘扬的,它受到风的影响时才会飘扬。

四是人称代词。如"我们在工作中取得很大成就"。

五是名词短语。如"几个可爱小孩在草坪上玩耍。""一双白球鞋在窗台上放着。"

其次是"PP(在+NP$_2$)"的语义特征。在不同的句子里，"在"字句中的介词短语"在+NP$_2$"中"NP$_2$"的语义特征也有所不同。如果"在+NP$_2$"中"NP$_2$"属于"境事"，即动作行为发生的语境。具体可分五种类型：

一是动作或事件所发生的处所。例如："他们在操场跑步。""哥哥在碗里划了一个记号。""在操场"、"在碗里"中"在"后的NP$_2$表示动作或事件发生的处所，但主事或客事却不一定处于此处所之中。"在操场"是"跑步"这个动作的处所，而动作的主事"他们"也同时处于这个动作发生的这个处所里。动作或事件所发生的处所也是主事和客事存在的处所。而"在碗里"是"划"这个动作的处所，动作的主事"哥哥"肯定不会位于"碗里"这个处所。这时动作所发生的处所仅仅是客事所存在的处所，而不是主事所在的处所。

"在+NP$_2$"中的"NP$_2$"是动作或事件发生时主事所在的处所。例如："我在火车上看见绵延的青山。"句中"火车上"表示主事所在的处所，主事是"看见"这个动作的发出者或执行者。

"在+NP$_2$"中的"NP$_2$"是动作或事件发生时客事所在的处所。例如："一双白球鞋在窗台上放着。"客事是动词所联系着的客体，包括受事、成事、止事等。句中的"窗台上"是客事"白球鞋"所存在的处所。

二是动作或事件发生的时间。例如"专车在下午三点半到达。"中"在下午三点半"表示"到达"的时间。

三是表示范围。"在+NP$_2$"中"NP$_2$"常常是处所名词或方位词，"在+NP$_2$"短语表达处所意义；而当"NP$_2$"为表示时间的词语，则"在+NP$_2$"为动作或事件发生的时间。基于这样的时空范畴，人们要认识外界事物，就要给事物或现象分类，一个个的集合就形成了相应的范围，所以"NP$_2$"表示范围这一特征是在空间和时间的基础上引申和发展起来的。从具体意义来看，"在+NP$_2$"中表范围的"NP$_2$"又可分为以下几种：

第一，"NP$_2$"表示的是谈话所涉及的话题范围。例如："他从小在音乐方面表现出异于常人的天赋。"句中"在音乐方面"交代了句子所谈论的话题的范围,常用"在……上"、"在……方面"等形式。

第二,"NP"表示的是比较的范围。例如"在众多子女中,她是最受长辈们喜爱的对象。"例句中的"在众多女子中"表示的是比较对象的范围。虽没直接用"比"等字来表达比较的意义,但用预设比较义的词语来表达了比较的意思,如"最"。

第三,"NP"表示的是事件发生的范围。例如:"他在学习上很刻苦。"例句中的"在学习上"表示"他很刻苦"事件发生的范围。

四是表示条件。"在+NP"短语中的"NP_2"即"在"后成分有的时候表示的是动作进行或者状态存在、出现和变化的条件等。[1]例如"在天气晴朗的条件下,我们准备去公园散步。"例句中的"在天气晴朗的条件下"是"我们准备去公园散步"事件或动作发生的前提条件。

五是表示谈论的视角。"在+NP"短语中"NP"还可以是谈论的视角或角度,一般结构为"在……看来"。例如:"能够环游世界,这在他看来简直是天方夜谭。"例句中的"在"后的"他"表示"天方夜谭"事件所适用的对象,"在"在这里相当于"对于……""对于……来说"。

最后是"VP"的语义特征。"在"字句对动词没有多少限制,一般的动词都能进入其中,常见的双音节动词和一些单音节动词都能进入。这里主要讨论一些单音节动词在"在"字句中的用法。

有些单音节动词在使用时,必须带上附加成分。双音节动词,比如"他们在操场上跑步"是没有问题的。但单音节动词却不行,比如不能说"我在门口站"、"他在地上躺"。这一类单音节动词包括"站"、"停"、"关"、"坐"、"藏"、"躺"等,它们在使用时,必须加上数量修饰的宾语、时量补语以及动态助词"了"、"着"等附加成分,句子才能成立。例如:

(78)＊我在门口站。→ a.我在门口站着。→ b.我在门口站了一会儿。

(79)＊他在地上躺。→ a.他在地上躺着。→ b.他在地上躺了一晚上。

---

①　李鹤:《三个平面视角下的"在"字句研究》,辽宁师范大学硕士学位论文,2012年。

上例分别加了动态助词"着"和时量补语"一会儿""一晚上"后,句子才能成立。吕叔湘(1982)认为:"动作完成就变成状态,因此凡是叙述句的动词含有'已成'的意味的,都兼有表态的性质。"而动词"站、停、关、坐、藏、躺"的光杆形式只表示动作行为,不能表示状态,需要加上附加成分后才能表示动作完成后的状态,而这类动词一般是单音节动词。

但是,有一类单音节动词却可以以光杆形式直接用在句子里,因为这些动词本身含有状态或动作持续的意义,如"跳、写、放、住、哭、笑、说"等,它们可以不带附加成分,句子也成立。例如:"他在地板上跳。""他们老两口在学校住。""妹妹在房间里哭。"

2."NP""VP""PP"之间的语义关系

"在"字句中的"在"是介词,没有实在的存在义、处所义,它必须带上具体的处所名词才能表达事件或人物所处的位置。

首先是"NP_1"和"VP"的语义关系。"NP_1"与动词"VP"之间可以是施事和动作的关系,动作是由施事 NP_1 发出,如"他在操场跑步","他"是"跑步"这个动作的发出者;"NP_1"和动词"VP"之间也可以是受事和动作的关系,如"一双白球鞋在窗台上放着",句子中的"一双白球鞋"是"放"这个动作的受事客体。

其次是"NP"和"PP"的语义关系。"NP_1"是施事者或陈述对象,介词短语"PP"是"NP_1"所处的位置或事件所发生的场所。"PP"限定了"NP_1"所存在的范围,NP_1 发出的行为动作必须在 PP 这个范围内进行。

最后是"PP(在+NP_2)"和"VP"的语义关系。"VP"所代表的动作行为是在"PP"所代表的这个场所范围内进行。"在"是介词,没有实在意义,介引处所名词 NP_2,"在"也表明 VP 这个动作行为正在进行或正在发生,"在+NP_2"不仅有空间义也可能是时间义,说明 VP 正在进行和 VP 所发生的处所,如"他在操场跑步","操场"是"跑步"发生的场所,"在操场跑步"说明"跑步"这个动作正在"操场"上发生。

3. 句中"PP(在+NP_2)"的语义指向

通过观察后发现"在+处所"的语义指向有三种情况:单指(指向动词),双指(指向主语和动词或指向动词),三指(指向主语、动词和宾语)。①

第一,"在+处所"指向 VP。"在+处所"跟 VP 发生直接语义联系。例如:

(80)他在 5·12 大地震中失去了亲人。

(81)火车在下午三点到达成都东客站。

第二,"在+处所"同时指向 NP_1、VP。"在"字句中的 PP 同时跟 NP_1、VP 发生直接的语义联系。例如:

(83)他在舞台上唱歌。

(84)张主任在办公室里修改稿子。

(85)小张喜欢在街上买早餐。

第三,"在+处所"指向动词 V 和 NP_3。"在"字句中的 PP 同时和动词 V、NP_3 发生直接的语义联系。例如:

(86)他在黑板上写了几个字。

(87)她在画本上画画。

(88)老师在讲桌上放了三本作业。

第四,"在+处所"指向 NP_1、NP_3 和动词 V。"在"字句中 PP 可以同时和 NP_1、NP_3、动词 V 发生直接的语义联系。例如:

(89)他在院子里种菜。

(90)爸爸在山坡上放羊。

(二)"NP_1+VP(V+NP_3)+PP(在+NP_2)"式的语义内涵

1. "NP_1""VP""PP"的语义特征

首先是"NP_1""VP""PP"的语义特征。一是"NP_1"的语义特征:C 式中 NP_1 的语义特征跟前面一样,具有五个方面的特征:表示有生命的人或物;表示地名或处所;表示无生命的物体;表示人称;表示复杂概念。二是"VP"的语义特征:C 式中 VP 的语义特征和 B 式稍有不同。第一,"VP"为存现类动词。这类词主要是"生、死、长、倒、生长"等。因此,"VP"后的"在+NP"一般表明

---

①　范继淹:《论介词短语"在+处所"》,《语言研究》1982 年第 1 期。

某个事物或事件存在或消失的处所。例如"他生在北平。""他倒在地上。""他消失在雨中。"此类动词常常是不及物的一价动词。可把句子"他生在北平"变换为"他在北平生",这样句子的焦点则由"北平"变为"生"。但句子"他倒在地上"不能变换为"他在地上倒"。第二,"VP"为到达类动词。到达类动词主要有"跳、躺、掉、落、射、照、记、晒"等①。例如"他躺在床上。""苹果掉在树底下。""阳光照在大地上。"此类动词分为不及物的一价动词"跳、躺、掉、落"等和及物的二价动词"射、照、记、晒"等。第三,"VP"为安排类动词。"安排"类动词主要指的是"安排、定、选定、确定、控制、放、放置、置放"等。②例如"开学典礼的会场安排在学术报告厅。""面馆开业定在本周五。""参军年龄控制在 22 岁以下。"这类动词一般是二价及物动词或三价及物动词,句子中必须出现位事,即"在+位事",如果没有位事,句子就不能成立,例如"开学典礼的会场安排在学术报告厅",去掉位事后"开学典礼的会场安排在"不能成立。

其次是"PP(在+NP₂)"的语义特征。范晓、张豫峰提出了"状元"和"动元"等术语和概念,并指出:动词及其论元(包括动元和状元)共同组成了动核结构。③ 我们根据这个理论,认为 PP(在+NP)短语中的名词成分"NP"为动元,动元可以包括主事、客事、位事、与事等,我们把"NP"分析为"位事",即动作所指向或所达到的目标,是位移动词、趋向动词、动介结构等所联系的客体。④因此需要结合"在"字前面的动词来分析"在"后的名词成分"NP₂"。

第一,"NP₂"为处所位事。处所位事一般由处所词充当。例如"那几本漫画书掉在了地上。""那幅画挂在墙上。"

第二,"NP₂"为时间位事。时间位事一般由时间词语担当。例如"爷爷出生在一个动乱的年代里。"

第三,"NP₂"为范围位事。"NP₂"表示范围位事时,句子结构常常是"……里""……内""……中""……下"等。例如"他沉醉在他的音乐世界

---

① 申敬善:《现代汉语"在"字句研究》,复旦大学博士学位论文,2006 年。
② 申敬善:《现代汉语"在"字句研究》,复旦大学博士学位论文,2006 年。
③ 参见范晓、张豫峰等:《语法理论纲要》,上海译文出版社 2003 年版。
④ 参见范晓、张豫峰等:《语法理论纲要》,上海译文出版社 2003 年版。

里。""参军年龄控制在 22 岁以下。"

第四,"NP₂"为目标位事。"NP₂"表示目标位事是指"NP"达到某个需要的程度、意向或动作行为指向的人、物体。例如"他们把目光放在了同一个目标。""他们的目标定在获得大赛第一名。""这项实验旨在帮助农民提高水稻种植水平。"通过考察,还发现"VP+在+……"中省略号处的成分既可以由名词性词语充当也可以由动词性词语充当。

2."NP₁""VP""PP"之间的语义关系

首先是"NP₁"和"VP"的语义关系。它们之间的语义关系跟 B 式中一样。"NP₁"与动词"VP"之间是施事和动作的关系,动作是由施事 NP₁ 发出,如"他躺在地上","他"是"躺"的发出者;"NP"和动词"VP"之间还可以是受事和动作的关系,例如"一双白球鞋放在窗台上",句中"一双白球鞋"是"放"的受事客体。

其次是"NP₁"和"PP"的语义关系。同上例一样,"NP₁"是施事者或陈述对象,介词短语"PP"表明"NP₁"所处位置或事件发生场所,NP₁ 发出的行为动作必须在 PP 这个范围内进行。

最后是"PP"和"VP"的语义关系。"VP"所代表的动作行为必须在"PP"所代表的这个场所范围内进行。"在"兼有空间义和时间义,即 VP 正在进行和 VP 发生的处所,如"他躺在地上","地上"是"躺"这个行为所发生的场所,"躺在地上"说明"躺"这个动作或状态正在"地上"发生或正在进行。

3. 句中"PP(在+NP)"的语义指向

位于句末的 PP 的语义指向分为双指、三指,该句式的 PP 没有单指的情况,是因为"NP₁"一般是"VP"的发出者或支配者,而"发出动作之人"与"所发出的动作"在处所上一般保持一致。①

第一,"在+处所"指向 NP₁ 和动词 V。PP"在+处所"和 NP₁、动词 V 发生直接的语义联系。例如:

(91)*左手也放在桌上。*

---

① 陆俭明:《关于语义指向分析》,《当代中国语言学》1996 年第 1 期。

（92）他摔倒在床上，闭上了眼。

（93）两只脚立在民国的土地上。

第二，PP 指向动词 V 和 NP$_3$。PP 和动词 V、NP$_3$发生直接的语义联系。例如：

（94）他放了一个荷包蛋在米饭上。

（95）妹妹画了一幅画在墙上。

第三 PP 指向 NP$_1$、NP$_3$和动词 V。句中 PP 和 NP$_1$、NP$_3$、动词 V 发生直接的语义联系。例如：

（96）爷爷种了一棵桂花树在院子里。

（97）爸爸放了一个小矮凳在门口。

（三）"PP+NP+VP"式的语义内涵

PP 出现在"NP$_1$"之前，同时"NP$_1$"可以省略，写作"PP+（NP）+VP"。前面已经说明过这种情况是"在"字句的倒装形式。该式又包括三种具体形式：PP+NP+VP、PP+VP（有+NP）、PP+VP（V 着/了+NP）。在这里主要以"PP+（NP）+VP"式为例来分析。

1. "NP""VP""PP"的语义特征

同样把句式"PP+（NP）+VP"分为了三部分，主语"NP"、动词成分"VP"以及表处所的介词短语"PP"。

首先是"NP"和"VP"的语义特征。一是"NP$_1$"的语义特征：句子中的"NP$_1$"可以省略，省略后句子依旧成立，在有些句子中，"PP"和 NP$_1$之间没有逗号隔开时，NP$_1$必须省略，例如："在食堂吃饭。→ ＊在食堂他吃饭。"如果有逗号隔开，动词后必须带上动态助词"了、着"句子才能成立。例如："在食堂吃饭。→在食堂，他吃了/着饭。"有些句子不管有没有逗号隔开，NP$_1$的出现和省略都比较自由，这些句子中的动词后一般有"了、着"等动态助词。例如："在超市妈妈买了很多东西。→在超市，妈妈买了很多东西。→ 在超市买了很多东西。"句中"NP$_1$"一般是施事者又可以是句子的陈述对象，同其他句式一样，同样具有五种可能的语义特征。

二是"VP"的语义特征："PP+（NP）+VP"和"NP+PP+VP"是可以互换的，二者中的"VP"的语义特征也大致一样，一般动词都能进入，对动词也没有多少限制，常见的双音节动词和一些单音节动词都能进入该式。前文已讨论过"VP"的语义特征，这里不再赘述。

其次是"PP"的语义特征。"PP"位于句首时，表示事件发生的处所、时间、范围等，PP中名词性成分NP$_2$的语义特征有如下几种：

第一，NP$_2$为处所，如"在院子里，爷爷种了一棵树。"；第二，NP$_2$为时间，如"在新年伊始，大家定好了新年目标。"；第三，NP$_2$为条件或范围，如"在同学们的支持下，他完成了这个艰巨的任务。"

2. "NP""VP""PP"之间的语义关系

"PP+（NP）+VP"中，NP$_1$可省可不省，在这里我们先以NP$_1$不省来分析它们之间的语义关系。

首先是"NP$_1$"和"VP"的语义关系。"NP$_1$"与动词"VP"之间是施事和动作的关系，动作是由施事主语NP$_1$所发出的，如"在院子里，爷爷种了一棵树"，"爷爷"是"种"这个动作的发出者。

其次是"NP$_1$"和"PP"的语义关系。"NP$_1$"是施事者或陈述对象，介词短语"PP"是NP$_1$所处位置或事件发生场所，NP$_1$发出的行为动作必须处于PP这个范围内，且"PP"位于句首，有强调处所范围的意义，着重强调说明NP$_1$所处的位置。

最后是"PP"和"VP"的语义关系。"VP"所代表的动作行为必须在"PP"所代表的场所范围内进行。"PP"位于句首，强调VP必须在PP所代表的范围内进行。

3. 句中"PP（在+NP$_2$）"的语义指向

"在+NP$_2$"位于句首时，语义一般后指，其语义指向有以下六种情况：

第一，"在+NP$_2$"指向NP$_1$。如："在乡下他过着与世隔绝的日子。"

第二，指向谓语动词V。如："在文章中，作者把桂林山水描写得淋漓尽致。"

第三，指向NP$_3$。如："在黑板上，他写下了一段动人的话语。"

第四,同指 NP_1 和谓语动词 V。如:"在这里,小张和自己的老同事相逢。"

第五,同指谓语动词 V 和 NP_3。如:"在文章中我见到一段优美的文字。"

第六,同指 NP_1、谓语动词 V、NP_3。如:"在美国,她也同样坚持写日记。"

二、歧义"在"字句的语义内涵

句式" NP_1 + 在 + NP_2 + VP (V + NP_3)"以及省略了 NP_1 的"在 + NP_2 + VP (V + NP_3)"是典型的歧义句型,下面主要讨论歧义句,具体分析和描写有歧义的"在"在句。

(一)" NP_1 "" NP_2 "" NP_3 ""V"的语义特征

句中的"VP"是由"V"和" NP_3 "组合而成的,主语" NP_1 "一般是有主观能动性的人,而不是无生命的物体。不同于对一般"在"字句的分析,我们在这里主要分析" NP_1 "" NP_2 "" NP_3 ""V"的语义特征。

首先是" NP_1 "的语义特征。句中的" NP_1 "一般为指人的名词,其所指具有主观能动性,能够充当动作的发出者和执行者。例如:"他在火车上写字。""他在河里钓鱼。"其中的"他"具有能动性,是动作"写"和"钓鱼"的发出者。

其次是" NP_2 "和" NP_3 "的语义特征。该句式中的介词短语"在 + NP_2 "中" NP_2 "一般是表示地点或范围的名词,在句里担当着一定的语义角色,表示动作发生的语境或环境。所以这里的 NP_2 充当的是句中动词所联系的境事。" NP_2 "在这里表示动作或事件发生的处所,常和"上""里"搭配形成"在……上"、"在……里"结构。例如:"哥哥在树上挂灯笼。""妹妹在地板上画画。"例句中的"在树上""在地板上"分别是动作"挂""画"这些事件发生的处所。但是却不能简单地说"在树上""在地板上"也是句中主事"哥哥""妹妹"或者句中客事"灯笼""画"所在的位置。在不同的情境中它有不同的理解:

(98)他在火车上写字。

他写字,他在火车上,字不在火车上。

他写字,他没在火车上,字在火车上。

他写字,他在火车上,字在火车上。

（99）哥哥在树上挂灯笼。

　　哥哥挂灯笼，哥哥在树上，灯笼不在树上。

　　哥哥挂灯笼，哥哥不在树上，灯笼在树上。

　　哥哥挂灯笼，哥哥在树上，灯笼在树上。

"NP₃"一般是名词成分，它在句子里担当着一定的语义角色，常常是一些具有"+可附着""+可位移"特征的事物，跟在动词后面，在这里表示动作的结果或对象，用在句子末尾。如例句中的"灯笼""画"。

最后是"V"的语义特征。动词"V"后一定存在名词成分"NP₃"，动词"V"是句中主事"NP₁"所发出的动作行为。不同情况下，"V"有以下几种语义特征：

第一，表示附着义、位移义的动词"VP"。"附着义"即使某事物附着于某处，"V"在这里是"处分事物"的动词，具有"使位移""使附着""使去除"的语义特征。① 如："安、贴、挂、装、插、铺、点、标、写、记、绣、抄、刷、画、系、喷、浇、泼、晒、绑、架、拴、藏、钉、打"等。"擦、倒、拧、摘"之类的动词，有时表示"使去除"的意义，有时又表示"使附着"的意义，所以在没有足够语境信息的情况下，有时候无法判断 NP₁ 究竟是 NP₃ 的［始点］还是［终点］。② 例如："妈妈在地板上擦油。"这个句子可以理解为："油在地板上，妈妈把地板上的油擦掉。"这时"地板"就是"油"本来存在的处所，是始点，可以称之为［始点句］；也可以理解为："油不在地板上，妈妈往地板上擦油。"这时"油"不在"地板上"，"地板"是"油"将要存在的处所，是终点，可以称之为［终点句］。

第二，表示挖掘义的动词"V"。这类动词具有"挖掘"的语义特征，如："挖、掘、打、掏、开、凿、刨、砍、钻、戳"等。例如："他在岩石上打井。"可以理解为"他在岩石上，井也在岩石上"，也可以理解为"他在岩石上，井不在岩石上"。

第三，表示视觉义的动词"V"。这类动词具有"视觉类"的语义特征，如：

---

① 赵春利、石定栩：《"NP1+在 NP2+V+NP3"歧义研究》，《语文研究》2012 年第 4 期。

② 赵春利、石定栩：《"NP1+在 NP2+V+NP3"歧义解析》，《语文研究》2012 年第 4 期。

看、看见、发现、盯、望、瞧、欣赏、观看、寻找、巡查等。例如："他在屋顶上发现了小偷。"这个句子可以理解为"他在屋顶上，小偷不在屋顶上"，因为"小偷"可能在院子里或其他某处；也可以是"他在屋顶上，小偷也在屋顶上"；还可以理解为"他不在屋顶上，小偷在屋顶上"。

（二）"NP_1""$VP(V+NP_3)$""$PP(在+NP_2)$"语义关系

首先是"NP_1"和"$VP(V+NP_3)$"的语义关系。"NP_1"与"$VP(V+NP_3)$"之间是施事和动作的关系，动词"V"与受事"NP_3"组成动词短语"VP"，"VP"不是单纯的动作，还包括动作的受事。动作是由 NP_1 发出，如"他在屋顶上发现小偷"，主语"NP_1(他)"是动作"V(发现)"的发出者，动作"V(发现)"的对象则是"NP_3(小偷)"。

其次是"NP_1"和"$PP(在+NP_2)$"的语义关系。"NP_1"是施事者或陈述对象，介词短语"在+NP_2"可以是 NP_1 所处位置，也可以不是 NP_1 所处位置，而是 NP_3 所处位置，还可是 NP_1 和 NP_3 共同所处的位置。

最后是"$PP(在+NP_2)$"和"$VP(V+NP_3)$"的语义关系。"在+NP_2"是 VP 这个动作的发生场所，但 VP 中的 NP_3 却不一定在 NP_2 所表示的范围内，如"他在屋顶上发现小偷"，"在屋顶上"是"发现"这个动作发生处所，但"小偷(NP_3)"不一定是在"屋顶上(NP_2)"，"小偷"也有可能在其他位置。

（三）句中"$PP(在+NP_2)$"的语义指向

句子"NP_1+在+NP_2+VP($V+NP_3$)"语义指向分析，主要是分析"在+NP_2"的语义指向。当句中"在+NP_2"为多指时，就会出现歧义。"NP_1+在+NP_2VP($V+NP_3$)"有歧义的重要原因是"在+NP_2"的不同指向。如：

（100）饲养员<u>在笼子里</u>抓鸟。

（101）明明<u>在汽车上</u>喷油漆。

（102）刘强<u>在火车上</u>写标语。

NP_2 可以是主事或客事其中一方所处的场所，也可以是二者同时所处的场所。因此，歧义句"NP_1+在+NP_2+VP($V+NP_3$)"中的"在+NP_2"的语义指向是不确定的,它不存在单指,而是双指或三指的情况。这是由于处所短语"在+ NP$_2$"在同一个句子中语义指向的不固定性、非单指,导致同一个句子可以有不同解释,这样,句子就产生了歧义。

(四)"在"字句歧义形成原因

形成这种"在"字句歧义的原因主要是以下三个方面:

第一,受介词短语"在+NP$_2$"语义特征的影响。由于"NP$_2$"所表示的处所具有[+承受性][+容纳性]特征,所以既能够单独又能同时承受、容纳 NP$_1$ 和 NP$_3$ 的空间范围。使得"在+NP$_2$"指向不同,从而导致句子"NP$_1$+在+NP$_2$+VP(V+NP$_3$)"产生不同的意义。

第二,受处所名词"NP$_2$"语义特征的影响。"NP$_2$"一般是表示地点或范围的名词,在句中同介词"在"组合后表示动作发生的语境。常和"上""里"搭配形成"在……上""在……里"的结构。当 NP$_2$ 表示处所,NP$_1$ 表示施事时,"在+ NP$_2$"能否表示 NP$_1$ 所处的位置,取决于 NP$_2$ 是否有"包容、承载"的语义特征。例如:"哥哥在树上挂灯笼。"句中"树上"具有包容、承载义,所以主语"哥哥"是可以在树上的。而"哥哥"所代表的"人"这个物体是大于"灯笼"的,所以,"灯笼"也完全可以在树上。可以把 NP$_1$ 分为两类:包容人的"立体类"和承载人的"平面类":①

立体类包括:城、学校、公园、家、食堂、山洞、医院、体育馆、教室、餐馆、厨房、宿舍等。平面类包括:地、海、路、山、操场、院子、地板、草原、广场、码头、沙地、沙漠、田野、球场等。

一般来说,NP$_2$ 所表示事物的空间、面积越大,越易于成为包容、承载 NP$_1$ 的场所,其包容、承载 NP$_1$ 的能力就越强。反之,当 NP$_2$ 所表示事物的空间、面积越小,越易于与周边的事物区分开来,其包容、承载 NP$_1$ 的能力也就越弱。例如:"姐姐在锅里炒菜。"这个句子我们一般不会理解为"姐姐在锅里",因为"锅"这个物体一般不会承载人,所以我们一般不会把这个句子理解为"姐姐在锅里,姐

---

① 赵春利、石定栩:《"NP1+在 NP2+V+NP3"歧义研究》,《语文研究》2012 年第 4 期。

姐在炒菜"。另外,有些 NP_2 所表示事物的包容力、承载力可大可小,施事主语 NP_1 既可以在 NP_2 之中,也可以在 NP_2 之外,所以句式就可能出现不同的理解。例如:"饲养员在笼子里抓鸟。"单说"笼子",无法确定其具体的大小,所以"饲养员"可以在笼子里,也可以在笼子外,导致句子产生两种不同的理解。这类处所名词 NP_2 常见的有:笼子、树、火车、飞机、水、桌子、沙发、石头等。

第三,受动词"V"的语义特征影响。动词"V"具有附着义、位移义,"V"在这里是"处分事物"的动词,具有"使位移""使附着""使去除"的语义特征。在语境不足的情况下,有时难以判断 NP_2 究竟是 NP_2 的[始点]还是[终点]。[①]如"妈妈在地板上擦油","地板"可以是始点,充当"油"本来存在的处所;也可以是终点,充当"油"将要存在的处所。

因此,歧义"在"字句主要是受"在+NP_2"、"NP_2"和"V"三者的语义特征的影响。除此之外,人们认知常识也是造成句式"NP_1+在+NP_2+VP(V+NP_3)"出现歧义的原因。句式"NP_1+在+NP_2+VP(V+NP_3)",或是省略主语的"在+NP_2+VP(V+NP_3)"本身并不存在歧义,但人们受到认知影响,对现实世界中的关系会产生不同理解和多种解读,导致我们从不同的观察角度,对"在"字句中的处所、动作和动作对象之间的关系产生不同的解读。如果我们的认知只接受其中一种可能性,那么句式就只有一种解读,如果在我们的认知范围内同时可以接受几种不同的可能性,那么句式就会出现歧义。我们的认知可能把处所名词 NP_2 理解为不同的情况:NP_1 所处位置、NP_3 所处位置、NP_1 和 NP_3 同时所处的位置,这些名词和动词还可能有不同的搭配。这就是句式"NP_1+在+NP_2+VP(V+NP_3)",或是省略主语的"在+NP_2+VP(V+NP_3)"出现歧义的原因。

第四节　歧义"在"字句的逻辑语义内涵

从事件语义学理论来看,"NP_1+在+NP_2+VP(V+NP_3)"句式可以表示简

---

① 赵春利、石定栩:《"NP1+在 NP2+V+NP3"歧义研究》,《语文研究》2012 年第 4 期。

单处所事件和复合处所事件。表示复合处所事件的条件是处所事件在其所发生的持续时间内包孕着另一个非处所性质的事件。[①]

一、歧义"在"字句的事件结构

最初，"在"是一个动词，随着语言的发展逐渐有了介词和副词的特征和词性。但在现代汉语中，"在"是一个兼类词，兼属动词和介词。

当"在"作为动词时，"在"字句的句法结构一般为"NP_1+在（动词）+NP_2"，例如："他低声地问：'老人们都在家吧？'""二哥在哪儿呢？我看看他！"

"在"词性不同可能造成句子语义和功能不同。所以将分别讨论"在"作为动词和介词时的事件语义内涵。将动词"在"写作"$在_1$"，将介词"在"写作"$在_2$"。而歧义句式"NP_1+在+NP_2+VP（V+NP_3）"出现歧义的原因也可以解释为句子中"在"既可以是介词也可以是动词。

歧义句式"NP_1+在+NP_2+VP（V+NP_3）"是一种句法上的歧义格式，它存在两种可能结构层级：第一种是"S（NP_1+VP（PP（$在_2$+ NP_2）+VP（V+NP_3）））"；第二种是"S（NP_1+VP（VP（$在_1$+ NP_2）+VP（V+NP_3）））"。在第一种情况中，"在"为介词，结构层次为状中，"$在_2$+ NP_2"与"V+NP_3"是修饰与被修饰的关系；在第二种情况中，"在"为动词，"$在_1$+ NP_2"与"V+NP_3"都是动词词组。根据吴平的分析，可以用以下两种树形图来表现：

（1）

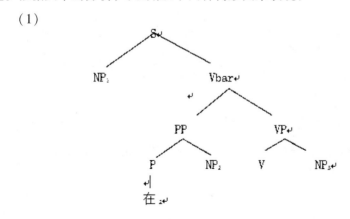

---

① 吴平：《汉语部分句式的形式语义分析》，北京语言大学博士学位论文，2005 年。

（2）

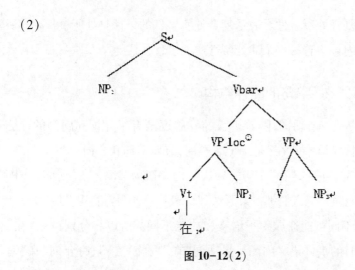

图 10-12（2）

当"NP₁+在+NP₂+VP（V+NP₃）"只有一个动词结构，即其中的"在"作介词时，如图 10-12（1），句子不产生歧义；但"NP₁+在+NP₂+VP（V+NP₃）"也可以分析为含有两个动词结构，此时"在"为动词，如图 10-12（2），句子就会产生歧义。例如（1）"哥哥在市医院是一个眼科医生。"句中的"在市医院"为介词结构，"在"是"在₂"，如图：

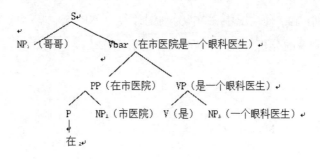

图 10-13

又如（2）"哥哥在树上挂灯笼。"这个句子可以分析为以下两种结构：

a. 哥哥在树上，哥哥在树上挂灯笼。（这时"在"为动词，即"在₁"）如图 10-14：

b. 哥哥不在树上，哥哥在树上挂灯笼。（"在"为介词，即"在₂""在树上"是介词短语），如图 10-15：

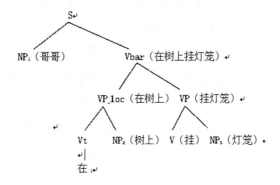

图 10-14

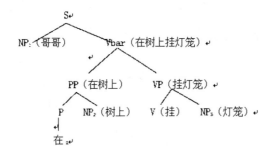

图 10-15

综上所述,句子"NP_1+在+NP_2+VP(V+NP_3)"可能存在以下两种情况:

(1)a.哥哥在市医院是一个眼科医生。

　　b.哥哥在大学里当老师。

　　c.哥哥在家里听爸妈的话。

　　d.哥哥在办公室里有一台电脑。

(2)a.哥哥在树上挂灯笼。

　　b.哥哥在水里看见一条鱼。

　　c.哥哥在火车上写标语。

　　d.哥哥在教室里写论文。

在语义上来看,"NP_1+在+NP_2+VP(V+NP_3)"的两种句法结构分别对应着两种不同类型的处所事件。为了更深入更准确地解释句式"NP_1+在+

NP$_2$+VP(V+NP$_3$)"表达的语义内容,我们将采用事件语义学的相关理论来分析该句式,并用 Prolog 语言来分析表示歧义处所事件的句子。

Parsons 将动词分为"事件谓词"和"状态谓词"这两类。其中,"事件谓词"是指"无论是用于表示经过持续过程完成的事件,还是用于表示瞬间完成的事件,都隐含有行为动作可完成性的语义内涵"。Parsons 认为"事件谓词"具有事件的"终结性"(culmination)。而"状态谓词"则"隐含有对某一状态的固有和恒定的语义内涵","状态谓词"具有状态的"保持性"(holding)。[①] 如图 10-16 所示:

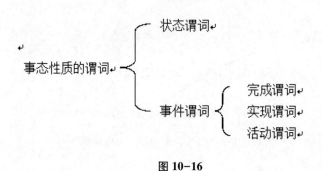

图 10-16

通过统计可知,事件谓词的数量远远多于状态谓词,而某些谓词既可以是事件谓词也可以是状态谓词。当"在"为动词时,即"在$_1$"其在语义层面上是状态谓词还是事件谓词呢? 我们认为"在$_1$"既是事件谓词也是状态谓词。例如"他在学校"、"他在教室里"中的"在$_1$"是事件谓词;"成都在四川"和"布达拉宫在西藏"中的"在$_1$"是状态谓词。我们可以通过提问的方式来区分句子中的"在$_1$"是状态谓词还是事件谓词,比如:

(3)他在学校多长时间了? ("在$_1$"为事件谓词)

(4)他在教室里多长时间了? ("在$_1$"为事件谓词)

(5)＊成都在四川多长时间了? ("在$_1$"为状态谓词)

(6)＊布达拉宫在西藏多长时间了? ("在$_1$"为状态谓词)

---

① 吴平:《汉语部分句式的形式语义分析》,北京语言大学博士学位论文,2005 年。

因此,(3)(4)表示的是处所事件,(5)(6)表示的是处所状态。可以用逻辑翻译式来表达以上的句子:①

（1）∃e ∃I[I ⊆Te & t ∈I& 在（e, 他, 学校） & Cul(e,t)]

（2）∃e ∃I[I ⊆Te & t ∈I& 在（e, 他, 教室里） & Cul(e,t)]

（3）∃e ∃I[I ⊆Te & t ∈I& 在（e, 成都, 四川） & Hold(e,t)]

（4）∃e ∃I[I ⊆Te & t ∈I& 在（e, 布达拉宫, 西藏）& Hold(e,t)]

(1)(2)中的时点 t 是"终结性"的,(3)(4)中的时点 t 是"保持性"的。所以,(1)(2)中的"在"是事件动词,包含"终结性"义,用谓词"Cul"②来表示;而(3)(4)中的"在"是状态动词,包含"保持性"义,用谓词"Hold"来表示。e 指事件,包括事件和状态两种情况。用 e 来表示事件,s 来表示状态,将上面四式可以简化为:

（1）∃e ∃I[I [⊆Te & 在（e, 他, 学校）]

（2）∃e ∃I[I [⊆Te & 在（e, 他, 教室里）]

（3）∃e ∃I[I [⊆Ts & 在（s, 成都, 四川）]

（4）∃e ∃I[I [⊆Ts & 在（s, 布达拉宫, 西藏）]

其中,Te 表示事件的时点集,Ts 表示状态的时点集。

"在"既可以作动词,也可以作介词,当"在"为动词(在₁)时,在语义上有可能是状态谓词,也有可能是事件谓词。因此,句式"NP₁+在+NP₂+VP（V+NP₃）"可以是两种事件类型:一是简单事件。句式"NP₁+在+NP₂+VP（V+NP₃）"中的"在"为介词,即"NP₁+在₂+NP₂+VP（V+NP₃）";二是复合事件。指在一个大事件中包孕着小事件,"在"为动词,即"NP₁+在₁+NP₂+VP（V+NP₃）"。

通过上文的例子可知"哥哥在树上挂灯笼"、"哥哥在火车上写标语"这一类的句子中的"在₁"只可能是事件谓词,而不可能是状态谓词,并且"在₁"是事件谓词中的活动谓词,有起始点,没有终结点,表示持续性。活动谓词的发

---

① I 表示时段,t 表示时点,t 组成 I,Te 表示事件的时点集.

② Cul 是 Culmination 的缩略形式,其意义为"终结点"。(吴平,2009)

生时段不能包孕状态谓词的发生时段,因此"在$_1$"后面的动词不可能是状态谓词,例如:

(7)a.哥哥在市医院是一个眼科医生。

　　b.哥哥在大学里当老师。

　　c.哥哥在卧室有一盏台灯。

"哥哥在卧室"中的"在"是活动谓词,句子是一个活动事件句;"哥哥有一盏台灯"中的"有"是状态谓词,句子是一个状态事件句。"哥哥有一盏台灯"这一状态不能被包孕在"哥哥在卧室"这一事件之中,因此句中的"哥哥在卧室"中的"在"不能分析为"在$_1$",而只能是"在$_2$",整句话表示的也是单事件。

在复合事件中,活动事件不能包孕状态事件,却能够包孕完成事件、实现事件和其他活动事件。例如:

(8)a.哥哥在操场上做五十个俯卧撑。(活动事件+完成事件)

　　b.哥哥在山上看见一只老虎。(活动事件+实现事件)

　　c.哥哥在操场上散步。(活动事件+活动事件)

可见,在复合事件中,含有事件动词"在$_1$"的处所事件后面不能是一个状态事件,只能是另一个事件;"NP$_1$+在+NP$_2$+VP(V+NP$_3$)"中表示处所的"大事件"包孕另一个非处所的"小事件","小事件"的发生场所在"大事件"发生场所的范围之内。

二、歧义"在"字句的事件语义内涵

下面将运用事件语义学来描写特殊"在"字句,即有歧义的"在"字句。如:

(9)哥哥在房梁上挂铃铛。

例子中的歧义可以用如下的逻辑表达式来表示:

(9)哥哥在树上挂灯笼。

　　a.s(∃e(挂(e,哥哥,铃铛)∧在$_2$(e,房梁上)))

　　b.s(∃e((在$_1$(e,哥哥,房梁上)∧∃e1(挂(e$_1$,哥哥,铃铛)))))

逻辑表达式最外层的 s 代表句子,括弧里面是句子的事件逻辑表达式,∃

是存在量词,e 表示事件。(9a)中的逻辑表达式的意思是:句子 s 描写的是一个事件 e,这个事件 e 就是"哥哥挂铃铛","哥哥挂铃铛"中"挂"这个动作发生的处所是"在房梁上";(9b)中的逻辑表达式的意思是:句子 s 描写的是一个事件 e,这个事件 e 就是"哥哥在房梁上",且事件 e 包孕着另一个事件,我们写作 e_1,事件 e_1 指的是"哥哥挂铃铛"。

(9a)表示的是一个简单事件,逻辑表达式表示主语"哥哥""做某事"并且"事件发生在某处",强调的是动作行为的发生处所。

(9b)表示的是一个复合事件,逻辑表达式是主语论元"哥哥""在某处"并且"做着某事",强调的是动作主体所处的位置。

整个逻辑表达式可以用自然语言描述为:(9a)存在一个事件结构 e,在事件结构 e 中,"挂"为事件的逻辑谓词,逻辑谓词对应着两个个体论元:"哥哥"和"铃铛",这两个个体论元的语义角色分别是施事与受事。"在"也是事件的逻辑谓词,对应一个个体论元:"房梁上",是事件 e 发生的处所。运用逻辑符号将(9a)的逻辑式"s($\exists$e(挂(e,哥哥,铃铛) $\wedge$ 在$_2$(e,房梁上)))"中的变量进一步抽象为逻辑符号,整个逻辑表达式可以写为:①

$$\lambda P \lambda x \lambda y \lambda z \exists e [P(e, x, y) \wedge 在_2(e, z)]$$

这个逻辑表达式中的 P 是动词,x、y 分别表示与动词 P 相关的实施主语和受事客体,z 表示处所论元。

(9b)存在一个事件结构 e,存在原子事件 e_1,事件 e 包孕原子事件 e_1,在事件 e_1 中,"挂"为事件 e_1 的逻辑谓词,逻辑谓词对应着两个个体论元:"哥哥"和"铃铛",这两个个体论元的语义角色分别是施事与受事。原子事件 e_1 又可描写为:挂(哥哥,铃铛)。"在"为事件 e 的逻辑谓词,它对应着两个个体论元:"哥哥"和"房梁上"。事件 e 包孕事件 e_1,事件 e_1 是事件 e 的子集,因此,事件 e_1 中的个体论元"哥哥""铃铛"以及逻辑谓词"挂"都应被包含在事件 e 中,也就是被包含在事件 e 中的论元"哥哥"和"房梁上"之中。因此,"哥哥挂铃铛"这个事件 e_1 所发生的时段一定处于"哥哥在房梁上"这个事件 e 所发生

---

① "λ"为兰姆达算子(lambda operatoy)。

的时段之内，e_1 这个事件的终止点一定是在包孕它的事件 e 的终止点之前；也可说"哥哥挂铃铛"是个小事件 e_1，小事件 e_1 发生的处所处在大事件 e 的发生的处所范围内。可有下面这样的逻辑表达式：

$$\exists e\exists I[I\subseteq Te\wedge 在_1（e，哥哥，房梁上）\wedge\exists e_1\exists I_1[I_1\subseteq Te_1\wedge I_1\in I\wedge 挂（e_1，哥哥，铃铛）]]$$

在逻辑表达式中，时段 I_1 表示事件 e_1 "哥哥挂铃铛"所发生的时段，这个时段 I_1 是事件"哥哥在房梁上"所发生时段 I 的成员，记作"$I_1\in I$"。运用逻辑符号将该式中的变量进一步抽象，整个逻辑表达式可以写为：

$$\lambda y\lambda P\lambda y_1\lambda x\exists e[在_1(e，x，y)\wedge\exists e_1[P(e_1，x，y_1)]]$$

这个逻辑表达式中的 P 是动词，x 表示主语论元，y 表示的是主语所在的处所和事件发生的场所，y_1 表示与 P 相关的受事客体。

在充分考察语料的基础上，本章详细分析了"在"字句的句法结构和语义内涵，探讨了它结构上的变化形式及其原因。特别分析了一般"在"字句和特殊"在"字句的特征和内涵，在进行语义分析的基础上，运用逻辑语义学的相关理论——事件语义理论来刻画现代汉语"在"字句的事件结构和逻辑语义内涵。根据事件语义理论的相关原则，我们把"在"看作是"谓词"，又将"在"分为动词"在$_1$"和介词"在$_2$"。当"在"为介词时，句子为简单事件结构；当"在"为动词时，句子常常是复合事件结构，这时的"在"字句就会产生歧义。在复合事件结构中，句子一般由一个原子事件或多个原子事件组成。在对这类句子的事件结构和逻辑语义的分析基础上，我们列出了相应的逻辑语义表达式。

第十一章 现代汉语"把"字句的 逻辑语义研究

"把"字句也是现代汉语中既常用又特殊的句式。从形式上看,现代汉语中典型的"把"字句由四个部分构成,形成"A+把+B+C+D"的基本结构。其中,A、B 是"把"字句涉及的对象段,C 是"把"字句的动作段,D 是"把"字句的结果段。本章从大量的语言事实出发,着重探讨了现代汉语"把"字句复杂的句法结构、丰富的语义内涵,并在此基础上,运用逻辑语义学的理论和方法对"把"字句丰富的语义内涵进行形式化的描写与分析。在进行逻辑语义分析时,我们使用逻辑语义学中的谓词逻辑法,首先对"把"进行了逻辑语义处理,然后再对"处置义把字句"和"致使义把字句"的语义内涵进行了形式化的描写与分析,最后通过对歧义"把"字句的不同语义内涵进行逻辑语义分析。这些研究探索既有利于汉语作为第二语言教学,又有利于计算机有效地识别和理解"把"字句丰富的语义内涵。①

第一节 研究现状

长期以来人们对"把"字句的研究从未间断过,大都是从传统语法角度对"把"字句进行研究,有的从句法角度,有的从语义的角度,有的从语用的角

---

① 本文根据课题负责人所指导的研究生张维的硕士学位论文《现代汉语"把"字句的逻辑语义分析》(四川师范大学,2017,导师刘海燕教授)节选修改而成。

度,有的从句法、语义、语用相结合的角度,还有的是从其他方面展开的研究,如张伯江(2000)从原型理论、认知图式等认知语言学的角度;吴平(2009)从形式语义学中的事件语义学的角度;吴建伟、张晓辉(2010)从构式语法理论的角度;郑伟娜(2012)从系统功能语法的角度;郑瑜(2013)则结合生成语法中的轻动词理论分析了"把"字句的生成过程。

可见,学界对"把"字句进行了多角度、多方位的研究,但很少有人从逻辑语义学角度对此进行深入细致的研究。目前,对现代汉语"把"字句进行过逻辑语义研究的学者只有吴平,他可以说是对现代汉语"把"字句进行逻辑语义分析的第一人。但吴平使用的是事件语义学的分析方法,他在《汉语特殊句式的事件语义分析和计算》(2009)一书中安排专章对"把"字句最基本的事件结构进行了形式化的描写与分析,并指出"把"字句有处置类和致使类两大类事件结构:一是处置类"把"字句的事件结构表示为:$\lambda y[\lambda x[\lambda e[\exists e_1[\exists e_2 [e=s(e_1 \cup e_2) \wedge 把_D(e_1) \wedge Agt(e_1)=x \wedge Th(e_1)=y \wedge Become_{<Y>}(e_2) \wedge Arg(e_2)=y \wedge TPCONNECT(Cul(e_1),e_2,y)]]]]]$;二是致使类"把"字句的事件结构表示为:$\lambda y[\lambda x[\lambda e[\exists e_1[\exists e_2[e=s(e_1 \cup e_2) \wedge 把_C(e_1) \wedge Causer(e_1)=x \wedge Th(e_1)=y \wedge Become_{<Y>}(e_2) \wedge Arg(e_2)=y \wedge TPCONNECT(Cul(e_1),e_2,y)]]]]]$。

所以,本章是以自然语言中典型的语言事实为基础,在梳理归纳"把"字句句法结构和语义内涵基础上,从逻辑哲学、计算机科学的研究视角出发,运用逻辑语义学中的谓词逻辑法来分析现代汉语"把"字句的语义内涵,以期对其进行较为精细化的刻画。这样的形式刻画不仅可以补充吴平(2009)对"把"字句的形式语义分析,而且可以使汉语特殊句式的研究呈现出多元化思路。

本章的研究对象是现代汉语"把"字句这种特殊句式,研究的是独立的"把"字句,例句中的"把"字只作介词,不是名词、动词、量词和助词;而不独立的"把"字句,即"不具有一定语调的带'把'字的格式"①,不属于本章的研究

---

① 刘培玉:《现代汉语把字句的多角度探究》,华中师范大学出版社2009年版,第1页。

对象。所以本章的语料主要有四种来源①：一是北大 CCL 语料库。二是现代作家的文学作品。主要从老舍的六部短篇小说集，即《赶集》《樱海集》《蛤藻集》《火车集》《贫血集》《集外》中筛选出符合条件的"把"字句，共 806 例。三是其他学者已发表的专著、期刊论文中的例句。四是从平时谈话交流中搜集而来的例句。

第二节　"把"字句的句法结构

一、"把"字句整体的结构

本章研究的"把"字句是以介词"把"为标记，有一定的语调，并且表达一定意义的单句，既包括表处置意义的"把"字句，即"处置义把字句"，也包括表致使意义的"把"字句，即"致使义把字句"。

典型的"把"字句由四个部分构成，即"A(NP$_1$)+B(把+NP$_2$)+C(V)+D"，我们可以将它的结构简单表述为"A+把+B+C+D"。其中，在"处置义把字句"中，A 是施事段，B 是受事段，C 是动作段，D 是结果段；而在"致使义把字句"中，A 是致事段，B 是感事段，C 是动作段，D 是结果段。一般的"把"字句都由A、B、C、D 四段构成，但现代汉语中还有一些特殊的"把"字句，有的只包含 A、B、C 三段，如"你把直线延长"；有的 D 段为助词(着/了/过)，如"我把他打了"；有的不只包含以上四段，还包含一些附加的修饰限制成分，如"百货公司已经把冬季用品准备齐全"。

(一)一般"把"字句的句法结构

在现代汉语"把"字句中，典型的句法结构是"NP$_1$+把+NP$_2$+VP"。其中，

---

① 说明：本文的语料，若选自作家的文学作品，则在例句后标注作家和作品；若选自其他学者已发表的专著、期刊论文，则在例句后标注作者和发表年份；若例句后没有任何标注，则均选自北大 CCL 语料库和平时交流谈话。

"NP₁""NP₂"表示关涉的对象,也可以表述为与"把"字句有关的语义角色;"VP"表示涉及的动作及其产生的结果、发生的变化或所处的状态。根据"VP"的结构形式,一般"把"字句的句法结构还可以具体细为以下两种:

第一,"NP₁+把+NP₂+V+谓词性成分"(A+把+B+C+D),"谓词性成分"在这一句法结构的"把"字句中充当补语。如:

(1)a. 小王把书放在桌子上。

b. 病痛把她折磨得面色苍白。

这组例句中的 A 段分别为"小王"、"病痛";B 段为"书"、"她";C 段为"放"、"折磨";D 段为"在桌子上"、"面色苍白",它们是谓词性成分作补语,为整个"把"字句的结果段,表示在 C 段动作的影响下,B 段对象方位或状态的变化。

第二,"NP₁+把+NP₂+V+NP₃"(A+把+B+C)中"NP₃"充当宾语。如:

(2)a. 他把话筒给我。　　　　　　b. 她把我叫作妹妹。

从语表结构上看,这类句法结构的"把"字句没有表示结果的 D 段,只由前三部分构成,即 A 段,"把"字引出的 B 段以及 C 段。但从语义上看,C 段和其后所跟宾语成分共同表达了一种处置动作意义和处置结果意义,使整个"把"字句具有[+处置义]。例(2a)的 C 段"给"为给予性动词,其后紧跟的"我"为致使性宾语,表示 A 段"他"通过动作"给"致使 B 段对象"话筒"的所属关系发生变化,并且还产生了位移性变化,处置动作"给"的进行和完成导致最终产生的结果是"话筒在我手上",因此,"我"是这个"把"字句中的致使性宾语。

(二)特殊"把"字句的句法结构

1. D 段为助词(着/了/过)

这类"把"字句的句法结构可以概括为"NP₁+把+NP₂+V+助词(着/了/过)",助词(着/了/过)在句中充当"虚义补语"①。如:

---

① 述补式补语有实虚两种。"他把衣服洗干净了"是带实义补语的"把"字句;"把信烧了"是带虚义补语的"把"字句。(叶向阳,2004)

（3）a. 妈妈把衣服洗了。　　b. 你把钱拿着。　　c. 他把稿子看过了。

这组"把"字句包含了 A、B、C、D 四段，其中，D 段均为助词"了/着/过"，表示事态发生了某种变化。在现代汉语"把"字句中，构成 D 段的助词大多是表完成意义的动态助词"了"，而由动态助词"着/过"充任"把"字句 D 段的情况相对较少。

2. 只包含 A、B、C 三段（C 段为双音节动补式合成词的"把"字句）

这种"把"字句虽然没有 D 段，但其 C 段动词是动补式的合成词，既可以表示动作意义，又可以表示结果意义，结果意义隐含在 C 段之中。其句法结构表现为"NP$_1$+把+NP$_2$+V"，如：

（4）我们把范围缩小。

这种"把"字句只包含 A 段"我们"，B 段"范围"和 C 段"缩小"，但是"缩小"是一个动补式的合成词，它不仅表示了"缩"的处置动作意义，也表示了"小"这一处置结果的意义，即"我们"发出"缩"动作的结果是"范围"变"小"了。

3. 含其他附加成分

"把"字句中的其他附加成分，指的是位于"把"字结构前后，在句中作状语的修饰、限制成分。附加的状语成分在"把"字句中的分布位置具体有以下三种情况：

第一，位于"把"字结构之前。如：

（5）a.我们必须把这点弄清楚。

　　b.昨天，维修的师傅把空调修好了。

位于"把"字结构之前的附加状语成分既可以分布在主语之后，"把"字结构之前，如例（5a）；也可以分布在主语之前，如例（5b）。它们都在各自的"把"字句中起着修饰或限制的作用。

另外，位于"把"字结构之前的修饰或限制成分常常不止一个，如"老板一定会把评语交给她"、"他在一开始并没有把阿光放在眼里"。

第二，位于"把"字结构之后。如：

（6）a. 一句话把屋子里的人都引得笑起来。

      b. 他把杠铃<u>从地上</u>提到胸前。

      c. 他把所有事<u>都</u>告诉我。

在这类"把"字句的"把"字结构之后,谓语动词前都插入了附加的修饰或限制成分。例(6a)中有一个副词"都",在谓语动词"引"前构成限制成分;例(6b)中有一个介词短语"从地上",在谓语动词"提"前构成限制成分;而例(6c)虽然没有 D 段,但是也有一个起限制作用的状语成分处在谓语动词之前,即副词"都"。

位于"把"字结构后,谓语动词前的修饰限制成分常常不止一个,如"我们把老同志都陆续请回来了"、"孩子们把能踩坏的花草一点也没留下"。

第三,位于"把"字结构前后。如:

(7)a. 他们必须把这一切全都放下。

     b. 你应当把事情的经过向领导汇报。

这类"把"字句的"把"字结构前后都分布着状语成分,起修饰或限制的作用。其中,例(7a)的两个状语成分都是由副词充当的,即"必须"和"全都";而例(7b)的前一个状语是由助动词"应当"充当,后一个状语则由短语"向领导"充当。

同时,在"把"字结构前后起修饰或限制作用的状语成分通常也不止一个,如"我们必须把一切关于粒子的假象都从头脑里清除出去",在这一"把"字句中的"把"字结构前,有一个附加的状语成分,即副词"必须",而在"把"字结构后还有两个状语成分,即副词"都"和短语"从头脑里"。

值得注意的是,"把"字结构本身在整个"把"字句中就是作状语的,但是与上述起修饰或限制作用的状语成分相比,"把"字结构是"把"字句中必现的状语成分,而上述起修饰或限制作用的状语成分是附加成分,则不是必现的,它们和"把"字结构一起构成了整个"把"字句的多层状语结构。总之,"把"字句整体结构如下:

表 11-1 现代汉语"把"字句整体的结构特征

类型	结构特征		例句
一般"把"字句	NP_1 + 把 + NP_2 + VP (A+把+B+C(+D))	NP_1+把+NP_2+V+谓词性成分 (A+把+B+C+D)	小王把书放在桌子上。
		NP_1+把+NP_2+V+NP_3 (A+把+B+C)	他把话筒给我。
特殊"把"字句	NP_1+把+NP_2+V+助词（着/了/过）（A+把+B+C+D）		妈妈把衣服洗了。
	NP_1+把+NP_2+V（A+把+B+C）		我们把范围缩小。
	含其他附加成分的"把"字句	A+状语+把+B+C（+D）	我们必须把这点弄清楚。
		A+把+B+状语+C（+D）	一句话把屋子里的人都引得笑起来。
		A+状语$_1$+把+B+状语$_2$+C+D）	你应当把事情的经过向领导汇报。

　　"把+NP_2"是"把"字句中必现的基本状语成分,作用是引出对象,在此基础上还可以加上表示时间、方位、原因、目的或条件的其他附加状语成分,但这些附加的状语成分应该放在"把"字结构之前还是之后呢?

　　通过考察老舍的短篇小说中的语料,笔者发现其他附加的状语成分位于"把"字结构前的"把"字句共 220 例,占所有"把"字句的 18.98%;位于"把"字结构后的"把"字句共 207 例,占所有"把"字句的 17.86%;而"把"字结构前后都分布着附加状语成分的"把"字句仅 43 例,占所有"把"字句的 3.71%。可见"把"字句中的附加状语成分常分布于"把"字结构之前,但仍有相当数量的附加状语成分位于"把"字结构之后,甚至还有少数"把"字句的"把"字结构前后都分布着附加状语成分。下面,我们将重点探讨导致这种分布规律的原因。

　　第一,附加成分分布在"把"字结构之前的原因:

　　①可以使处置对象和处置动作、处置结果的联系更加紧密。根据管辖与约束理论的观点,一个句子由主管成分和受管成分构成,其中,充当主管成分的是诸如动词一类的短语中心语,充当受管成分的是其"补语"①。在"把"字

_____

　　①　乔姆斯基所讨论的"补语"实指宾语。

句中,由于介词"把"的引介作用,宾语提到了谓语动词之前,根据管辖约束理论,"把"字句中的谓语动词管辖的是前置的宾语,比如"百货公司<u>已经</u>把冬季用品准备齐全",句中的动词"准备"直接管辖前置宾语"冬季用品",处置对象与处置动作、处置结果直接粘连在了一起,能更好地突出"把"字句典型的处置意义。管辖约束理论还指出,若动词后插入了其他短语形式,则宾语就不再受动词的管辖,而受到插入的其他短语的中心语管辖。因此,若"把"字句的宾语和谓语动词之间插入了其他附加的状语成分,那么宾语成分将不再受谓语动词管辖,转而受到插入的其他附加成分的中心语管辖,比如"我们把校友们<u>都</u>请回来了",句中的宾语与谓语动词之间插入了副词"都",使得受事宾语"校友们"不再直接受动词"请"的管辖,而是先受到插入的附加状语成分"都"的管辖,进而强调了受事宾语的范围,弱化了处置对象所受到的处置动作及产生的处置结果意义。因此,将附加成分置于"把"字结构之前,既可以突出强调处置动作发生的时间、方位、原因、目的或条件,又可以保留"把"字句本身典型的处置意味。所以"把"字句中的附加状语成分大多是分布在"把"字结构之前。

②可以强调主语的状态或与"把"字句有关的事件发生的时间、方位、原因、目的或条件。当附加的状语成分位于主语之前时,可以强调与"把"字句有关的事件发生的具体时间、方位、原因、目的或条件,如"<u>为了让女儿接受更好的教育</u>,他把老家的房子卖了",主语前的这一附加状语成分说明了与"把"字句有关的事件发生的原因。而当附加的状语成分位于主语之后,"把"字结构之前时,附加成分的语义指向主语,强调的是主语的状态如何,如"我们<u>必须</u>把这点弄清楚","把"字结构前的副词"必须"强调的是主语"我们"所处的状态,表明的是主语"我们"的决心。因此,附加成分置于"把"字结构前是因为说话者需要强调主语的状态或交代与"把"字句有关的事件发生的时间、方位、原因、目的、条件等。

③可以消除歧义,并使句子更加流畅。将附加状语成分置于"把"字结构前可以消除置于"把"字结构后所产生的歧义。如:

(8)a. 队长怕冷似的把膀子抱起来。

　　b. ＊队长把膀子怕冷似的抱起来。

　　若将附加状语成分"怕冷似的"放在"把"字结构后，句子便会产生歧义，使得表意不明。如(8b)，究竟是"队长"怕冷，还是"膀子"怕冷？要消除这样的歧义，只需将这一附加状语成分置于"把"字结构之前，以明确是主语"队长"怕冷。因此，将附加成分置于"把"字结构之前可以消除歧义，使语句理解起来更加流畅自然。

　　值得注意的是，有的附加状语成分只能位于"把"字结构之前，如例(8a)，这是由于其附加成分"怕冷似的"语义指向主语"队长"，而不是宾语"膀子"。此外，否定副词"没有"作"把"字句的附加成分也只能置于"把"字结构之前。如：

　　(9)a. 我没有把钱还给她。　　　　b. ＊我把钱没有还给她。

　　王红旗(2003)指出，"把"字句中的介词"把"在语法化的过程中仍保留着原本的控制意义，特别是在主语为施事，宾语为受事的"把"字句中，介词"把"的控制意义较强，因为介词"把"还存有动词的部分意义，所以由于语义的需要，否定副词"没有"必须将"把"字结构纳入其管辖范围之中，接受其管辖。故例(9a)成立，(9b)不成立。

　　第二，附加成分分布在"把"字结构之后的原因：

　　①用以强调宾语的状态。宾语之后，谓语动词之前插入其他附加的状语成分时，则说话者更加强调宾语的状态如何。比如，"我把他们的一车炸弹全烧完了"，插入在"把"字结构后，谓语动词前的副词"全"指向的是受事宾语"他们的一车炸弹"，强调受事宾语接受处置动作及其所产生的处置结果的程度、范围等信息。因此，将附加成分置于"把"字结构后，是由于说话者需要强调宾语的状态。

　　②受事宾语过长，所以在其后用附加成分来稍作停顿，使句子更加顺畅。如：

　　(10)我一五一十地把凤霞过去送人，家珍病后没让有庆退学的事全说了。

　　这例"把"字句受事宾语部分很长，其后插入副词"全"，一方面可以起到强调宾语范围的作用,另一方面还可以在此处稍作停顿,使整个句子读起来更加顺畅自然。

③从语篇上来看,附加成分置于"把"字结构之后可使前后文衔接更加连贯。如:

(11)黑孩把粘着鼻涕的树叶象贴传单一样拍到墙上。

这例中的第二句说的是"把鼻涕擦了",因此为了使前后衔接得连贯自然,第三句应该紧接着说"鼻涕"怎么样了。所以,为了紧承第二句,第三句马上将"把粘着鼻涕的树叶"提出来,然后再插入附加状语成分"象贴传单一样"。这样的谋篇布局能够使语篇更加具有连贯性。

同时,有的附加状语成分又只能位于"把"字结构之后。如:

(12)a. 一句话把屋子里的人都引得笑起来。

     b. *一句话都把屋子里的人引得笑起来。

这与范围副词"都"的语义指向有关。当它位于"把"字结构后、谓语动词前时,如例(12a),其语义指向宾语"屋子里的人",强调宾语的范围;当它位于"把"字结构前、主语后时,如例(12b),其语义指向的是主语"一句话",而"一句话"表达的是单数的概念,并不存在所谓的范围,因此例(12b)不成立。

第三,"把"字结构前后都分布着附加状语成分的原因主要有以下两个:一是更加具体地说明与"把"字句有关的事件发生的具体时间、方位、原因、目的或条件等;二是保持句子的前后平衡,使句子显得更加匀称。

最后,需要说明的是,有的附加状语成分既可以放在"把"字结构前、主语后,又可移至"把"字结构后、谓语动词前,但其意义和语用表达效果有所不同。如:

(13)a. 我们都把作业交了。   b. 我们把作业都交了。

例(13)中的两个"把"字句都成立,但是它们表达的意义有所不同。例(13a)强调的是"我们都交了作业",强调的是没有人没交作业;而例(13b)强调的是"作业都交了",强调的是没有哪一门作业没交。意义的不同是由于范围副词"都"分布的位置不同,导致其语义指向不同。再比如:

（14）a. 小和尚们<u>从山下</u>把水抬到山上。　b. 小和尚们把水<u>从山下</u>抬到山上。

这例中的两个"把"字句也都成立,但各自的语用效果不同。例(14a)的附加成分"从山下"位于主语之后,"把"字结构之前,这样的表达有突出强调小和尚们"从山下"抬水上山很辛苦的语用效果;而例(14b)的附加状语成分移至"把"字结构后,谓语动词前,强调受事宾语"水"的方位变化是由"山下"到了"山上",强调的是受事宾语方位的变化。

二、"把"字句中各部分的结构

"把"字句各部分指的是构成"把"字句的四个基本要素,即 A、B、C、D 四段,而不包括"把"字句中其他附加的修饰或限制成分。

（一）A 段的结构形式

通过对语料的考察,我们可以将"把"字句 A 段的结构特征总结如下:

表 11-2　"把"字句 A 段的结构形式

"把"字句 A 段的结构形式			例句
词	名词	专有名词	<u>黑格尔</u>把自然界解释成"绝对观念"的"外化"。
		普通名词	<u>石榴</u>把树枝压得弯弯的。
	代词	人称代词	<u>我们</u>把他的裤腿角儿挽到膝盖以上。
		指示代词	<u>这</u>把我们两国人民联系在一起。
短语	名词性短语		<u>较强大的国家</u>把本国利益看得高于一切。
	谓词性短语		<u>吃螃蟹</u>把孩子吃吐了。
省隐			我们一定要放开手脚,把乡镇企业抓上去。

（二）B 段的结构形式

通过对语料的考察,我们将"把"字句 B 段的结构特征总结如下:

表 11-3　"把"字句 B 段的结构形式

"把"字句 B 段的结构形式			例句
词	名词	专有名词	晓莹姑娘把<u>黄明</u>带到西湖边的柳树下。
		普通名词	他把<u>手枪</u>藏在一片灌木丛中。
	代词	代称代词	汽车把<u>她</u>带走了。
		指示代词	他把<u>这</u>称为"知识的半衰期"。
	形容词		山下的灯把<u>黑暗</u>照亮了。
	动词		男权主义把<u>破坏</u>当作生产。
短语	名词性短语		老师把<u>自己的工作职责</u>推给了我。
	谓词性短语		省委、省政府把<u>建立劳动力市场</u>纳入整个市场建设的总体规划。

(三)C 段的结构形式

"把"字句的 C 段结构形式不复杂,通常表示某个具体或抽象的动作,因此其结构形式常常是动词。如:

(15)a. 咱们把话<u>说</u>在前头。

　　b. 他们把果皮箱<u>擦</u>得一尘不染。

　　c. 我们把每家公司推荐的一篮子股票<u>汇总</u>。

　　d. 贪官污吏把他<u>恨</u>得要命。

"把"字句 C 段的结构形式还有两点需要说明:其一,形容词也可以构成"把"字句的 C 段,但这种情况下的形容词多活用为动词,如"他的汗已把衣裳<u>湿透</u>(老舍《哀启》)";其二,在日常交流或文学作品中,受话语语境或上下文语境的影响,"把"字句的 C 段可以被省隐,如"这一怀疑,把硬气都跑了(老舍《歪毛儿》)",按照正常的表达,这一"把"字句应该表示为"这一怀疑,把硬气都怀疑跑了",因为受前一分句中谓语动词的影响,这里省隐了 C 段的"怀疑"。

(四)D 段的结构形式

通过对语料的考察,我们将"把"字句 D 段的结构特点总结如下:

表 11-4 "把"字句 D 段的结构形式

"把"字句 D 段的结构形式			例句
词	实词	动词	人们把小牛犊抱走了。
		形容词	他把镜子打得粉碎。
	虚词	助词	他把钥匙丢了。
短语	谓词性短语		一场冬雪把西子湖畔装扮得更加娇美。
	加词性短语		婆婆把衣服放在那张雕花的大木床上。

从上文的讨论可以知道,"把"字句的 A 段、C 段和 D 段都可以在一定的语境中省隐,但在任何情况下都不能省隐 B 段。也就是说,B 段是"把"字句必现的成分,它必须出现在"把"字句中,不得省隐,否则"把"字句就是不合规则的病句;而 A 段、C 段和 D 段不是"把"字句的必现成分,它们可以根据语境和表达的需要省略或隐含。但受到介词"把"的语法功能的制约,"把"字句的 B 段必须出现,因为介词"把"具有引介的作用,它作为虚词必须依附于一定的词或短语,不可能单独出现在句中,因此介词"把"的后面必定要带上被引介的成分,即 B 部分,"把+B"一起构成"把"字句的状语成分。此外,"把"字句的 A 段、C 段和 D 段的省隐也并不是随意的,必须要依据相应的语境,在一定的语言环境中才能进行省隐。

"把"字句的句法结构一般表现为"NP$_1$+把+NP$_2$+VP"。具体来说,又可以把这一句法结构细分为以下两种形式,一是"NP$_1$+把+NP$_2$+V+谓词性成分",如"我把信封翻过来";二是"NP$_1$+把+NP$_2$+V+NP$_3$",如"他把话筒给我"。然而在一般的、典型的"把"字句之外,还存在大量特殊的"把"字句,它们或是谓语动词后直接跟上助词(着/了/过)的"把"字句,如"妈妈把衣服洗了";或是谓语动词为动补式合成词的"把"字句,如"我们把范围缩小";或是一些包含了其他附加的修饰或限制成分的"把"字句,如"我们必须把这点弄清楚"。

总之,可以将现代汉语中的"把"字句简单表述为"A+把+B+C+D"。其中,A、B是"把"字句的对象段;C是"把"字句的动作段;D是"把"字句的结果段。A、B、C、D四段是"把"字句的基本组成要素,各有不同的结构形式。

第三节 "把"字句的语义内涵

"把"字句有着极其丰富的语义内涵。下面将首先探讨"把"字句内部各部分语义内涵,并在此基础上,来分析"把"字句整体的句式意义。

一、"把"字句各部分的语义特征

我们将从"把"字句各部分的语义特征、语义关系及"把"字句C段、D段的语义指向三个方面来展开"把"字句语义内涵的分析论述。

(一)"把"字句各部分的语义特征

通过对语料的考察,我们将"把"字句各部分的语义特征总结如下:

表 11-5 "把"字句各部分的语义特征

"把"字句的 各部分	语义特征	例句
A 段	[+生命]	侯隽把奶奶接来了。
	[-生命]	十几支快枪把我挤在床上。
	[+事件]	吃螃蟹把孩子吃吐了。
B 段	[+生命]	尤大兴把秦妙斋锁在了大门外边。
	[-生命]	你把梯子放在墙上。
	[+事件]	他们把家长送子女入学视为国民应尽的义务。

续表

"把"字句的 各部分	语义特征	例句
C 段	［+处置］	他把手举起来了。
	［-处置］	一瓶酒把刘强喝醉了。
D 段	［+状态］	齐英在刁世贵的炮楼上把火点着了。
	［+程度］	女子把自己放松一些，男人闻着味儿就来了。
	［+方位］	他把车开往公安局。
	［+动量］	他把儿子打了一顿。
	［+时量］	他把自己关了两天。
	［+持续］	低着头把她的美在心里琢磨着。
	［+完成］	子敬在院内把看护所应做的和帮助做的都尝试过。 他把钥匙丢了。
	［+变化］	她把屋子收拾得干干净净。

（二）"把"字句各部分之间的语义关系

1. "把"字句 A 段与 B 段的语义关系

"把"字句的 A 段与 B 段之间存在着下面三种语义关系：

第一，"施事—受事"。如"他把手枪藏在一片灌木丛中。"

第二，"致事—感事"①。如"一阵冷风把林乃永和一块现洋吹到萃云楼上。"

第三，"致事—施事"。如"一瓶酒把刘强喝醉了。"

"处置义把字句"的 A 段和 B 段之间都是"施事—受事"的语义关系；而"致使义把字句"的 A 段和 B 段之间则是"致事—感事"或"致事—施事"的关系。

2. "把"字句 A 段与 C 段的语义关系

"把"字句的 A 段与 C 段之间存在着多种语义关系，具体如下：

---

① 感事：或受到，或接受，或感受，或经历某一行为效果的个体。（吴平，2009）

第一,"施事—动作"。如"小王把书放在桌子上。":

第二,"致事—动作"。如"汗水把衣服湿透了。"

第三,"因事—动作"①。如"写这篇文章把他累惨了。"

"致使义把字句"的 A 段与 C 段之间不仅存在"致事—动作"的语义关系,还存在"因事—动作"的语义关系。这例"把"字句的 C 段为"累",它的发生是由 A 段所涉及的事件的发生所导致的,"写这篇文章"这一事件的发生致使"他累惨了"这一事件的产生,"累"这一动作也就随之发生。因此,在这组"致使义把字句"中,A 段所涉及的对象又成为 C 段的因事。

总之,在"处置义把字句"中,A 段与 C 段之间都表现为"施事—动作"的语义关系;而在"致使义把字句"中,A 段与 C 段之间的语义关系相对复杂,可能是"致事—动作"的关系,也有可能是"因事—动作"的关系。

3."把"字句 A 段与 D 段的语义关系

"把"字句的 A 段与 D 段之间的语义关系是"施事—状态"的关系,即 A 段具有 D 段所表的状态。换句话说,"把"字句的 A 段与 D 段之间有一种说明与被说明的语义关系。如"她把事情想明白了。"

并不是所有"把"字句的 A 段与 D 段之间都有这种"施事—状态"的语义关系,只有在 D 段语义指向 A 段的"处置义把字句"中才存在这样的语义关系,而其他的"处置义把字句"和所有的"致使义把字句"的 A 段与 D 段之间都不存在任何的语义关系,如"小王把书放在桌子上"、"爆炸声把刘强震晕了"。

4."把"字句 B 段与 C 段的语义关系

"把"字句的 B 段与 C 段之间也存在着多种语义关系,具体如下:

第一,"受事—动作"。如"小王把书放在桌子上。"

第二,"施事—动作"。如"一瓶酒把刘强喝醉了。"

第三,"感事—动作"。如"汗水把衣服湿透了。"

在"处置义把字句"中,B 段与 C 段之间都是一种"受事—动作"的语义关

---

① 因事:导致事件发生的外因。(刘培玉,2009)

系;但在"致使义把字句"中,B 段与 C 段之间可能是"施事—动作"的关系,也可能是"感事—动作"的关系。

5."把"字句 B 段与 D 段的语义关系

"把"字句的 B 段与 D 段之间存在着三种具体的语义关系:

第一,"受事—状态"。如:"小王把书放在桌子上。"

并不是所有的"处置义把字句"中的 B 段与 D 段之间都存在这种"受事—状态"的语义关系,只有在 D 段语义指向 B 段的"处置义把字句"中才表现出了这样的语义关系,而诸如"她把事情想明白了""老人把存单折好了"这两例"处置义把字句"的 B 段与 D 段之间不存在任何语义关系。

第二,"施事—状态"的语义关系。如"一瓶酒把刘强喝醉了。"

第三,"感事—状态"的语义关系。如"爆炸声把刘强震晕了。"

所有的"致使义把字句"的 B 段与 D 段之间都存在这种"施事—状态"或"感事—状态"的语义关系,只有在 D 段语义指向 B 段的"致使义把字句"中才表现出了这样两种语义关系,而在其他的"致使义把字句"中,B 段与 D 段之间不存在任何的语义关系,如"汗水把衣服湿透了。"

6."把"字句 C 段与 D 段的语义关系

"把"字句 C 段与 D 段之间是一种"动作—结果"的语义关系,即 C 段动作的进行和完成造成了 D 段的结果。如:"你把车开过来。""他把钥匙丢了。"

无论是"处置义把字句"还是"致使义把字句",C 段与 D 段之间都是"动作—结果"的语义关系。

(三)"把"字句 C 段和 D 段的语义指向

在"致使义把字句"中,C 段的语义指向存在差异;但是不论在"致使义把字句"还是在"处置义把字句"中,D 段的语义均有不同的指向。

1."把"字句 C 段的语义指向

在"致使义把字句"中,C 段的语义可能指向 A 段,也可能指向 B 段。

第一,"把"字句 C 段语义指向 A 段。当"把"字句 C 段语义指向 A 段时,表示 A 段不自主地发出了 C 段的动作。如:"大雨把道路冲刷得干干净净"。

"爆炸声把刘强震晕了。"它们可以进行如下转换:"大雨把道路冲刷得干干净净。=>大雨冲刷道路,道路干干净净。"和"爆炸声把刘强震晕了。=>爆炸声震刘强,刘强晕了。"

第二,"把"字句 C 段语义指向 B 段。当"把"字句 C 段语义指向 B 段时,表示 B 段所涉及的对象主动发出了 C 段的动作。如:"一瓶酒把刘强喝醉了。"可以变换:"刘强喝一瓶酒,刘强醉了。"

在"处置义把字句"中,C 段的语义只能指向 A 段,表示 A 段主动发出了 C 段的处置动作。

2."把"字句 D 段的语义指向

在现代汉语"把"字句中,D 段的语义可以指向谓语动词,也可以指向动词所涉及的人或事物,即指向动作的发出者或是承受者。

第一,"把"字句 D 段语义指向 A 段。当"把"字句 D 段所表语义指向 A 段时,表示 A 段所涉及的对象的状态发生了某种变化。语义指向 A 段的"把"字句 D 段通常由性质形容词构成。如:"她把事情想明白了。""我们把这人看清楚了。"它们同样可以进行如下转换:"她把事情想明白了。=>她想事情,她明白了。"和"我们把这人看清楚了。=>我们看这人,我们清楚了。"

第二,"把"字句 D 段语义指向 B 段。大部分"把"字句的 D 段的语义都指向 B 段,以表示 B 段所涉及的对象的状态、方向或发生了某种位置上的变化。语义指向 B 段的"把"字句的 D 段通常由动词、形容词或短语构成。如:

(16)a. 姥爷把他赶走了。　　　　b. 我把帆挂起来了。(老舍《阳光》)

这组"把"字句的 D 段都是动词,可以把它们转换为:

姥爷把他赶走了。=>姥爷赶他,他走了。我把帆挂起来了。=>我挂帆,帆起来了。

再如:(17)他们把果皮箱擦得一尘不染。

(18)老人把水喝干了。

这两例的 D 段都是形容词,可以将其转换为:"他们把果皮箱擦得一尘不染。=>他们擦果皮箱,果皮箱一尘不染。""老人把水喝干了。=>老人喝水,水干了。"

又如:(19)她懂事地把书放到篮子里。

(20)他把手套放在椅子上。

这些"把"字句的 D 段都是介词短语,可以将其转换为:

"她懂事地把书放到篮子里。=>她懂事地放书,书到篮子里。"

"他把手套放在椅子上。=>他放手套,手套在椅子上。"

第三,"把"字句 D 段语义指向 C 段。当"把"字句 D 段所表语义指向 C 段时,表示与谓语动作有关事件的结果,此结果通常为与谓语动作有关事件的状态、程度、动量、时量或时态有了某种变化。指向 C 段的"把"字句 D 段通常由动词、形容词、助词或短语构成。如:

(21)a. 我又逐渐地把它们想起来。(老舍《阳光》)　b. 他把信看完了。

这组"把"字句的 D 段都是动词,可以将其转换为:

"我又逐渐地把它们想起来。=>我想它们,又逐渐地想起来。"

"他把信看完了。=>他看信,看完了。"

再如:(22)老人把存单折好了。

(23)汗水把衣服湿透了。

这组"把"字句的 D 段都是形容词,可以将其转换为:

"老人把存单折好了。=>老人折存单,折好了。"

"汗水把衣服湿透了。=>汗水湿衣服,湿透了。"

又如:(24)a. 他把钥匙丢了。

b. 低着头把她的美在心里琢磨着。

c. 子敬在院内把看护所应做的和帮助做的都尝试过。

这组"把"字句的 D 段都是动态助词,可以将其转换为:

他把钥匙丢了。=>他丢钥匙,丢了。

低着头把她的美在心里琢磨着。=>低着头在心里琢磨她的美,琢磨着。

子敬在院内把看护所应做的都尝试过。=>子敬在院内尝试看护所应做的,尝试过。

比如:(25)女子把自己放松一些,男人闻着味儿就来了。(老舍《月牙儿》)

（26）他把自己关了两天。

（27）他把诗看了两遍。

这组例句中的"把"字句的 D 段都是短语,可以将其转换为:

女子把自己放松一些 => 女子放松自己,放松一些。

他把自己关了两天。 => 他关自己,关了两天。

他把诗看了两遍。 => 他看诗,看了两遍。

因此,"处置义把字句"D 段的语义既可以指向 A 段,又可以指向 B 段,还可以指向 C 段。但"致使义把字句"D 段的语义只可以指向 B 段和 C 段,不可以指向 A 段。如"寒风把他们赶回来了",这例"把"字句 D 段的语义指向的是 B 段;而"汗水把衣服湿透了",这例"把"字句 D 段的语义则是指向 C 段。

二、"把"字句的句式意义

弗雷格曾提出意义组合性原理,即"一种语言中的每一个表达式的意义是其直接构成成分的意义和用以联结这些成分的句法规则的函项"[1]。换句话说,弗雷格认为词汇意义或句式意义就是其组成成分意义的总和。但"把"字句的句式意义在其各组成结构的意义之外还有一些其他独立的意义,因此准确说来,这一部分所讨论的句式意义,实际上指的是构式意义。构式意义是指其整体意义大于各组成成分的意义之和,就"把"字句而言,即"'把'字句的构式意义并不是由句中各词汇意义的简单相加,而是具有整体性意义"[2]。Goldberg(1995)认为"构式并非只有一个固定不变的、抽象的意义,而是通过包括许多密切联系的意义,这些意义共同构成一个家族"[3]。

虽然"把"字句表示的都是使"把"字引出的对象产生某种结果、发生某种变化或处于某种状态,主体引起这种结果、变化或状态的方式有两种:一是施

---

[1] John, *Lyons. Linguistic Semantics：An Introduction*,外语教学与研究出版社 2000 年版,第 103 页。

[2] 王璐璐、袁毓林:《述结式与"把"字句的构式意义互动研究》,《语言教学与研究》2016 年第 3 期。

[3] 牛保义:《构式语法理论研究》,上海外语教育出版社 2011 年版,第 97 页。

事主体主动实施某一动作,从而使某一对象发生了某种变化;二是主体在其他外在因素的影响下实施了某一动作,继而使对象发生了某种变化。第一种方式具有强烈的处置性,而第二种方式不具有处置性。因此,"把"字句在"说话人对事件的主观认定"这一构式意义的基础上,还可以具体细分为处置意义和致使意义。

(一)处置意义

处置意义是"把"字句的典型意义,因为"把"字句式在产生之初就形成了处置意义,并且它也是绝大多数"把"字句的句式意义。"把"字句的处置意义是指施事主体主动发出处置动作,对介词"把"引出的受事对象施加影响,使其产生某种结果,发生某种变化或处于某种状态。所以,在表处置意义的"把"字句中施事主体常带有强烈的处置性。如:"小王把书放在桌子上。""他把杯子打破了。""我把哥哥撵出去。"这些都是典型的"处置义把字句",都表示处置意义。施事主语"小王""他""我"主动发出处置动作"放""打""撵",并最终产生"书在桌子上""杯子破了""哥哥出去"等处置结果。

"把"字句的处置意义产生于"把"字句式形成之初,要探讨处置意义的由来,就需要去探索"把"字句的来源。"把"字句主要是由动词"把"构成的连动式虚化而来。崔勇、陶薇(2008)认为,当动词"把"进入连动句时,由于动词"把"和其后出现的动词在连动句中的先后顺序不同,因此,相较于连动句中的后一动词而言,"把"处于连动句中次要动词位置,久而久之,"把"作为及物动词的功能渐渐减弱。而当动词"把"后的宾语与连动句中后一动词后的宾语相同时,由于经济性原则以及押韵、字数等方面的要求,后一动词所带的宾语会逐渐被省略,后一动词的语义重心也就随之全部转向动词"把"后所带的宾语上。本来处于次要动词地位的"把"的动词功能就逐渐减弱,再加上后一动词的语义重心又转移到了"把"所带的宾语上,"把"的动词性就更加无处凸显了。这样的过程在历史中不断继续,动词"把"就逐渐虚化为引出受事宾语的介词,"把"字句由此产生,其所具有的处置意义也随之产生。

形成"把"字句处置意义的原因还有受到句法、语篇的制约,一般的主动宾句中的动补短语后常常不能带受事宾语,在一定的语境中如果一定要引进受事宾语或需要突出强调受事宾语时,只能将受事宾语放在谓语动词前,用介词"把"引出。由介词"把"引出受事宾语,放在谓语动词之前,这样不仅可以强调受事宾语,而且突出了"把"前的施事主语对"把"后的受事宾语发出的处置动作。因此,"把"字句所具有的处置意义与绝大多数"把"字句中宾语的语义角色为"受事"有关,施事主体主动对受事客体发出处置的动作,这一动作的进行和完成会对受事客体产生某种影响。

(二)致使意义

"叶向阳(1997、2004)和郭锐(2003、2009)等学者认为'把'字句的语法意义是为了表达一种致使情景(causative situation)。叶向阳(2004)将'把'字句分析为两个事件,其中一个事件导致了另一个事件的发生,前一个事件是致使事件(causing event),后一个事件是被使事件(caused event)"①。因此,"把"字句的构式意义还包括致使意义。但与处置意义相比,致使意义是"把"字句的非典型意义,它也是在处置意义的基础上发展演变而来的。所谓"把"字句的致使意义,即指在某种外在因素的影响下,主语不自主地发出谓语动词所表动作,这一动作致使"把"字引出的对象发生某种变化;或指主语致使某一对象发出某种动作,这一动作造成了某种结果。所以,表致使意义的"把"字句中的主语常常不具备处置性。可以将句中的"把"看成是已经虚化的动词,与"让、使"的意思相近。如:"一瓶酒把刘强喝醉了。""汗水把衣服湿透了。""爆炸声把刘强吓晕了。"这都是典型的"致使义把字句",主语具有非施事的特征,具有非处置性。此外,"把"字句致使意义形成的机制和动因主要表现为以下两点:

第一是受句中动补结构的影响。如:"汗水把衣服湿透了。"可以将这种"把"字句转换为相应的动宾句:"汗水把衣服湿透了。=>汗水湿透了衣服。"

---

① 王璐璐、袁毓林:《述结式与"把"字句的构式意义互动研究》,《语言教学与研究》2016年第3期。

　　由此可以看出,如果将"致使义把字句"中的"把"去掉,将其改为简单的动宾句,句中的致使意义仍然存在。所以,"把"字句致使意义的形成不是受介词"把"或"把"字结构的影响,而是受这类"把"字句中的动补结构的制约而产生的。整个"把"字句在句中动补结构的影响下形成一种致使意义。

　　第二是语义功能的演变。在唐代产生之初,"把"字句具有典型的处置意义,如"莫把杭州刺史欺"、"不把庭前竹马骑"。到了宋代,"把"字句的结构类型有所增加,但表示的仍然是一种处置意义,如"师便把火筋放下"、"师把西堂鼻孔拽着"。但是到了元明时期,"把"字句的语义结构发生较大的变化,"把"的宾语不再只是受事,也可能是施事,例如"把那山神庙忽然倒塌"、"把嗓音都哭哑了"等句,此时的"把"字句在表处置意义的基础上增加了一种致使的意义。因此在产生之初,"把"字句只表处置意义,但随着语义功能的演变,后来也可以表达致使意义,经过了从处置意义到致使意义的阶段和过程。

　　总之,"处置类'把'字句更强调处置行为的施事的参与,致使类'把'字句则更关注致使客体的变化"①。"处置义把字句"的施事主体具有强烈的处置意愿,而"致使义把字句"的致事主体往往具有非施事的特征,不具有处置意愿。

　　通过对"把"字句各部分语义内涵的分析,发现 D 段的语义内涵最为复杂。首先,它的语义特征最为丰富,有[+状态]、[+程度]、[+方位]、[+动量]、[+时量]、[+持续]、[+完成]、[+变化],一共七种语义特征,分别表示了不同的动作结果意义;其次,D 段的语义指向存在着极大的差异,它既可以指向 A 段,也可以指向 B 段,还可以指向 C 段,这就导致了线性句法结构完全相同的"把"字句具有相当不同的语义内涵。我们应该如何更加直观地来表示隐藏在"把"字句内部的复杂语义内涵呢?

　　这将是在下一节逻辑语义分析中讨论的重点。

　　在分析"把"字句各部分语义特征、语义关系、语义指向的基础上,我们

还集中探讨了"把"字句整体的句式意义,即构式意义。"把"字句具有"处置意义"和"致使意义"两大构式意义。其中,"处置意义"是"把"字句的典型意义,它产生于"把"字句形成之初,动词"把"逐渐虚化为介词,使得带有动词"把"的连动句逐渐转变为"把"字句,整个句式随之产生了处置意义,此外,处置意义的形成也与绝大多数"把"字句中宾语的语义角色为"受事"有关;而"致使意义"是"把"字句的非典型意义,它是在"处置意义"的基础上,经过发展演变而来的,因此其形成原因主要是语义功能的演变以及句中动补结构。

第四节 "把"字句的逻辑语义内涵

从前面的分析可知,"把"字句的语义内涵十分复杂丰富。"把字句是一个表义非常复杂的句式,我们不能指望对其做出一种涵盖一切的简单解释,任何盲目的努力都只会使人陷入一种窘境"①。因此,我们将采用逻辑语义学中的谓词逻辑法,运用数理逻辑符号来对现代汉语"把"字句丰富的语义内涵进行形式化的描写与分析。

"把"字句中 D 段通常是句子信息的焦点,相对于 A 段、B 段和 C 段而言,D 段的语义内涵更加灵活多变,其中不同语义内涵,特别是不同的语义指向,会使整个"把"字句的内部逻辑语义关系发生巨大的变化。因此,由于 D 段的语义指向不同,"把"字句的逻辑语义内涵也存在极大的差异,其相应的逻辑语义表达式也会有所不同。

我们将运用谓词逻辑法对不含附加成分的"处置义把字句"和"致使义把字句"进行逻辑语义分析。"处置义把字句"包括了四种结构形式,而"致使义把字句"有两种结构形式。下面将根据"把"字句 C 段和 D 段的不同指向,运

---

① 郭燕妮:《致使义"把"字句的句式语义》,《盐城师范学院学报》(人文社会科学版)2008 年第 3 期。

用谓词逻辑法,分别来描写与阐释不同类型、不同结构形式的"把"字句复杂的语义内涵。

一、"把"的逻辑语义内涵

在逻辑语义学中,谓词逻辑可分为一阶谓词逻辑、二阶谓词逻辑……n 阶谓词逻辑、高阶谓词逻辑。其中,在一阶谓词逻辑中,谓词引出的变元只是个体变元,如"$P(u)$";而在二阶谓词逻辑、三阶谓词逻辑……n 阶谓词逻辑中,谓词引出的变元就增加了关系变元,如"$Q(u,v,\cdots\cdots)$";但是在高阶谓词逻辑中,谓词引出的变元既有个体变元,也有关系变元,如"$R[u,v,S(w)]$"。因此,我们在对现代汉语"把"字句进行逻辑语义分析时,统一用高阶谓词逻辑来处理其中的介词"把",将其看作是一个高阶谓词。

"把"字句的论元结构可以概括为由高阶谓词"把′"引出两个个体变元和两个关系变元(单一事件)。其中,两个个体变元构成一个有序对,而两个关系变元之间是合取的关系,可以用二元算子"&"连接。个体变元表示"把"字句涉的对象,而其中一个关系变元表示动作意义,另一个关系变元表示结果意义,它们之间的合取关系表示"把"字句所具有的动作结果意义。同时,高阶谓词"把′"引出的个体变元与具有合取关系的关系变元之间存在着一种处置或致使的关系。

二、处置性"把"字句的逻辑语义内涵

"处置义把字句"通常有以下四种句法结构:一是"NP_1+把+NP_2+V+谓词性成分";二是"NP_1+把+NP_2+V+NP_3";三是"NP_1+把+NP_2+V+了/着/过";四是"NP_1+把+NP_2+V"。下面,我们将分别对这四种句法结构的"处置义把字句"进行逻辑语义分析。

(一)"NP_1+把+NP_2+V+谓词性成分"式的"把"字句

这是 A、B、C、D 四段齐全的"把"字句。C 段"V"的语义只能指向 A 段,但由于 D 段(谓词性成分所表示的处置结果)有不同的语义指向,所以这种结

构的"把"字句有不同的语义内涵,相应的逻辑语义分析也有所不同。

1. D 段语义指向 A 段的"把"字句

这类"把"字句的 D 段表示 A 段主动发出 C 段动作后所产生的结果,即 A 段(NP₁)具有 D 段所表状态。如:

(29)她把事情想明白了。

我们可以将这个"把"字句的内部逻辑语义关系形式化地表示为:

S_1:把$_D$′[她,事情,想′(她,事情)&明白了′(她)]   ①

我们也可以将上述语句处理为:

S_1:把$_D$′[她,事情,想′(她,事情)【子命题1】&明白了′(她)【子命题2】]【复合命题2】

【复合命题1】

这是一个以"把$_D$′"①为谓词的逻辑语义命题,整个"把"字句由于所具有的处置意义,生成了一个更大的复合命题,即复合命题2"把$_D$′[她,事情,想′(她,事情)& 明白了′(她)]",该命题以"把$_D$′"为谓词,复合命题1增加两个关涉对象作论元,这两个论元分别为"她"和"事情",表示与谓词"把$_D$′"有关的主体对象。在复合命题2中,论元"她""事情"和复合命题1之间存在着一种处置与被处置的关系。

逻辑语义式①可以进一步抽象,这例"把"字句的内部逻辑语义关系可以用符号表示如下:

S_1:∃x∃y{把$_D$′[x,y,V′(x,y)&AP′(x)]}②   ②

其中,"把$_D$′"、"V′""AP′"表示逻辑谓词,"V′(x,y)"表示由动词"V"生成的谓词"V′"所构成的子命题,"AP′(x)"表示由形容词性成分"AP"生成的谓词"AP′"所构成的子命题。在语义上,"V′(x,y)<AP′(x)"③。"V′"、"AP′"是两个连续出现的谓词,其中,"V′"涉及两个论元,这两个论元与谓词

---

① "把 D"是指"处置义把字句"中的"把";D 是"Dispose"的简称,意思是"处置"。

② x、y表示与谓词函数有关的变量论元;"∃x"表示"至少存在一个变量论元 x","∃y"表示"至少存在一个变量论元 y"。下同。

③ "<"表示"(时间上)先于"。下同。

"把$_D$'"所涉及的论元同为 x、y；而"AP'"只涉及一个论元，即 x。

我们还可以利用 λ 算子对逻辑语义式②作进一步的抽象，如下：

S_1：$\lambda P\lambda Q\{\exists x\exists y\{把_D'[x,y,P'(x,y)\&Q'(x)]\}\}$①　③

2. D 段语义指向 B 段的"把"字句

这类"把"字句的 D 段表示 A 段主动发出 C 段动作后所产生的结果，即 B 段（NP$_2$）具有 D 段所表达的状态。如：

（30）小王把书放在桌子上。

根据句子的语义，可以把它内部的逻辑语义关系形式化地表示为：

S_2：把$_D$'［小王，书，放'（小王，书）&在桌子上'（书）］　①

也可以把上述语句描写为：

S_2：把$_D$'［小王，书，<u>放'（小王，书）【子命题1】&在桌子上'（书）【子命题2】</u>］【复合命题2】

【复合命题1】

这是一个以"把$_D$'"为谓词的逻辑语义命题。由于"把"字句所具有的处置意义，整个句子生成了一个更大的复合命题，即复合命题 2"把$_D$'［小王，书，放'（小王，书）& 在桌子上'（书）］"，该命题以"把$_D$'"为谓词，由复合命题 1 增加两个论元构成，这两个论元分别为"小王"和"书"，它们表示与谓词"把$_D$'"有关的主体对象。在复合命题 2 中，论元"小王""书"和复合命题 1 之间有一种处置关系。

在逻辑语义式①的基础上，可将"把"字句的内部逻辑语义关系用符号表示为：

S_2：$\exists x\exists y\{把_D'[x,y,V'(x,y)\&PP'(y)]\}$　②

其中，"把$_D$'""V'""PP'"表示逻辑谓词，"PP'(y)"表示由介词短语"PP"生成的谓词"PP'"所构成的子命题。在语义上，"V'(x,y)<PP'(y)"。"V'""PP'"是两个连续出现的谓词，其中，"V'"涉及两个论元，这两个论元与谓词"把$_D$'"所涉及的论元完全相同，均为 x、y；而"PP'"只涉及一个论元，即 y。

———

① P、Q 表示逻辑谓词。下同。

还可以利用λ算子将逻辑语义式②进一步抽象,如下:

S_2: $\lambda P\lambda Q\{\exists x\exists y\{把_D{}'[x, y, P'(x, y)\&Q'(y)]\}\}$ ③

3. D段语义指向C段的"把"字句

这类"把"字句的D段表示A段主动发出C段动作后所产生的结果,即C段(V)具有D段所表状态。如:

(28a)老人把存单折好了。

从结构形式上看,这例中的"把"字句的谓语动词"折"为及物的动作行为动词,表示处置动作;结果补语"好"为性质形容词,表示处置结果。在语义上,"好"的语义指向谓语动词"折",表示"折存单"这一事件的结果,即"折好";"好"也表示"折存单"事件的状态发生了变化,由动作开始前"没折好"的状态变化为动作结束时"折好"的状态;结果补语"好"具有[+状态]、[+变化]的语义特征,表示状态变化的处置结果意义。在逻辑关系上,"好"是"折"的结果或目的,"折"是"好"的前提或过程,它们之间不但存在动作发生时间的先后关系,还存在"过程—结果"或"前提—目的"的关系。

我们可以把这个句子内部的逻辑语义内涵形式化表示为:

S_3: 把$_D{}'$[老人, 存单, 折'(老人, 存单)&好了'(折)] ①

同样可以将上述语句描写为:

S_3: 把$_D{}'$[老人, 存单, <u>折'(老人, 存单)【子命题1】&好了'(折)【子命题2】</u>]【复合命题2】

【复合命题1】

整个"把"字句由于所具有的处置意义,生成了一个更大的复合命题,即复合命题2"把$_D{}'$[老人,存单,折'(老人,存单)& 好了'(折)]",该命题以"把$_D{}'$"为谓词,由复合命题1增加两个论元构成,这两个论元分别为"老人"和"存单",它们表示与谓词"把$_D{}'$"有关的主体对象。在复合命题2中,论元"老人""存单"和复合命题1之间存在着一种处置与被处置的关系。

在逻辑语义式①的基础上,可将这"把"字句的内部逻辑语义关系用符号表示为:

S_3: $\exists x\exists y\{把_D{}'[x, y, V'(x, y)\&AP'(V)]\}$ ②

在逻辑语义式②中，"把$_D$'""V'""AP'"表示逻辑谓词，"V'"涉及两个论元，这两个论元与谓词"把$_D$'"涉及的论元完全相同，均为 x、y；而"AP'"只涉及一个动作动词"V"。同时，在语义上，"V'(x,y)<AP'(V)"。

还可以利用 λ 算子对逻辑语义式②进行进一步的抽象，如下：

S_3: λPλQ{∃x∃y{把$_D$'[x, y, P'(x, y)&Q'(P)]}}　　　　　③

（二）"NP$_1$+把+NP$_2$+V+NP$_3$"的"把"字句

这类"把"字句仅包含 A、B、C 三段。从语表结构上看，这类"把"字句没有表示结果的 D 段，但是其结果意义隐含在处置动作"V"和其后的宾语"NP$_3$"中，"V+NP$_3$"既包含了一种处置动作意义，又隐含了一种处置结果变化意义。且 C 段的语义只能指向 A 段，即指向"NP$_1$"。如：

（3a）他把话筒给我。

上例中 A 段"他"为施事，B 段"话筒"为受事，C 段"给"为给予性动词，表示处置动作，而"我"是句中的致使性宾语。随着"给"动作的进行和完成，受事"话筒"发生位移性变化，并且所属关系也随之变化，由"不在我手上"变化为"在我手上"。因此，"给我"既表示处置动作意义，又表示了一种处置结果变化意义。

可以将这例"把"字句的逻辑语义内涵形式化地表示为：

S_4：把$_D$'[他，话筒，给'（他，话筒）& 有'（我，话筒）]　　　　　①

这样的语义内涵也可以描写为：

S_4：把$_D$'[他，话筒，给'（他，话筒）【子命题1】& 有'（我，话筒）【子命题2】]【复合命题2】

　　　　　　　　　　【复合命题1】

整个"把"字句由于所具有的处置意义，生成了一个更大的复合命题，即复合命题 2"把$_D$'[他，话筒，给'（他，话筒）& 有'（我，话筒）]"，该命题以"把$_D$'"为谓词，由复合命题 1 增加两个论元构成，这两个论元分别为"他""话筒"，它们表示与谓词"把$_D$'"有关的主体对象。在复合命题 2 中，论元"他""话筒"和复合命题 1 之间存在着一种处置与被处置的关系。

在逻辑语义式①的基础上,将它内部逻辑语义关系用逻辑符号表示为:

$$S_4: \exists x \exists y \exists z \{ \text{把}_D'[x, y, V_1'(x, y) \& V_2'(z, y)] \} ① \qquad ②$$

其中,"把$_D'$"、"V_1'"、"V_2'"表示逻辑谓词,"$V_1'(x, y)$"表示由动词"V_1"生成的谓词"V_1'"所构成的子命题,"$V_2'(z, y)$"是借以表达句中隐含的处置结果意义的子命题。在语义上,"$V_1'(x, y) < V_2'(z, y)$"。这一逻辑表达式涉及三个论元,即 x, y, z;"V_1'""V_2'"是两个连续出现的谓词,其中,"V_1'"涉及两个与谓词"把$_D'$"完全相同的论元,均为 x、y;"V_2'"也涉及两个论元,即 z, y。

还可以利用 λ 算子将逻辑语义式②进一步抽象,如下:

$$S_4: \lambda P \lambda Q \{ \exists x \exists y \exists z [\text{把}_D'[x, y, P'(x, y) \& Q'(z, y)]] \} ③$$

(三)"NP_1+把+NP_2+V+了/着/过"的"把"字句

这类"把"字句也包含 A、B、C、D 四段,C 段"V"的语义也只能指向 A 段。但与第一类"把"字句不同的是,它的 D 段只能由动态助词"了/着/过"构成,同时,D 段的语义只能指向 C 段,即指向"V",表示与谓语动词有关的事态发生了某种变化。因此,这类"处置义把字句"的语义内涵比较单一。如:

(4a)妈妈把衣服洗了。

从结构形式上看,上例的 C 段"洗"表示处置动作;D 段"了"为动态助词,表示 C 段处置动作的完成。从语义上看,"了"的语义指向谓语动词"洗",表示"他洗衣服"这一事件的完成,因此,D 段助词"了"具有[+完成][+变化]的语义特征,表示事态变化的处置结果意义。

我们可以将这一"把"字句的内部逻辑语义表示为:

$$S_5: \text{把}_D'[\text{妈妈}, \text{衣服}, \text{洗}'(\text{妈妈}, \text{衣服}) \& \text{有}'(\text{洗}, \text{了})] ①$$

这样的语义内涵也可以描写为:

$$S_5: \text{把}_D'[\text{妈妈}, \text{衣服}, \underline{\text{洗}'(\text{妈妈}, \text{衣服})}【子命题1】 \& \underline{\text{有}'(\text{洗}, \text{了})}【子命题2】]【复合命题2】$$

【复合命题1】

由此可见,由于"把"字句所具有的处置意义,整个句子生成了一个更大

---

① "z"表示与谓词函数有关的变量论元;"$\exists z$"表示"至少存在一个变量论元 z"。

的复合命题,即复合命题 2"把$_D$'[妈妈,衣服,洗'(妈妈,衣服)＆有'(洗,了)]",该命题以"把$_D$'"为谓词,由复合命题 1 增加两个论元构成,这两个论元分别为"妈妈"和"衣服",它们表示与谓词"把$_D$'"有关的主体对象。在复合命题 2 中,论元"妈妈""衣服"和复合命题 1 之间存在着一种处置与被处置的关系。

我们可以对逻辑语义式①进一步进行抽象,其内部逻辑语义可以用符号表示如下:

S_5: $\exists x \exists y \{把_D' [x, y, V'(x, y) ＆ 有'(V, 了)]\}$ 　　　　②

其中,"把$_D$'"、"V'"、"有'"表示逻辑谓词,"有'(V,了)"是对子命题"V'(x,y)"中的谓词"V'"具有动作完成的终点意义的时态进行解释。在语义上,"V'(x,y)<有'(V,了)"。

我们还可以利用 λ 算子对逻辑语义式②进行进一步的抽象,如下:

S_5: $\lambda P \{\exists x \exists y \{把_D' [x, y, P'(x, y) ＆ 有'(P, 了)]\}\}$ 　　③

(四)"NP$_1$+把+NP$_2$+V"的"把"字句

这种结构形式的"把"字句仅包含 A、B、C 三段。这类"把"字句在语表结构上虽然也没有表结果的 D 段,但是其 C 段动词"V"多为动补式合成词,因此,C 段动词"V"本身既表动作意义,又表结果意义。同时,C 段所包含的动作意义只能指向 A 段,即指向"NP$_1$";结果意义只能指向 B 段,即指向"NP$_2$"。如:

(5)我们把范围缩小。

这个"把"字句中的 C 段为动补式的合成词"缩小",既包括处置动作"缩",又包括处置结果"小",因此具有[＋处置][＋结果]的语义特征,表示处置动作及处置结果意义。并且处置结果意义指向的是受事宾语"范围",表示随着处置动作"缩"的进行,受事宾语"范围"的状态发生相应变化,即变"小"。

我们可以将这例"把"字句的内部逻辑语义表示为:

S_6: 把$_D$' [我们, 范围, 缩'(我们, 范围)＆小'(范围)] 　　　　①

这样的语义内涵也可以描写为：

S_6：把$_{D}'$［我们，范围，缩'（我们，范围）【子命题1】& 小'（范围）【子命题2】]【复合命题2】

【复合命题1】

由于"把"字句具有处置意义，整个句子生成一个更大的复合命题，即复合命题2"把$_{D}'$［我们，范围，缩'（我们，范围）& 小'（范围）]"，该命题以"把$_{D}'$"为谓词，由复合命题1增加两个论元构成，这两个论元分别为"我们"、"范围"，它们表示与谓词"把$_{D}'$"有关的主体对象。在复合命题2中，论元"我们"、"范围"和复合命题1之间存在着一种处置与被处置的关系。

在逻辑语义式①的基础上，可将内部的逻辑语义关系用符号来表示：

S_6：$\exists x \exists y \{把_{D}' [x, y, V'(x, y) \& A'(y)]\}$　　　　　②

"把$_{D}'$"、"V'"、"A'"表示逻辑谓词，"V'（x，y）"表示由动词"V"生成的谓词"V'"所构成的子命题，该命题涉及到与谓词"把$_{D}'$"涉及的论元完全相同的两个论元 x、y；"A'（y）"是由形容词"A"生成的谓词"A'"所构成的子命题，该命题只涉及一个论元，即 y。

还可以利用 λ 算子对逻辑语义式②进行进一步抽象，如下：

S_6：$\lambda P \lambda Q \{\exists x \exists y \{把_{D}' [x, y, P'(x, y) \& Q'(y)]\}\}$　　　③

综上所述，"处置义把字句"有四种句法结构，即"NP$_1$+把+NP$_2$+V+谓词性成分"、"NP$_1$+把+NP$_2$+V+NP$_3$"、"NP$_1$+把+NP$_2$+V+了/着/过"和"NP$_1$+把+NP$_2$+V"。在这四种结构的"把"字句中，C 段"V"均指向 A 段，即指向"NP$_1$"，但由于结果段的语义指向不同，导致这四种句法结构的"把"字句内部都有着丰富而复杂的语义内涵，逻辑语义表达也有很大的差异。具体情况如下：

第一，"NP$_1$+把+NP$_2$+V+谓词性成分"的"处置义把字句"有三种逻辑语义内涵：

S_1：$\lambda P \lambda Q \{\exists x \exists y \{把_{D}' [x, y, P'(x, y) \& Q'(x)]\}\}$

S_2：$\lambda P \lambda Q \{\exists x \exists y \{把_{D}' [x, y, P'(x, y) \& Q'(y)]\}\}$

S_3：$\lambda P \lambda Q \{\exists x \exists y \{把_{D}' [x, y, P'(x, y) \& Q'(P)]\}\}$

这类"处置义把字句"的逻辑语义表达式均为复合命题,以"把$_D$'"为逻辑谓词。其中,x、y 表示命题的变量论元,P、Q 表示不同的谓词。"P'(x,y)"表示以"P"为谓词的子命题,该命题涉及两个论元,即 x、y,该命题表示处置动作意义;"Q'(x)""Q'(y)""Q'(P)"均表示以"Q"为谓词的子命题,它们都只涉及一个论元,且都表示处置结果变化意义。在这些复合命题中,子命题与子命题之间是处置动作及处置结果关系,并且都是合取关系,此外都存在时间上的先后顺序。同时,在这种结构的"处置义把字句"中,谓词"把$_D$'"引出的都是两个事件,一个是与处置动作有关的事件,一个是与处置结果有关的事件。除此之外,这类"处置义把字句"的逻辑语义表达式之间的差异主要表现在子命题 2 上,子命题 2 所涉及的论元有所不同,导致其逻辑语义内涵存在巨大差异的原因主要是 D 段的语义指向不同,当 D 段语义指向 A 段时,子命题 2 涉及一个个体论元,即 x;当 D 段语义指向 B 段时,子命题 2 也只涉及另一个个体论元,即 y;当 D 段语义指向 C 段时,子命题 2 涉及的是一个动作论元,即 P。

第二,"NP$_1$+把+NP$_2$+V+NP$_3$"的"处置义把字句"逻辑语义内涵相对比较单一,即:

$$S_4: \lambda P \lambda Q \{ \exists x \exists y \exists z \{ 把_D' [x, y, P'(x, y) \& Q'(z, y)] \} \}$$

这类"把"字句的逻辑语义表达式中,涉及三个论元,即由谓词"把$_D$'"引出的变量论元 x、y 以及表结果意义的子命题 2 所涉及的变量论元 z。"V+NP$_3$"既表示动作意义,又表示结果意义,所以它生成了两个子命题,即表示动作义的子命题 1"P'(x,y)"和表示结果义的子命题 2"Q'(z,y)"。其中,子命题 2"Q'(z,y)"是借以表句中隐含的处置结果意义的,论元 z 由"V+NP$_3$"引出,论元 y 则由句中隐含的结果意义的所指对象引出。

第三,"NP$_1$+把+NP$_2$+V+了/着/过"表"处置义把字句"时逻辑语义表达式为:

$$S_5: \lambda P \{ \exists x \exists y \{ 把_D' [x, y, P'(x, y) \& 有'(P, 了)] \} \}$$

"有'(P,了)"是对子命题"P'(x,y)"中的谓词"P"具有动作完成的终点意义的时态进行解释,表示事态完成的结果变化意义。但是这类"把"字句的子命题 2 的谓词不同于第一、二类"把"字句,这主要与 D 段所表示的结果意义有关,当 D 段表示状态变化的结果意义时,子命题 2 的谓词为"Q";当 D 段表示时态变化的结果意义时,子命题 2 的谓词为专门用以解释时态的"有′"。

第四,"NP_1+把+NP_2+V"的"处置义把字句"也只有一种逻辑语义内涵,即:

$$S_6: \lambda P \lambda Q \{\exists x \exists y \{把_b' [x, y, P'(x, y) \& Q'(y)]\}\}$$

在这种结构形式的"处置义把字句"中,C 段既具有处置动作意义,又具有处置结果意义,因此,句中的 C 段"V"生成了两个子命题,即表示动作义的子命题"$P'(x,y)$"和表示结果义的子命题"$Q'(y)$"。且因为其中的处置结果意义只能指向 B 段,即指向"NP_2",所以子命题"$Q'(y)$"只涉及一个论元,即 y。我们还发现,S_2、S_6 属于不同句法结构的"处置义把字句",但是它们的逻辑语义表达式完全相同,这说明它们具有相同的语义内涵,这主要是由于 S_6 的 C 段具有处置动作、结果的双重意义,且结果意义只能指向 B 段,这与 S_2 的 D 段的语义指向完全相同,所以它们的语义内涵相同,相应的逻辑语义表达式也相同。

三、致使性"把"字句的逻辑语义内涵

"致使义把字句"通常有以下两种句法结构:一是"NP_1+把+NP_2+V+谓词性成分";二是"VP+把+NP+V+谓词性成分"。将在下文分别对这两种句法结构的"致使义把字句"进行逻辑语义分析。

(一)"NP_1+把+NP_2+V+谓词性成分"的"把"字句

A、B、C、D 四段齐全的"把"字句,由前面的分析可知,在这类"致使义把字句"中,C 段"V"和谓词性成分所表示的致使结果 D 段有着不同的语义指向。因此,这类"把"字句的语义内涵极其复杂,其逻辑语义表达也将存在极大的差异。"致使义把字句"的 C 段既可以指向 A 段,也可以指向 B 段。下面,我们将对 C 段指向 A 段、B 段的"把"字句的逻辑语义内涵分别进行形式化的描写与阐释。

1. C 段语义指向 A 段的"把"字句

在这类"致使义把字句"中,D 段又有不同的语义指向。由前文的分析可知,"致使义把字句"的 D 段只能指向 B 段或 C 段。

第一,D 段语义指向 B 段的"把"字句。

这类"把"字句表示 A 段不自主地发出了 C 段动作,这一动作造成的结果是使 B 段(NP₂)具有 D 段所表示的状态。如:

(53)寒风把他们赶回来了。

这例"把"字句的 A 段为致事"寒风";B 段为感事"他们";C 段和 D 段都是由动词构成的,其中,C 段"赶"为动作行为动词,而 D 段"回来"为趋向动词,具有[+方位]、[+变化]的语义特征,表示方位变化的致使结果意义,它的语义指向 B 段,表示 B 段的活动方向。

我们可以将这个"致使义把字句"的逻辑语义内涵表示为:

S₇: 把ᴄ′［寒风, 他们, 赶′(寒风, 他们) & 回来了′(他们)］　　　　①

这样的语义内涵也可以描写为:

S₇: 把ᴄ′［寒风, 他们, 赶′(寒风, 他们)【子命题1】& 回来了′(他们)【子命题2】］【复合命题2】
_____
【复合命题1】

整个"把"字句具有的致使意义,生成了一个更大的复合命题,即"把ᴄ′［寒风,他们,赶′(寒风,他们) & 回来了′(他们)］",该命题以"把ᴄ′"为谓词,由复合命题 1 增加两个论元构成,这两个论元分别为"寒风"和"他们",表示与谓词"把ᴄ′"有关的主体对象。在复合命题 2 中,论元"寒风"、"他们"和复合命题 1 之间是一种致使关系。

在逻辑语义式①的基础上,这例"把"字句的内部逻辑语义关系可用符号表示为:

S₇: ∃x∃y｛把ᴄ′［x, y, V′(x, y) & VP′(y)］｝　　　　　　②

其中"把ᴄ′"、"V′"、"VP′"表示逻辑谓词,"VP′(y)"表示由动词性成分"VP"生成的谓词"VP′"所构成的子命题。在语义上,"V′(x,y)<VP′(y)"。"V′"、"VP′"是两个连续出现的谓词,其中,"V′"涉及两个与谓词"把ᴄ′"所涉

及完全相同的论元,即 x、y;而"VP′"只涉及一个论元,即 y。

我们还可以利用 λ 算子将逻辑语义式②进一步抽象,如下:

S_7: λPλQ{∃x∃y{把$_c$′[x, y, P′(x, y)&Q′(y)]}}   ③

第二,D 段语义指向 C 段的"把"字句。

这类"把"字句表示 A 段不自主地发出了 C 段动作,这一动作造成的结果是使 C 段(V)动作本身具有 D 段所表示的状态。如:

(39b)汗水把衣服湿透了。

在这一"致使义把字句"中,A 段由普通名词"汗水"构成,表致事;B 段由普通名词"衣服"构成,表感事;C 段由活用为动词的形容词"湿"构成,表示一种动作;而 D 段形容词"透"具有[+程度][+变化]的语义特征,表示程度变化的致使结果意义,它的语义指向 C 段,表示 C 段动作"湿"的程度,表示一种状态。

我们可以将这个"致使义把字句"的内部逻辑语义形式化地表示为:

S_8: 把$_c$′[汗水, 衣服, 湿′(汗水, 衣服)&透了′(湿)]   ①

这样的语义内涵也可以描写为:

S_8: 把$_c$′[汗水, 衣服, <u>湿′(汗水, 衣服)【子命题1】&透了′(湿)【子命题2】</u>]【复合命题2】

【复合命题1】

在"致使义把字句"中,由于所具有的致使意义,生成了一个更大的复合命题,即复合命题2"把$_c$′[汗水,衣服,湿′(汗水,衣服)&透了′(湿)]",该命题以"把$_c$′"为谓词,由复合命题 1 增加两个论元构成,这两个论元分别为"汗水"、"衣服",它们表示与谓词"把$_c$′"有关的主体对象。在复合命题 2 中,论元"汗水"、"衣服"和复合命题 1 之间存在的是一种致使关系。

在逻辑语义式①的基础上,这例"把"字句的内部逻辑语义关系可用符号表示为:

S_8: ∃x∃y{把$_c$′[x, y, V′(x, y)&AP′(V)]}   ②

"把$_c$′""V′""AP′"表示逻辑谓词,"V′""AP′"是两个连续出现的谓词,其中,"V′"涉及两个与谓词"把$_c$′"涉及的论元完全相同的论元,即 x、y;而"AP′"只涉及一个动作动词,即"V"。同时,在语义上,"$V'(x, y)<AP'(V)$"。

利用 λ 算子将逻辑语义式②进一步抽象,如下:

S_8: $\lambda P\lambda Q\{\exists x\exists y\{把_c' [x, y, P'(x, y) \& Q'(P)]\}\}$　　　　③

2. C 段语义指向 B 段的"把"字句

在这类"致使义把字句"中,D 段的语义只能指向 B 段,表示 A 段致使 B 段发出了 C 段动作,这一动作造成的结果是使 B 段(NP_2)具有 D 段所表示的状态。如:

(37b)一瓶酒把刘强喝醉了。(吴平,2009)

这类"把"字句的 A 段为致事"一瓶酒";B 段为施事"刘强";C 段和 D 段均由动词构成,其中,C 段"喝"为动作行为动词,而 D 段"醉"具有[+状态]、[+变化]语义特征,表示状态变化的致使结果意义,它的语义指向 B 段,表示 B 段状态的变化。

这例"致使义把字句"的逻辑语义内涵可以表示为:

S_9: 把$_c'$ [一瓶酒, 刘强, 喝'(刘强, 一瓶酒) & 醉了'(刘强)]　　　①

这样的语义内涵也可以描写为:

S_9: 把$_c'$ [一瓶酒, 刘强, <u>喝'(刘强, 一瓶酒)【子命题1】& 醉了'(刘强)【子命题2】</u>]【复合命题2】
　　　　　　　　　　　　　　　　　　　　　　　　　【复合命题1】

可见,整个"把"字句由于所具有的致使意义,生成了一个更大的复合命题,即复合命题 2"把$_c'$[一瓶酒,刘强,喝'(刘强,一瓶酒)& 醉了'(刘强)]",该命题以"把$_c'$"为谓词,由复合命题 1 增加两个论元构成,这两个论元分别为"一瓶酒""刘强",它们表示与谓词"把$_c'$"有关的主体对象。在复合命题 2 中,论元"一瓶酒""刘强"和复合命题 1 之间存在的是一种致使关系。

在①的基础上,可将这例"把"字句的内部逻辑语义关系用符号表示为:

S_9: $\exists x\exists y\{把_c' [x, y, V'(y, x) \& VP'(y)]\}$　　　　②

"把$_c'$""V'""VP'"表示逻辑谓词,"V'""VP'"是两个连续出现的谓词,其中,"V'"涉及两个与谓词"把$_c'$"涉及的论元完全相同的论元,即 x、y,但它们在两个谓词涉及的命题中出现的先后顺序有所不同,这说明论元 x、y 在两个命题中的语义关系不同;而"VP′"只涉及一个论元,即 y。在语义上,"V′(y, x)<VP′(y)"。

利用 λ 算子将逻辑语义式②进一步抽象,如下:

S_9: $\lambda P \lambda Q \{\exists x \exists y \{把_c' [x, y, P'(y, x) \& Q'(y)]\}\}$ ③

(二)"VP+把+NP+V+谓词性成分"的"把"字句

这也是 A、B、C、D 四段齐全的"把"字句。但与上一类"致使义把字句"的不同之处在于,这类"把"字句的 A 段由动词性成分"VP"构成,具有[+事件]的语义特征,且 C 段"V"的语义只能指向 B 段。但由于 D 段不同的语义指向,导致这种结构的"把"字句有不同的逻辑语义内涵。

1. D 段语义指向 B 段的"把"字句

这类"把"字句表示 A 段致使 B 段发出了 C 段所表示的动作,而这一动作造成的结果是使 B 段(NP)具有 D 段所表示的状态。如:

(18a)吃螃蟹把孩子吃吐了。(刘培玉,2009)

这例"把"字句的 A 段为致事"吃螃蟹",它具有[+事件]的语义特征;B 段为感事"孩子";C 段为动作行为动词"吃";而 D 段"吐"也为动词,它具有[+状态]、[+变化]的语义特征,表示的是状态变化的致使结果意义,它的语义指向 B 段,即"孩子",表示 B 段"孩子"状态的变化。

这例"把"字句的逻辑语义内涵可以表示为:

S_{10}: 把$_c'$ [吃′(孩子,螃蟹),孩子,吃′(孩子,螃蟹)& 吐了′(孩子)]   ①

这样的语义内涵也可以描写为:

S_{10}: 把$_c'$ [吃′(孩子,螃蟹),孩子,<u>吃′(孩子,螃蟹)【子命题1】& 吐了′(孩子)【子命题2】</u>]

【复合命题1】

整个"把"字句由于所具有的致使意义,生成了一个更大的复合命题,即复合命题2"把$_c'$[吃′(孩子,螃蟹),孩子,吃′(孩子,螃蟹)& 吐了′(孩子)]",该命题以"把$_c'$"为谓词,由复合命题1增加一个表示致使事件的事件论元和一个表示对象的个体论元构成。在复合命题 2 中,事件论元"吃′(孩子,螃蟹)"、个体论元"孩子"和复合命题 1 之间存在的是一种致使的关系。

在逻辑语义式①的基础上,可将其内部逻辑语义关系用符号表示为:

$$S_{10}:\ \exists x \exists y \{把_c' [V'(x, y), x, V'(x, y) \& VP'(X)]\} \qquad ②$$

"把$_c$'""V'""VP'"表示逻辑谓词,"V'""VP'"是两个连续出现的谓词,其中,"V'"涉及两个论元,即 x、y;而"VP'"只涉及一个论元,即 x。在语义上,"V'(x, y)<VP'(x)"。

我们还可以利用 λ 算子将逻辑语义式②进一步抽象,如下:

$$S_{10}:\ \lambda P \lambda Q \{\exists x \exists y \{把_c' [P'(x, y), x, P'(x, y) \& Q'(X)]\}\} \qquad ③$$

2. D 段语义指向 C 段的"把"字句

这类"把"字句表示 A 段致使 B 段发出了 C 段动作,这一动作造成的结果是使 C 段(V)具有 D 段所表达的状态。如:

(18b)写这篇文章把他累惨了。

在这一"把"字句中,A 段由谓词性短语"写这篇文章"构成,表致事,具有[+事件]的语义特征;B 段由人称代词"他"构成,是感事;C 段由活用为动词的形容词"累"构成,表示一种动作;而 D 段形容词"惨"具有[+程度]、[+变化]的语义特征,表示程度变化的致使结果意义,它的语义指向 C 段动作"累",表示"累"的程度,表示一种状态。

我们可以将这例"把"字句的内部逻辑语义表示为:

$$S_{11}:\ 把_c' \{写'(他, 这篇文章), 他, 累'[写'(他, 这篇文章), 他] \& 惨了'(累)]\} \qquad ①$$

这样的语义内涵也可以描写为:

$$S_{11}:\ 把_c' \{写'(他, 这篇文章), 他, \underline{累'[写'(他, 这篇文章), 他]【子命题1】\& 惨了'(累)]【子命题2】}\}$$

【复合命题1】

在这一"把"字句中,由于句式具有的致使意义,所以生成了一个更大的复合命题,即复合命题 2"把$_c$'{写'(他,这篇文章),他,累'[写'(他,这篇文章),他]& 惨了'(累)]}",这个命题以"把$_c$'"为谓词,由复合命题 1 增加一个表示事件的事件论元和一个表示对象的个体论元构成。在复合命题 2 中,事件论元"写'(他,这篇文章)"、个体论元"他"和复合命题 1 之间是一种致使关系。

我们可以将这例"把"字句的内部逻辑语义关系用符号进一步表示为：

S_{11}: $\exists x \exists y \{把_c{}' \{V_1{}'(x, y), x, V_2{}'[V_1{}'(x, y), x] \& AP'(V_2)\}\}$ ②

"把$_c{}'$""$V_1{}'$""$V_2{}'$""AP$'$"表示该"把"字句的逻辑语义内涵由四个逻辑谓词表示。从语义上看，"$V_1{}'(x, y) < V_2{}'[V_1{}'(x, y), x] < AP'(V_2)$"。"$V_2{}'$""AP$'$"是两个连续出现的谓词，其中，"$V_2{}'$"涉及两个论元，即事件论元"$V_1{}'(x, y)$"和个体论元"x"；而"AP$'$"只涉及一个动作动词，即"$V_2$"。

我们还可以利用 λ 算子将逻辑语义式②作进一步的抽象，如下：

S_{11}: $\lambda P \lambda Q \lambda R \{\exists x \exists y \{把_c{}' \{P'(x, y), x, Q'[P'(x, y), x] \& R'(Q)\}\}\}$ ③

逻辑语义式③中的 R 也是逻辑谓词。

因此，与前几类"把"字句不同的是，在这类"致使义把字句"的逻辑语义关系表达式中含有三个谓词，即 P、Q、R，意味着这类"把"字句里有三个子事件，即"$P'(x, y)$"表示一个致使事件，"$Q'[P'(x, y), x]$"表示一个动作事件，"$R'(Q)$"表示一个结果事件。而第一个致使事件在整个与"把"字句有关的事件中可以看作是一个事件论元，这一事件的发生致使了动作事件和结果事件的发生。

综上，"VP+把+NP+V+谓词性成分"的这类"致使义把字句"的 A 段表达了一个具体的事件，与其他"把"字句表示人或事物的 A 段不同，由此导致这类"把"字句的逻辑语义内涵与其他"把"字不同，具体表现在以下两个方面：第一，这类"把"字句的逻辑语义表达式不仅含有个体论元，还含有一个事件论元；第二，这类"把"字句的内部包含了三个子事件，一个是致使动作发生的致使事件，一个是具体的动作事件，还有一个是动作导致的结果事件。

总的来看，"致使义把字句"表现出了两种句法结构，一是"NP$_1$+把+NP$_2$+V+谓词性成分"，二是"VP+把+NP+V+谓词性成分"。虽然"致使义把字句"的句法结构形式比"处置义把字句"少，但由于它的动作 C 段和结果 D 段均有不同的语义指向，因此隐藏在"致使义把字句"内部的逻辑语义关系其实更加复杂，相应的逻辑语义分析也有极大的差异。具体情况如下：

第一，"NP$_1$+把+NP$_2$+V+谓词性成分"表"致使义"时，其逻辑语义内涵如下：

S_7: $\lambda P \lambda Q \{\exists x \exists y \{把_{c}' [x, y, P'(x, y) \& Q'(y)]\}\}$

S_8: $\lambda P \lambda Q \{\exists x \exists y \{把_{c}' [x, y, P'(x, y) \& Q'(P)]\}\}$

S_9: $\lambda P \lambda Q \{\exists x \exists y \{把_{c}' [x, y, P'(y, x) \& Q'(y)]\}\}$

逻辑语义式 S_7、S_8 表示的是 C 段语义指向 A 段的"把"字句的语义内涵,而逻辑语义式 S_9 表示的是 C 段语义指向 B 段的"把"字句的逻辑语义内涵。它们之间的主要差异是表动作意义的子命题 1 所涉及的两个论元的出现顺序不同。主要原因是论元 x、y 在两类逻辑语义式中的语义关系存在不同。逻辑语义式 S_7、S_8 中的子命题 1 为"$P'(x,y)$",命题表示的是 A 段,即 x,发出了某种动作;而逻辑语义式 S_9 中的子命题 1 为"$P'(y,x)$",该命题表示的是 B 段,即 y 发出了某种动作。在 C 段语义指向 A 段的"致使义把字句"中,因为 D 段不同的语义指向,造成其内部的逻辑语义关系也存在很大差异,这种差异主要体现在子命题 2 所涉及的论元上,当 D 段语义指向 B 段时,子命题 2 涉及的是一个个体论元,即 y,其逻辑语义内涵为 S_7;而当 D 段语义指向 C 段时,子命题 2 涉及的是一个动作论元,即 P,其逻辑语义内涵为 S_8。

第二,"VP+把+NP+V+谓词性成分"表"致使义"时,其逻辑语义内涵如下:

S_{10}: $\lambda P \lambda Q \{\exists x \exists y \{把_{c}' [P'(x, y), x, P'(x, y) \& Q'(X)]\}\}$

S_{11}: $\lambda P \lambda Q \lambda R \{\exists x \exists y \{把_{c}' \{P'(x, y), x, Q'[P'(x, y), x] \& R'(Q)\}\}\}$

这类"把"字句的 C 段语义只能指向 B 段,但因为 D 段有不同的语义指向,所以子命题 2,即"$Q'(x)$""$R'(Q)$",所关涉论元不同,所以形成了两种完全不同的逻辑语义内涵。同时,因为这类"把"字句的 A 段具有[+事件]语义特征,所以它的逻辑语义表达式包含一个事件论元。此外,这类"把"字句内部包含着三个子事件,即事件论元表示致使事件、致使动作以及致使动作所导致的结果事件。

综上所述,从语义上来看,现代汉语"把"字句是按"对象+动作+结果"这样的线性结构排列起来的,所以容易认为"把"字句表示的就只是某一对象实施了某种动作,从而使另一对象产生了某种结果。但如果深究其内部的语义关系,特别是语义指向的话,就会发现"把"字句内部的逻辑语义内涵是极其丰富的,但从"把"字句语表上的线性排列上,并不能看出其内部迥异的语义内涵。所以,我们尝试运用逻辑语义学中的谓词逻辑法,将"把"字句各种不同的语义内涵用逻辑语义表达式的形式表现出来,希望能为对外汉语教学以及计算机信息处理提供一些帮助。

第五节　歧义"把"字句的逻辑语义内涵

歧义"把"字句指的是那些表意不明的"把"字句,它们在一定条件下表达的是一种处置意义,在另一种条件下则表达的是一种致使意义。由于这样的歧义"把"字句混杂了"把"字句的两种句式意义,所以在一定的条件下不易厘清这类"把"字句中的歧义,这就给对外汉语"把"字句教学以及计算机信息处理带来了一定的困难。不过,从逻辑语义学的角度出发,采用谓词逻辑法进行描写分析,能够对歧义"把"字句语义做出明确的区分。如:

(54)女儿把母亲想死了。(刘培玉,2009)

从语义上看,这是一个既可能表处置意义又可能表致使意义的歧义"把"字句,它既可以表示"女儿想母亲"这一处置意义,又可以表示"母亲想女儿"这一致使意义。表达的是处置义时,C 段动词"想"具有[+处置]的语义特征;表达的是致使义时,C 段动词就具有[−处置]的语义特征。但是,不论是表处置意义还是致使意义,其 D 段"死"的语义都指向 C 段"想",表示的是动作"想"的程度,D 段"死"具有[+程度][+变化]的语义特征。

这例"把"字句的逻辑语义内涵可以表示为:

把′{女儿, 母亲, [想′(女儿, 母亲)#想′(母亲, 女儿)]&死了′(想)}

这一语义式中的逻辑符号"#"表示析取关系,复合命题"想′(女儿,母亲)#想′(母亲,女儿)"的意思是 C 段的语义内涵或表示为子命题"想′(女儿,母亲)",或表示为子命题"想′(母亲,女儿)",或两者皆可。所以,这是一个歧义"把"字句。当 C 段的逻辑语义内涵表示为子命题"想′(女儿,母亲)"时,C 段语义表示"女儿想母亲"的动作意义,此时的"把"字句表处置意义,其逻辑语义关系如下：

　　a1. 把$_D'$ [女儿，母亲，想'（女儿，母亲）&死了'（想）]

　　这是这一歧义"把"字句表处置意义时的逻辑语义命题，"把$_D'$"是该命题的谓词，命题表示"女儿想母亲"的处置意义。在这一逻辑语义式中，"女儿"是带有主观意愿的施事，"母亲"是不带有主观意愿的受事。

　　而当 C 段的逻辑语义内涵表示为子命题"想'（母亲，女儿）"时，C 段表示"母亲想女儿"的动作意义，此时的"把"字句又成了表致使意义的"把"字句，其内部逻辑语义关系可以具体表示为：

　　b1. 把$_C'$ [女儿，母亲，想'（母亲，女儿）&死了'（想）]

　　这是这一歧义"把"字句表致使意义时的逻辑语义命题，这一命题可以解读为"女儿让（使）母亲想死了"，"把$_C'$"是该命题的谓词，命题表示的是"母亲想女儿"的致使意义。在这一逻辑语义式中，"女儿"是不带有主观意愿的致事，而"母亲"是带有主观意愿的施事。

　　根据已有的分析，我们可以用符号将逻辑语义式（a1）、（b1）进一步表示为：

　　a2. $\lambda P \lambda Q$ {$\exists x \exists y$ {把$_D'$ [x, y, P'（x, y）&Q'（P）]}}

　　b2. $\lambda P \lambda Q$ {$\exists x \exists y$ {把$_C'$ [x, y, P'（y, x）&Q'（P）]}}

　　因此，这例歧义"把"字句的歧义主要是表现在表动作意义的子命题 1 上，子命题 1 所涉及的论元出现的顺序没有先后之分，这就使得整个"把"字句呈现出两种截然不同的语义关系，导致其内部呈现出了两种完全不同的语义内涵，由此产生歧义。

　　总之，现代汉语中的歧义"把"字句虽数量不多，但其内部的语义内涵较难辨析，这就给对外汉语教学和计算机信息处理带来了新的挑战。用逻辑语义学的分析方法可以较为直观地呈现出歧义"把"字句所具有的语义内涵，不仅可以使学生更加清楚、直观地看出其中的歧义，也有助于计算机有效地辨别歧义"把"字句。

　　本章在归纳和梳理了现代汉语"把"字句的句法结构和语义内涵的基础上，以逻辑语义学的角度，采用谓词逻辑法来表达隐含在"把"字句内部丰富

而复杂的语义内涵,以期用逻辑语言来描写和转换自然语言。本章主要得出了以下主要结论:

第一,从整体来看,现代汉语"把"字句包括了两大类:一般的、典型的"把"字句和特殊的"把"字句。其中一般"把"字句又可以为两种句法结构,即"NP$_1$+把+NP$_2$+V+谓词性成分"和"NP$_1$+把+NP$_2$+V+NP$_3$";特殊"把"字句则包括 D 段为助词(着/了/过)的"把"字句以及只包含 A、B、C 三段,且 C 段为动补式合成词的"把"字句和包含其他附加成分的"把"字句。在此基础上,"把"字句各部分的结构,是构成"把"字句四个基本成分,即 A 段、B 段、C 段、D 段。

第二,"把"字句各部分都有不同的语义特征,其中 D 段的语义特征最为丰富,有[+状态]、[+程度]、[+方位]、[+动量]、[+时量]、[+持续]、[+完成]、[+变化]等语义特征,分别表示了不同的动作结果意义;它们之间的语义关系也相当复杂;并且 C 段和 D 段均存在语义指向不同的问题,C 段的语义可以指向 A 段、B 段,而 D 段的语义既可以指向 A、B 段,还可以指向 C 段。"把"字句有两种句式意义,一是典型的处置意义,形成于"把"字句式产生之初;二是非典型的致使意义,主要是受到了句中动补结构的影响以及语义功能的演变。

第三,主要运用谓词逻辑法来描写与阐释"把"字句所蕴含的语义内涵,并对歧义"把"字句进行形式化的分析。处理时统一将介词"把"处理为高阶谓词。不过,"处置义把字句"中的介词"把"又不同于"致使义把字句"中的介词"把",在"处置义把字句"中,介词"把"引出处置对象,我们将这类"把"字句的谓词具体表示为"把$_D$′";而在"致使义把字句"中,介词"把"引出施事或感事对象,所以这类"把"字句的谓词具体表示为"把$_C$′"。在对"把"进行逻辑语义处理的基础上,将"把"字句的语义内涵表示为以"把′"为谓词的复合命题,其包括了两个论元和两个子命题,其中一个子命题表示的是动作意义,另一个子命题表示的是结果意义,两个子命题用逻辑符号"&"来连接,表示"把"字句整体的动作及结果关系。同时,绝大部分"把"字句的内部隐含着两个子事件,一个是动作事件,一个是结果事件;另外,还有部分"致使义把字句"的内部隐含着三个子事件,一个是致使事件,一个是动作事件,一个是结果事件。"处置义把字句"有四种句法结构,由于结果段的语义指向不同,导致每种句法结构所隐含的语义内涵存在着差异,所以其逻辑语义表达式也是千差万别;"致使义把字句"只有两种句法结构,但这类"把"字句的动作段和结果段都可能有不同的语义指向,因此存在着各种不同的语义内涵,相应的逻辑语义表达式不仅不同于"处置义把字句",而且自身也需要用不同的逻辑语义表达式来表示各自不同的语义内涵。通过这些逻辑语义表达式,可以较为直观地看出隐藏在"把"字句内部各种不同的语义内涵,这不仅可以展现出歧义"把"字句中的各种意义,给对外汉语"把"字句教学带来新的思路,而且还可以架起自然语言与逻辑语言之间相互转换的"桥梁"。

"把"字句的研究虽然数不胜数,但从逻辑语义的角度进行分析的却不多。本章的研究属于"把"字句逻辑语义分析的第一步,仍有一些未解决的问题:一是本章的逻辑语义分析重点在于解释和说明"把"字句内部的逻辑语义关系,并未涉及"把"字句的时态;二是本章的逻辑语义分析针对的主要对象是最典型、最简单的"把"字句,而没有涉及各种含有附加成分的"把"字句。这些没有得到解决的问题期待在后续的研究中可以着手进行,继续完善"把"字句的逻辑语义分析,并将上述表达式进一步精细化,建立较为完备的现代汉语"把"字句的逻辑语义系统。

第十二章　现代汉语容纳句的
逻辑语义研究

现代汉语容纳句是一类特殊句式,如"一锅饭吃十个人",它不同于最典型的"施事+动作+受事"语义结构。现代汉语容纳句的语义内涵极其丰富,本章对这类语料进行大量搜集、归纳和整理,选用了"容纳句"的称谓,并对这类句式的语义内涵做详细分析,最后结合谓词逻辑法和集合论理念对其逻辑语义进行描写①。

第一节　引　言

一、研究现状

在现代汉语中,我们时常可以看到这样一些句子,如:

(1)一锅饭吃十个人。

(2)一个小时洗两个人。

(3)一个座位坐了三个人。

(4)一瓶二锅头喝了十个人。

(5)一包饲料喂三只羊。

(6)一台热水器洗四个人。

这些句子,它们的语表结构表现为"$NP_1+VP+NP_2$",其中 NP_1、NP_2 均是

① 本章根据课题负责人所指导的研究生谢丽的硕士学位论文《现代汉语容纳句的逻辑语义分析》(四川师范大学,2018,导师刘海燕教授)节选修改而成。

"数词+量词+名词"的形式,用字母表示为"Num+Cl+N"。我们也可以把句子的结构概括为"数量₁+VP+数量₂"的形式。该类句子凸显了一种数量之间的量化关系,并且例句中"NP₁"和"NP₂"位置互换后,句子仍然成立。

对于这类句子的研究,学界经历了一个从无到有、由浅入深的过程。这类句子最早被学界关注到,是在1953年中国科学院语言研究所语法小组所编的《语法讲话》中。文中在提到动词两面性问题时,指出"有的动词是两面性的,主语和宾语可以互换,意思上没有大差别。"一个大饼夹一根油条"也可以说"一根油条夹一个大饼"。"三四个人盖一条被子"和"一条被子盖三四个人"意思也差不多"。① 紧接着,马汉麟(1955)对其提出了不同的看法,认为"夹"和"盖"这两个动词在句中的两面性不能等量齐观,并且提出"一条被子盖三四个人"和"三四个人盖一条被子"的意思有很大差别。马汉麟看到了句式内部存在差异的事实,为"一条被子盖三四个人"。这类句子能够被独立成类进行研究做了铺垫。

从现有的文献资料来看,这类句子的研究成果不断增加,但是研究角度整体呈现错综复杂的局面。仅从对这类句子的命名来看,各学者的出发角度不同,命名也不尽相同。概括发现,学界目前主要用三大名称来命名这类句子,即:"供动句/供用句""双数量结构"和"容纳句"。

(一)以"供动句/供用句"命名的研究现状

一些学者主要根据动词的语义特征对"一条被子盖三(四)个人。"这类句子进行命名。宋玉柱(1986)提出像"一锅饭吃三十个人。""一间屋子住六位学员。"这类句子"主语是受动者,宾语是施动者,全句有'可供'的意义,这样的句子叫供动句"②,宋玉柱先生没有从语表结构来进行限定,而是直接从语义成分来对这类句子进行定义。李敏(1988)提出这类句子中的动词具有不同的动词义,但都被赋予了"供给"的语义,因此他把这类句子定义为"供给义

---

① 马汉麟:《论两面性的动词(语法笔记之一)》,《南开大学学报》1955年第1期。
② 宋玉柱:《现代汉语语法十讲》,南开大学出版社1986年版,第74页。

主宾可互易句"①,归为主宾可逆句中的一种。龙青然(1988)认为"一锅饭吃十个人。"这类句子深层意义结构中隐含了"供……用"的意义,因此也将它们称为"供动句"②,同时具体划分出"标准供动句"和"准供动句"两个大类。龙青然的研究更加明确了这类句子中的[+供用]语义特征。任鹰(1999)将这类句子称为"表供用义的主宾可换位结构"③。他在文章中初次涉及了这类句子的主宾易位情况的讨论,并且认为这类句式的动词语义具有限制性,提出表示"取得"义的动词不能出现在这类句子中,如"买""收"等词。邹海清(2004)把"具有供用义表达的双数量结构句称为供用句"④,认为这类句子是双数量结构中表示特殊含义的一类,并且指出这类句子具有供用义,称它们为供用句。钟敏(2008)同邹海清的观点大体一致,也认为将这类句子采用"供用句"⑤的命名方式更加简洁方便,并且也能很好地概括出句子表"供用义"的语义特征。同时钟敏认为将这类句子称为"供用句",也可以减少句中两个名词位置互换后句子需要重新命名的麻烦。鹿荣、齐沪扬(2010)称这类句子为"供用——益得类可逆句式"⑥,他们提出这类句式是"供用句"和"益得句"之间具有可逆关系的一类特殊句式,其中的"供用句"就是像"一锅饭吃十个人。"这类句子,而"益得句"是"供用句"的可逆形式,如"十个人吃一锅饭。"两位学者第一次将主宾两部分互换前和互换后各自的语义进行了细致的观察和概括。

综上,我们发现"供动句"或者"供用句"的称谓,主要是根据句式中动词具有"供用义"语义特征来进行定义的,以动词为中心。虽然从单方面说明了句子的语义特征,具有一定的概括性,但本章讨论的像"一锅饭吃十个人。"这类句子中动词的具体语义实际上是不凸显的,整个句子更多的是为了表达数量之间的量化配比关系。因此,单从动词的语义特征来命名概括该句式,不能

---

① 李敏:《现代汉语主宾可互易句的考察》,《语言教学与研究》1998年第4期。
② 龙青然:《供动句浅析》,《思维与智慧》1988年第4期。
③ 任鹰:《主宾可换位供用句的语义条件分析》,《汉语学习》1999年第3期。
④ 邹海清:《供用句的非动态性特征与句式语义》,《乐山师范学院学报》2004年第11期。
⑤ 钟敏:《现代汉语供用句研究》,华东师范大学硕士学位论文,2008年。
⑥ 鹿荣、齐沪扬:《供用句的语义特点及可逆动因》,《世界汉语教学》2010年第4期。

很好地表现句子本身所独有的特殊性。并且当这类句子的 NP₁ 是表示时间的数量短语时,句子的"供用义"极大程度地被消解,如"半个月挖一口井。"我们不能表达成"＊半个月供一口井挖。"或者"＊一口井供挖半个月。"同时,用"供用句/供动句"这样的称谓也忽视了句子特殊的语表结构。

(二)以"双数量结构"命名的研究现状

另一批学者直接将这类句子归入双数量结构进行研究,如张旺熹(2009)指出它们是双数量结构中的一个语义小类,双数量结构整体具有"[连续性]特征、[函变关系]特征和[非动态性]特征"①,并提出这种句式着重揭示了相互关联的事物之间在数量上的配置和对应关系。张建理,叶华(2009)在对这类句子的构式进行研究时,把"一锅饭吃十个人。"这类句子归入"含数量词的名词短语 1(NP₁)+动词+含数量词的名词短语 2(NP₂)"②构式中,文章中只是对它们的构式进行了理论上的表述,缺乏对这类结构的构式语义和生成过程的分析。于冰婷(2011)对双数量结构从多角度进行研究,把双数量结构分为含"每"的数量关系和不含"每"的数量关系两大类别,对它们内部的构式语义、易位条件、名词的空间性特征等都进行了探讨。作者提出像"一锅饭吃十个人。"这类属于含"每"的数量关系的双数量结构,而"一次只买几匹马"属于不含有"每"的数量关系的句子。李航(2014)对双数量结构供用类可逆句的否定形式从能性范畴的角度进行了考察。作者指出双数量结构供用类可逆句用"V 不了"或者"V 不下"否定与用"不能 V"否定,两类否定方式会出现不同的语义效果,并且文章最后得出结论"可能补语和能愿动词之间的差异是造成插入'不了'和'不能'的双数量结构供用类可逆句出现不对称现象的主要原因"③。

学者从语表结构入手,将"一锅饭吃十个人。"这类句子划入双数量结构进行分析,然而我们认为,双数量结构是一个大的句式范畴,覆盖范围较广,针

---

① 张旺熹:《汉语句法结构隐形量微探》,北京语言大学出版社 2009 年版,第 5 页。

② 张建理、叶华:《汉语双数量词构式研究》,《浙江大学学报》2009 年第 3 期。

③ 李航:《双数量结构供用类否定形式可逆句研究》,上海师范大学硕士学位论文,2014 年。

对性不强。并且双数量结构只是从语表来揭示这类句子的特殊性,缺乏对语义的概括,如"三天三夜""四十天死三口。"这类句子与我们讨论的"一锅饭吃十个人。"这类句子存在较大的差别。

(三)以"容纳句"命名的研究现状

除此之外,还有一批学者从这类句子的构式语义入手,将它们命名为"容纳句",并在此基础上展开了对这类句子的探讨分析。陆俭明(2004)提出这类句子是"表示容纳性的数量结构对应句式"[①],整个结构式凸显"容纳量+容纳方式+被容纳量"的非动态意义的关系,是一个非事件结构的句式。丁加勇(2006)明确提出"容纳句"这一概念,他指出"用施事一次性参与动作的数量来表示事物的容纳量。本文把这种表示容纳数量关系的句子称为容纳句。"[②]"容纳句"的提出,不仅使该类句子的概念更加清晰,同时也让这类句子囊括的范围变小,研究更具有针对性。黄海军(2009)探讨的容纳句是广义上的容纳句,将表示容纳数量关系的句子都纳入容纳句范畴,如"一张床可以睡两个人。"作者主要从动词语义角色构成的低层次语义关系和构式高层次语义关系进行探讨。文章指出容纳句至少存在 14 种低层次语义关系配置,概括为:施事+动作+受事/处所/工具、受事+动作+施事/处所/受益者、处所+动作+施事/受事/结果/施事+动作+受事、工具+动作+施事、材料+动作+结果、结果+动作+材料、受益者+动作+受事。作者将表示"施事+动作+受事"这样的常规语义模式也纳入探讨范围,分析的范围较大。房战峰(2009)从构式的角度对比了英汉中容纳句的句法语义。文章对英汉中容纳句的语义配置进行了探讨,与黄海军的观点不同,他指出汉语中的容纳句只有五种低层次的语义配置,即"处所+谓语+受事、处所+谓语+施事、受事+谓语+施事、工具+谓语+受事和工具+谓语+施事"[③],这种归类的概括性更强,并将动词的参与者角色与构式的论元角色相结合,指出了 NP_1 和 NP_2 两者特殊的联结规则。张洁

---

① 陆俭明:《"句式语法"理论与汉语研究》,《中国语文》2004 年第 5 期。
② 丁加勇:《容纳句的数量关系、句法特征及认知解释》,《汉语学报》2006 年第 1 期。
③ 房战峰:《英汉语"容纳"句的句法语义对比研究》,宁波大学硕士学位论文,2009 年。

（2010）也采用构式语法理论对容纳句进行分析，但文章的重点放在了对外汉语教学的应用上，对容纳句构式的研究相对较少。郭泉江，罗思明（2011）对容纳句的认知本质和生成机制做了考察，从隐喻和构式语法理论入手，他们提出，"容纳句在认知本质上，是表示一种可能的空间比例关系的特殊句式，表示'点、线、面、体'空间形态的容纳句是空间原型等级的语言实现"[①]。王雯怡，罗思明（2015）在 VP 壳理论视角下探讨了容纳句"NP_1+VP+NP_2"结构，文章从容纳句的内涵等方面分析，认为容纳句中有一个轻动词，并且在轻动词的作用下，容纳句下层结构出现移位现象，同时指出容纳句的出现受语用效果的影响。

最后，还有少量学者针对这类句子，他们采取的是不直接对这类句子进行命名界定，而是以例句为代表来进行归类研究，如易红（2013）、李丽丽（2013）。

二、本章选择"容纳句"命名的缘由

面对众多的说法，本章选用"容纳句"作为这类句子的称谓，理由如下：

（一）"容纳句"这个称谓是从句式的构式语法角度出发进行命名的。构式语法属于语言学中功能主义学派的一个分支，是用认知语言学作为其理论背景，由 Goldberg 和 Paul Kay 等在 20 世纪 90 年代提出来，并建立在 Fillmore "框架语义学"基础上的语法理论。在构式理论中，"句式有其自身独立于组成成分的整体意义，这个整体意义是无法从组成成分或另外的先前已有句式推导出来的，是整体大于部分之和，即 1+1>2"[②]。构式语法具有非模块性、非推导式、全面性的特点。

构式包含了一个句式的句法结构和句式意义。陆俭明提出这类句子具有"容纳量+容纳方式+被容纳量"这样的语义关系，即是说这类句子整体的语义是一种表示数量之间的容纳与被容纳关系，这是从整体语义入手对句式进行

---

①　郭泉江、罗思明：《容纳句的认知本质与生成机制研究》，《语言理论研究》2011 年第4 期。

②　沈莉娜：《现代汉语构式语法研究综述》，《牡丹江教育学院学报》2007 年第 5 期。

归纳分类。"供用句/供动句"表面上虽然以句式语义为着眼点进行称谓,但实际更多的是从句中动词的语义角度,缺乏对句子整体语义的凸显。"双数量结构"从语表结构入手进行命名,使研究范畴扩大,消减了对这类句子的针对性研究。

(二)这类句子虽然存在三种命名方式,但是从学界的接受度来看,"容纳句"的接受范围更广,同时从最新关于这类句子的学术研究文献来看,汪昌松和靳玮先生(2016)独辟蹊径,从句法——音系接口的视阈下对这类句子进行探讨,他们使用的名称也是"容纳句"。

本章借用"容纳句"的名称,在各学者的研究基础之上,对其语义内涵作进一步探讨。运用生成语法理论、集合论、谓词逻辑法等理论和方法对容纳句进行分析研究。

在本章我们主要对现代汉语容纳句的语义内涵做细致的探讨,大致包括容纳句传统的自然语义分析和逻辑语义两部分,具体如下:一是在对容纳句的结构、句法讨论的基础上,对容纳句各小类的语义内涵做系统分析,包括各小类中各部分的语义特征和各小类的句式语义,并且探讨分析容纳句中动词前后两部分可逆的句法条件和语义条件。二是对容纳句的逻辑语义进行描写刻画,在集合论的基础上用谓词逻辑的方法,把各小类中的量刻画出来,并表示出各个量之间的逻辑关系,最后对各类容纳句逻辑语义进行抽象概括。总之,我们对容纳句的传统语义内涵和逻辑语义内涵进行综合分析,完善容纳句整体的逻辑语义内涵体系。

在过去,学者们对容纳句的研究关注度不够,研究成果也较少,而这类句子的语义内涵又极其丰富和复杂。虽然语表形式相同,整个句式都具有[+容纳]语义特征,内部却存在着具体的语义差异,如"一个房间堆十箱苹果。"表示"房间空间与十箱苹果空间位置上的关系",而"一个小时洗两个人。"表示的是"一个小时与两个人洗所花费时间的关系"。学界对这类句子语义内涵的研究,缺乏系统完整的分析和讨论,研究不够深入。在这样的背景下,我们搜集语料进行概括,从句子的语义内涵角度对其进行分析,再引入逻辑语义的相关理论对其各小类的语义内涵进行细致的描写,使人们对这类句子的语义内涵有更明确的了解和认识。同时,也为计算机识别和处理这一类特殊句式做一些基础性的尝试,开启人们对这类句子研究的新视角。

语料主要来源于四个方面:一是现代汉语相关教材或公开出版的相关学术著作,如张谊生(2013)的《现代汉语》,陆俭明(2010)的《汉语语义语法研究新探索(2000—2010演讲集)》,张旺熹(2009)的《汉语句法结构隐性量探微》、李临定(1986)的《现代汉语句型》。二是各学者公开发表的相关文献中出现的语料,如鹿荣(2006)的《现代汉语供用——益得类可逆句研究》,汪昌松、靳玮(2016)的《句法——音系接口视阈下的容纳句研究》,李航(2014)的《双数量结构供用类否定形式可逆句研究》等。三是CCL语料库里检索出的部分语料。如"一板车葱抵两三元钱。"来源于陈桂棣、春桃《中国农民调查》。除此之外,还搜集了日常生活中人们使用的相关语料,必要时也自拟了一些语句来帮助分析。

第二节　容纳句的界定和分类

现代汉语容纳句由于其研究成果分散,因此对其范围界定和分类也都较为模糊。

1. 前人研究的容纳句范围

前人的研究中,一般认为只要表容纳数量关系的句子都是容纳句,包括"容纳空间+容纳方式+被容纳空间"和"被容纳空间+容纳方式+容纳空间"两种语义模式,然而这样的界定缺乏对语表形式的阐释,因此往往容易把"这锅饭能吃八个人。"这类句子也归入容纳句,这样就扩大了容纳句的研究范围。同时,学者们对容纳句和容许句没有进行严格区分。在现代汉语中,容许句的范围更大,容许句是容纳句的上位范畴,不仅包括空间、时间范围的容许,还包括环境状况的容许,如"晴天适合出游。"和表示社会关系之间的容许,如"一夫一妻。"等等。容纳句和容许句有交叉,但又各自不同,现有的研究没有对这两者进行明确界定,容纳句的研究范围显得模糊不清。

2. 研究对象

我们认为,现代汉语容纳句综合了语表和语义两方面,并且这两方面都具有特殊性,它不同于"双数量结构"单纯地表示两个数量结构之间的关系,并且语义范围比"供用句/供动句"涵盖的语义范围更大。其语表结构表现为"[数词$_1$+量词$_1$+名词$_1$($Num_1+Cl_1+N_1$)]+[VP]+[数词$_2$+量词$_2$+名词$_2$($Num_2+Cl_2+N_2$)]",其中Num_1、Cl_1、N_1分别对应数词$_1$、量词$_1$、名词$_1$,VP表示动词短语,Num_2、Cl_2、N_2分别对应数词$_2$、量词$_2$、名词$_2$,同时语义整体表示容纳数量关系,如"一锅饭吃十个人。""一匹马骑两个人。""一本书看两分钟。"等,我们把这类句子作为本章容纳句的研究对象。

3. 容纳句的分类

对容纳句进行分类是对其进行深入研究的前提。在以往的研究中,各学者由于研究目标的不同,已经对容纳句的分类进行了不同的探讨。

(1)前人的分类系统

学者对容纳句的分类主要呈现两种格局:按生成机制和按深层语义格划分。郭泉江和罗思明(2011)是按生成机制分类的代表,他们将容纳句分为两类:

一是典型性容纳句。表示的是由"容器——内容"这样的认知模式直接映射到语言层面。如:"一个房间堆十箱苹果"。典型性容纳句的动词都是具有[+容纳性]语义的状态动词,如"坐、躺、站"等。

二是隐喻性容纳句。"指的是通过隐喻将非空间比例关系的人和事物映射到空间比例关系上"[①]。如:"一锅饭吃十个人"。"一锅饭"与"十个人"没有直接的空间数量关系,而是通过隐喻来表现"一锅饭的数量能容纳十个人的饭量"。

这样的分类将容纳句中最本质的生成机制揭示了出来,通过直接映射和间接映射的方式表示出容纳数量关系,但是这样的分类稍显笼统,不能将容纳句句法范畴里内部的细微差异加以区别和阐述。

[①] 谢丽:《现代汉语容纳句原型语义特征浅析》,《三峡大学学报》2017年第39期。

在容纳句的分类问题上,更多的学者选择的是按句子的深层语义格进行划分。代表人物有鹿荣、黄海军等。

鹿荣(2006)根据句子各部分的语义成分将容纳句一共分为十个类别,①如表12-1:

表 12-1　鹿荣对容纳句的分类

类别	例句
受事+V+与事/受事/施事	a.一份礼物送三个人。 b.一份沙子配两份水泥。 c.一锅饭吃三个人。
材料+V+结果/受事	a.两米布裁一件西装。 b.三张纸糊一扇窗户。
处所+V+材料/受事/结果/施事	a.一个果园里喷三桶农药。 b.一张床上睡三个人。
时量+V+受事/结果/材料/处所/施事	a.一天写五十个字。 b.半个小时坐阳台。 c.一天织一件毛衣。 d.十分钟讲一个人。

黄海军(2009)在此基础上再补充了四类②,提出总共可以划分出 14 类基本语义类型,并把它们总概括为"容纳空间+容纳方式+被容纳空间"这一高层语义关系。

容纳句按句子的深层语义格分出的类别更加具体,能够让人清晰地看出容纳句表层语义关系,但容纳句多出现在口语中,人们在使用口语时富于变化,其语义关系也不会只局限于这十四个类型。因此,这样的分类不能穷尽地表示出各具体类别的语义,分类也稍显繁复而不够简洁。

(2)本文的分类系统

综观学者们对容纳句的研究和分类,我们认为现代汉语容纳句整体表达

---

① 鹿荣:《现代汉语供用——益得类可逆句式研究》,上海师范大学博士学位论文,2006 年。

② 补充的四类语义关系是:受事+动作+处所、处所+动作+(施事+动作+受事)、施事+动作+处所、施事+动作+工具。

数量容纳的关系,那么它的分类应该从"量"的类别来划分。这样既可以紧抓容纳句自身"量"与"量"的关系,又使分类简洁明了。关于"量"的范畴,它是由若干次范畴共同组成的系统,"量"的次范畴主要有六种,即:"物量、空间量、时间量、动作量、级次量、语势"[1]。"物量"指的是对事物数量的计算,现代汉语中,表示"物量"的方式有很多,其中,使用数量短语的方式是最主要的,其余方式还包括使用特殊词语和重复,如"好些"、"家家户户"。单独使用数词或量词的方式也可以表示"物量"。"空间量"主要是对事物的面积、体积或者事物与事物之间距离的计量。"时间量"指的是事物或者某种性状的发生、发展和结束对时间的消耗和计量。"时间量"是一个一维概念,主要由时量词语和时点词语来表示。"动作量"表示计量动作的反复次数和持续时间。"动作量"主要出现于表事件语义的句子中,并且最典型的语义是表示动作反复进行的次数,如"爱迪生经过反复实验,终于发明了电灯。"句中的"反复"凸显了句中的动作量。"级次量"是一个认知概念,如"个""十""百"就存在"级次量"。"语势"表示的是人们用语言来表示说话时内心的情感,通常情况下是采用在句中加入语气词或者使用特定的标点符号的方式。

通过整理,我们发现容纳句中的量主要包含了三类,[2]如表 12-2:

表 12-2　现代汉语容纳句分类

现代汉语容纳句类型		例句
表"空间量"容纳	表"面"容纳	a.一面墙刷两桶漆。 b.一扇窗糊两张报纸。 c.一张纸画五只老虎。
	表"体"容纳	a.一个房间堆十箱苹果。 b.一辆车装四吨煤。 c.一个箱子塞五件衣服。
	"面"和"体"共同容纳	a.一匹马骑两个人。 b.一条凳子坐两个观众。 c.一张桌子放两盆花。

---

① 李宇明:《汉语量范畴研究》,华中师范大学出版社 2000 年版,第 30 页。

② 此处对容纳句的分类是建立在《三峡大学学报》2017 第 39 卷的《现代汉语容纳句原型语义特征浅析》论文基础上进行优化的结果。

续表

现代汉语容纳句类型	例句
表"时间量"容纳	a.一锅饭吃一天。 b.一袋面吃两个星期。 c.一本书看两天。
表"物量"容纳	a.一桶水洗三件衣服。 b.一根绳子捆两件行李。 c.一斤黄瓜炒三个鸡蛋。

其中,"面"指的是面积,"体"指的是体积。"面"的容纳如"一面墙刷两桶漆。"表示的是"一面墙的面积"能够容纳"两桶漆"刷开的面积;"体"的容纳如"一个房间堆十箱苹果。"表示的是"一个房间"的空间能够容纳下"十箱苹果"所占的空间;"面"和"体"共同容纳如"一匹马骑两个人。"表示的是"一匹马"所能提供的空间和马背的面积能够容纳"两个人"所占的空间和面积;"时间量"的容纳如"一锅饭吃一天。"表示的是吃"一锅饭"的时间量能够容纳"一天"的时间量,即吃一锅饭的时间量大于等于"一天"的时间量;"物量"容纳如"一桶水洗三件衣服。"表示的是"一桶水"中水的量能够容纳下洗"三件衣服"所需的水量。我们从"量"的容纳类别来进行分类,在整体语义的基础上探讨小类中具体的语义特征。

第三节　容纳句的句法结构

陆俭明(2009)提出了"构式——语块"句法分析思路,认为词语之间的语义结构关系普遍具有多重性,如"一锅饭吃十个人。"既可以看成"受事+动作+施事"的语义结构,也可以看成容纳量与被容纳量之间的构式关系。他提出,"语块理论的核心内容,根据心理实验提供的数据,大脑运用语言进行组码(即编码)也好,解码也好,能容纳的离散块的最大限度是七块左右(即±7),关注范围是四块左右(即±4);这样一个经过组块(chunking)而形成的语句表面看是由若干语素或者说若干词组合而成的,实际的组成单位是语块(chunk)"。①我们认为,所谓句子的语块,是指将整块运用的向心结构从句子中拆分出来,根据句子的构式语义而进行的语块分组。这样分出来的语块不会使句子"破坏完整性"②,也不容易出现断章取义的不好结果。并且,由于句子语义和语法类型不同,句法层面会存在着多个构式,而每个构式都由语块组成,语块是构式不可缺少的构成单位。

我们根据"构式——语块"句法分析理论,将容纳句分析为"一个构式,三个语块"。"一个构式"指的是"容纳量+容纳方式+被容纳量"构式模式,三个语块分别是语块1:数词$_1$+量词$_1$+名词$_1$($Num_1+Cl_1+N_1$);语块2:VP;语块3:数词$_2$+量词$_2$+名词$_2$($Num_2+Cl_2+N_2$)。

一、容纳句的构式

陆俭明(2010)提出,构式是人类认知域中的意向图示在语言层面的投射,并且对人们从感知客观事物过渡到用言辞表达这个过程做出假设,认为整个过程大概经历了六个层次,即"ⅰ→客观世界(客观事件、客观事物、客观现象以及彼此之间客观存在的相互关系等);ⅱ→通过感觉器官感知而形成直感形象或直觉;ⅲ→直感形象或直觉在认知域内进一步抽象形成意向图式(概念框架);ⅳ→该意向图式投射到人类语言,形成该意向图式的语义框架;ⅴ→该语义框架投射到一个具体语言,形成反映该语义框架的构式;ⅵ→物色具体词项填入该构式,形成该构式的具体句子"③。

可以看到容纳句的构式,首先是由现实生活中存在量和量之间对比的客观事实,如"一锅饭吃十个人。"中人们首先是对十个人的饭量和一锅饭的数量有一个直观的感受,然后形成抽象的意向图式:"一锅饭够十个人吃",最后再投射到一个固定的构式语义框架中,即"容纳量+容纳方式+被容纳量"。由

---

① 陆俭明:《汉语语法语义研究新探索(2000—2010演讲集)》,商务印书馆2010年版,第174页。

② 陆丙甫:《直系成分分析法——论结构分析中确保成分完整性的问题》,《中国语文》2008年第2期。

③ 陆俭明:《汉语语法语义研究新探索(2000—2010演讲集)》,商务印书馆2010年版,第152页。

于现实生活中存在很多量与量之间的对比关系,人们在实际生活中对此也有足够的认识和判断,那么这样的构式语义框架就被不断地强化,固定之后形成构式结构,并且能够填入这个构式中的具体成分也相互聚集成为集合,形成语块,将它们相应地填入结构中就形成具体的句子。容纳句在线性结构上的句法形式为:语块 1 + 语块 2 + 语块 3,即 [数词$_1$ + 量词$_1$ + 名词$_1$(Num$_1$ + Cl$_1$ + N$_1$)] + [VP] + [数词$_2$ + 量词$_2$ + 名词$_2$(Num$_2$ + Cl$_2$ + N$_2$)]

"构式的划分单位不是单个的词,更不是语素,而是语块(Chunk)。语块是表达构式认知意义和组建构式的单位。构式内部的语义配置结果就体现为它内部所含语块的数量、意义和序列"[1]。容纳句的构式由三个语块组成,前后两个语块均是"数词 + 量词 + 名词(Num + Cl + N)"的结构形式,三个语块相互关联,被"容纳量 + 容纳方式 + 被容纳量"这条构式语义链串联起来,共同表示语块 1 和语块 3 之间量的容纳数量关系。容纳句作为一个构式类别,它的"形式中词项特定的结合并不总是造成特定的解读"[2],如"一匹马骑两个人。"如果我们按常规的分析会发现,句中受事"马"提到了动作"骑"之前,并且动词"骑"支配"两个人",这不符合事实逻辑,我们应该将这个句子从构式的角度出发,去发现它表达了"一匹马提供的空间量能够容纳两个人所占的空间量"这样的语义。

二、语块 1 的结构特征

沈阳(1995)认为,数量短语中数量 NP 部分包含的内容比短语中剩余部分所包含的意义更丰富,并且采用了句式变换的方法来进行验证。如:

(7)a. 绊了我一个跟头。→ b. *绊了我跟头。

(8)a. 苹果烂了一部分。→ b. *苹果烂了部分。

(7)(8)两个例句的变换,说明数量短语中表示数量的部分不能省略,并且数词部分在句中显得更加重要,如(7a)中的例句我们还可以变换为"绊了

---

[1]　苏丹洁:《试析"构式—语块"教学法——以存现句教学实验为例》,《汉语学习》2010 年第 4 期。

[2]　张旺熹:《汉语句法结构隐形量微探》,北京语言大学出版社 2009 年版,第 32 页。

我一跟头。"句子仍然成立。作者通过对数量词在句中的变换情况,分析得出"在一个包含了数量词的 NP 中,真正的语义和句法核心就是数量词,而不是名词。"①。

可以看出容纳句中语块 1 的核心语义部分是 Num_1 的语义特征或是 (Num_1+Cl_1) 的整体语义,如:

(9)a. 一间房住四个人。→一间住四个人。→一房住四个人。→ *间房住四个人。

  b. 一锅饭吃十个人。→一锅吃十个人。→ *一饭吃十个人。→ *锅饭吃十个人。

通过变换,我们发现(9a)中语块 1 的语义核心可以是数词"一",也可以是"数词+量词"组成的"一间"这个整体,当句子去掉"一"时,句子不成立;当句子去掉"房",保留"一间"时,句子仍然成立。同理,(9b)中的语块 1 的语义核心是由 Num_1+Cl_1 组成的数量结构"一锅"。

Num_1+Cl_1 组成的数量结构在修饰后面的 N_1 时,一般不带"的",如"一锅饭""一匹马",但是在准量词、度量词或者时量词的后面,可以加上"的",如:

(10)a. 一天(的)时间跑五公里山路。 b. 一筐(的)苹果换十块钱。

通常情况下,遵循语言的经济原则,容纳句一般将"的"字省略。同时,当语块 1 表示"时间"时,如:

(11)a. 一天走了五个村庄。 b. 一个小时洗两个人。

Cl_1 可以是准量词,准量词既可作名词也可以临时充当量词,如"一天"中的"天","一个小时"中的"小时",它们既可表示名词事物,代表时间,又可以用作量词,出现在表时间的数量结构中。当 Cl_1 为准量词时,N_1 可省略,我们将例句补充完整为"一天(的)(时间)走了五个村庄。"或者省略 Cl_1,如"一小时洗两个人。"

在容纳句中,Num_1 主要是"一"这个数词,如"一张床睡两个人。""一只衣架挂两件衬衫。"但也有少量的 Num_1 是由其他数词组成,如"半斤米熬一锅

---

① 沈阳:《数量词在名词短语移位结构中的作用与特点》,《世界汉语教学》1995 年第 1 期。

粥。""两桶水浇三株葡萄。"

Cl_1 可以为个体量词，集合量词，度量词，临时量词。当 Cl_1 为个体量词时，如：

(12) a. 一匹马骑两个人。　　b. 一间房睡两个人。

其中，"匹"特定修饰"马"，"间"特定修饰"房"，此时语块 1 的语义核心为（Num_1+Cl_1）整体语义。当 Cl_1 为集合量词时，如：

(13) a. 一群羊放一片草地。　　b. 一堆草五只羊。

例句中的"一群羊""一堆草"均表示内部个体元素数量 ≧1 的一个集合，整个语块 1 表示一个整体的集合概念。

当 Cl_1 为度量词时，如"半斤米熬一锅粥。""一亩地建一个养鸡场。"中的"斤""亩"都是表示度量的量词。当 Cl_1 为临时量词时，如：

(14) a. 一锅饭吃十个人。　　b. 一碗饭喂两个小孩。

(14) a、b 中的"锅"和"碗"是借用名词临时充当量词使用。此时，数量词和后面的名词中间不能插入"的"。容纳句中语块 1 的临时量词和一般的临时量词表达的意义不一致。容纳句中临时量词不能受"满""全"修饰，句中"一+量词+名词"包含了"满""全"的意思。如"一桌子灰""一脸汗"中的"一"可以换成"满"或者"全"，表达的意思是"满桌子灰""满脸汗""全桌子（的）灰""全脸（的）汗"的意义，但容纳句中"一碗饭""一锅饭"不能直接换成"满锅饭""满碗饭""全锅饭""全碗饭"，如"＊满锅饭吃十个人。""＊满碗饭喂两个小孩。""＊全锅饭吃十个人。""＊全碗饭喂两个小孩。"

三、语块 2 的结构特征

容纳句中 VP 大致可分为三种情况：光杆动词、"V＋给/了/过"结构、省略。

（一）VP 为光杆动词

容纳句中，VP 为光杆动词是最常见的结构形式，如：

(15) a. 一桶油漆刷两件家具。　　b. 一条被子盖三个人。

　　c. 一亩地建一个养鸡场。　　d. 一斤咸菜吃一个月。

当 VP 为光杆动词，VP 和语块 1 间可加上能愿助词"能""能够""可以"。如：

(16) a₁. 一桶油漆(能/能够/可以)刷两件家具。

　　b₁. 一条被子(能/能够/可以)盖三个人。

　　c₁. 一亩地(能/能够/可以)建一个养鸡场。

　　d₁. 一斤咸菜(能/能够/可以)吃一个月。

光杆动词 VP 与语块 1 中的 N₁ 相互关联，它们之间的语义关系多样，如 (15a) 中"油漆"是"刷"的与事；(15b) 中"被子"是"盖"的受事；(15c) 中"一亩地"是"建"的处所；(15d) 中"咸菜"是"吃"的受事。

(二) VP 为"V+给/了/过"结构

容纳句中 VP 语块是"V+给/了/过"这样的情况较少，属于容纳句中的非典型成员，但这样的 VP 结构有其独特之处，如：

(17) a. 一锅饭留给三个人。　　b. 两块鱼搛给一个人。

　　c. 一瓶二锅头喝了十个人。　　d. 一个座位坐了三个人。

　　e. 一顶帽子戴过三个人。　　f. 一辆车坐过三十个人。

例句 (17) 中的"给"作介词，"了"和"过"分别是表示完成、经历的动态助词，添加"给"字的容纳句表达的容纳性语义不强，而句子的事件语义增强，我们将 a、b 进行变换，如下：

　　a. 一锅饭留给三个人。→ a₁. 一锅饭(被)留给三个人。→ a₂. 一锅饭给三个人。

　　b. 两块鱼搛给一个人。→b₁. 两块鱼(被)搛给一个人。→b₂. 两块鱼给一个人。

我们发现，当 VP 中出现"给"字时，VP 中的"V"被赋予了致使义，如果将 V 省略，直接使用"给"充当 VP 部分，句子仍然成立，但容纳数量关系削弱。

丁加勇(2006)指出带"过""了"的容纳句"能借助体成分关系化"[①],如:

c. 一瓶二锅头喝了十个人。→ c_1. 喝了(过)十个人的那瓶二锅头。

d. 一个座位坐了三个人。→ d_1. 坐了(过)三个人的那个座位。

e. 一顶帽子戴过三个人。→ e_1. 戴过(了)三个人的那顶帽子。

f. 一辆车坐过三十个人。→ f_1. 坐过(了)三十个人的那辆车。

由此,我们看出 VP 中带"过"或"了"的容纳句更多的是凸显语块 1 参与了 V 或者完成了 V 这个动作,或者仅仅是与 V 具有一定相关性,容纳性数量关系削弱,不是典型性容纳句。而容纳句中的 VP 不能带"着",如:

(18)一间房租<u>着</u>两个人。

带"着"的句子是现代汉语中的存现句,句子表示的是存现关系,"一间房"表示存现处所,"租着"表示存现方式,"两个人"表示存现事物。

(三)VP 省略

容纳句中 VP 省略的情况并不常见,如:

(19)a. 一口一个。　　b. 一人一口。　　c. 一人一件大褂料。

这三个例句的 VP 都被省略,不出现在句中,但我们可以根据语义补出其中的 VP,并且补充出的 VP 不是唯一的,如:

a_1. 一口<u>吃</u>一个。　　　　a_2. 一口<u>吞</u>一个。

b_1. 一人<u>喝</u>一口。　　　　b_2. 一人<u>尝</u>一口。

c_1. 一人<u>裁</u>一件大褂料。　　c_2. 一人<u>备</u>一件大褂料。

省略 VP 的句子出现在具体的语境中,如果脱离了语境,句子容易出现歧义,或者不成立。同时,句中语块 1 和语块 3 两个语块的结构不全是完整的"数+量+名"结构,如 a 中,两个语块中都缺少名词;b 中语块 1 缺少量词,语块 3 缺少名词;c 中语块 1 缺少量词。VP 省略的情况适应了句子的经济原则,使说话人更快更简洁地表达出自己的意思,句中其他语块中的一些成分也相应地减省,句子语义更加简明扼要。

---

① 丁加勇:《容纳句的数量关系、句法特征及认知解释》,《汉语学报》2006 年第 1 期。

四、语块 3 的结构特征

语块 3 的结构与语块 1 的结构极其相似,都是"数词+量词+名词"的形式,我们记为"数词$_2$+量词$_2$+名词$_2$(Num_2+Cl_2+N_2)"。

语块 3 中数词的数值一般大于一,偶尔出现等于一的情况,如:

(20) a. 一斤草喂三只兔子。　　b. 一块蛋糕吃三个人。

　　c. 一张纸画五只老虎。　　d. 半个月挖一口井。

其中 a,b,c 中 Num_2 的数值都大于一,d 中的 Num_2 是"一"。出现这样的差异,是由于在现实生活中人们的语义表达需要不同,以及人们对客观事物的认知不同,这部分内容将在后面具体讨论。我们将上面的四个例句进行变换,如下:

a. 一斤草喂三只兔子。→a_1. *一斤草喂只兔子。→a_2. *一斤草喂三兔子。→a_3. *一斤草喂三只。→a_4. ? 一斤草喂兔子。

b. 一块蛋糕吃三个人。→b_1. *一块蛋糕吃个人。→b_2. ? 一块蛋糕吃三人。→b_3. *一块蛋糕吃三个。→b_4. *一块蛋糕吃人。

c. 一张纸画五只老虎。→c_1. *一张纸画只老虎。→c_2. *一张纸画五老虎。→c_3. *一张纸画五只。→c_4. ? 一张纸画老虎。

d. 半个月挖一口井。→d_1. ? 半个月挖口井。→d_2. *半个月挖一井。→d_3. *半个月挖一口。→d_4. *半个月挖井。

通过上面四个例句的变换我们发现句中的 Num_2、Cl_2、N_2 均不能省略,省略后句子不成立,或者变成不常规使用的句子,如:"一斤草喂兔子。""一张纸画老虎。"这样的语句总让我们感觉意义没有表达完全,需要进行语义补充:

(21) 一斤草喂兔子,一斤草喂山羊。

(22) 一张纸画老虎,一张纸画松鼠。

利用对举的形式,对语句进行补充,才使得句子顺畅,语义完整。

五、语块 1 和语块 3 位置互换情况

在容纳句中,通常情况下语块 1 和语块 3 的位置是可以互换的,如:

(23) a. 一堆沙子分二十个人。→ a_1. 二十个人分一堆沙子。

　　　b. 一条被子盖两个人。→ b_2. 两个人盖一条被子。

例句中的两个语块位置发生位移,位移之后句子仍然成立,原因就在于容纳句中存在轻动词 v,在句法生成过程中,VP 中的 V 与轻动词 v 相结合。

所谓轻动词(light verb),"就是执行不同语法范畴的虚词,帮助谓语动词完成句子的语义。"[1]刘亮(2015)提出,轻动词体系包括语义轻动词和句法轻动词两类。语义轻动词指的是"在词汇概念结构起作用的轻动词,主要描述词汇语义部门的性质,虽然语义轻动词的特性会影响语言元素在句法部门的表现,但是它本身并不是句法元素,不在句法结构中处理,也不受纯粹句法规则的限制"[2],语义轻动词更多地关联了人们的心理认知因素,赋予句子中动词新的语义特征。如语义轻动词"BE"代表"非变化的静态持续"语义,用语例"红高粱"和"高粱红"进行说明,"红高粱"中的"红"是形容词,而"高粱红"中的"红"是名词,"红"的词汇概念是形容词性的,对事物颜色性状进行描写,表示一种静态持续状态,"红"的词汇概念里包含了"BE"类语义轻动词,因此"高粱红"中"红"转换为名词,是 BE 的词汇概念在起作用。即语义轻动词会使得动词在具体的语境中使词性、语义等发生转换。

具有明确的语音形式,出现在句法表层,对句子的生成过程起着重要作用,这类轻动词属于句法轻动词,如表被动的轻动词"被";表处置的轻动词"把";表执行的轻动词"作";表使役的轻动词"使""令";表结果的轻动词"得";表焦点的轻动词"是"等等。句法轻动词理论上会对应着一个零形式,即轻动词的语音形式在句中消失。如"她在教室里作演讲。"可以将轻动词"作"隐去,即"她在教室里演讲。"两者语义不发生改变,但句法生成过程不相同,分别如下面两图所示:

---

① 何元建:《现代汉语生成语法》,北京大学出版社 2011 年版,第 218 页。

② 刘亮:《现代汉语轻动词体系研究》,华东师范大学博士学位论文,2015 年。

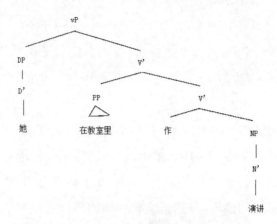

图 12-1 "她在教室里作演讲。"句法生成图

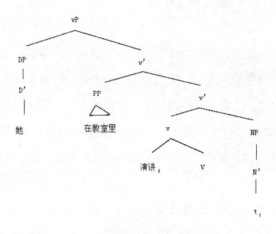

图 12-2 "她在教室里演讲。"句法生成图

从图中我们看出"她在教室里演讲。"句中虽然句法轻动词隐省,但在句子生成过程中,句法轻动词仍存在,并且"演讲"的句法层级和句法生成的位置发生上移。句法轻动词对句子的结构生成起着至关重要的作用。根据轻动词句法理论,得出图 12-3:

其中,DP1 表示域外论元,DP2 和 DP3 均表示域内论元。"t"位置的成分移位到"V"位置处,与轻动词"v"结合,t 是移位后留下的语迹。

在容纳句中,包含了一个句法轻动词,语块 1 和语块 3 位置的灵活性,就

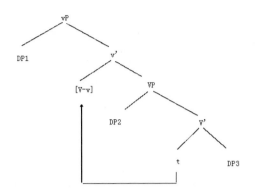

图 12-3　轻动词句法结构图

得益于句中句法轻动词的作用。在此基础上,容纳句(23)a,b 的生成如图 2-4 所示:

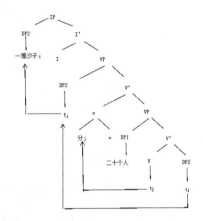

图 12-4　"一堆沙子分二十个人"句法生成图

在例句中,动词只出现了两个论元:域内论元和域外论元,"一堆沙子""二十个人"分别是"一堆沙子分二十个人。"句中的域内论元和域外论元。"一条被子""两个人"分别是"一条被子盖两个人。"句中的域内论元和域外论元。句中的 V:"分"、"盖"发生了位移,移位后与轻动词 v 进行组合。域内论元 DP2 也发生位移,位置移动到 V 之前,又由于"IP"的构成需要域外论元参与,因此,"一堆沙子""一条被子"继续位移,与 I'共同生成 IP。"t_i""t_j"是

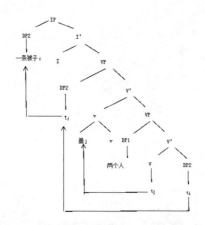

图 12-5　"一条被子盖两个人。"句法生成图

各成分位移的语迹。

容纳句中由于句法轻动词的作用,使语块 1 和语块 3 有可能发生位移,但不是每一个容纳句中这两个语块都能位移后句子仍然成立,如表"时量"容纳的容纳句位移后新的句子不能成立,例如:

(24)a. 一个月节约一斤粮。→*一斤粮节约一个月。

　　b. 三年可得二十五牛。→*二十五牛可得三年。

容纳句中的句法轻动词为语块 1 和语块 3 的位移,从句法结构上提供可能,但两个语块的位移还受到句中各部分语义制约,我们把语义制约问题留在后面进行讨论。

总之,可将容纳句划分为三个语块:语块 1、语块 VP 和语块 3,语块 1 和语块 3 均为"数词+量词+名词"形式。三个语块有其自身独特的结构特征,但三个语块之间并不是孤立存在的,它们相互制约、相互影响。语块 1 和语块 3 均为数量名结构,并且同处于容纳句构式中,两个语块的语义核心、数词和量词的情况以及它们的省略情况大体相同,也存在着差异,如语块 1 的数词以"一"为主,语块 3 的数词极少出现"一"。VP 的结构形式比较丰富,可以为光杆动词、"V+给/了/过"形式以及 VP 省略,VP 是整个构式的连接语块。另外,我们从生成的角度对容纳句中语块 1 和语块 3 位置互换情况进行了探讨,发现容纳句中存在一个句法轻动词。它使容纳句的语块 1 和语块 3 位置能够互换,并且互换后句子的语法规则和语义均能被人们普遍接受,但语块 1 和语块 3 具体的位移情况还受到语义的制约。

第四节　容纳句的语义内涵

人类的语言和认知有着密切关系,"语言的形成是由两方面的因素决定的:认知能力和经验世界(认知对象),语言系统是认知能力和认知对象相互作用的产物"①。并且,我们知道人类语言中的语法结构是原始交际长期发展的结果,我们要解释一个语法结构,就应在语言系统外部的现实世界中去寻找理据,找出人们思维的过程和认知的过程。石毓智(2000)对语言中的数量语义特征进行分类,如表 12-3:

表 12-3　数量语义特征分类

数量语义特征分类		
数量特征	量的大小	数目多少
		程度高低
		时间多少
		维数多少
		维度比例
	量的特征	离散
		连续
	量的属性	有定
		无定
		精确
		模糊

---

① 石毓智:《汉语的认知语义基础》,江西教育出版社 2000 年版,第 1 页。

数量语义特征在人类语言中具有普遍性,并且不受时地因素的影响。范畴化是认知语言学中一个重要的概念。我们在认识现实世界时,根据一些充分和必要的条件来定义和划分某一范围的事物,并将这一范围的事物定义为一个范畴。如"鸟"这一范畴,通常我们认为只要具备了生蛋,有喙,有两只翅膀,有两条腿,有羽毛这几项基本特征的动物则属于"鸟"这一范畴里的生物,而如果不具有这些基本特征的动物则不属于"鸟"的范畴。

在此基础上,容纳句的语义内涵关乎语块 1 和语块 3 之间的数量关系,是数量范畴的一部分,并且我们发现,容纳句是属于数量范畴的下位:容纳范畴。

从上表我们可以看出,"量的特征"主要表现为"离散"和"连续"两种,并且"'离散——连续'的范畴是结构单位的语义分类的基础"。[1] 我们借此讨论容纳句的认知语义。语言的"离散"指的是"具有明确边界、可分离的一个个单位。"[2]如:"苹果"的数量特征就是离散的,在三维空间里,苹果是一个个可以分离的个体,可以用数量词修饰,如"一个苹果""一筐苹果""一堆苹果"。语言的"连续"指的是没有边界、连续不断的一种状态或现象,如:形容词"好",受程度副词"很好""非常好"修饰,"连续性"是它最典型的数量特征,用"不"进行否定。

采用标记词"不"和"没"对句子进行否定是汉语中最典型的否定方法。而否定词"没"是"离散否定词",对具有离散性数量特征的词进行否定,如:

A. 一(两,三……)本书否定形式:没书。

B. 山上架着炮否定形式:山上没架着炮。

C. 已经星期六了。否定形式:还没星期六呢。

否定词"不"是"连续否定词",是对具有连续性数量特征的词进行否定,如:

A. 这双鞋有点(很)紧。否定形式:这双鞋不紧。

B. 这个苹果很(非常)红。否定形式:这个苹果不红。

---

[1] 徐通锵:《语言论》,东北师范大学出版社 1997 年版,第 20 页。
[2] 石毓智:《汉语的认知语义基础》,江西教育出版社 2000 年版,第 13 页。

C. 房子大。否定形式：房子不大。

在此基础上，我们对容纳句的否定形式进行分析，如下：

(25) a. 一张纸包两本书。

　　a$_1$. 一张纸包不了两本书。（V 不了）

　　a$_2$. 一张纸不能包两本书。（不能 V）

　　a$_3$. *一张纸没包两本书。

　　a$_4$. *一张纸没有包两本书。

　　b. 一张床睡两个人。

　　b$_1$. 一张床睡不下两个人（V 不下）

　　b$_2$. *一张床没睡两个人.

　　b$_3$. *一张床没有睡两个人

　　c. 一斤黄瓜炒三个鸡蛋。

　　c$_1$. 一斤黄瓜炒不了三个鸡蛋。（V 不了）

　　c$_2$. *一斤黄瓜没炒三个鸡蛋。

通过例句变换发现，容纳句的否定形式主要有三种情况："V 不了"、"不能 V"、"V 不下"。语块 1 和语块 3 都属于"数词+量词+名词"结构，而且其中名词的数量特征都是离散性的，如"一斤黄瓜炒三个鸡蛋。"中的"黄瓜"和"鸡蛋"都具有离散特征，受数量词修饰。动词"炒"也具有离散性特征，"炒"包含了整个动作过程。容纳句的否定都是用"不"来进行否定，而"不"是"连续否定词"，否定表示连续数量特征的词或关系。由此，容纳句整体表达的数量语义特征具有[+连续性]，这也是容纳句最基本的语义关系，"不"是对整个句子的数量关系进行否定。容纳句用三个具有离散数量语义特征的语块组合在一起共同表达连续的数量语义特征。

在容纳句中，Num$_2$的数量并不是固定不变的，如：

(26) a. 一瓶二锅头喝了十个人。→一瓶二锅头喝了五个人。→一瓶二锅头喝了三个人。

　　b. 一个座位坐了三个人。→一个座位坐了两个人。→一个座位坐了一个人。

例句中,我们可以把语块 3 中的数词换成其他数词,句子仍然成立,句中数词的选择更多依赖于说话者的认知意识和想要突出的数量大小,由于句中数词的不固定性,使得[+不定量]也是容纳句的一个语义特征。

同时,它的另一个显著的语义特征是[+容纳性]。陆俭明(2010)认为容纳句表达的是容纳数量关系,其构式语义为"容纳量+容纳方式+被容纳量",[+容纳性]是容纳句的基本语义特征,通过对句子进行变换:

(27)a. 一千块奖励两个学生。→一千块<u>够(能/可以)</u>奖励两个学生

　　b. 一包饲料喂三只羊。→一包饲料<u>够(能/可以)</u>喂三只羊。

　　c. 一杯水喝三个人。→一杯水<u>够(能/可以)</u>喝三个人。

我们发现,容纳句中都能添加"能、够、可以"这样表示容纳关系的词。容纳句中的[+容纳性]语义特征是通过隐喻得以实现的。容纳句的隐喻,表现在三个语块之间的搭配和组合关系中。语块之间互相搭配,出现了语义冲突,在意义组合时违反了语义选择限制和常规模式,如"一杯水喝三个人。"中"一杯水"作为原型受事放在了主语的位置,而"三个人"作为原型施事却放在了宾语的位置,"水"不能发出"喝"这个动作,整个句子的浅层语义关系是"受事+动作+施事",这与一般的汉语语义配置"施事+动作+受事"相冲突,由此,容纳句"一杯水喝三个人。"句中出现隐喻。在容纳句中,语块 1 和语块 3 分别属于不同范畴的事物,涉及两个不同的心理空间。Fauconnier 在 Lakoff 的"映射理论"基础上提出隐喻的"合成空间"①理论,认为隐喻意义的创生过程不仅包括源心理空间、目标心理空间,还包括"类空间"。"类空间"是源心理空间和目标心理空间的上位概念,是更高层次的认知视角和认知关系。而隐喻是源心理空间、目标心理空间和类空间这三类之间互动产生的。如:"四合院是一个盒子。"在"四合院"这个源心理空间里,我们会想到"房屋构造、庭院"等这些相关的概念,在"盒子"目标空间里我们能联想到"结构、空间"等相关概念,它们更高一层的类空间外形、空间布局相似,由此,我们可以看到,在新诞生的类空间里,"四合院"和"盒子"之间存在类空间隐喻的关系。在容纳

---

① 束定芳:《认知语义学》,上海外语教育出版社 2008 年版,第 165 页。

句中,容纳关系的凸显我们可以用隐喻的空间理论来进行解释。例如我们常看到的容纳句"一锅饭吃十个人。"其中源心理空间是"一锅饭",涉及的相关概念可能有"锅的大小、饭的数量体积"等,目标空间"十个人"涉及的相关概念有"十个人的饭量、十个人胃的大小"等,它们的类空间则是数量对应关系:等量、大于、小于三种情况。由此,我们可以看到"一锅饭吃十个人。"最终表达的意义是"一锅饭"的数量和"十个人"的饭量的关系,可以是两者恰好等量,也可以是前者的量大于后者的量或者前者的量小于后者的量。

另一类表"时量"容纳的容纳句"一天写五十个字。"句中的源心理空间是"一天","一天"是一个时间概念,包含了"时间的长短、时间的用途"等概念。"五十个字"是目标空间,涉及的相关概念有"字的大小,写字所用的时间,五十个字所占的面积"等等。它们的类空间同样表示的是数量的三种对应关系:等于、大于、小于三种情况。我们可以看出,"一天写五十个字。"表达的语义是一天的时间与"写五十个字"所费时间的数量关系。通过隐喻,语块 1 和语块 3 它们相互把各自抽象无形的概念变得具体鲜明了。

容纳句一般还有[+函变性]特征,"函变"指的是能够按一定规律进行衍变,如:

(28)a. 一匹马骑两个人。→两匹马骑四个人。→每匹马骑两个人。

　　b. 一天翻译五千字。→两天翻译一万字。→每天翻译五千字。

　　c. 一架钢琴弹两个人。→两架钢琴弹四个人。→架钢琴弹两个人。

从上面例句的变换可以看出,我们可以把容纳句变换成含"每"的数量关系句,并且能够按照函数比例继续衍推,表示语块 1 和语块 3 之间的数量函变规律。

总的来说,容纳句作为一个语法范畴,整体具有[+容纳性][+不定量][+连续性][+隐喻性][+函变性]这五个大的语义特征,但不是每一类都完全具备这五个语义特征或者只具有这五个语义特征。在前文的论述中,我们根据容纳量类型的不同将容纳句大致分为三个类别:表"空间量"容纳、表"时量"容纳和表"物量"容纳,接下来我们将分别对这三个类别各部分的语义及句式语义进行逐一探讨。

一、具有"空间容纳量"容纳句的语义内涵

"空间认知域是人类最基本的认知域,空间范畴不仅包含一般意义上的物理空间,还可以拓展至心理空间,甚至可以进一步拓展至时间空间、事相空间等人类认知的各个方面"[①]。表"空间量"容纳的容纳句更多地表现出对现实空间的感知转移到心理空间的认知,即我们的认知空间。我们知道,事物的空间可以具体分为"点、线、面、体"四个方面,如:

(29)a. 操场上插着一面五星红旗。("点"空间范围)

b. 这个球被他打出界了。("线"空间范围)

c. 桌子上放着三张白纸。("面"空间范围)

d. 教室里挤满了人。("体"空间范围)

"点"指的是忽略事物的"长""宽""高"的特征,将其看作空间范围内的小点。"线"指的是忽略事物的"高",将其看作空间范围内的一条线。"面"指的是把事物看成一个"表面",只关注事物的"长"和"宽"。"体"指的是将事物看成一个立体图形,在空间范围内关注其体积。而现代汉语容纳句中表"空间量"容纳的情况有三类:"面"空间的容纳,"体"空间的容纳以及两者兼有的容纳,我们将分别对它们的语义内涵进行探讨。

(一)"面"的容纳

本章所说的"面"的容纳,即容纳句中语块 1 和语块 3 在面积方面的容纳数量关系。通过对语料的整理和分析,我们发现 N_2 绝大多数是高度可以忽略不计的名词事物,如"一扇窗糊三张纸"中的"纸"最显著的是其长度和宽度,它的高度忽略不计,并且用"张"来形容,表示此时"纸"的宽度和长度比值接近于 1。如果量词用"条"来修饰,说明"纸"的宽度和长度的比值接近于零,高度忽略不记。我们根据句中各语块对面积容纳的语义影响程度不同,将表"面"容纳的容纳句分为三个次类:由语块 1 语义特征决定的"面"的容纳、由

[①]　吴念阳:《现代汉语心理空间的认知研究》,商务印书馆 2014 年版,第 1 页。

VP 语义特征决定的"面"的容纳、由语块 3 语义特征决定的"面"的容纳。

1. 由语块 1 语义特征决定的"面"的容纳

从理论上看,任何存在于现实生活中的事物都是三维的,但是在语言层面上我们往往可以用二维的量词来称量现实生活中三维的事物,如最典型的两个二维形状量词"张"和"条"。因为在语言中,我们可以通过隐喻,用事物最突出的特征来称代事物本身,如"木板""炊烟"最突出的就是它们的形状,因此,可以用形状量词"块""缕"进行称量:"一块木板""一缕炊烟"。另外一种情况则是物体的高度可以忽略不计,这时也可以用二维形状量词进行称量,如"一张画""一条手绢"。在容纳句的这一次类中,语块 1 整体具有[＋二维性]的语义特征,如:

(30) a. 一张纸画五只老虎。　　b. 一张稿纸写五百个字。

　　　 c. 一面墙上挂两张画。　　d. 一条板凳坐两个观众。

　　　 e. 一条被子盖三个人。

a、b 中的"纸"和"稿纸"在现实世界中是一个三维事物,但它们的高度在人们的基本认知上可以忽略不计,用"张"这个二维形状量词来形容,使此时的"纸"和"稿纸"更加凸显了长度和宽度比值接近 1,"纸"和"稿纸"的长度和宽度大小接近,[＋二维性]语义特征强化;c 中的"墙"是一个常见的三维事物,有长度、宽度和厚度,甚至在日常生活中会用语言强调其厚度,如"这栋楼的墙很厚很结实。"说"墙"很"厚",突出的就是"墙"的厚度。但是在 c 中,用"面"修饰"墙","面"是一个二维形状量词,使得"墙"的[＋二维性]语义特征占据主要位置;d、e 中的"条"也是二维形状量词,与"张"不同的是,"条"修饰的事物宽度和长度的比值接近于 0,也就是说,事物的长度和宽度的大小差距较大,并且宽度接近 0。d、e 的语块 1 整体也表现了[＋二维性]语义特征。

2. 由 VP 语义特征决定的"面"的容纳

表"面"容纳的第二个次类是由 VP 的语义特征决定句子表示面积容纳关系。我们发现,只要 VP 具有[＋表层操作]的语义特征,此时不管语块 1 和语块 3 表达什么语义类型,都不能改变句子表达"面"容纳的语义关系。如:

(31) a. 一桶油漆刷两件家具。　　b. 一个枕头绣两朵荷花。

c. 一扇窗糊三张纸。

其中"刷""绣""糊"都具有[+表层操作]的语义特征,句子表达了语块1所提供的面积能够容纳语块3的全部面积的语义。a中的"一桶油漆"从语义成分的角度看属于"材料",然而在句中隐喻了"一桶油漆能刷的面积",借助了VP的语义,表示容纳量,隐喻程度高。b中的"枕头"通过隐喻凸显"枕头表面的面积","两朵荷花"由现实中的"荷花"隐喻"绣在枕头上的虚拟荷花的面积",隐喻程度高。在三个例句中,c的隐喻程度相对较低,"一扇窗"在人们的普遍认知中其厚度不凸显,"三张纸"的高度也可以忽略不计,因此句子在VP的语义作用下表达面积之间的容纳关系,显得顺理成章,隐喻程度低。

3. 由语块3语义特征决定的"面"的容纳

这一次类表达"面"的容纳关系的决定因素是语块3凸显了[+面积]语义特征,或者直接是一个关于面积的数量短语,如:

(32)a. 一个观景台修五亩地。　　b. 一个养鸡场建一亩地。

a、b中"五亩地""一亩地"均表示的是关于面积的数量短语,一亩约等于667平方米。语块1无论是什么语义成分,在句中表示的隐喻义都与面积相关,与语块3的语义形成照应。a中的"观景台"隐喻的是"观景台的占地面积",b中的"养鸡场"隐喻的是"养鸡场的占地面积"。

这一次类与前两者存在差异,前两个次类中的容纳量的数量范围是大于等于被容纳量的,如"一张纸画五只老虎。"中"一张纸"所表示的面积大于或者等于"五只老虎"所占的面积;"一桶油漆刷两件家具。"中的"一桶油漆"能够刷的面积也是大于或等于"两件家具"所需要刷油漆的表面积。而在这一次类中,容纳量的数量范围是小于或等于被容纳量的数量范围的。如(32a)中,"观景台"占的面积是小于等于"五亩"的,如果"观景台"的面积大于"五亩"的范围,那么"观景台"在"五亩"的范围内无法建成,句子语义不成立。(32b)的分析与(32a)一样,"养鸡场"的面积也应该是小于等于"一亩地"的面积。

（二）"体"的容纳

表达"体"容纳关系的容纳句中，"体"指的是空间体积①。语块 1 通常表示的是一个密闭空间范围，具有[+封闭性]语义特征，如：

(33) a. 一辆卡车装四吨煤。　　　　b. 一间房子放三盆花。

　　 c. 一只箱子装/放/塞五件衣服。　d. 一个抽屉放十本书。

　　 e. 一个房间堆十箱苹果。

"一辆卡车""一间房子""一只箱子""一个抽屉""一个房间"它们表示的空间范围都具有[+封闭性]语义特征。

在表"体"容纳关系的容纳句中，一般不出现施事者，句中的 VP 动作性语义不强，不凸显其作为动词的典型特征。并且 VP 部分可以用其他动词进行代替，具有[-操作性][+方式性]，如上面五个例句中的"装""放""塞""堆"都不是具体地突出某一个动作，而是赋予了这些动词[+方式性]的语义特征，表示语块 1 和语块 3 之间的连接是通过"装""放""塞""堆"这几种方式来相互联系的。

表"体"容纳的容纳句中语块 3 的隐喻义均指向 N_2 事物的空间体积，有时也附带涉及质量、面积大小。如"四吨煤"隐喻的是"四吨煤"所占的空间和质量，而 e 中，当"十箱苹果"不重叠放置时，句中凸显的隐喻义是"十箱苹果所占的面积和空间"，"一个房间"既要容纳十箱苹果所占的面积，也要容纳十箱苹果所占的空间，不过，空间的容纳仍是该次类最主要的容纳关系。

（三）"面"和"体"的共同容纳

在现实生活中，"面"和"体"容纳有时没法绝对地划清界限，如：

(34) a. 一匹马骑两个人。　　　b. 一只船坐四个人。

　　 c. 一辆车坐三十个人。

---

① 在这里我们要特别指出，一个事物在句中主要凸显其空间维度，那么在容纳关系中既然能够容纳它的空间维度，也相应地能够容纳其对应的质量。

其中语块 1 表示一个立体空间,提供的空间范围具有[+立体性],VP 主要是"坐""骑"类具有[+占据性]语义特征的成分,同时语块 3 具有[+生命]语义特征。N_2 表示的是一个生命体,生命体是现实生活中最典型的三维事物,生命体无论被什么容纳,都将从"面"和"体"两方面进行。并且,N_2 具有[+生命]语义特征时,通常情况下属于原型施事范畴里的成员,具有[+自主性]语义特征,但是在容纳句中,N_2 具有[-自主性]语义特征,如"一匹马骑两个人。"中的"两个人"具有[-自主性],"两个人"无论是否骑了马,一匹"马"都将容纳两个人的体积和所占面积。N_1 虽然处在主语的位置,但是具有[-自立性]语义特征,如下:

a_1. * 一匹马愿意/不愿意/肯/不肯骑两个人。

b_1. * 一只船愿意/不愿意/肯/不肯坐四个人。

c_1. * 一辆车愿意/不愿意/肯/不肯坐三十个人。

我们发现,a_1、b_1、c_1 中加入了能愿动词后句子不成立,N_2 只能被动地接受句式的数量关系的分配,表明这样的函变数量关系是不以主观意志为转变的,并且也不是 N_2 能决定的。N_2 失去了作为原型施事的[+自主性]语义特征,具有[-自主性]。同时,我们发现"面"和"体"共同容纳的容纳句中,容纳量的数量范围大于等于被容纳量的数量范围。如 a 中"一匹马"隐喻的"马背提供的面积和马背上的空间范围"大于等于"两个人"隐喻的"两个人坐下所占的面积和所占的空间范围"。

(四)句式意义

表"空间量"容纳的容纳句整体除了[+连续性][+不定量][+容纳性][+隐喻性][+函变性]这几个语义特征外,还具有[+存现]的语义特征,我们对表"空间量"容纳的容纳句中的动词用"有"这个动词进行变换,如下:

(35)a. 一张纸画五只老虎。→a_1. 一张纸(上)有五只老虎。→a_2. 五只老虎画在一张纸(上)。

b. 一个房间堆十箱苹果。→b_1. 一个房间(里)有十箱苹果。→b_2. 十箱苹果在一个房间(里)。

c. 一匹马骑两个人。→c₁. 一匹马(上)有两个人。→c₂. 两个人在一匹马(上)。

我们知道容纳句中的 VP 不是固定唯一的,是可以用其他相关动词进行代替的,如将"一张纸画五只老虎。"中的"画"换成"临摹",句子仍然成立,变成"一张纸临摹五只老虎。"通过上面的变换,我们发现"有"是表"空间量"容纳句中通用的动词,是表"空间量"容纳的句式语义中蕴涵的谓语动词,直接凸显出表"空间量"容纳句的[+存现]语义特征。如 a₁、b₁、c₁均变成了存现句,分别表示"一张纸上存在五只老虎的图像","一个房间里存在十箱苹果","一匹马上存在两个人"。表示某处存在某事物。并且 a₂、b₂、c₂中将语块 1 和语块 3 的位置进行了互换,[+存现]语义特征依旧明显。综上所述,表"空间量"容纳句各部分语义特征总结如表 12-4:

表 12-4　"空间量"容纳的容纳句语义特征

	语块 1 (Num₁+Cl₁+N₁)	语块 2 (VP)	语块 3 (Num₂+Cl₂+N₂)	句式语义	例句
"面"的容纳	[+二维性]	[+表层操作]	[+二维性] [+隐喻性]	[+连续性] [+不定量] [+容纳性] [+函变性] [+隐喻性] [+存现]	一张纸写五十个大字。
"体"的容纳	[+封闭性]	[-操作性] [+容纳方式]	[+隐喻性]	[+连续性] [+容纳性] [+不定量] [+函变性] [+隐喻性] [+存现]	一个房间堆十箱苹果。
"面"和"体"共同容纳	[+立体性]	[+占据性]	[+生命] [-自主性]	[+连续性] [+容纳性] [+不定量] [+函变性] [+隐喻性] [+存现]	一匹马骑两个人。

二、具有"时间容纳量"容纳句的语义内涵

对于时间的概念,吴春相(2013)认为可以分为五类:时点、时段、时序、时域、时量。"时点"表示的是时间的位置,是在时间轴上对应的一个固定的时间点,如:

(36)五点十分,我们从学校出发。

(37)你来的时候,记得带上我的课本。

其中的"五点十分""你来的时候"均表示的是一个时间点。"时段"是由两个时点按照时间先后顺序组合得到的一个明确的时段。李向农(1997)提出时段可以分为指量时段、划界时段和历史时段。这是从时段的句法功能上进行划分,我们从侧面可以看出,时段包含了明确的起点和终点两个端点。"时序"简单地说指的是时间的顺序,时间轴是单向的,"过去—现在—将来"是人们基本的时序结构形式。"如果某时点,或者某事物和现象存在于某个时段内,或者是某动作、某事件发生于某个时段内,那么该时段就是时间的范围"[1],如:

(38)昨天,我完成了一套数学试卷。

(39)这两天,她一直在家休息。

"昨天"和"这两天"指的就是时域,时域更加强调事物或事件发生在一定的时间范围,对时间的起点和终点进行弱化。"时量"是对时段的距离大小进行度量。"时量"有两种形式:一是表示客观的时间量,通常由"数+量"形式,如"一天、一年"等;另一种形式是主观性的时间量,通常是用特殊的副词表示,如"刚刚、才"等。本章主要探讨的是用"数+量"形式表达客观时间量的情况。表"时量"容纳的容纳句中语块 1 的形式是"数+(量)+时间名词",无论是表时间的名词短语如"一个月",还是表时间的动量短语如"一次",在容纳句中,它们都是属于表时量的语义范畴。即使语块 1 变成了一个动量短语,但通过隐喻也能表达时间上或者次数上的容纳数量关系。我们通过对语料的整

---

① 吴春相:《现代汉语时量范畴研究》,中国社会科学出版社 2013 年版,第 34 页。

理发现表"时量"容纳的容纳句大致可以分为两种情况:VP 出现和 VP 省略。

(一)VP 出现时句子各部分语义特征

1. 语块 1 的语义特征

表"时量"容纳的容纳句语块 1 有多种情况,当语块 1 是"数词+时间名词"的形式时,语块 1 是一个时量短语,当语块 1 是"数词+次"的形式时,语块 1 表示的是动量短语。此时,无论语块 1 是时量短语还是动量短语,它都具有[+时量性]语义特征,"数"和"量"是两个容易混淆的概念,"数"的意义一般是通过词性的变化来表示,如英语中名词的单数和复数形式。在汉语中,短语中出现数字也不一定都是表示"数"的关系,如"一不做,二不休";而"量"存在于语言系统的各个层级,表示的是"事物在大小、程度、规模、范围等方面的规定性"①。容纳句句中语块 1 表示的是时间的大小、范围等方面的规定性,具有[+时量性]语义特征。同时,语块 1 还具有[±自立性]语义特征,如:

(40)a. 一天走了五个村。　　b. 一星期改善两次。

　　c. 一次摊六个煎饼。　　d. 一次生四五个蛋。

a,b 中的"一天""一星期"是时量短语,可以独立出现在句中的主宾位置,并且能够独立表达,具有[+自立性]语义特征。c,d 中的"一次"是动量短语,不能单独表达,需要依附于动词出现,如"做一次""弄一次",具有[-自立性]语义特征。并且,在语块 1 的位置上,动量词中只有"一次"能够进入句式,其余动量词都不能使句子成立。语块 1 的[±自立性]语义特征会直接影响到语块 1 和语块 3 之间的位置互换关系,我们将在后文进行具体分析。

当语块 1 是"数词+量词+名词"的形式时,语块 1 具有[+受事]语义特征,如:

(41)a. 一锅饭吃一天。　　b. 一本书看两天。

在例句中,虽然句中没出现施事成分,但是"一锅饭""一本书"分别是"吃""看"的受事成分,语块 1 具有[+受事]语义特征。

---

① 吴春相:《现代汉语时量范畴研究》,中国社会科学出版社 2013 年版,第 37 页。

2. VP 的语义特征

在表"时量"容纳的容纳句中,有些动作的直接发出者出现在语块 3 的位置,有些动作的直接发出者不出现在句中,如:

(42)a. 三年坐一把椅子。　　　　b. 一天跑五百里山路。

　　　c. 一次去一个人。　　　　　d. 一座房子盖两年。

其中 a、b、d 中"坐""跑""盖"的直接发出者没有出现在句中,c 中"去"的直接发出者"人"出现。然而无论句中是否出现动作的直接发出者,句中"坐""跑""去""盖"在句中相对应的时间段里并不是瞬间完成的,动作的发生和完成具有一个过程,并且在句中表示一种状态,因此句中的 VP 具有[+状态性]语义特征。要说明的是,VP 的[+状态性]语义特征并不等于[+持续性]语义特征,因为在"三年""一天""一次""两年"这些时间量里,VP 中的动作不是持续进行,如"三年坐一把椅子。"不能说三年时间里的每时每刻施事"人"都坐在椅子上,任何时间点都发出"坐"这个动作。句中的"坐"表示的是"一把椅子能够被人坐三年时间"这样一种状态,这个状态将持续三年。

3. 语块 3 的语义特征

语块 3 可以有多种语义成分,如:

(43)a. 十分钟讲一个人。　　b. 一天刨十来斤草药。

　　　c. 一天写了 50 个字。　　d. 两个小时挂一面墙。

　　　e. 两个月烧一方煤气。

a 中的"一个人"在句中充当的是"施事"语义成分;b 中"十来斤草药"充当的是"受事"语义成分;c 中"50 个字"充当的是"结果"语义成分;d 中"一面墙"充当的是"处所"语义成分;e 中"一方煤气"充当的是"材料"语义成分,语块 3 的语义成分具有多样性。但语块 3 具有[+整体性]语义特征,这表现在无论语块 3 具体表示什么语义成分,它所代表的"数词+量词+名词"语义都是一个语义整体。如 b 中的"十来斤草药"表示的语义是突出"十来斤"草药这个整体数量,并不凸显每一斤草药的数量;d 中的"一面墙"所凸显的数量包含这面墙的所有部分,如:墙角、墙边等墙的所有部分组成的数量整体。

当语块 1 具有[+受事]语义特征时,句中语块 3 具有[+时量性]语义特征。如：

(44)a. 一袋面吃两个星期。　　　b. 一座房子盖两年。

例句中"两个星期""两年"都属于"数词+时间名词"，表示时间量，具有[+时量性]语义特征。

(二)VP省略时句子各部分语义特征

通常情况下，容纳句中的VP如果省略，会出现表义残缺，或者导致句子的语义因为过度抽象而变得模糊不清，句子不能表达。如"一扇窗糊两张纸。"我们不能将动词"糊"去掉，变成"＊一扇窗两张纸。""一锅饭吃十个人。"我们不能变成"＊一锅饭十个人。"然而，在表"时量"容纳的容纳句中，会出现VP被直接省略的情况，并且这样的语法表达也被人们广泛接受，但它们都必须出现在特定的语境中。

1. 语块1的语义特征

VP省略时语块1的语义特征与VP出现时语块1的语义特征大体一致，表示的时间都忽略了时间的起点和终点，凸显时间量的概念，具有[+时量性]，如：

(45)a. 天门镇五天一个大集日。

b. 田野在春风的熏陶中，一天一个颜色。

c. 一月两元，一年二十四元，二十年四百八十元，二十几年，该有多少？

d. 从前我一年吃不上一斤油，现在是一月半斤。

其中a、b、c、d中画横线的部分都表示"时量"容纳，但是必须出现在前后文语境中，不能单独使用，不属于表"时量"容纳的最典型成员。其中语块1都是时量短语，都具有[+时量性]语义特征。同时，语块1中数词、量词和时间名词并不同时出现，而是直接用"数词+时间名词"的形式表示时间量。

2. 语块3的语义特征

语块3主要以表示次数的短语为主，如：

(46)a. 唱了半个多月的《珍珠塔》，还是一日两场。

b. 二房东便常见这惹眼的红领带,最近四五天内,几乎是<u>一天两次</u>。

c. <u>一天两顿</u>,每顿一两,像在喂鸡。

其中"两场""两次""两顿"均表示次数,语块1的量虽仍能容纳语块3的量,但整体语义偏向于表达事件发生频率,这类容纳句不属于典型的表"时量"容纳的容纳句,语块3的语义是对事件发生的次数进行限定,具有[+次数]语义特征。

(三)句式意义

前面我们讨论到[+不定量][+容纳性][+隐喻性][+函变性][+连续性]是容纳句整体的基本语义特征,但我们对表"时量"容纳的容纳句进行变换:

a.一个小时洗两个人。→一个小时能/能够/可以洗两个人。→*一个小时容纳两个人洗。→一个小时的时间量能够容纳两个人洗的时间量。

b.一天写五十个大字。→一天能/能够/可以写五十个大字。→*一天容纳五十个大字写。→一天的时间量能够容纳写五十个大字所用的时间量。

在a、b中,发现表"时量"容纳的容纳句能够加入"能/能够/可以"等表示容纳关系的词,并且句子的意义表示容纳量之间的数量关系,但不能直接在句中加入"容纳"这个词,[+容纳性]语义特征相比于表"空间量"容纳的容纳句而言较弱。

同时,表"时量"容纳的容纳句还具有[+被消耗]语义特征,句式中时间是一维事物,是被消耗的对象,整个句子具有[+被消耗]语义特征,如:

(47)a. 一锅饭吃一天。→吃一锅饭用一天(时间)。→花费一天(的时间)吃一锅饭。

b. 一天刨十来斤草药。→刨十来斤草药用一天(时间)。→花费一天(的时间)来刨十来斤草药。

c. 一座房子盖两年→盖一座房子用两年(的时间)。→花费两年(的时间)盖一座房子。

从a、b、c以及它们的变式中我们看出,无论语块1和语块3的前后位置是否改变,句子都可以使用"用"或者"花费"来进行变换,句子[+被消耗]语义特征凸显。

综上所述,表"时量"容纳的容纳句各部分的语义特征概括如表12-5:

表 12-5　"物量"容纳的容纳句语义特征

		语块 1 （$Num_1+Cl_1+N_1$）	语块 2 （VP）	语块 3 （$Num_2+Cl_2+N_2$）	句式语义	例句
表"时量"容纳	VP出现	［+时量性］ ［±自立性］	［+状态性］	［+整体性］	［+不定量］ ［+容纳性］ ［+函变性］ ［+隐喻性］ ［+被消耗］	写了 50 个字。 一次摊六个煎饼。
		［+受事］	［+状态性］	［+时量性］	［+不定量］ ［+容纳性］ ［+函变性］ ［+隐喻性］ ［+被消耗］	一锅饭吃一天。
	VP省略	［+时量性］	／	［+次数］	［+不定量］ ［+容纳性］ ［+函变性］ ［+隐喻性］ ［+被消耗］	一天两顿。

三、表"物量容纳"容纳句的语义内涵

表"物量容纳"容纳句表达的是 N_1 的数量与 N_2 的事物或者人之间的数量关系,更具体地说,是用 N_2 的情况来量化 N_1 事物的数量。如:

(48) a. 十二根竹子围一个栅栏。　　b. 一锅饭吃十个人。

　　　c. 一堆沙子分二十个人。　　d. 一斤黄瓜炒三个鸡蛋。

例句中用"一个栅栏"来衡量"十二根竹子"的数量,"十个人"来衡量"一锅饭"的数量,"二十个人"来衡量"一堆沙子"的数量,"三个鸡蛋"来衡量"一斤黄瓜"的数量,其中"围""吃""分""炒"均表示例句中语块 1 和语块 3 之间数量关系连接的一种方式。

(一)各部分的语义特征

1. 语块 1 的语义特征

根据陈平的语义成分配位原则我们知道,[+位移性]是原型施事的语义特征,然而容纳句中,在 N_2 和 VP 的综合制约下,N_1 具有了[±位移性]的语义特征。如:

(49)a. 一锅饭吃十个人。　　b. 一包饲料喂三只羊。

　　c. 一根桩拴一匹马。　　d. 一板车葱抵两三元钱。

a 中的"一锅饭"通过"吃"的方式转移给"十个人",虽然"一锅饭"这个短语通常在现代汉语句中充当的是受事成分,具有[+静态性]语义特征,但是在容纳句中,"吃"这个动词会使得食物的位置发生位移,同时宾语位置的"十个人"充当"吃"动作的施事,因此"一锅饭"被赋予了[+位移性]的语义特征。b 中的"一包饲料"通过"喂"被转移给"三只羊"。前两个例句中语块 1 都具有[+位移性]。c 中的"一根桩"处在主语的位置,然而表示的是马被拴的处所,没有获得原型施事[+位移性]的语义特征,具有[−位移性]。d 中"一板车葱"是"抵"的与事,"葱"和"钱"之间没有位移关系,只存在市场价值大小的比较关系。c、d 两个例句的语块 1 中的名词都没有在语义上发生位移,这两个例句的语块 1 具有[−位移性]语义特征。

语块 1 中的名词从语义格角度来看,一般是典型的受事成分,如例句中的"饭""饲料"。也可以是非原型施事成分,如例句中的"桩""葱",它们表示"处所""与事",但是这些名词在句中都具有了[+自立性]语义特征。"一包饲料"、"一根桩"、"一板车葱"它们均先于 VP 独立存在,表示客观事实。同时,丁家勇(2006)提出"受事的自立性还表现在,受事的数量即容纳物必须具有数量独立性。"①如我们将上面的例句变换如下:

(50)a. 十个人吃一顿/次饭。→a₁. *一顿/次饭吃十个人。

　　b. 三只羊喂一天饲料。→b₁. *一天饲料喂三只羊。

---

① 丁加勇:《容纳句的数量关系、句法特征及认知解释》,《汉语学报》2006 年第 1 期。

　　c. 一匹马拴一下桩。→c₁. ＊一下桩拴一匹马。

　　d. 两三元钱抵一回葱。→d₁. ＊一回葱抵两三元钱。

　　从变换中,我们可以发现 a_1、c_1、d_1 中的语块 1 均是动量词,不能单独表达,需要依附于动词,具有[-自立性]语义特征,放在句首时例句不成立。b_1 中的"一天"虽然是名量词,但将"一天"置于句首时,句中的"一天"表示话题,与句子想要表达的数量对应关系不和谐,使语义混乱,句子不能成立。而"一锅饭"、"一包饲料"、"一根桩"、"一板车葱"能够独立于句子单独使用,具有[+自立性],并且在语块 1 的位置表示具体的数量。

　　2. VP 语块的语义特征

　　张旺熹(1999)指出"'双数量结构'是一种不以动作行为的执行或发生为核心的句法形式。"①其中的"双数量结构"包含了本章讨论的容纳句。邹海清(2004)也提出容纳句中"动词在句中被抽象化,不居于中心地位,只表示两个名词性成分连接起来的方式"②。在每个具体的容纳句中,VP 可以被其他动词代替,不具有唯一性。同时 VP 具有[-动态性][+方式]语义特征,如"一锅饭吃十个人。"可把它变换成:

　　(51)a. 一锅饭分十个人。　　　　b. 一锅饭给十个人。

　　如例句所示,把原句的"吃"换成"分""给",句子都能够表达,并且句子的意义与原句意义一致,都表示"一锅饭的数量"与"十个人"的数量容纳配比关系。我们可以看出,容纳句的 VP 动作性弱化,具有[-动态性],并且在句中表示容纳方式,具有[+方式]语义特征。同时动词多以零动态形式出现,这"既避免了句法意义的动态化倾向,也满足了配比方式的具体化要求。这种情形大概是句法和语义双重作用下所能做出的最恰当的选择"③。

　　3. 语块 3 的语义特征

　　表"物量"容纳的容纳句中语块 3 具有[+弱个体性][-描写性]语义特征。[+弱个体性]指的是名词作为独立个体的个体性特征弱化,个体性不明

---

　　①　张旺熹:《汉语句法结构隐形量微探》,北京语言大学出版社 2009 年版,第 7 页。

　　②　邹海清:《供用句的非动态性特征与句式语义》,《乐山师范学院学报》2004 年第 11 期。

　　③　张旺熹:《汉语句法结构隐形量微探》,北京语言大学出版社 2009 年版,第 16 页。

显,例如"一朵花",泛指的是一个类,只要符合花的基本特征,如菊花、桃花等都可以用"一朵花"来形容它,个体独特性不强,而"一朵娇艳欲滴的花",其中"花"的个体性明显,特指开得娇艳的花,而非其他的类型。这里我们要补充的一点是[+弱个体性]并不等于[-个体性],容纳句中语块3的成分虽然更多地是表达数量意义,但是也不能忽略了其作为名词事物的基本属性,即具有[+个体性]的语义特征。同时,个体性强的短语也必然具有[+描写性],而[+弱个体性]的短语具有[-描写性]。我们通过具体的语料来进行说明,如:

(52)a. 一锅饭吃十个人。→? 一锅饭吃十个小学生。→*一锅饭吃十个乖巧伶俐的小学生。

　　　b. 一包饲料喂三只羊。→*一包饲料喂三只雪白的小羊。→*一包饲料喂三只正在嬉戏的小羊羔。

　　　c. 一根桩拴一匹马。→*一根桩拴一匹瘦骨嶙峋的马。→*一根桩拴一匹活泼好动的小马。

从上面例句的变换我们可以看到,语块3中的成分不是为了突出个体特色,而主要表示语块3中名词所代表事物的整体特征。当在句中补出更加具体的描写性词语时,句子反而不成立,语块3具有[+弱个体性]语义特征。容纳句表示的是语块1和语块3之间的数量关系,不需要突出各自的具体特征。如果句子出现了这些描述性的成分,反而干扰了句子表达的数量关系,打乱了句式语义,语块3具有[-描写性]语义特征。

(二)句式意义

表"物量"容纳的容纳句整体表达事物之间的容纳数量关系,其内部各部分具体的语义关系不完全一样,大致可以分为两类:事物数量的容纳有明显的时间先后顺序和事物数量的容纳无明显的时间先后顺序。如下:

(53)a. 一顶帽子戴三代人。　　　b. 一首歌唱几代人。

　　　c. 一件衣服穿了三姊妹。　　d. 一个泥人捏两块泥巴。

　　　e. 一碗鸡蛋糕蒸三个鸡蛋。

其中前三句中的"戴""唱""穿"表示的容纳在句中都具有明显的时间先

后顺序,a 中的帽子不能同时戴三代人,即一顶帽子不能同时容纳三个人戴,a 句表示的是一顶帽子能够容纳三代人戴帽子这三个事件的全过程;b 中由于"几代人"具有时代性,使"唱"这个容纳方式就不能同时进行;c 中的"穿"这个动作也具有时间先后。这类容纳句各语块之间"不是表示事物一次的容纳量,而是事物的重复使用量,即事物先后使用或反复使用的数量,是用施事参与动作的数量来表达事物的重复使用量。"①我们把 a,b,c 这类语义关系归类为[-一次性容纳]语义关系。d 中捏"一个泥人"需要"两块泥巴"同时参与,e 中蒸"一碗鸡蛋糕"需要"三个鸡蛋"同时参与。d,e 句中的各语块整体表达的意义是容纳句的一次性容纳,具有[+一次性容纳]语义特征。我们再将上面的例句进行变换,如下:

a_1. 一锅饭供十个人吃。　　　　b_1. 一首歌供几代人唱。

c_1. 一件衣服供三姊妹穿。　　　　d_1. 两块泥巴供捏一个泥人。

e_1. 三个鸡蛋供蒸一碗鸡蛋羹。

我们发现表"事物量"容纳的容纳句中都可以插入"供"这个动词,使各语块之间隐含的[+供用]语义关系直观凸显。同时,当表"物量"容纳的容纳句具有[+一次性容纳]的语义特征时,如"一锅饭吃十个人。"我们可以将"一"换成"每",表示"每锅饭吃十个人。"句子[+函变性]语义特征凸显,但当表"时量"容纳的容纳句具有[-一次性容纳]的语义特征时,如"一件衣服穿三姊妹。"我们不能变换成"*每件衣服穿三姊妹。""一首歌供几代人唱。"不能变成"每首歌供几代人唱。"因为具有[-一次性容纳]语义特征的容纳句中蕴涵了时间的先后顺序,其中会出现不可控因素,句子有规律的函变受到限制,句子具有[-函变性]语义特征。

因此,表"物量"容纳的容纳句不仅具有[+连续性][+容纳性][+隐喻性][+不定量]的语义特征,同时还具有[+供用][±函变性][±一次性容纳]的语义特征。综上所述,表"物量"容纳的容纳句语义特征概括如下表12-6:

---

① 　丁加勇:《容纳句的数量关系、句法特征及认知解释》,《汉语学报》2006 年第 1 期。

表 12-6　表"物量"容纳的容纳句话义特征

	语块 1 （Num_1+Cl_1+N_1）	语块 2 （VP）	语块 3 （Num_2+Cl_2+N_2）	句式语义	例句
表"物量"容纳	［±位移性］ ［+自立性］	［－动态性］ ［+方式］	［+弱个体性］ ［－描写性］	［+隐喻性］ ［+不定量］ ［+连续性］ ［+容纳性］ ［+供用］ ［±一次性容纳］ ［±函变性］	a.一锅饭吃十个人。 b.一件衣服穿三姊妹。

四、语块1和语块3可逆的语义制约

在句法结构部分我们讨论到容纳句中隐含了一个句法轻动词,使容纳句的语块 1 和语块 3 的位置可以发生位移,位移后句子意义基本不改变,如"一锅饭吃十个人。"中两语块发生位移后变换成"十个人吃一锅饭。"然而,并不是每一个容纳句中语块 1 和语块 3 都能发生位移,它们位移情况还受到句中各部分的语义制约。

(一)VP 的语义制约

容纳句中 VP 自身具有［+给予］语义特征时,语块 1 和语块 3 能够可逆。如:

(54)a. 一根萝卜喂一个兔子。　　b. 一千块奖励两个学生。

c. 一个人写四个大字。　　　d. 一个老鼠夹夹两只老鼠。

例句 a、b 中动词"喂""奖励"本身具有［+给予］的语义特征,c、d 中的"写""夹"不具有［+给予］的语义特征,我们将例句变换就可以发现:

a_1. 一根萝卜喂给一个兔子。　　　b_1. 一千块奖励给两个学生。

c_1. *四个大字写一个人。　　　　d_1. *两只老鼠夹一个老鼠夹。

其中 a、b 中的语块 1 和语块 3 位置可以互换,但是 c、d 中的两个语块位置不能改变,c 中"写"和 d 中的"夹"是直接表示动词的动作性语义,属于"施事+动作+受事"或者"工具+动作+受事"这样的常规语义语序,它们不能变换成"给"字句,动词不具有[+给予]语义特征,语块1和语块3不能移位。

(二)语块1和语块3的语义制约

我们通过对语料的整理研究,发现语块1和语块3的语义特征对两语块之间是否能够进行位置自由位移存在着较强的制约。

在表"空间量"容纳的容纳句中,语块1和语块3的位置位移情况受到两语块的语义成分的制约,如:

(55)a. 一扇窗糊两张纸。→两张纸糊一扇窗。

b. 一个房间堆十箱苹果。→十箱苹果堆一个房间。

根据陈平(1994)的语义成分配位原则,我们知道充当主语和宾语的语义角色优先序列为:施事>感事>工具>系事>地点>对象>受事,">"左边的成分表示充当主语的能力优先于">"右边的成分,"语义成分的施事性越强,充任主语的倾向性越强,受事性越强,充任宾语的倾向性越强。"①也就是说,当容纳句中不出现原型施事成分和原型受事成分时,语块1和语块3的位置可以自由互换,如a中"一扇窗"在句中充当"处所"语义成分,"两张纸"在句中充当"材料"的语义成分。b中"一个房间"在句中也是充当"处所"的语义成分,"十箱苹果"在句中充当"系事"。"处所"、"材料"、"系事"都处于序列中段,它们都不在序列两端,它们充任主语和宾语的倾向性差别较小,因此在语序配位上显得更加灵活,两者位置可以自由改变。

在表"时量"容纳的容纳句中,当VP出现时,语块1和语块3的位置互换情况受语块1和语块3的[±自立性]语义特征的影响。当两个语块都具有[+自立性]语义特征时,两个语块的位置可以互换,当两个语块中任意一个具有[-自立性]语义特征或者都具有[-自立性]语义特征时,两个语块位置不能互换。如:

(56)a. 一天走了五个村。→五个村走了一天。

---

① 陈平:《试论汉语中三种句子成分与语义成分的配位原则》,《中国语文》1994年第3期。

    b. 一个小时洗两个人。→两个人洗一个小时。

    c. 一星期改善两次。→*两次改善一星期。

    d. 一次摊六个煎饼。→*六个煎饼摊一次。

    e. 一次跑两趟。→*两趟跑一次

    其中 a、b 中语块 1 和语块 3 都具有[＋自立性]语义特征,能够脱离句子单独表达,因此两个语块互换位置后形成的新句子仍然成立,语义与互换前基本一致。而 c、d 句中"两次""一次"是动量词,具有[－自立性]语义特征,独立性较弱,出现在句中位置的灵活性较差,因此不能随意改变位置。e中"一次"和"一趟"均属于动量词,都具有[－自立性]语义特征,因此两个语块位置也不能互换。而 VP 不出现的表"时量"容纳的容纳句,句中的语块 1 和语块 3 不能互换位置,因为 VP 的隐省,使 VP 的[＋给予]语义特征极大削弱,甚至消失,前面讨论到,VP 须具有[＋给予]语义特征,两语块的位置才能发生移位,由此,VP 省略的表"时量"容纳的容纳句语块 1 和语块 3 位置不能改变。

    在表"物量"容纳的容纳句中,语块 3 多数为施事者,如"一首歌唱三代人。""一锅饭吃十个人。"施事者充当主语的能力很强,因此能够自如地与语块 1 进行位置互换,并且也不改变句子的基本语义。

    另一方面,当语块 3 不是句中施事成分时,语块 1 和语块 3 之间的直接语义关系必须较强时,两个语块的位置才能互换,如:

    (57)a. 一天搁四钱。　　→*四钱搁一天。

    b. 两三年一胎。　　→*一胎两三年。

    c. 三五天通一次车。→*一次车通三五天。

    例句中"一天"和"四钱","两三年"和"一胎","三五天"和"一次车"这些语块之间并没有存在直接的语义关系,联系不紧密,互换后的句子不成立。

    可见,容纳句中表"时量"容纳的句中语块 1 和语块 3 之间直接语义关系最弱,其次是表"空间量"容纳句。而表"物量"容纳的容纳句中语块 1 和语块3 的直接语义关系最强,如"一锅饭吃十个人。"中"饭"和"人"的关系,我们自然联想到"饭"供"人"吃这样的语义关系,由此两个语块之间的直接语义关系越强,位置可以自由互换的可能性越大,并且互换后基本语义不发生改变,都表示容纳数量关系。

(三)句式语义对可逆性的制约

现代汉语容纳句中,大多表示的是空间上的容纳,如表"空间量"容纳的容纳句就是最典型的空间容纳关系,而我们将容纳句分为三个类别,除了表"空间量"的容纳这样直观的空间关系,还有表"时量"和"物量"的容纳,它们通过隐喻在一定程度上也含有在"空间"范围的容纳,只是空间语义相对弱,这也会制约语块 1 和语块 3 的位置互换情况,我们通过例句进行说明:

(58)a. 一扇窗糊两张纸。→a_1. 两张纸糊一扇窗。

b. 一个房间堆十箱苹果。→b_1. 十箱苹果堆一个房间。

c. 一匹马骑两个人。→c_1. 两个人骑一匹马。

d. 一锅饭吃十个人。→d_1. 十个人吃一锅饭。

e. 一堆沙子分二十个人。→e_1. 二十个人分一堆沙子。

f. 一天擦一百遍。→f_1. ＊一百遍擦一天。

其中 a、b、c 中直接表示的是"空间量"的容纳,语块 1 和语块 3 的位置可以自由互换,句子语义不改变。d、e 是表"物量"容纳的容纳句,在前面章节的讨论中我们知道,句中语块 3 具有[+生命]语义特征,语块 1 为现实生活中的客观事物,均具有三维特征,借用隐喻,空间关系仍然可以得到凸显,如"一锅饭"在表示"物量"的同时也隐含地表现出"一锅饭"的空间,只是空间量较弱。表"物量"容纳的容纳句中的语块 1 和语块 3 位置可以互换,并且互换后语义不发生改变。而表"时量"容纳的容纳句语块 1 和语块 3 位置不能互换,原因就在于,表"时量"容纳的容纳句中,至少有一个语块是表示时量的名词短语,而时间并不是一个立体的事物,缺少空间维度,不隐含事物的空间量,导致语块 1 和语块 3 不能发生位移或者发生位移后句子语义改变,如 f 中的"一天"是一个时间量,缺少空间维度,因此将"一天"和"一百遍"的位置互换后得到f_1,f_1不能成立。

第五节 容纳句的逻辑语义内涵

一、对容纳句进行逻辑语义分析的意义

在前面的分析中我们看到,容纳句内部语义内涵丰富多样,我们也习惯性地从传统的语义分析方法来对其进行研究探讨,这样使容纳句各部分的语义特征、句式整体语义特征显得清晰。但单从传统语义方面来探讨其语义内涵只是其语义的一部分,这属于句式的认知语义分析,我们还应该从形式语义的角度对其进行探讨,二者相互关联,形成完整的语义系统。并且我们发现,传统的语义分析方法只能对容纳句中的三个语块进行整体的语义特征分析,缺少对每个语块内部关系的刻画。所以,我们采用逻辑语义学的分析方法对各部分用符号进行具体精确的形式化描写,并且找出各部分之间的逻辑关系,将它们各自联系起来,让每个语块的内部语义关系和整体语义都显得更加准确和科学,减少对这类句子的争议。

同时,随着计算机发展的需要,计算机对语言的形式化处理要求越来越高,我们应该将更多的自然语言用形式化的方式进行描写刻画,并且表示出其逻辑语义,以达到被计算机识别运用的目的。计算语言学作为一门语言学的分支学科,其发展也极为迅猛,对语言的形式化研究越来越深入。容纳句作为现代汉语中的一类特殊句式,在过去的研究中,学者们暂时还没有对其逻辑语义进行探讨。本章对这类句式逻辑语义进行刻画,试图从新的视角对容纳句的语义进行分析,也期待为计算机识别和处理这类特殊句式做一些语言学方面的尝试。

二、对容纳句进行逻辑语义分析的工具和方法

容纳句分为三个语块,三者的语义关系在语义结构上表现为"容纳量+容纳方式+被容纳量",其中"容纳量"可以用"NP_1"进行概括,"容纳方式"用"VP"表示,"被容纳量"用"NP_2"概括,我们用谓词逻辑的方法把容纳句初步

形式化为 $\exists x \exists y \exists p[x \in NP1' \& y \in NP2' \& p \in VP' \& p'(x,y)]$。其中"$\exists$"在逻辑语义学中,表示存在量词,即存在 x、y 这两个变量,它们分别属于 NP_1、NP_2 这两个集合。p 是一个二阶谓词,连接 x、y 两个关系变元。逻辑式中各部分用二元算子"&"连接,"&"表示"合取"关系。

谓词逻辑中一个命题分成两部分:谓词和项。项也被称为"主目"。"原则上讲,一个谓词可以有无穷个项,这些项可以是常量,也可以是变量。"[1]其中,常量是固定不变的,通常用 a,b,c,d 表示,变量可以用 u,v,w,x,y,z 来表示。在逻辑语义学中,谓词逻辑可以分为一阶谓词逻辑、二阶谓词逻辑……n 阶谓词逻辑。一阶逻辑中,谓词只带一个论元,如 $P(x)$;二阶逻辑中,谓词带两个论元,如 $W(x,y)$。

在逻辑语义学中,我们将"一个男孩喜欢一个故事。"这类语表结构为"$Num_1+Cl_1+N_1+VP+Num_2+Cl_2+N_2$"的逻辑语义表达为:

$\exists x(男孩'(x)\& \exists y(故事'(y)\&(喜欢'(y))(x))$

我们用自然语言对该逻辑式进行解释:存在 x:一个男孩,存在 y:一个故事。"男孩'""故事'"均是一元谓词,"喜欢'"是一个三元谓词,连接"一个男孩"和"一个故事"。逻辑式表示存在"一个男孩"和"一个故事",并且它们之间的关系是"男孩喜欢故事"。"一个男孩"的辖域比"一个故事"的辖域宽,因此"一个男孩"和"一个故事"两者在句中的位置不能互换。

"一个男孩喜欢一个女孩。"这类句子与本章讨论的容纳句具有相同的语表结构,但容纳句主要表达语块 1 和语块 3 之间的数量关系,语义关系与上面的例句有明显不同。根据前文的探讨,分析出容纳句整体表达"容纳量+容纳方式+被容纳量"关系,同时还有更多深层次的语义关系蕴涵其中。可把语块 1 看成一个集合 A,语块 3 看成集合 B,两个集合中的元素对应着一种关系,即容纳数量关系。逻辑语义学中这种句中存在两个集合,并且集合之间对应着某种关系的情况称为"笛卡尔积"[2],记为"A×B","笛卡尔积"中 A 和 B 的位

---

[1]　蒋严、潘海华:《形式语义学引论》,中国社会科学出版社 2005 年版,第 30 页。

[2]　蒋严、潘海华:《形式语义学引论》,中国社会科学出版社 2005 年版,第 21 页。

置互换,A 和 B 的对应关系将发生改变。定义如下:

$A \times B =_{def} \{ <x,y> | x \epsilon A \& y \epsilon B \}$

$B \times A =_{def} \{ <y,x> | x \epsilon A \& y \epsilon B \}$

其中" $=_{def}$ "表示"定义为",$A \times B$ 表示 A 到 B 集合存在这一个笛卡尔积,A 中的任何元素与 B 中的元素对应着一种稳定的关系,我们用穷尽法来表示 $A \times B$ 和 $B \times A$ 可以得到:$A \times B = \{ <x_1,y_1>,<x_2,y_2>,<x_3,y_3>,\cdots\cdots<x_n,y_n> \}$;$B \times A = \{ <y_1,x_1>,<y_2,x_2>,<y_3,x_3>,\cdots\cdots<y_n,x_n> \}$。在容纳句中,语块 1 和语块 3 存在容纳数量关系,构成一个笛卡尔积,但是针对不同次类的容纳句,其更加具体的逻辑语义内涵存在差别,我们将在后文做详细的逻辑语义描写。

在逻辑语义学中,集合是一个抽象的概念,表示不同的元素共同组成一个集体,如集合 $A = \{ a,b,c,d \}$ 是由 a、b、c、d 这四个元素组成。在自然语言中,通常普通的名词对应的集合包含的是个体元素,如"苹果",它对应的是属于苹果这一类的每一个个体,如"一个青苹果"、"一个红苹果"等等,但语言中的普通名词还有其特殊的一面,普通名词可以扩展成包含聚合个体的集合,如上面提到的"苹果"在集合论中也可以包含属于苹果这一性质类别的事物构成的整体,如"青苹果"就是"苹果"中的一个聚合体,"青苹果"由每一个"青苹果"个体聚合而成。这个聚合体我们也看成集合中的一个元素。用符号进行表示,令 A 表示普通名词对应个体的集合,$A_{\divideontimes}$ 表示包含普通名词对应个体构成的包含聚合体的集合,它们的定义表示如下:

(1)若 $x \epsilon A$,则 $x \epsilon A_{\divideontimes}$;

(2)若 $x,y \epsilon A_{\divideontimes}$,则 $xoy \epsilon A_{\divideontimes}$[①]

用具体的例子来说明这个定义,例如若 $A = \{ 1,2 \}$,那么 $A_{\divideontimes} = \{ 1,2,1o2 \}$。

容纳句中语块 1 和语块 3 中的名词都为普通名词,同时它们都表示一个整体,如表"空间量"的容纳句"一个房间堆十箱苹果。"中"十箱苹果"表示一

---

① 这里 x 和 y 两者的聚合体我们定义用符号"o"连接,两者形成的聚合体表示为"xoy"。"o"起到连接的作用,其功能类似于逻辑语义学中的合取符号" $\wedge$ "," $\wedge$ "将独立命题 P 和独立命题 Q 进行连接合取,形成一个复合命题" $P \wedge Q$ ","o"对 x 和 y 连接,表示 x 和 y 两者构成的聚合体。

个整体的概念,是一个聚合的量。容纳句涉及量与量之间的关系,采用这样的方法,使得在谓词逻辑的基础上引入集合论中的概念来表示容纳句中量之间的逻辑关系更加细致和准确。

三、表"空间容纳量"容纳句的逻辑语义内涵

表"空间量"容纳的容纳句虽然根据具体的容纳对象不同,可以分为三个小类,我们可以引入"有"作为逻辑谓词来表示句式的逻辑语义。在三个小类中各选取一个典型例句来表示说明其逻辑语义。

(59)一张纸画五只老虎。

我们用逻辑语言将其表示出来为:

$\exists x \exists y_1 \cdots y_5 \exists z[x \in$ 纸$'\&y_1 o \cdots o y_5 \in$ 老虎$_{\divideontimes}'\&z \in$ 人$'\&|\{y_1, \cdots, y_5\}|=5\&|$纸$'|=|$老虎$_{\divideontimes}'|=1\&<z, y_1 o \cdots o y_5> \in$ 画$'\&(x, y_1 o \cdots o y_5) \in$ 有$']$

我们用自然语言对其进行直观解读:存在个体 x,代表的是"一张纸",同时存在 y_1, y_2, y_3, y_4, y_5 五个各不相同的个体,代表了五只各不相同的老虎,这五只不同的老虎共同构成了一个聚合体"$y_1 o \cdots o y_5$"。"画"这个动词是施事者发出的,即存在个体"人",完成"画老虎"这个动作,而"一只老虎"和"一张纸"的关系是"有",表示"一张纸上有五只老虎"。

(60)一个房间堆十箱苹果。

其逻辑语义式表示为:

$\exists x \exists y_1 \cdots y_n \exists z[x \in$ 房间$'\&y_1 o \cdots o y_n \in$ 苹果$_{\divideontimes}'\&z \in$ 人$'\&|\{y_1, \cdots, y_n\}|=n\&|$房间$'|=1\&|$苹果$_{\divideontimes}'|=10\&<z, y_1 o \cdots o y_n> \in$ 堆$'\&($x,苹果$_{\divideontimes}) \in$ 有$']$

用自然语言对其进行直观解读:存在个体 x,代表的是"一个房间",同时存在 $y_1, \cdots, y_n$,表示有 n 个不同的"苹果",每 n 个苹果组成一个聚合体,表示"一箱苹果",句中有"十箱苹果",每一箱苹果也不相同。句中"堆"与"苹果"之间的关系需要施事者"人"完成,语义关系为"人堆苹果"。"一个房间"和"一箱苹果"之间的关系是"有",表示"一个房间有一箱苹果",句中苹果的箱数是"十",语义表示为"一个房间有十箱苹果",其中"十箱苹果"是一个整体。

（61）一匹马骑两个人。

其逻辑语义表达式为：

$\exists x \exists y_1 y_2 [x \in$ 马$'\&y_1 oy_2 \in$ 人$_※'\& | \{y_1, y_2\} | = 2\& |$马$'| = |$人$_※'| = 1\& <y_1 oy_2, x> \in$ 骑$'\&(x, y_1 oy_2) \in$ 有$']$

我们用自然语言对其进行直观解读：存在个体 x，代表的是"一匹马"，同时存在 y_1, y_2 两个不相同的人，这两个人共同组成一个聚合体"$y_1 oy_2$"，这个聚合体与"一匹马"的语义关系是"两个人骑一匹马"。"一匹马"和两个人组成的聚合体"$y_1 oy_2$"之间的关系是"有"，表示"一匹马上有两个人"。

将上面各例句逻辑语义式进行概括抽象，得到表"空间量"容纳的容纳句逻辑语义式有以下三种情况：

（1）当句中不出现施事成分，并且语块 3 中的量词为个体量词时，如"一张纸画五只老虎"。此时，表"空间量"容纳的容纳句的逻辑语义式为：

$\exists x \exists y_1 \cdots\cdots y_n \exists z [x \in A' \& y_1 o \cdots\cdots oy_n \in B_※' \& z \in$ 人$'\& | \{y_1, \cdots\cdots, y_n\} | = n\&$

$|A'| = |B_※'| = 1\& <z, y_1 o\cdots\cdots oy_n> \in V'\&[(x, y_1 o\cdots\cdots oy_n) \in$ 有$']$

（2）当句中不出现施事成分，语块 3 中的量词为集合量词时，如"一个房间堆十箱苹果"。此时，表"空间量"容纳的容纳句的逻辑语义式为：

$\exists x \exists y_1 \cdots\cdots y_n \exists z [x \in A' \& y_1 o \cdots\cdots oy_n \in B_※' \& z \in$ 人$'\& | \{y_1, \cdots\cdots, y_n\} | = n\&$

$|A'| = 1\& |B_※'| = m\& <z, y_1 o\cdots\cdots oy_n> \in V'\&[(x, B_※) \in$ 有$']$（其中 m 表示语块 3 中的数词）

（3）当句中出现施事成分，语块 3 中的量词为个体量词时，如"一匹马骑两个人"。此时，表"空间量"容纳的容纳句的逻辑语义式为：

$\exists x \exists y_1 \cdots\cdots y_n [x \in A' \& y_1 o \cdots\cdots oy_n \in B_※' \& | \{y_1, \cdots\cdots, y_n\} | = n\& |A'| = |B_※'| = 1\& <y_1 o\cdots\cdots oy_n, x> \in V'\&[(x, y_1 o\cdots\cdots oy_n) \in$ 有$']$

其中集合 A 代表 NP_1 中个体元素组成的集合，集合 $A_※$ 中不仅包含容纳句中 NP_1 中的个体成员，也包含 NP_1 中个体相互组成的聚合体。集合 B 和集合 A 情况一致，属于普通名词构成的一般集合，包含了 NP_2 中每一个个体元素,集合 $B_※$ 不仅包含容纳句 NP_2 中的个体元素,同时也包括 NP_2 中个体间组成的聚合体,m 表示的是语块 3 中的数词,是对 N_2 的聚合体的数量进行限定,如"十箱苹果"中的"十"。V 表示句中的动词。

在前面的分析中我们知道,当语块 1 和语块 3 交换位置后,表"空间容纳量"的句式中隐含[+存现]语义凸显,将以上的三个例句的语块 1 和语块 3 位置互换,如下:

(59a)五只老虎画一张纸。

(60a)十箱苹果堆一个房间。

(61a)两个人骑一匹马。

其逻辑语义表达式分别为:

(59a):$\exists x_1\cdots\cdots x_5 \exists y \exists z[x_1 o\cdots\cdots ox_5 \in 老虎_※'\&y\in 纸'\&z\in 人'\&|\{x_1,\cdots\cdots,x_5\}|=5\&|老虎_※'|=|纸'|=1\&<z,o\cdots\cdots ox_5>\in 画'\&(x_1 o\cdots\cdots ox_5,y)\in 存在']$

(60a):$\exists x_1\cdots\cdots x_n \exists y \exists z[x_1 o\cdots\cdots ox_n \in 苹果_※'\&y\in 房间'\&z\in 人'\&|\{x_1,\cdots\cdots,x_n\}|=n\&|苹果_※'|=10\&|房间'|=1\&<z,x_1 o\cdots\cdots ox_n>\in 堆'\&(苹果_※,y)\in 存在']$

(61a):$\exists x_1 x_2 \exists y[x_1 ox_2 \in 人_※'\&y\in 马'\&|\{x_1,x_2\}|=2\&|人_※'|=|马'|=1\&<x_1 ox_2,y>\in 骑'\&(x_1 ox_2,y)\in 存在']$

语块 1 和语块 3 变换位置后句子表示的逻辑语义最大的差别就在于句式语义更多表示事物存现的状况,而变换之前的句子表示容纳"占有"的数量关系,因此在表示这类句子的逻辑语义时,同样用上面的方法将每一个部分细致刻画出来,最后用谓词"存在"来引导其逻辑语义。

四、表"时间容纳量"容纳句的逻辑语义内涵

表"时量"容纳的容纳句主要凸显语块 1 和语块 3 之间时间量的容纳和被容纳关系。时间是一个一维事物,时间主要是被消耗的。我们在上一节也讨论过,表"时量"容纳的容纳句句式语义中含有[+被消耗]的语义特征,如:

（62）一本书看两天。

其逻辑语义式表示为：

$\exists x_1 x_2 \exists y \exists z [x_1 o x_2 \epsilon$ 天$_*'$&$|\{x_1, x_2\}| = 2$&$y\epsilon$ 书$'$&$<z, y>\epsilon$ 看$'$&$z\epsilon$ 人$'$&$|$天$_*'| = |$书$'| = 1$&$(x_1 o x_2, y)\epsilon$ 用$']$

我们用自然语言对其进行直观解读：存在个体 x_1, x_2，代表"两天"，并且表示不同的两天，它们共同构成一个聚合体，存在个体 y，代表"一本书"，还存在一个施事者 z，表示"人"。动词"看"和"一本书"的语义关系由"人"来连接，表示"人看书。""一本书"和"两天"组成的聚合体的语义关系用"用"来连接，表示为"看一本书的时间用了两天"。

（63）一天写五十个大字。

该例句的逻辑语义式为：

$\exists x_1 \cdots\cdots x_{50} \exists y \exists z [x_1 o \cdots\cdots o x_{50} \epsilon$ 大字$_*'$&$|\{x_1, \cdots\cdots, x_{50}\}| = 50$&$y\epsilon$ 天$'$&$<z, x_1 o \cdots\cdots o x_{50}>\epsilon$ 写$'$&$z\epsilon$ 人$'$&$|$大字$_*'| = |$天$'| = 1$&$(x_1 o \cdots\cdots o x_{50}, y)\epsilon$ 用$']$

用自然语言对其进行解读：存在个体 $x_1\cdots\cdots x_{50}$，代表"五十个大字"，并且这五十个大字形态各异，各不相同，它们共同构成一个聚合体，存在个体 y，代表时间"一天"，还存在一个施事者 z，表示"人"。动词"写"和"五十个大字"的语义关系由"人"来连接，表示"人写五十个大字。""一天"和"五十个大字"组成的聚合体的语义关系用"用"来连接，表示为"写五十个大字需要用一天时间"。

以上两个例句均是 VP 出现时的情况，我们将 VP 出现时表"时量"容纳的容纳句的逻辑语义式抽象概括如下：

$\exists x_1 \cdots\cdots x_n \exists y \exists z [x_1 o \cdots\cdots o x_n \epsilon A_*'$&$|\{x_1, \cdots\cdots, x_n\}| = n$&$y\epsilon B'$&$z\epsilon$ 人$'$&$<z, x_1 o \cdots\cdots o x_n>\epsilon V'$&$|A_*'| = |B'| = 1$&$(x_1 o \cdots\cdots o x_n, y)\epsilon$ 用$']$

在表"时量"容纳的容纳句中，VP 有省略的情况，如"一天一个颜色。""一日两场。"我们对这一类的逻辑语义进行刻画：

（64）一天一个颜色。

"一天"和"一个颜色"由于数词均为"一"，并且都表示独立的个体，同

时,我们发现其内部包含了一个表示"对应"的关系,即"一天"只能对应"一个颜色",其逻辑语义式表示如下:

$$\exists x \exists y[x\epsilon 天'\&y\epsilon 颜色'\&<x,y>\epsilon 对应'\&|天'|=|颜色'|=1]$$

我们用自然语言对其逻辑语义式进行解读:存在"一天"这样一个时间量,同时也存在"一个颜色","一天"与"一个颜色"二者是对应的关系,并且是一一对应,即"一天只能对应一个颜色。"其中"对应"在句中可以省略,省略后句子的"对应"语义仍然蕴涵其中。

(65)一日两场。

这类句子的语块 3 省略了 N_2,使得语块 3 整体表示[+次数]的语义特征,但其整体仍表示"对应"的关系,即"一日对应两场。"我们将其逻辑语义表达式表示为:

$$\exists x \exists y_1 y_2[x\epsilon 日'\&y_1 oy_2\epsilon 场次_*'\&|\{y_1,y_2\}|=2\&<x,y_1 oy_2>\epsilon 对应'\&|日'|=|场次_*'|=1]$$

我们用自然语言对其解读:存在"一日"这个时间量,同时存在两个不同的场次,这两个场次共同构成一个聚合体,与"一日"成一一对应关系,其中句子蕴涵了"对应"的语义关系。

最后,表"时量"容纳的容纳句中,语块 1 和语块 3 的位置互换后句子不成立或者语义发生改变,因此,我们将暂不讨论两语块互换后的句子的逻辑语义情况。

五、表"物量容纳"容纳句的逻辑语义内涵

表"物量"容纳的容纳句是各学者讨论最多的一类容纳句,如"一锅饭吃十个人。""一堆沙子分二十个人。"通过上面章节的讨论,我们知道这类容纳句的句式语义具有[+供用]的语义特征,如我们可以对例句进行变换得到"一锅饭供十个人吃。""一堆沙子供二十个人分。"在这样的语义背景下,我们将引入"供"作为该类句式的语义逻辑谓词。同时,语块 1 和语块 3 中量词的差异也会对其句式的逻辑语义形成影响。本节选取三个具有代表性的例句进行分析说明。

（66）一锅饭吃十个人。

它的逻辑语义表达式为：

$\exists x_1 \ldots x_n \exists y_1 \ldots y_{10} [x_1 o \cdots o x_n \in 饭_*' \& y_1 o \cdots o y_{10} \in 人_*' \& |\{x_1, \cdots, x_n\}| = n \& |\{y_1, \cdots, y_{10}\}| = 10 \& |饭_*'| = |人_*'| = 1 \& <y_1 o \cdots o y_{10}, x_1 o \cdots o x_n> \in 吃' \& (x_1 o \cdots o x_n, y_1 o \cdots o y_{10}) \in 供']$

我们用自然语言进行直观解读：存在个体 $x_1, \cdots, x_n$，代表有 n 粒米饭，它们共同组成一个聚合体"一碗饭"，同时存在 $y_1, \cdots, y_{10}$ 十个不相同的人，这十个人也组成一个聚合体，动词"吃"与句中的语义关系是"人吃饭"，而"一锅饭"和"十个人"这两个聚合体之间的语义关系是"供用"，即"一锅饭供十个人吃"。

（67）一堆沙子分二十个人。

其逻辑语义表达式为：

$\exists x_1 \ldots x_n \exists y_1 \ldots y_n [x_1 o \cdots o x_n \in 沙子_*' \& y_1 o \cdots o y_{20} \in 人_*' \& |\{x_1, \cdots, x_n\}| = n \& |\{y_1, \cdots, y_{20}\}| = 20 \& |沙子_*'| = |人_*'| = 1 \& <y_1 o \cdots o y_{20}, x_1 o \cdots o x_n> \in 分' \& (x_1 o \cdots o x_n, y_1 o \cdots o y_{20}) \in 供']$

用自然语言进行直观解读：存在个体 $x_1, \cdots, x_n$，代表有 n 粒沙子，它们共同组成一个聚合体"一堆沙子"，同时存在 $y_1, \cdots, y_{20}$ 二十个不相同的人，这二十个人也组成一个聚合体，句中动词"分"与语块 1 和语块 3 之间的关系是"二十个人分一堆沙子"，而两个聚合体之间的语义关系是"供用"，即"一堆沙子供给分给二十个人"。

（68）一桶水浇三朵花。

该例句中施事没有出现，因此我们在逻辑语义表达式里要将其补充出来，并且"浇"在句中与两语块之间的关系，既可以是"人浇水"也可以是"人浇花"，因此，该句的逻辑语义表达式有两种：

（68a）$\exists x_1 \ldots x_n \exists y_1 y_2 y_3 \exists z [x_1 o \cdots o x_n \in 水_*' \& y_1 o y_2 o y_3 \in 花_*' \& |\{x_1, \cdots, x_n\}| = n \& |\{y_1, y_2, y_3\}| = 3 \& z \in 人' \& |水_*'| = |花_*'| = 1 \& <z, x_1 o \cdots o x_n> \in 浇'] \& (x_1 o \cdots o x_n, y_1 o y_2 o y_3) \in 供']$

（68b）$\exists x_1 \ldots x_n \exists y_1 y_2 y_3 \exists z [x_1 o \cdots o x_n \in 水_*' \& y_1 o y_2 o y_3 \in 花_*' \& |$

$|\{x_1, \cdots\cdots, x_n\}| = n\&|\{y_1, y_2, y_3\}| = 3\&z\epsilon 人'\&|水_\divideontimes'| = |花_\divideontimes'| = 1\&<z, y_1 o y_2$
$o y_3>\epsilon 浇'\&(x_1 o \cdots\cdots o x_n, y_1 o y_2 o y_3)\epsilon 供']$

用自然语言对(68a)和(68b)进行解读:存在"水滴"这个事物,"一桶水"是由每一个水滴组成的一个聚合体,存在"花"这个个体,并且有三个不同的个体,即三朵不同的花,这三朵花在句中也是一个聚合体。"浇"在(66a)中与其他语块之间的语义关系是"人浇水","浇"在(66b)中与其他语块的关系是"人浇花",而在这两个句中,"一桶水"和"三朵花"的语义关系都是"供给"关系,表示"一桶水供给三朵花"。对表"物量"容纳的容纳句逻辑语义式进行抽象概括如下:

(1)当表"物量"容纳的容纳句中语块1、语块3中的量词为集合量词时,施事者一般出现在句中,句子的逻辑语义式为:

$\exists x_1\cdots\cdots x_m \exists y_1\cdots\cdots y_n[x_1 o\cdots\cdots o x_m\epsilon A_\divideontimes'\&y_1 o\cdots\cdots o y_n\epsilon B_\divideontimes'\&|\{x_1, \cdots\cdots, x_m\}|$
$|= m\&|\{y_1, \cdots\cdots, y_n\}| = n\&|A_\divideontimes'| = |B_\divideontimes'| = 1\&<x_1 o\cdots\cdots o x_m, y_1 o\cdots\cdots o y_n>\epsilon V'$
$\&(x_1 o\cdots\cdots o x_m, y_1 o\cdots\cdots o y_n)\epsilon 供']$

(2)当句中的"VP"与两语块之间的语义搭配均成立,并且施事者不出现在句中时,句子的逻辑语义表达式为:

$\exists x_1\cdots\cdots x_m \exists y_1\cdots\cdots y_n \exists z[x_1 o\cdots\cdots o x_m\epsilon A_\divideontimes'\&y_1 o\cdots\cdots o y_n\epsilon B_\divideontimes'\&|\{x_1, \cdots\cdots,$
$x_m\}| = m\&|\{y_1, \cdots\cdots, y_n\}| = n\&z\epsilon 人'\&|A_\divideontimes'| = |B_\divideontimes'| = 1\&[<z, x_1 o\cdots\cdots o x_m>$
$\epsilon VP'\vee <z, y_1 o\cdots\cdots o y_n>\epsilon VP']\&(x_1 o\cdots\cdots o x_m, y_1 o\cdots\cdots o y_n)\epsilon 供']$

其中集合$A_\divideontimes$代表的是包含了语块1个体成员组成的聚合体的集合,集合$B_\divideontimes$表示的是包含了语块3个体成员组成的聚合体的集合。m,n表示语块中具体构成相应聚合体的个体成员的数量,"$\vee$"表示析取关系。

当我们把表"物量"容纳的容纳句语块1和语块3位置互换后,句子大多表达了汉语中常规的语义模式,语块1和语块3始终表示两个聚合体,容纳数量关系虽然被削弱,但仍存在于句中,如:

(69)a. 十个人吃一锅饭。b. 二十个人分一堆沙子。c. 三朵花浇一桶水。

上面三个例句的逻辑语义式分别为:

(69a) $\exists x_1\cdots x_{10} \exists y_1\cdots y_n [x_1 o\cdots ox_{10} \in 人_※'\&y_1 o\cdots oy_n \in 饭_※'\&|$
$\{y_1,\cdots,y_n\}|=n\&|\{x_1,\cdots,x_n\}|=10\&|人_※'|=|饭_※'|=1\&<x_1 o\cdots ox_{10},$
$y_1 o\cdots oy_n>\in 吃']$

(69b) $\exists x_1\cdots x_{20} \exists y_1\cdots y_n [x_1 o\cdots ox_{20} \in 人_※'\&y_1 o\cdots oy_n \in 沙子_※'\&|$
$\{x_1,\cdots,x_n\}|=20\&|\{y_1,\cdots,y_n\}|=n\&|人_※'|=|沙子_※'|=1\&<x_1 o\cdots$
$ox_{20},y_1 o\cdots oy_n>\in 分']$

(69c) $\exists x_1 x_2 x_3 \exists y_1\cdots y_n \exists z[x_1 ox_2 ox_3 \in 花_※'\&y_1 o\cdots oy_n \in 花_※'\&|\{x_1,$
$x_2,x_3\}|=3\&|\{y_1,\cdots,y_n\}|=n\&z\in 人'\&|水_※'|=|花_※'|=1\&[<z,y_1 o\cdots$
$oy_n>\in 浇'\lor<z,x_1 ox_2 ox_3>\in 浇']]$

总之,容纳句中不同小类的逻辑语义各有差异,表"空间量"容纳的容纳句逻辑语义中的逻辑谓词是"存在",整体抽象出三种不同的情况。其逻辑语义的不同与句中是否出现施事成分以及语块 3 中的量词是否为集合量词有关。表"时量"容纳和表"物量"容纳的逻辑谓词分别为"用""供",句式的逻辑语义都抽象为两种情况,其逻辑语义的不同都与施事成分是否出现和语块1 和语块 3 中的量词类别有关。本章对容纳句逻辑语义的刻画和分析,使各小类中的语义关系显得更加具体和客观,完善容纳句语义内涵体系。

第六节　本章小结

本章先从传统的研究方法入手,对容纳句的基本语义内涵进行探讨,然后在此基础上,借助逻辑语义学中的谓词逻辑理论和集合论的思想,对容纳句的逻辑语义进行描写和分析。

首先,对于像"一锅饭吃十个人。"这类句子,我们从命名的不同对这类句子已有的研究进行概括。学界主要有三种观点,认为这类句子是"双数量结构""供用/供动句""容纳句"。我们通过对比各学者对这类句式的不同命名和相应的研究,发现使用"容纳句"这个名称更加科学。"容纳句"这个命名方式是把句子的语表和语义内涵两者结合起来,更加贴近语句表达容纳数量关系的语言事实。本章最后也采用了"容纳句"这个命名方式。从传统意义上看,表示容纳关系的任何句子都属于容纳句范畴,如"我能写好这个字。"也属于传统的表容纳意义的句子,属于能力范围的容纳,然而这样的句子从更细致的语义角度来说属于容许句。而我们研究的容纳关系是表示量与量之间的容纳关系,同时语表结构为"[数词$_1$+量词$_1$+名词$_1$(Num$_1$+Cl$_1$+N$_1$)]+[VP]+[数词$_2$+量词$_2$+名词$_2$(Num$_2$+Cl$_2$+N$_2$)]"形式,并且表达容纳数量关系的句子才属于本章研究的容纳句范畴。本章将容纳句分为三个大类,即表"空间量"容纳的容纳句、表"时量"容纳的容纳句和表"物量"容纳的容纳句。其中表"空间量"容纳的容纳句又可以细分为表"面"容纳的容纳句、表"体"容纳的容纳句以及"体"和"面"共同容纳的容纳句。

根据构式语块理论,将容纳句的结构分为三个语块,即语块 1:数$_1$+量$_1$+名$_1$(Num$_1$+Cl$_1$+N$_1$);语块 2:VP 语块;语块 3:[数$_2$+量$_2$+名$_2$(Num$_2$+Cl$_2$+N$_2$)。语块 1 中,数词绝大多数都为"一",并且语义核心也主要在数词"一"上,"一"不能省略。VP 语块主要为光杆动词,少数的 VP 可以在动词后加上"给/了/过",VP 里不能出现表示进行时态的"着"。另外,VP 在一般情况下是不能省略的,否则会出现语义模糊的情况。语块 3 中的数词和量词相比于语块 1 而言,显得灵活多样。容纳句中语块 1 和语块 3 之间位置能够互换,原因就在于句中隐含了一个句法轻动词,这为两个语块的位置互换提供可能。然而不是所有容纳句中的语块 1 和语块 3 的位置都能互换,两语块位置的改变还受到各小类中各部分的语义和句式语义的制约。

在容纳句结构特征分析的基础上,我们着重探讨了容纳句整体的语义特征以及各小类的语义内涵,包括每一类中各部分的语义特征和每一类的句式语义特征,容纳句大致具有[+容纳性][+函变性][+隐喻性][+连续性][+不定量性]语义特征。在表"空间量"容纳的容纳句中,表"面"的容纳是其一个重要组成部分,虽然在客观世界中,大多数的事物都具有三维性,但在表"面"容纳的容纳句中,因为受到句式和 VP 或者语块 2 的影响,使得语块 1 和语块 3 两者在面积上的容纳数量关系凸显。在表"体"或者"体"和"面"共同容纳的容纳句中,语块 1 各自具有[+封闭性][+立体性]的语义特征。其中,表

"体"容纳中的 VP[−动作性][+容纳方式]语义特征明显,表"体"和"面"共同容纳中的 VP[+占据性]语义特征明显。表"空间量"容纳的句式语义除了容纳句本身都有的语义特征以外,还具有[+存现]语义特征。表"时量"容纳的容纳句中,VP 有两种情况:出现或省略。当 VP 出现在句中时,语块 1 具有[+时量性][±自立性]或者[+受事]语义特征,VP 具有[+持续性]语义特征,语块 3 具有[+整体性]或者[+时量性]语义特征。当 VP 不出现在句中时,语块 1 具有[+时量性],此时语块 3 是表示频次的词。其句式语义除了基本的几种语义特征外还具有[+被消耗]语义特征。表"物量"容纳的容纳句是引起学者关注度最高的一类容纳句,其语块 1 具有[±位移性]和[+自立性]语义特征,VP 语块具有[+方式][−动态性]语义特征,语块 3 具有[+弱个体性][−描写性]语义特征,整体句式语义除了具有[+容纳性][+不定量性][+隐喻性][+连续性]语义特征以外,还具有[+供用][±一次性容纳][±函变性]语义特征。

最后,在集合论的基础上运用谓词逻辑法对容纳句各小类的逻辑语义进行探讨,先对各小类的典型例句的逻辑语义进行描写,然后抽象概括出每一小类的逻辑语义表达式,并且对表"空间量"容纳和表"物量"容纳中语块 1 和语块 3 位置互换后句式的逻辑语义关系也进行探讨,如表"物量"容纳的容纳句逻辑语义有两种情况:(1)当表"物量"容纳的容纳句中语块 1 和语块 3 中的量词均为集合量词时,施事者一般出现在句中,句子的逻辑语义式为:$\exists x_1 \ldots\ldots x_m \exists y_1 \ldots\ldots y_n [x_1 o \cdots\cdots o x_m \in A_{\divideontimes}' \& y_1 o \cdots\cdots o y_n \in B_{\divideontimes}' \& | \{ x_1, \cdots\cdots, x_m \} | = m \& | \{ y_1, \cdots\cdots, y_n \} | = n \& | A_{\divideontimes}' | = | B_{\divideontimes}' | = 1 \& < x_1 o \cdots\cdots o x_m, y_1 o \cdots\cdots o y_n > \in V' \& (x_1 o \cdots\cdots o x_m, y_1 o \cdots\cdots o y_n) \in$ 供$']$;(2)当句中的"VP"与两语块之间的语义搭配均成立,并且施事者不出现在句中时,句子的逻辑语义表达式为:$\exists x_1 \ldots\ldots x_m \exists y_1 \ldots\ldots y_n \exists z [x_1 o \ldots\ldots o x_m \in A_{\divideontimes}' \& y_1 o \cdots\cdots o y_n \in B_{\divideontimes}' \& | \{ x_1, \cdots\cdots, x_m \} | = m \& | \{ y_1, \cdots\cdots, y_n \} | = n \& z \in$ 人$' \& | A_{\divideontimes}' | = | B_{\divideontimes}' | = 1 \& [< z, x_1 o \ldots\ldots o x_m > \in VP' \lor < z, y_1 o \cdots\cdots o y_n > \in VP'] \& (x_1 o \ldots\ldots o x_m, y_1 o \cdots\cdots o y_n) \in$ 供$']$。其中 A 和 B 均表示容纳句中语块 1 和语块 3 中的名词所对应的集合,而 $A_{\divideontimes}$ 和 $B_{\divideontimes}$ 分别表示名词扩展成包含了 A 集合中个体所组成的聚合体的集合和包含了 B 集合中个体所组

成的聚合体的集合,也即是说容纳句中的语块 1 和语块 3 我们都应该看成一个事物的整体,句子表达的数量关系是两个语块各自作为一个整体而呈现出的数量关系。

对于容纳句的研究,虽然学者们早有涉及,但极少单独从语义内涵方面对其做全面细致的探讨。本章在对其进行传统的语义分析之后,还运用逻辑语义学的相关理论,对其逻辑语义进行刻画分析,使得容纳句内部复杂的语义得到更加清晰的梳理。然而,对于容纳句的研究还有许多值得探讨的地方,它的使用通常在现实的交际语言环境中,因此语境对它的语义表达也存在着影响。同时我们是从逻辑语义学中最基础的谓词逻辑法出发来探讨容纳句的逻辑语义,而在逻辑语义学中,广义量词理论能够更加细致深刻地揭示出句中量的对应和变化关系,这也是我们下一步研究的重点和努力的方向。

第十三章　现代汉语"疑问代词"类周遍性主语句的逻辑语义研究

在现代汉语中,"疑问代词"类周遍性主语句是一种常用又特殊的句式。它主要由两个部分构成,形成"A+都/也+B"的基本结构形式。其中,A 段表示周遍性主语;B 段表示谓语;副词"都"和"也"起关联周遍性主语和谓语的作用。从语言事实出发,以表示任指的疑问代词"什么"为例,把"疑问代词"类周遍性主语句分为动词谓语句、形容词谓语句和主谓谓语句,探讨它们的句法结构和语义内涵,在此基础上,采用谓词逻辑工具和逻辑翻译理论对其进行逻辑语义分析。①

第一节　引　言

(一)"疑问代词"的研究现状

疑问代词作为现代汉语的一个重要词类,顾名思义,是表示"疑问"的代词,如询问原因、方式、处所等等。但纵观疑问代词的现有研究成果,并结合大量语言事实进行分析,疑问代词的名称和定义并非一蹴而就,其用法也不仅限于表示"疑问"。

---

① 本章根据课题负责人所指导的研究生李邦静的硕士学位论文《现代汉语含疑问代词类周遍性主语句的逻辑语义分析》(四川师范大学,2018,导师刘海燕教授)节选修改而成。

1. 关于"疑问代词"的名称和定义研究,最早可以追溯到马建忠的《马氏文通》,马建忠先生在文中将"疑问代词"称作"询问代字",其定义是:"询问代字者,所以求知夫未知者也,故无前词。曰前词,则已知矣。其所以答所问者,曰后词。"①吕叔湘(1942)称作"无定指称",并指出它"通常表疑问,有时不表疑问"②。但没有涉及具体定义。随后,王力(1944)一书中开始使用"疑问代词"这一名称,他在著作中写到:"凡词,居于首品,次品,或末品的地位,表示疑问或反诘者,叫做疑问代词。"③至今,仍然沿用"疑问代词"这一名称。虽然"疑问代词"这个名称至今被普遍认可和使用,但是,期间还是有诸多著名的语言学者仍然不遗余力地对"疑问代词"的名称进行研究。高名凯(1948)在讲述"汉语询问词"的名目时,称作"询词",但没有描写其具体定义。此外,还有用"Wh-"的名称,因为英语中的疑问代词除了"How"之外,一般都是以"Wh-"字母开头的。使用"Wh-"词的名称,主要是为了回避"疑问代词"的定义分歧问题。本章则遵从普遍观点,使用"疑问代词"这一名称。

2. 关于"疑问代词"的用法分类,先贤们主要根据"疑问代词"的语法功能和语义进行分类。朱德熙(1982)根据"疑问代词"语法功能的不同,将其分为"体词性"疑问代词,包括:什么、谁、哪、哪儿(里)、多会儿;"谓词性"疑问代词主要包括:怎么样、怎么。然而,"疑问代词"的不同用法分类,语言学者们更多地从语义角度出发进行考察,把"疑问代词"的用法分为疑问用法和非疑问用法。

一是"疑问代词"的疑问用法。普遍认为,"疑问代词"的基本用法是表示疑问,使用频率非常高。刘月华(1983)提到:"疑问代词是用来表示疑问的词,它是构成疑问句的一种手段"。④ 可以说,"疑问代词"就是因为其表示疑问用法而得名。纵观大量具有代表性的专著,诸如吕叔湘(1942)、王力(1944)、高名凯(1948)、林祥楣(1958)、丁声树(1961)、朱德熙(1982)以及刘

---

① 马建忠:《马氏文通》,商务印书馆1983年版,第71页。
② 吕叔湘:《中国文法要略》,商务印书馆1982年版,第18页。
③ 王力:《中国现代语法》(下册),商务印书馆1985年版,第234页。
④ 刘月华:《实用现代汉语语法》,外语教学与研究出版社1983年版,第53页。

月华(1983)等。笔者发现,"疑问代词"表示疑问用法时,主要询问人、物、数量、时间或处所等。本章对吕叔湘先生在《中国文法要略》中的"疑问代词"用法分类,归纳如下:

表 13-1　吕叔湘《中国文法要略》关于疑问代词的用法分类①

用法类别		疑问代词
疑问用法	1.询问人	谁、什么人、何人、哪个、孰
	2.询问物	什么(甚么)、何、奚
	3.询问情状	怎么、怎么样、何
	4.询问原因和目的	怎么、什么、为什么、何、何 X
	5.询问数量	几、多少、几何、若干
	6.询问处所	哪儿、哪里、什么地方、何处、何所、何许
	7.询问时间	哪、几、多会儿、何时
非疑问用法	1.任指	谁、什么、怎么、哪儿
	2.虚指	谁、哪个、怎么、什么、怎么样、哪里

吕叔湘先生的《中国文法要略》对白话和文言中的"疑问代词"皆有描写,算是比较细致的分类。他将"疑问代词"的疑问用法细分为七种,分别可以表示询问人、物、情状、原因和目的、数量、处所或时间。在他之后的研究者,皆是在其基础上进行借鉴和研究。另外,吕著的分类中,明确指出"疑问代词"的任指和虚指用法,这为以后的"疑问代词"非疑问用法研究奠定了基础。

二是"疑问代词"的非疑问用法。疑问代词除了表示疑问,还可以表示其他的意义和功能,这主要体现在其非疑问用法上。上述表 13-1,疑问代词的任指和虚指就是其非疑问用法的体现。诸多学者已通过具体语言事实的分析,认识到疑问代词还存在非疑问用法,并且,非疑问用法十分丰富。

(1)"疑问代词"的非疑问用法分类。

目前,有关"疑问代词"非疑问用法的研究,主要集中描写非疑问用法的

---

① 此表是笔者对吕叔湘先生在著作中分类描写"疑问代词"用法的表格化。

类别。不过,关于疑问代词非疑问用法的具体分类,学者们还没有形成一个统一的认定,而是越分越细,归纳起来,主要如下:

第一,两分法——任指和虚指。黎锦熙(1924)、吕叔湘(1942)、林祥楣(1958)、赵元任(1968)和陆俭明(1986)持这种两分法观点。黎锦熙首次在《新著国语文法》中提出疑问代词存在非疑问用法的情况,表"不定称"。"不定称"与"任指"相似。

第二,三分法——任指、虚指和反诘。如丁树声(1961)、刘月华(1983),他们认为疑问代词表示"任指"时,有两种句法形式,一是句法结构中常常带有副词"都"或"也";二是句法结构中使用同一个疑问代词前后照应。

第三,四分法——任指、虚指、游移指和笼统指。如王力(1944)和邢福义(2000)。两位学者认为疑问代词的非疑问用法主要有四种,在某些特定情形之下,表示"任指"用法的疑问代词可以代替任何事物。

第四,五分法——任指、虚指、照应、反问和感叹。如汤廷池(1981)。关于疑问代词的"任指"用法,他主要着力于细分疑问代词的任指对象,表示"任指"的疑问代词能够指称所有人、物、状况和数量等。

第五,七分法——任指、虚指、反诘、感叹、疑似、否定和列举。如鹿钦佞(2005),他以疑问代词"什么"为例,考察了疑问代词的非疑问用法情况。

第六,八分法——全指、例指、承指、借指、虚指、否定、反诘和独立。如邵敬敏、赵秀凤(1989),她们以疑问代词"什么"为例,对前人研究进行补充,将疑问代词的非疑问用法分为八种。其中"全指"表示指代的范围之内无一例外,可以等同"任指"。

第七,十一分法——任指、虚指、确指、否认、谦虚、反问、感叹、质问、程度、委婉和列举。如王松茂(1983)。他们认为疑问代词的"任指"用法可以分为无范围限制的任指和有范围限制的任指两种情况,前者常带有"不论"或"不管"等词,后者一般带有表示一定范围的词。

从学者们对"疑问代词"非疑问用法的分类可以看出,"疑问代词"的非疑问用法多种多样,后继学者在前人的分类基础上逐渐细化,所以,分类结果不尽相同。即使学者们的分类越来越细,但不难发现,"疑问代词"可以表示"任指"用法,是学者们的共识。

疑问代词的任指用法,对"疑问代词"类周遍性主语句表达周遍性意义具有重要的语义贡献。因此,需要追溯学者们对疑问代词表示"任指"用法的意义界定。

(2)疑问代词表示"任指"用法的意义界定。

关于疑问代词表示"任指"用法的意义界定,主要有以下四种表述:

第一,"不论"说。吕叔湘(1942)认为,疑问代词"谁"可以表示"不知或不论是谁的一个人","什么"可以表示"不知或不论是什么的一件东西"。这种用法情况下,疑问代词表"不论",可以称为"任指"。

第二,"无例外"说。王力(1944)认为"疑问代词的任指用法是:疑问代词代替任何事物,在所说及的人或事物的范围之内没有例外。"[1]丁声树(1961)认为疑问代词表示"任指"时,"常常带有'也、都、全'一类词,表示所说的范围之内没有例外"[2]。陆俭明(1986)认为"任指"指某范围内的任何一个,任何一种,强调没有例外。

第三,"任何"说。林祥楣(1958)认为疑问代词代表任何人、任何事物时,可以称为"任指"。疑问代词"谁"和"什么"常被用来表示"任指",其后常带有"都/也/全",或者其前加连词"无论/不论/不管"等;刘月华(1983)观点与林祥楣一致。汤廷池(1981)主要着力于细分疑问代词的任指对象,表示"任指"的疑问代词能够指称所有人、物、状况和数量等。

第四,"周遍性"说。朱德熙(1982)认为"任指"表示"周遍性",他说:"疑问代词有的时候不表示疑问,这有两种情形:第一是表示周遍性,即表示在所涉及的范围之内没有例外。这一类句式里常常有'也、都'之类副词,有时还用'无论、不管'等连词跟'也、都'呼应。"[3]邵敬敏、赵秀凤(1989)以疑问代词"什么"为例,认为"什么"的"全指性"表示其指代的范围之内无一例外,具有周遍性意义。

---

① 王力:《中国现代语法》(下册),商务印书馆1985年版,第235页。
② 丁声树:《现代汉语语法讲话》,商务印书馆1961年版,第164页。
③ 朱德熙:《语法讲义》,商务印书馆1982年版,第93页。

通过考察以上各位学者对疑问代词表示"任指"用法的意义界定,不难看出,虽然他们的表述不同,但是对"任指"界定的意义内涵却近乎相同,表示某个特定范围内的任何一个对象,且无一例外。

(二)"疑问代词"类周遍性主语句的研究现状

朱德熙先生在《语法讲义》中,首次提出疑问代词的"任指"用法表示"周遍性",不过,他只对"周遍性"的具体定义进行描述,即"周遍性"表示在所涉及的范围之内没有例外,并没有做其他相关研究。在朱先生之后,陆俭明(1986)率先对"周遍性"进行考察分析,他在《周遍性主语句及其他》一文中主要考察了周遍性主语句的特点。他认为"周遍性主语句是指主语以一定形式强调其所指具有周遍性意义的一种主谓句"。① 这种周遍性主语句可以通过词汇手段和语法手段形成,词汇手段一般借助具有任指作用的区别词,如"任何";陆先生主要探讨通过语法手段形成的三类周遍性主语句:①主语由含有表示任指的疑问代词的名词性成分所充任的周遍性主语句(下文简称"疑问代词"类)。②主语由数词为"一"的数量短语所充任的周遍性主语句(下文简称"一+量+(名)"类)。③主语由含有量词重叠形式的名词性成分所充任的周遍性主语句(下文简称"量词重叠"类)。

陆俭明先生综合分析了三类周遍性主语句的特点,可谓开了学界关于"周遍性"研究的先河。随后,诸多研究者几乎都是在陆文的研究基础上,继续对三类周遍性主语句展开新的研究。主要对"疑问代词"类周遍性主语句的句法、语义和语用展开讨论;对"一+量词+(名)"类周遍性主语句中副词"都"和"也"的使用特点以及在"一+量+(名)"结构之前加上"连"字的语义特点进行考察;主要从量词重叠形式作主语,量词重叠表示周遍性意义的条件,以及副词"都"在"量词重叠"类周遍性主语句中的隐现规律等几个方面进行考察分析。本章选择"疑问代词"类周遍性主语句作为研究对象,其研究现状如下:

---

① 陆俭明:《周遍性主语句及其他》,《中国语文》1986 年第 3 期。

1. "疑问代词"类周遍性主语句的句法研究现状

陆俭明(1986)考察了"疑问代词"类周遍性主语句的三种主语情况:第一,主语直接由表示任指用法的疑问代词充任,如:"<u>什么</u>都没有说"。第二,主语是含有表示任指用法的疑问代词的名词性偏正短语,如:"<u>谁家的孩子</u>都得守这个法"。第三,主语是以疑问代词为必有成分的"的"字短语。如:"<u>哪一家的</u>都不那么听话"。另外,陆文还考察了"疑问代词"类周遍性主句的句式特点,他认为"疑问代词"类周遍性主语句有肯定和否定两种形式,并且谓语部分常常伴有副词"都"或"也","都"倾向于出现在肯定句中,"也"倾向于出现在否定句中。关于"疑问代词"类周遍性主语句的句式特点以及副词"都"和"也"的分布特点,后继的类似研究与陆文观点一致,诸如胡盛伦、王健慈(1989)、杉村博文(1992)、段朝霞(1999)、卢素琴(2005)、袁毓林(2004)和张怡春(2011)等。但是,对于"周遍性成分"(表示任指用法的成分)在句中的句法身份,即其句法功能的认定却存在很大争议,没有形成一致看法。归结起来,主要有以下五种观点:

第一,"主语"说。陆俭明(1986)从句法角度出发,认为表示任指用法的"周遍性成分"在句中担任"主语"。他主要考察谓语动词前面只有一个单独的周遍性成分的句子,如:"<u>什么</u>也看不见""<u>什么</u>都好看""<u>什么菜</u>都很便宜"等。

第二,"前置宾语"说。高顺全(1995)分析施事后周遍性受事的句法性质,如:"他<u>什么</u>都不知道"中的疑问代词"什么"是周遍性受事,位于施事"他"之后。他认为处在施事和动词之间的周遍性受事应该看作前置宾语。

第三,"话题"说。高顺全(1995)认为处在句首的"周遍性成分"应该看作句子结构的话题,如:"<u>什么</u>他都不知道"中的"什么"位于句首,所以应该被看作句子的"话题"。徐烈炯、刘丹青(2007)也不赞同陆俭明的观点,他们认为陆俭明先生的"主语"说只反映了"周遍性成分"位于句首的情况,而"周遍性成分"位于主语和谓语动词之间的情况也十分普遍。于是,"我们用包括主话题和次话题在内的'话题'可以统一解释这种前置性"[1]。三位学者是从语

---

[1]　徐烈炯、刘丹青:《话题的结构与功能》(增订本),上海教育出版社2007年版,第171页。

用角度提出的"话题"说。实际上,现代汉语中主语不等同于话题,主语是句法概念,反映词与词之间的语法关系;话题是语用概念,从表达角度说的。所以"主语"说和"话题"说的观点不一致,原因在于他们是站在不同的角度考察"周遍性成分"的句法功能。

第四,"状语"说。陆丙甫(2003)认为"主语"说和"话题"说都不能排除"周遍性成分"在句中充当"状语"的可能。关于"状语"说,陆丙甫先生提出的一个重要论据是:"周遍性成分"同副词状语"全"在分布上是完全互补的。例如:谁/个个/一个人/连张三都不知道这件事。可以转写成:全都不知道这件事。根据互补分布来看,四类"周遍性成分"(谁/个个/一个人/张三)和"全"应该属于同样的成分。因为"全"很难向"周遍性成分"看齐,处理成话题或主语,但是让"周遍性成分"向"全"看齐,当作状语并没有特别的困难。

第五,"题语"说。李金满(2006)提出与前辈们不同的观点,"我们认为,带有周遍意义的句子结构成分不一定非得对应某一个唯一的句法概念,根据它们在句子中和其他成分之间的不同语义关系和位置,可以分析成不同的句法成分。"[1]采取"谓语前周遍性成分如果不能分析为主语,那么就分析为题语[2]"的界定方式。

以上各位研究者之所以采取不同的命名方法,是因为他们站在不同的角度分析某一类"周遍性成分",所以会得出不同的观点。

2. "疑问代词"类周遍性主语句的语义研究现状

学界对"周遍性"的定义,都普遍赞同朱德熙(1982)的观点。如李宇明(1998)在探讨数量词语的复叠表示"周遍性"时,将"周遍性"意义分为:"'所有的'和'每一','所有的'是总而言之,'每一'是分而析之"[3]。韩志刚(2002)对"每"和"各"表示事物周遍性意义的差异进行分析时,把"周遍性"

---

① 李金满:《周遍性成分的句法身份》,潘悟云、陆丙甫:《东方语言学》(第 1 辑),上海教育出版社 2006 年版,第 95 页。

② 李金满:《周遍性成分的句法身份》,潘悟云、陆丙甫:《东方语言学》(第 1 辑),上海教育出版社 2006 年版,第 96 页。

③ 李宇明:《论数量词语的复叠》,《汉语研究》1998 年第 1 期。

定义为:"周遍义,又称全量义,是指在一定范围内所有的对象都怎么样或都不怎么样,没有例外。"①袁莉容(2006)提到"全称义"等同"周遍义"。董正存(2010)提到"周遍义"是"全量义"的同义词,二者可以自由替换使用。

杉村博文(1992)进而对"疑问代词"的任指用法表示"周遍性"的观点,进行修正说明。他不赞同以朱德熙(1982)为代表的观点——表示任指用法的"疑问代词"具有"周遍性"。因为,说疑问代词的"任指"表示"周遍性",容易让人产生一种错觉,误以为表示"任指"的疑问代词本身就具备"周遍性"的语义功能,其"周遍性"的语义特点应该是整个句子结构赋予的,一旦离开周遍性结构,疑问代词便不表示任指用法,也不具备周遍性意义。

关于"疑问代词"类周遍性主语句的语义研究成果十分少见。陈昌来(1988)对歧义句"这个人谁都不相信"的两种语义理解进行考察分析,"这个人谁都不相信"可以理解为"任何人都不相信这个人"和"这个人不相信任何人"。他认为这类句子的歧义是由各部分相互制约形成的,所以,应该从各部分的特点以及各部分的相互关系来认识这类歧义句。杉村博文(1992)对现代汉语"疑问代词+都/也……"结构进行语义分析,他认为"疑问代词+都……"和"疑问代词+也……"结构的语义解释是不相同的,"疑问代词+都……"结构表示"选择性总括","疑问代词"在这个结构中是"选择性任指成分";而"疑问代词+也+否定意义的谓语成分"结构中的"疑问代词"不表示任指用法,应该表示"偏指",整个结构通过否定"极端情况"来实现周遍性任指。"疑问代词+也+肯定意义的谓语成分"结构很少见,如果有,应该是约定俗成。李彦凤(2014)以"优选论"为理论基础,分析周遍性双项名词句中的受事成分前移而产生的语义问题。如"谁都认识我",受事成分"我"前移至句首形成"我谁都认识",受事成分前移后的语句是一个歧义句,可表示"任何人都认识我"和"我认识任何人"两种语义。作者认为如果以"优选论"为理论基础,谓语动词倾向于选择定指性强的成分作受事,那么在"我谁都认识"语句

---

① 韩志刚:《表事物周遍义时"每"与"各"的差异》,郭继懋、郑天刚:《似同实异——汉语近义表达方式的认知语用分析》,中国社会科学出版社2002年版,第280页。

中,定指性强的"我"只能作受事,表示任指的疑问代词"谁"作施事,如此一来,该语句的语义单一,只表达"任何人都认识我"一种语义。

3. "疑问代词"类周遍性主语句的语用研究现状

苏培成(1984)从语用角度分析,认为"谁+都……"和"谁+也……"结构反映了说话人的两种不同说话态度。"谁+都……"结构表示成员 A、B……全都如何,而"谁+也……"结构表示 A 成员如何 B 成员同样也如何。袁毓林(2004)从语用尺度原理的角度,探讨表示任指的"疑问代词"的极性特点,及其对"疑问代词+都/也+VP"结构释义的影响。刘鹏(2012)对周遍性重复现象进行研究,他提到周遍性重复导致的信息过量现象,在理性语篇中可以视为一种语言顺应策略。

4. "疑问代词"类周遍性主语句的逻辑语义研究现状

后来出现了从逻辑语义的角度考察"疑问代词"类周遍性主语的研究。吴平(2007)首次探讨全称量限式的逻辑语义表达式,他认为就逻辑语义的性质而言,周遍性主语句是非常典型的全称量限式。他对陆俭明(1986)所讨论的三类周遍性主语句都进行了简单的逻辑分析,他对表示任指的疑问代词"谁"和"什么",是这样描写的:

谁:$\lambda P[\forall x[人(x)\rightarrow P(x)]]$(对任何 x 而言,如果 x 是人,那么都具备 P 的属性。)

什么$_1$:$\lambda P[\forall x[东西(x)\rightarrow P(x)]]$(对任何 x 而言,如果 x 是东西,那么都具备 P 的属性。)

什么$_2$:$\lambda P[\forall x[事情(x)\rightarrow P(x)]]$(对任何 x 而言,如果 x 是事情,那么都具备 P 的属性。)

关于全称量限式,陈宗明(1993)和邹崇理(2002)都讨论过汉语中不同类型的全称量限式,但是没有对其进行深层次的逻辑研究。所以,吴平先生是第一位运用逻辑工具对周遍性主语句进行形式化分析的学者。

金立(2011)运用生成语法理论对形容词谓语句和主谓谓语句进行逻辑分析。其中,主谓谓语句的逻辑分析中涉及"疑问代词"类周遍性主语句,如:"我<u>什么</u>都不知道",这是典型的主谓谓语句,也是本章要考察的"疑问代词"

类周遍性主语句之一,疑问代词"什么"充当小主语,表示任指。这类"疑问代词"类周遍性主语句的语义关系可以表示为:"施事(S_1)‖受事(S_2)—动作(P)",施事"S_1"(我)是大主语,受事"S_2"(什么)是小主语,"S_2+P"(什么都不知道)是整个句子的谓语,"P"(都不知道)则被称作小谓语。她综合运用生成语法、逻辑翻译和语义运算等逻辑理论对这类句子进行逻辑语义分析,如:"张老师<u>什么书都看</u>",她是这样作形式刻画的:$\forall x(书'(x))\rightarrow看'(张老师',x)=\lambda y[\forall x(书'(x)\rightarrow都看'(y,x)](张老师')$

目前,对现代汉语"疑问代词"类周遍性主语句进行逻辑语义考察的只有吴平和金立,吴平在《句式语义的形式分析与计算》中对"疑问代词"类周遍性主语句作整体性的逻辑刻画,并没有对不同结构的"疑问代词"类周遍性主语句作详细分析;金立在《汉语句子的逻辑分析》中只涉及"疑问代词"类周遍性主语句的一种结构形式。由此可见,从逻辑语义学的角度对现代汉语"疑问代词"类周遍性主语句进行考察的研究成果还很少。

综上所述,可以看出对"疑问代词"类周遍性主语句的研究,历来主要从句法、语义和语用角度作深入的研究和探讨,这些研究成果为本章继续展开对"疑问代词"类周遍性主语句的研究奠定了坚实基础。为了丰富"疑问代词"类周遍性主语句的研究,本章将在前人的研究基础上,运用逻辑语义学中的谓词逻辑理论对"疑问代词"类周遍性主语句的多种句法形式作详细研究。

通过前面的分析可以发现,研究现代汉语"疑问代词"类周遍性主语句的重要文献很多,但是学者们主要利用语言本体学的理论方法来考究"疑问代词"类周遍性主语句的句法、语义和语用,很少有人从跨学科的角度对"疑问代词"类周遍性主语句进行系统的研究。"疑问代词"类周遍性主语句是现代汉语中富有研究价值的句式之一,学者们都从句法、语义和语用各方面对其进行深入且细致的分析,这些已有的研究成果着眼点比较单一,没有从各方面对"疑问代词"类周遍性主语句进行全面或系统的研究。因此,本章拟从多个角度把握"疑问代词"类周遍性主语句的特征,在梳理归纳其句法结构和语义内涵的基础上,从逻辑学和计算机科学的研究视角对"疑问代词"类周遍性主语句进行跨学科研究,利用逻辑工具分析其逻辑语义特征,对其进行形式化的描写,为计算机识别这种特殊句式提供可能。

　　汉语句式的意义丰富,但是其缺乏形式标记,这使得计算机处理和识别这类句式存在困难。为了利于计算机正确处理汉语句式的语义,可以试着将汉语句式翻译成计算机能够识别的语言,即对语言进行形式化分析,用计算机能识别的一系列逻辑符号来对汉语句式进行形式化表达。现代汉语"疑问代词"类周遍性主语句的句式工整,句式意义丰富,如果选择适当的逻辑工具对其进行形式化的描写,计算机便可有效地对其进行识别和处理。

　　本章在分析现代汉语中的"疑问代词"类周遍性主语句时,综合运用经验主义和理性主义的研究方法,即以自然语言中大量的语言事实为基础,采用归纳法、统计法、演绎法和定量分析法相结合的传统研究方法,并综合运用逻辑语义学中的逻辑翻译理论和谓词逻辑理论,来对现代汉语中"疑问代词"类周遍性主语句的语表结构和语义内涵作细致的形式化分析、描写以及解释。

　　本章的语料主要有以下四种来源:第一是北京大学汉语语言研究中心语料库(以下简称CCL语料库)。语料提取范围主要确定为现代著名白话文小说和戏剧,如老舍《四世同堂》《骆驼祥子》《鼓书艺人》《茶馆》等;曹禺《雷雨》《日出》;赵树理《三里湾》《李家庄的变迁》;钱钟书《围城》等作品。第二是BCC语料库。本章还在BCC语料库搜集《人民日报》中符合研究对象的相关语料,力求研究成果反映近年语言现实。第三是一些已公开发表的相关论著中涉及的少量语料事实。第四是作者依照现代汉语句法规则而造的少量例句。

第二节　"疑问代词"类周遍性
主语句的句法结构

一、"疑问代词"类周遍性主语句的界定

　　本章对"疑问代词"类周遍性主语句的界定有以下三个标准:第一,"疑问代词"类周遍性主语句首先是一个完整的句子。"由短语或词充当的、有特定

的语调、能够独立表达一定的意思的语言单位"。① 以表示任指的疑问代词与副词"都/也"搭配为形式标记,表示在所涉及的范围之内,主语的所指对象无一例外地具备某种相同属性。第二,这类表达周遍性意义的句子必须是主谓句。第三,由表示任指用法的疑问代词或疑问代词修饰其他成分,在句中充当主语。

周遍性主语的所指对象都具备某种相同属性,那么特定范围内的所有对象共同具备某种特定的相同属性,是完全等价的。例如:(1)什么地方都好。(钱钟书《围城》)在该语句中,如果主语"什么地方"的所指对象包括 A 地、B 地和 C 地。那么,A 地、B 地和 C 地在具备"好"的属性上是完全等价的,不存在任何差别。

现代汉语中存在诸多疑问代词,不同的疑问代词进入相同格式的周遍性主语句中,可以表达不同的周遍性意义。本章以使用频率颇高的疑问代词"什么"为例,对在周遍性主语句中充当主语的情况进行考察分析。这样做是为了注重个案分析,以便更加深入探讨"疑问代词"类周遍性主语句的特征。所以,本章研究"疑问代词"类周遍性主语句,主要是对表示任指的"什么"或"什么+中心语"充当周遍性主语的情况进行探讨。

周遍性主语句主要由总括对象和相同属性两个部分构成,总括对象和相同属性之间必须有副词"都"或"也"关联。为方便行文,笔者将周遍性主语句分段表示为"A+都/也+B"。其中,周遍性主语为 A 段;谓语部分为 B 段;而副词"都"和"也"对实现周遍性意义起着必不可少的关键作用,所以应该予以突显,标识出"都"和"也"。另外,本章根据周遍性主语句谓语构成的不同,把研究对象分为动词谓语句、形容词谓语句和主谓谓语句。动词谓语句和形容词谓语句可以分段表示为"A+都/也+B",而主谓谓语句比较特殊,它是由主谓短语充当谓语的主谓结构,句中有大主语和小主语,笔者用 A_1 和 A_2 分别表示主谓谓语句句中的大小主语,用 B 表示主谓短语中的小谓语,整个结构形式化地表示为"A_1+A_2+都/也+B"。

---

① 黄伯荣、廖序东:《现代汉语》(增订五版)下册,高等教育出版社 2011 年版,第 86 页。

　　本章主要对"疑问代词"类周遍性主语句的句法结构进行考察分析,分别从句式的整体结构特征、各部分的语表特征以及句式的生成过程进行探讨。笔者对搜集到的不含其他附加副词的 953 例语料作数据统计,发现三类周遍性主语句在现代汉语中的使用频率存在很大差异。具体情况见下表:

表 13-2　"疑问代词"类周遍性主语句的使用频率表

"疑问代词"类周遍性主语句	频数	百分比
动词谓语句(A+都/也+B)	617	64.7%
形容词谓语句(A+都/也+B)	39	4.1%
主谓谓语句(A_1+A_2+都/也+B)	297	31.2%
合计	953	100%

　　在现代汉语中,按照谓语构成的不同,可以把主谓句分为一般主谓句和特殊主谓句。一般主谓句包括动词谓语句、形容词谓语句和名词谓语句;特殊主谓句包括主谓谓语句、"把"字句、"被"字句、连动句等等。本章根据 953 例语料呈现的主要特征将研究对象划分为动词谓语句、形容词谓语句和主谓谓语句三类。由表 13-2 可知,一般句式的主谓句只有动词谓语句和形容词谓语句,并且动词谓语句占了绝大部分。这与周遍性主语句中的副词"都"和"也"有密切关系,副词一般修饰动词和形容词,少数的特定情况下才可以修饰名词,所以分类中没有名词谓语句。笔者通过分析 953 例语料中特殊主谓句的使用情况,发现主谓谓语句的使用频率远远高出"把"字句、"被"字句、连动句和双宾句等特殊主谓句的使用频率。另外,笔者在 CCL 语料中单独查询特殊主谓句的使用情况,发现表达周遍性意义的"把"字句、"被"字句、连动句、双宾句等的使用情况极少,并且已有学者对"把"字句、连动句和双宾句等特殊主谓句的句法结构、语义内涵和逻辑语义进行专文讨论。鉴于以上两点,本章的特殊主谓句只有主谓谓语句。

二、"疑问代词"类周遍性主语句的句法结构

(一)动词谓语句的句法结构

1. 动词谓语句的整体结构特征

动词谓语句,就是由"动词性词语充当谓语的句子"①。表达周遍性意义的动词谓语句,其语表结构可以表示为:Y/YP+都/也+VP。其中,"Y"表示疑问代词"什么"在句中单独充当周遍性主语;"YP"表示周遍性主语由"什么"修饰其他成分而构成的名词性短语充当;"VP"表示谓语部分,一般由动词或动词性短语充当;副词"都"和"也"在句中起关联作用。例如:

(2)什么都是学问!(老舍《女店员》)

(3)什么事情都瞒不过你。(钱钟书《上帝的梦》)

在上述两个语句中,周遍性主语分别由单独的疑问代词"什么"和"什么"作定语修饰的名词性成分"什么事情"充当;例(2)中的"VP"为"是"一类的动宾短语,即"是学问",而例(3)中的"VP"为动补短语带宾语的动补宾结构,即"瞒不过你";副词"都"起关联"Y/YP"和"VP"的作用。

在现代汉语中,"Y/YP+都/也+VP"格式的周遍性主语句十分常见,经常作为一个整体使用。其固定性很强,只要疑问代词能够进入这个格式,再短再长的句子都表达周遍性意义。

2. 动词谓语句各部分的语表特征

主要从词性角度分析动词谓语句"Y/YP+都/也+VP"各部分的语表特征,以期分析出可以进入周遍性构式"Y/YP+都/也+VP"的成分具备的语表特点。

(1)周遍性主语的语表特征

在表达周遍性意义的动词谓语句中,周遍性主语既可以由表示任指的疑问代词单独充当,也可以由表示任指的疑问代词作定语修饰名词性成分充当。

---

① 黄伯荣、廖序东:《现代汉语》(增订五版)下册,高等教育出版社 2011 年版,第 86 页。

第一,"什么"独立充当主语。"什么"独立充当主语的情况很常见,例如:

(4)<u>什么</u>都是天定。(曹禺《雷雨》)

(5)<u>什么</u>也没说。(老舍《鼓书艺人》)

上述两个例句都是表示任指的疑问代词在句中独立充当周遍性主语,其语表特征表现为单独的疑问代词。现代汉语中,诸如"谁"、"哪儿/哪里/哪个"、"怎么/怎么样"、"多少"等疑问代词都可以进入"Y+都/也+VP"格式,独立充当周遍性主语。鉴于本章以疑问代词"什么"为例进行考察,故所举例句的主语只与疑问代词"什么"充当周遍性主语的情况有关。

第二,"什么"作定语修饰名词性成分充当主语。与"什么"在句中独立充当周遍性主语相比较而言,"什么"作定语修饰名词性成分充当主语的情况更加复杂。总的来说,"什么"修饰名词性成分构成偏正短语的语表特征主要包括以下三种情况:

一是"什么"修饰普通名词

(6)<u>什么药</u>都无法替代。(《人民日报》,2011)

(7)<u>什么人</u>都有。(赵树理《李家庄的变迁》)

(8)<u>什么景致</u>也望不到。(凌叔华《登富士山》)

(9)<u>什么地方</u>都有垃圾堆。(老舍《正红旗下》)

上述例句中,都是表示任指用法的"什么"直接修饰普通名词,在句中充当周遍性主语。普通名词可以是单音节名词,也可以是多音节名词。根据搜集到的语料,"什么"作定语修饰普通名词的情况最为常见。

二是"什么"修饰偏正短语

(10)<u>什么怪诞的情形</u>都是可能的。(徐志摩《自剖》)

(11)<u>什么悲痛的场面</u>都见过。(老舍《四世同堂》)

(12)<u>什么怪事</u>都会发生。(老舍《四世同堂》)

(13)<u>什么宏伟目标</u>一定能够实现。(《人民日报》,2012)

例句中的周遍性主语,都是由表示任指用法的疑问代词"什么"修饰偏正短语构成名词性词语充当。这类偏正短语主要为定中短语,定语和名词中心语之间的修饰关系可以用"的"作标记,如例句中的"怪诞的情形"和"悲痛的

场面";定语和中心语之间的修饰关系,也可以不用"的"作标记,如例句中的
"怪事"和"宏伟目标"。

三是以"什么"为必有成分构成"的"字短语

(14)什么颜色的都有。(老舍《正红旗下》)

(15)什么脾气的都有。(吴晗《人和鬼》)

例句中的周遍性主语都是以疑问代词"什么"为必有成分的"的"字短语。
这类"的"字短语属于名词性短语,由助词"的"附在实词后面构成。有时可以
根据语境在"的"字短语的后面补充出相应的实词,形成偏正短语,不过这样
会使得"的"字短语的意义发生变化,由具有概括性的指称意义变为具体的所
指意义。

(2)谓语的语表特征

笔者通过研究语料,发现动词谓语句的谓语的语表构成主要包括单独的
动词、动补短语、"动词+着/了/过"和动宾短语四种情况。具体实例如下:

一是谓语为单独的动词

(16)什么都愁,什么都作。(老舍《牛天赐传》)

(17)什么都明白,什么都原恕。(张爱玲《连环套》)

二是谓语为动补短语

(18)什么也感觉不到。(老舍《鼓书艺人》)

(19)什么邪都镇得住!(《人民日报》,2009)

三是谓语为动宾短语

(20)什么都卖钱。(沈从文《新湘行记》)

(21)什么东西都是这么寂静的。(梁遇春《观火》)

四是谓语为"动词+着/了/过"

(22)什么都睡着。(鲁迅《药》)

(23)什么都破碎了!(老舍《赵子曰》)

(24)什么都干过。(老舍《全家福》)

例句中谓语动词后都分别带有动态助词"着/了/过",例(22)中的"着"
表示"睡"的状态在持续;例(23)中的"了"表示动作"破"的完成;例(24)中

的"过"表示曾经发生过"干"的行为动作。在"疑问代词"类周遍性主语句中,谓语动词后跟动态助词"了",多数为表示完成意义的助词,"着"和"过"的使用情况相对较少。周遍性意义的动词谓语句的各部分语表特征归纳如下:

表 13-3　动词谓语句的句法成分表

动词谓语句的结构特征(A+都/也+B)		
各部分的语表特征		例句
周遍性主语的语表构成(A 段)	"什么"独立充当主语	什么都没有用。(叶紫《鬼》)
	"什么"修饰普通名词	什么蚊虫也走光了。(李金发《在玄武湖畔》)
	"什么"修饰偏正短语	什么不法的事儿都干过。(老舍《骆驼祥子》)
	"的"字短语	别的男人,什么样的都有。(老舍《鼓书艺人》)
谓语的语表构成(B 段)	单独的动词	从小到大,什么都许。(教育论 俞平伯)
	动补短语	什么都烧完了!(缪从群《野村君》)
	动宾短语	到底是小坡,什么事都讲公道!(老舍《小坡的生日》)
	动词+着/了/过	什么都破碎了。(老舍《赵子曰》)

由表 13-3 可知,动词谓语句中 A 段的语表特征主要表现为独立的疑问代词"什么"、"什么"修饰普通名词、"什么"修饰偏正短语以及以"什么"为必有成分的"的"字短语四种形式。笔者通过对语料作定量分析,发现"什么"独立充当主语和"什么"修饰普通名词充当周遍性主语的情况最为普遍,而"什么"修饰偏正短语和以"什么"为必有成分的"的"字短语充当主语的情况相对少见。B 段的语表特征主要表现为单独的动词、动补短语、动宾短语和"动词+着/了/过"四种结构形式。笔者同样通过对语料作定量分析,发现谓语构成以单独的动词为主,占到 56.9%;谓语为动补短语和动宾短语次之,占比为 17.7% 和 16.5%;谓语为"动词+着/了/过"的情况最少

见,仅占 8.9%。

另外,四类谓语动词之前常带有助动词,助动词也称能愿动词,有评议作用,用在动词前,表示客观的可能性或主观上的意愿。例如:

(25)什么困难都<u>愿</u>克服。(《人民日报》,2013)

(26)什么都<u>要</u>准备好。(苏青《王妈走了以后》)

(27)什么都<u>可以</u>变成逆产。(老舍《老字号》)

(28)什么苦都<u>可能</u>吃过。(《人民日报》,2010)

例(25)(26)中涉及的助动词"愿"和"要"是表意愿的助动词,表示某人主观意愿上愿意发出谓语动词所表示的意愿行为;例(27)(28)中涉及助动词"可以"和"可能"是表可能性助动词,表示谓语动词可能发生的动作行为。

3. 典型动词谓语句的生成过程

前文提到动词谓语句的谓语构成以单独的动词为主,与周遍性主语主要在句中充当逻辑宾语有关。虽然前文对动词谓语句的句法结构作了详细的考察分析,但是动词谓语句的这种深层结构关系不能通过简单梳理其结构特征以及各部分的语表特征得以体现。本章运用生成语法的相关理论对该类语句的深层结构进行解释。主要运用基本的语法生成规则,用树形图进行直观描述。例如:

(29)什么事情都敢做。(赵树理《李有才板话》)

在该例句中,"什么事情"是周遍性主语,是谓语动词"敢做"的逻辑宾语,通过更换语词后,前移至句首充当周遍性主语,副词"都"总括主语的所指对象,强调周遍性。该语句的深层结构应该是:某人敢做所有事情。针对该句式,可以给出词库:Pron→{什么,……};N→{事情,……};V→{做,……}。根据语法生成规则,例(29)的语法生成过程和句法成分移位情况可用树形图描述(见图 13-1)。

图 13-1 主要用于说明谓语为单独动词形式的动词谓语句的深层结构关系,在四种谓语构成形式中,独立的动词结构形式占到 56.9%的比例,所以本章将以单独的动词充当谓语的动词谓语句为典型动词谓语句,并运用句法生成理论对其深层结构关系进行解释说明。另外,当动词谓语句的谓语为动补

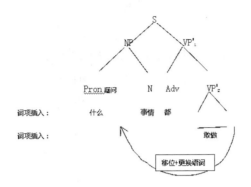

图 13-1 典型动词谓语句的生成过程

短语结构时,其深层结构关系同样涉及逻辑宾语更换语词后,前移至句首充当周遍性主语的情况。而当其谓语为"动词+着/了/过"形式时,其结构关系有两种情形,一是句法深层结构与线性结构一致,如"什么都破碎了";二是深层结构涉及逻辑宾语更换语词后,前移至句首充当周遍性主语,如"什么都干过"。当动词谓语句的谓语为动宾短语时,其句法深层结构与线性结构一致,如"什么都可以变成逆产"。

(二)形容词谓语句的句法结构

1. 形容词谓语句的整体结构特征

形容词谓语句就是由"形容词性词语充当谓语的句子"[1]。由"什么"或"什么+中心语"充当主语的形容词谓语句都很少见。据搜集的 953 例语料显示,仅有 39 例。

表达周遍性意义的形容词谓语句,其语表结构可以表示为:Y/YP + 都/也 + AP。同动词谓语句一样,"Y"表示疑问代词"什么"在句中单独充当周遍性主语;"YP"表示"什么"修饰其他成分而构成的名词性短语充当周遍性主语;而谓语"AP"一般由单独的形容词或形容词性短语构成;副词"都/也"在句中依然起必不可少的关联作用。例如:

---

[1] 黄伯荣、廖序东:《现代汉语》(增订五版)下册,高等教育出版社 2011 年版,第 87 页。

(30)<u>什么</u>都贵了。(老舍《四世同堂》)

结合该例句的上下文分析,由单独的疑问代词"什么"充当的周遍性主语,遍指特定范围内的韭菜、葱和黄瓜。日本人侵占北平后,给北平居民发放的"面粉"是由玉米棒子和高粱壳磨碾而成,并且又酸又霉,又涩又臭。导致以面食为主的北平居民不再需要买青菜作饺子馅、包子馅或馄饨馅,也不愿意花钱买贵重的青菜搭配"面粉"烙成的饼一起进食,他们一致认为此等"面粉"只配和生腌臭韭菜或小葱拌黄瓜摆在一块儿,因而导致韭菜、葱、黄瓜价格上涨。谓语为"贵了",表示该语句所涉及范围内的所有韭菜、葱和黄瓜都具备"贵了"的属性;副词"都"表示总括,起关联周遍性主语"什么"和谓语"贵了"的作用。

2. 形容词谓语句各部分的语表特征

(1)周遍性主语的语表特征

形容词谓语句包含周遍性主语和谓语两部分,其周遍性主语的语表特征简单,体现为"什么"独立充当主语、"什么"修饰普通名词充当主语两种情况。例如:

(31)<u>什么</u>也没有改,<u>什么</u>都一样!(唐韬《化城寺》)

(32)<u>什么地方</u>都好。(钱钟书《围城》)

例(31)是疑问代词"什么"独立充当周遍性主语;例(32)是"什么"作定语修饰普通名词"地方"充当周遍性主语。同动词谓语句"Y/YP+都/也+VP"格式一样,形容词谓语句"Y/YP+都/也+AP"格式也具有很强的固定性,"谁"、"哪X"、"怎么"、"怎么样"或"多少"等疑问代词进入这个格式,依然可以使整个构式表达周遍性意义。鉴于本章是以"什么"所在的周遍性主语句为例进行研究,所以只列举"什么"充当周遍性主语的语用实例。

(2)谓语的语表特征

表达周遍性意义的形容词谓语句的谓语主要由单独的形容词、以形容词为中心的中补短语和状中短语构成。具体情况如下:

一是谓语为单独的形容词

(33)<u>什么</u>都假。(夏丏尊《谈吃》)

（34）什么都<u>一样</u>！（唐韬《化城寺》）

在上述两个例句中，谓语由单独的性质形容词"假"和"一样"充当，表示周遍性主语的属性。

二是谓语为"形容词+补语"

（35）什么都<u>贵极了</u>。（自拟）

（36）什么事情都<u>糟糕透了</u>。（自拟）

在该组例句中，谓语是以形容词为中心的中补短语"贵极了"和"糟糕透了"充当，其中中心语"贵"和"糟糕"是性质形容词，补语"极"和"透"是程度补语，说明中心语表示的属性达到了极点或很高程度。

三是谓语为"状语+形容词"

（37）什么都<u>和十年前一样</u>（萧红《生死场》）

（38）什么人都<u>比他聪明</u>。（自拟）

在该组例句中，谓语由以形容词为中心语的状中短语"和十年前一样"和"比他聪明"充当，其中中心语"一样"和"聪明"是性质形容词，补语由"和"字介词短语和"比"字介词短语充当。

综上，可以把表达周遍性意义的形容词谓语句的各部分语表特征列表如下：

表 13-4　形容词谓语句的句法成分表

形容词谓语句的结构特征（A+都/也+B）		
各部分的语表特征		例句
周遍性主语的语表构成（A段）	"什么"独立充当主语	<u>什么</u>都新鲜,美丽。（老舍《鼓书艺人》）
	"什么"修饰普通名词	<u>什么</u>地方都好。（钱钟书《围城》）
谓语的语表构成（B段）	单独的形容词	什么都<u>一样</u>！（唐韬《化城寺》）
	形容词+补语	什么都<u>美极了</u>。（自拟）
	状语+形容词	什么都<u>和十年前一样</u>。（萧红《生死场》）

由表 13-4 可知，表达周遍性意义的形容词谓语句的句法成分比较简单，

其中,A段主要由表示任指的疑问代词"什么"和"什么"修饰普通名词充当。在实际的自然语句中,形容词谓语句的周遍性主语存在"什么"修饰偏正短语或以"什么"为必有成分的"的"字短语的情况,需要说明的是,表13-4中呈现出的形容词谓语句的句法结构特点是笔者根据研究目标语料得出的结论。B段主要由单独的形容词、"形容词+补语"和"状语+形容词"三种结构,谓语成分中的形容词一般都为性质形容词,对周遍性主语的所指对象进行判定或描写,表示其具有某种性质或属性。

3. 形容词谓语句的生成过程

在形容词谓语句中,谓语主要说明主语的性质、形状等,不涉及施受关系。通过以上分析形容性谓语句的结构特征,其结构可表示为"Y/YP+都/也+AP"。它的深层句法结构就是表面线性结构,不涉及移位或更换语词的情况。例如:

(39)什么事情都糟糕透了。(自拟)

在该例句中,"什么事情"是周遍性主语,谓语"糟糕"对主语进行说明,补语"透了"是用来补充说明"糟糕"的程度,"都"总括主语的所指对象,强调周遍性。针对该句式,可以给出词库:Pron→{什么,……};N→{事情,……};A→{糟糕,透,……}。根据语法生成规则,例(39)的语法生成过程如下:

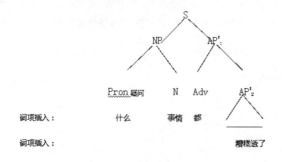

图 13-2　形容词谓语句的生成过程举例

图13-2是对谓语为"形容词+补语"的形容词谓语句进行句法生成描写,由于形容词谓语句中的谓语主要是对主语的性质或属性进行说明,其深层结构关系与线性结构一致,所以不同谓语结构的形容词谓语句的句法生成过程

与图 13-2 大致相同。鉴于本章篇幅有限,所以只对其中一种情况的生成过程进行举例分析。

(三)主谓谓语句的句法结构

主谓谓语句是现代汉语中的一种常见句式,是由"主谓短语充当谓语的句子"①。朱德熙先生说:"跟印欧语比较的时候,主谓结构可以做谓语是汉语语法的一个明显的特点"。② 前面提到,本章把表达周遍性意义的主谓谓语句分段表示为"A_1+A_2+都/也+B",其中"A_1"段是全句的大主语,"A_2+都/也+B"是主谓短语,"A_2"可以看作主谓短语中的小主语。由于周遍性成分可以在主谓谓语句中充当全句的大主语,位于"A_1"位置,也可以在主谓谓语句中充当小主语,位于"A_2"位置。因此,笔者把前者的语表结构表示为:Y/YP+NS+都/也+DP,把后者的语表结构表示为:NS+Y/YP+都/也+DP。下文将分别对这两种语表结构作句法分析。

1. "Y/YP+NS+都/也+DP"的句法结构

A. "Y/YP+NS+都/也+DP"的整体结构特征

笔者对搜集到的 953 例语料作定量分析,发现"Y/YP+NS+都/也+DP"结构的周遍性主语句所占比例相当小,仅有 22 例。"Y/YP+NS+都/也+DP"结构表示周遍性主语"Y/YP"充当全句的主语。例如:

(40)什么我都预备好了。(曹禺《雷雨》)

(41)什么可能的机会你都可以利用。(徐志摩《巴黎的鳞爪》)

在以上两个语句中,周遍性主语"什么"和"什么可能的机会"充当大主语,谓语分别由主谓短语"我都预备好了"和"你都可以利用"充当,人称代词"我"和"你"在主谓短语中充当小主语。实际上,这类语句中的周遍性主语是主谓短语中谓语动词的逻辑宾语,前移至句首,是为了凸显其话题功能。

B. "Y/YP+NS+都/也+DP"各部分的语表特征

① 黄伯荣、廖序东:《现代汉语》(增订五版)下册,高等教育出版社 2011 年版,第 89 页。
② 朱德熙:《语法答问》,商务印书馆 1985 年版,第 8 页。

（1）周遍性主语"Y/YP"的语表特征

"Y/YP＋NS＋都／也＋DP"中的周遍性主语包括两种情况，一是表示任指的疑问代词独立充当主语；二是表示任指的疑问代词作定语修饰其他名词性成分充当主语。例如：

（42）<u>什么</u>我也不怕！（老舍《正红旗下》）

（43）<u>什么话</u>他都说得出来。（老舍《赵子曰》）

（44）<u>什么困难</u>我们都一起扛过来了。（《人民日报》，2010）

（45）<u>什么可能的机会</u>你都可以利用。（徐志摩《巴黎的鳞爪》）

（46）<u>什么颜色的</u>他都有。（自拟）

上述例（42）中的周遍性主语为表示任指的疑问代词"什么"独立充当；例（43）中的周遍性主语为表示任指的疑问代词"什么"修饰单音节名词"话"充当；例（44）中的周遍性主语为表示任指的疑问代词"什么"修饰多音节名词"困难"充当；而例（45）中的周遍性主语为表示任指的疑问代词"什么"修饰偏正短语"可能的机会"充当；例（46）中的周遍性主语为以表示任指的疑问代词"什么"为必有成分的"的"字短语充当。这些周遍性主语位于句首，充当大主语，具有很强的话题功能。

（2）非周遍性主语"NS"的语表特征

在表达周遍性意义的"Y/YP＋NS＋都／也＋DP"结构中，非周遍性主语"NS"主要由人称代词"你""他""彼此"等充当。例如：

（47）什么问题<u>你</u>都不能拒绝回答。（靳以《大城颂》）

（48）什么事<u>他</u>都能给说出个道理来。（老舍《鼓书艺人》）

（49）什么事<u>彼此</u>都不瞒着。（老舍《春华秋实》）

笔者通过研究搜集到的语料发现，在表达周遍性意义的"Y/YP＋NS＋都／也＋DP"结构中，非周遍性主语一般都由人称代词充当。除了例句中提到的人称代词，还有"你们""他们"和"大家"等。

（3）小谓语"DP"的语表特征

在表达周遍性意义的"Y/YP＋NS＋都／也＋DP"结构中，小谓语"DP"主要由动词或动词性短语充当。具体实例如下：

（50）什么他都忘记。（萧红《生死场》）

（51）什么我都预备好了。（曹禺《雷雨》）

（52）什么时候我都相信倔强的忠于生的。（林徽因《纪念志摩去世四周年》）

（53）什么苦处我们都受过。（老舍《四世同堂》）

在上述例句中，例（50）的小谓语由单独的动词"忘记"充当；例（51）中的小谓语为动补短语"预备好了"，谓语中心是"预备"，"好了"作结果补语，对"预备"进行补充说明。例（52）的小谓语动宾短语"相信倔强的忠于生的"。例（53）的小谓语为动词后带动态助词"过"，表示事情已经发生。

总之，可以把"Y/YP+NS+都/也+DP"句式的各部分语表特征归纳如下：

表 13-5　"Y/YP+NS+都/也+DP"句式的句法成分表

"Y/YP+NS+都/也+DP"的结构特征（A₁+A₂+都/也+B）		
各部分的语表特征		例句
周遍性主语的语表构成（A₁段）	"什么"独立充当主语	<u>什么</u>我都预备好了。（曹禺《雷雨》）
	"什么"修饰普通名词	<u>什么问题</u>你都不能拒绝回答。（靳以《大城颂》）
	"什么"修饰偏正短语	<u>什么可能的机会</u>你都可以利用。（徐志摩《巴黎的鳞爪》）
	"的"字短语	<u>什么颜色的</u>他都有。（自拟）
非周遍性主语的语表构成（A₂段）	主要为人称代词	什么<u>我</u>也不怕。（老舍《正红旗下》）
小谓语的语表构成（B段）	单独的动词	什么我都<u>想念</u>呢！（吴伯箫《话故都》）
	动词短语	什么东西老铺子都<u>赊得出来</u>。（老舍《牛天赐传》）

表 13-5 只是对"Y/YP+NS+都/也+DP"结构中各部分语表特征的简单梳理，其中小谓语主要为动词或动词短语，各类小谓语之前也都常带具有评议作用的助动词。

C."Y/YP+NS+都/也+DP"句式的生成过程

以语句为例,运用基本的语法生成规则,用树形图描述"Y/YP＋NS＋都/也＋DP"句式的深层结构。例如:

(54)他们是奉公来的,<u>什么问题你都不能拒绝回答</u>。(靳以《大城颂》)

在该语句中,周遍性主语"什么问题"作大主语,是小谓语"不能拒绝回答"的逻辑宾语通过更换语词后,前移至句首充当周遍性主语,小主语"你"是小谓语真正的逻辑主语。该语句的深层结构应该是:你不能拒绝回答任何问题。针对该句式,可以给出词库:Pron→{什么,……};N→{问题,……};V→{拒绝,回答……}。根据语法生成规则,其生成过程为:

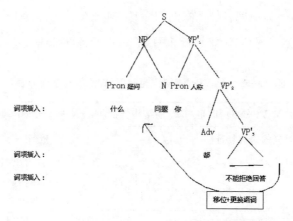

图 13-3 "Y/YP＋NS＋都/也＋DP"句式的生成过程举例

图 13-3 只是对"Y/YP＋NS＋都/也＋DP"结构中"DP"为动词短语时进行句法生成描写。通过前文的句法结构分析,"Y/YP＋NS＋都/也＋DP"结构中的"DP"还可以是单独动词、形容词或形容词短语,"DP"为不同的结构形式时,整个句式的句法生成过程存在着一些差异。主要表现为深层句法结构需要通过周遍性主语更换语词和移位来实现,如果深层句法结构与线性语表结构一致,则不需要周遍性主语更换语词和移位。

2."NS＋Y/YP＋都/也＋DP"的句法结构

A."NS＋Y/YP＋都/也＋DP"的整体结构特征

"NS＋Y/YP＋都/也＋DP"的结构表示周遍性成分在主谓谓语句中充当小主语,与"Y/YP＋NS＋都/也＋DP"句式的使用情况相比,"NS＋Y/YP＋都/也＋

DP"的使用频率远远高出"Y/YP+NS+都/也+DP"的使用频率,在搜集到的953 例语料中,"NS+Y/YP+都/也+DP"结构的语用实例有 287 个。那么,"NS+Y/YP+都/也+DP"各部分的语表特征也就更加多样化。笔者先对"NS+Y/YP+都/也+DP"句式的整体结构特征进行分析。如:

(55)琴珠什么事都干得出来。(老舍《鼓书艺人》)

在该语句中,"NS"为专有名词"琴珠",充当大主语;周遍性主语"YP"为"什么事",充当小主语;"DP"为"干得出来",是小主语"什么事"具备的属性;副词"都"关联小主语"YP"和小谓语"DP";大主语"琴珠"具备"什么事都干得出来"的属性。

B."NS+Y/YP+都/也+DP"各部分的语表特征

(1)周遍性主语"Y/YP"的语表特征

同"Y/YP+NS+都/也+DP"结构一样,"NS+Y/YP+都/也+DP"结构中的周遍性成分"Y/YP"的语表特征也主要表现为:表示任指的疑问代词独立充当周遍性主语;表示任指的疑问代词修饰其他名词性成分充当周遍性主语;以表示任指的疑问代词为必有成分的"的"字短语。例如:

(56)咱们<u>什么</u>都知道。(聂绀弩《乡下人的风趣》)

(57)咱们<u>什么菜</u>都有。(《人民日报》,2013)

(58)我<u>什么好梦</u>都没有做。(叶紫《鬼》)

(59)他们<u>什么样式的</u>都没有。(自拟)

在上述例句中,例(56)中的周遍性主语由表示任指用法的疑问代词"什么"独立充当;例(57)中的周遍性主语由表示任指用法的疑问代词"什么"修饰名词"菜",构成名词性短语充当周遍性主语;例(58)中"什么"修饰定中短语"好梦"形成名词性短语充当周遍性主语;例(59)的周遍性主语由以"什么"为必有成分的"的"字短语充当,具有概括性的指称意义。

(2)非周遍性主语"NS"的语表特征

在表达周遍性意义的"NS+Y/YP+都/也+DP"结构中,非周遍性主语"NS"的语表结构多种多样,主要表现为人称代词、专有名词、普通名词和偏正短语等名词性成分。具体语用实例如下:

一是"NS"为人称代词。

(60) 你什么也不知道。（老舍《赵子曰》）

(61) 你什么都做得出来。（曹禺《雷雨》）

二是"NS"为专有名词。

(62) 袁天成什么也没有说。（赵树理《三里湾》）

(63) 红海什么文章都会作。（老舍《残雾》）

三是"NS"为普通名词。

(64) 妈什么也不怕。（老舍《鼓书艺人》）

(65) 姑娘们什么都不懂。（张爱玲《金锁记》）

四是"NS"为偏正短语。

(66) 这里的品牌专卖店什么品牌都卖。（《人民日报》,2014）

(67) 屋子里的三位什么都不知道。（茅盾《子夜》）

在"NS+Y/YP+都/也+DP"结构中,非周遍性主语为人称代词、专有名词、普通名词和偏正短语时,可以和周遍性主语交换位置,句子依然合乎语法规范。但是句子的主话题也会随之发生变化,周遍性主语由次话题变为主话题。

五是"NS"为联合短语。

(68) 他与她什么也没有了。（老舍《四世同堂》）

(69) 金枝和母亲什么也不晓得。（萧红《生死场》）

六是"NS"为方位处所短语。

(70) 马老先生手里什么也没拿。（老舍《二马》）

(71) 超市里什么主食都有。（《人民日报》,2012）

(3) 小谓语"DP"的语表特征

在表达周遍性意义的"NS+Y/YP+都/也+DP"结构中,小谓语"DP"主要由动词或动词性短语以及形容词或形容词性短语充当,这与动词谓语句和形容词谓语句中的谓语部分构成一致。

第一,小谓语"DP"由动词或动词类短语充当,主要包括单独的动词、动补短语、动词+着/了/过和动宾短语。具体语用实例如下:

一是"DP"为单独的动词。

（72）她什么都不顾忌。（曹禺《雷雨》）

（73）他什么人都不惊扰。（柯灵《伟大的寂寞》）

二是"DP"为动补短语。

（74）她什么都祷告全了。（茅盾《林家铺子》）

（75）这回什么样的风也吹不坏了！（《人民日报》,2012）

三是"DP"为动词+着/了/过。

（76）王婆什么观察力也失去了！（萧红《生死场》）

（77）我什么小生意都做过！（老舍《四世同堂》）

四是"DP"为动宾短语。

（78）多云的夜什么也不能告诉人们。（萧红《生死场》）

（79）我们什么时候都不能轻言粮食过关了。（《人民日报》,2014）

第二,小谓语"DP"由形容词或形容词类短语充当。具体语用实例如下：

（80）霓喜的新屋里什么都齐全。（张爱玲《连环套》）

（81）他什么作品都棒极了。（自拟）

综上所述,可以把"NS+Y/YP+都/也+DP"句式的各部分语表特征列表如下：

表 13-6 "NS+Y/YP+都/也+DP"句式的句法成分表

"NS+Y/YP+都/也+DP"的结构特征（A₁+A₂+都/也+B）		
各部分的语表特征		例句
周遍性主语的语表构成（A₂段）	"什么"独立充当主语	咱们<u>什么</u>都知道。（聂绀弩《乡下人的风趣》）
	"什么"修饰普通名词	领导<u>什么事</u>都亲力亲为。（《人民日报》,2013）
	"什么"修饰偏正短语	我<u>什么好梦</u>都没有做,瞪着一双眼睛直到天亮！（叶紫《鬼》）
	"的"字短语	他们<u>什么样式的</u>都有。（自拟）

"NS+Y/YP+都/也+DP"的结构特征（A₁+A₂+都/也+B）		
各部分的语表特征		**例句**
非周遍性主语的语表构成（A₁段）	人称代词	<u>我</u>什么都忘了。（曹禺《雷雨》）
	专有名词	<u>吴淞</u>什么事情都敢干。（《人民日报》，2015）
	普通名词	<u>年青人</u>什么也不可靠。（萧红《生死场》）
	偏正短语	<u>孩子的呼叫</u>什么也没得到（萧红《生死场》）
	联合短语	<u>他与她</u>什么也没有了。（老舍《四世同堂》）
	方位处所短语	<u>黑暗里</u>什么都瞧不见。（钱钟书《围城》）
小谓语的语表构成（B段）	单独的动词	他什么事都<u>做</u>，只是不做好事。（老舍《四世同堂》）
	动补短语	你什么好处也<u>得不到</u>。（老舍《残雾》）
	动词+着/了/过	我什么东西都<u>丢弃了</u>。（茅盾《子夜》）
	动宾短语	人家什么事都<u>有讲究</u>。（老舍《牛天赐传》）
	单独的形容词	霓喜的新屋里什么都<u>齐全</u>。（张爱玲《连环套》）
	形容词类短语	他什么作品都<u>棒极了</u>。（自拟）

表13-6详细梳理了"NS+Y/YP+都/也+DP"结构中各部分的语表特征，通过比较表13-3、表13-4、表13-5和表13-6，可以看出动词谓语句、形容词谓语句和主谓谓语句三种句式中的周遍性主语具有基本相同的语表特征，主要为单独的疑问代词、疑问代词修饰名词性成分或以疑问代词"什么"为必有成分的"的"字短语；主谓谓语句中"DP"的语表特征与动词谓语句中的"VP"和形容词谓语句中的"AP"基本一致；主谓谓语句与动词谓语句和形容词谓语句的不同之处在于，句中存在非周遍性主语。三种主谓句都是表达周遍性意义的常用句式。

C. "NS+Y/YP+都/也+DP"句式的生成过程

本章以如下语句为例，运用基本的语法生成规则，用树形图描述"NS+Y/YP+都/也+DP"句式的深层结构。例如：

（82）北平什么东西都缺乏。（老舍《四世同堂》）

在该例句中,专有名词"北平"为大主语,是小谓语"缺乏"的施事,"什么东西"是小主语,是小谓语"缺乏"的受事,副词"都"总括小主语的所指对象,强调周遍性,该语句的深层结构应该为:北平缺乏所有东西。针对该句式,可以给出词库:N→｛北平,东西……｝;Pron→｛什么,……｝;V→｛缺乏,……｝。根据语法生成规则,例（82）的语法生成过程如下:

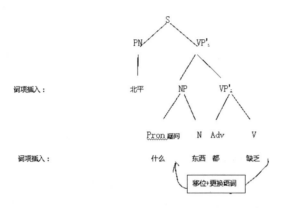

图 13-4 "NS+Y/YP+都/也+DP"句式的生成过程举例

图 13-4 只是对"NS+Y/YP+都/也+DP"结构中"DP"为单独动词时进行句法生成描写。通过观察表 13-6,可以看出"NS+Y/YP+都/也+DP"结构中的"DP"还可以是动词短语、形容词或形容词短语,"DP"为不同的结构形式时,整个句式的句法生成过程存在着一些差异。主要表现为深层句法结构与线性结构不一致时,深层句法结构需要通过周遍性主语更换语词和移位来体现,如果深层句法结构与线性语表结构一致,则不需要周遍性主语更换语词和移位。

另外,还需要补充说明的是,以上讨论的两种结构:"Y/YP+NS+都/也+DP"和"NS+Y/YP+都/也+DP",二者都是主谓谓语句结构,它们的区别在于周遍性主语在结构中所处的位置不同。在多数情况下,如果大小主语之间没有插入其他附加成分,那么大小主语的位置有时可以进行互换,所以,有必要对大主语和小主语的选择与移位进行分析讨论。

根据语料分析,"什么"或"什么+中心语"在主谓谓语句中作大主语的使用频率很低,仅有22例,在主谓谓语句中作小主语的使用频率相对较高,有287例。由此可以看出,两种结构在实际语用中的使用频率存在很大差异。

这与汉语语序的有定性序列有关,汉语语序的有定性序列是:定指成分→通指→泛指成分→无定指成分。定指度越强的成分就更倾向于在句中作主语,其话题性也更强。周遍性主语句中的主语表示任指用法,指称特定范围内的任一对象,所以周遍性主语相当于泛指成分。通过以上对主谓谓语句中大小主语的讨论,在周遍性主语"什么"或"什么+中心语"作小主语的主谓谓语句中,大主语主要包括:人称代词、专有名词、偏正短语、普通名词。这些词或短语与周遍性主语相比较,它们的定指度比周遍性主语的定指度强,所以在句中倾向于作全句的主语。例如:

(83)他们什么条件也得答应。(老舍《新韩穆烈德》)

(84)王婆什么心情也没有。(萧红《生死场》)

(85)我们的女同志什么都能应付。(老舍《女店员》

(86)孩子们什么也吃不到。(老舍《四世同堂》)

上述例(83)至(86)中的"他们"、"王婆"、"我们的女同志"、"孩子们"分别为人称代词、专有名词、名词性偏正短语、普通名词,它们的定指度都比表示任指的周遍性主语强。所以更倾向于在主谓谓语句中作大主语,作主话题。

另外,如果周遍性主语在主谓谓语句中作大主语,这跟说话人表达的主要话题有关。例如:

(87)什么东西他也想卖。(老舍《骆驼祥子》)

例(87)表示在特定的"东西"范围,只要是暂时不用的,都可以拿去卖。由此可见,这句话的主话题是周遍性主语所指"东西"范围里的所有暂时不用的物品。所以把它前移句首作大主语,而定指成分"他"后移作小主语。

由此可知,在"什么"充当主语的主谓谓语句中,表示任指的"什么"倾向于作小主语,这主要跟其定指度有关。同时,它也可以根据说话人的表达需要,前移至句首作全句的大主语。

总之,通过数据统计考察了三种句式的使用频率,其中,动词谓语句的使用频率最高,不管是在书面语还是口语中,周遍性主语句的使用情况都很常见,这也是本章选择周遍性主语句作为研究对象的原因之一。其次,对三种结构的语表特征进行了细致描写,三种结构的最大差异在于它们的谓语构成不同。然后,对动词谓语句、形容词谓语句和主谓谓语句的句法生成进行树状描述,通过树状图,可以更加直观地看出各类语句的深层结构情况不同,以及周遍性主语的移位情况也不同。

第三节 "疑问代词"类周遍性主语句的语义内涵

本部分主要对三种表达周遍性意义的句式进行语义分析。首先对结构中各部分的语义特征进行详细描写和解释,然后根据周遍性主语在句中充当不同的语义角色,对各部分之间的语义关系进行说明。如此一来,便需要对语义角色理论进行简要的说明。

现代语言学提到的语义角色理论主要来自 Gruber(1965)和 Jackendoff(1972)的题元关系理论,以及 Fillmore(1968)的格语法。主要根据论元成分在述谓结构中的动态语义特征而划分出语义角色,因为这种语义特征具有模糊性,所以不同的学者对语义角色的数目设置、定义及特征归属等方面难免存在不同看法。主要有以下六种:

第一,Gruber(1965)认为的题元角色主要包括:施事、客体、处所、来源和目标。第二,Fillmore(1971)认为的语义角色主要有:施事、反施事、客体、结果、工具、来源、目标和感事。第三,Parsons(1990)认为基本的语义角色应包括:施事、客体、目标、受益者、工具、感受者。第四,Dowty(1991)提出动词论元的题元角色可以简化为:原型施事和原型受事。第五,国内学者袁毓林(2002)详细考察了汉语动词的 17 种语义角色,包括:施事、感事、致事、主事、受事、与事、结果、对象、系事、工具、材料、方式、场所、源点、终点、范围、命题。第六,吴平(2009)认为结果事件中的语义角色有:施事、致事和客体。

虽然各位学者对语义角色的数目设置持不同观点,但是他们基本上都保留了最初的主要类别,即施事、客体、受事、感事等。本章认同袁毓林先生(2002)的观点,把施事、感事、致事、主事归为主体论元,把受事、与事、结果、对象、系事归为客体论元,"主体论元以作主语为其主要的句法实现形式,客体论元以作宾语为其主要的句法实现形式[①]"。在本章研究的表达周遍性意义的三种结构中,周遍性成分无论是作为主体论元,还是客体论元,其句法身份都是主语。虽然袁先生把动词的论元角色细分为 17 种,但是本章讨论的周遍性成分主要关涉主体论元:施事、感事、致事和主事;客体论元:受事和对象;极少关涉外围论元:处所和工具。笔者把本章关涉语义角色的语义特征列表如下:

表 13-7 本文关涉语义角色的语义特征对照表

语义角色 \ 语义特征		±使动	±自立	±感知	±受动	±变化
主体论元	施事	+	+	+	−	−
	感事	−	+	+	−	−
	致事	+	+	−	−	−
	主事	−	+	−	−	+
客体论元	受事	−	+	−	+	+
	对象	−	+	−	−	−
外围论元	处所	−	+	−	−	−
	工具	−	+	−	−	−

一、动词谓语句的语义内涵

前面提到,本章用字母把动词谓语句分段表示为"A+都/也+B"的结构形式,笔者先分别对 A 段和 B 段的语义特征进行分析,然后讨论 A 段和 B 段之

---

① 袁毓林:《论元角色的层级关系和语义特征》,《世界汉语教学》2002 年第 3 期。

间的语义关系。

（一）动词谓语句各部分的语义特征

1. A 段的语义特征

A 段，即表示任指作用的疑问代词"什么"或"什么+中心语"在动词谓语句中作周遍性主语，具有遍指作用。A 段在动词谓语句中主要具有以下四种语义特征：

一是[-有生]义。

（88）两个小男孩，<u>什么</u>也没穿，只在腰间围着条短红裙。（老舍《小坡的生日》）

（89）亲姐弟之间，<u>什么话</u>都可以说。（老舍《正红旗下》）

联系以上例句所在的上下文，A 段都具有[-有生]的语义特征，指称特定范围内无生命的对象。例（88）是对小说主人公"小坡"的玩伴进行外貌描写，着重描写两个印度小男孩的穿着，所以"什么"遍指特定"衣物"范围内的所有对象，是无生事物。例（89）是"我"母亲光荣地被约请作娶亲太太，但是她没有压得住台的服饰和首饰，自己又不能开口向有成龙配套服饰和首饰的姑母借。因为姑母居孀且姑父在世时唱戏，被人瞧不起，姑母会以不外借东西作为报复，所以只好父亲亲自出马向姑母开口，并完全肯定"唱戏的并不下贱"，姑母才会借出自己的宝贝。所以"什么话"遍指特定"唱戏话题"范围内的所有敏感话语，具有无生特点。

二是[+有生]义。

（90）<u>什么人</u>都没找到。（钱钟书《围城》）

（91）实在下了雨，<u>什么蚊虫</u>也走光了。（李金发《在玄武湖畔》）

在以上两个例句中，A 段具有[+有生]的语义特征，指称特定范围内有生命的对象。例（90）是辛楣和李梅亭到当地教育机关找人办事，但由于中小学校全被疏散下乡，导致两人白跑一趟。所以，"什么人"遍指特定"当地教育机关"范围内的所有个体成员，是有生的个体。例（91）写"我"近年来对动物世界的生活很感兴趣，观察到蟾蜍在下雨时笨拙地爬出来觅食的场景，下雨导致蚊虫躲去避雨,蟾蜍更难寻到食物。所以,"什么蚊虫"遍指特定"蟾蜍食物"范围内的所有昆虫。

另外,A 段还可以同时兼有表示[−有生]和[+有生]的语义特征,例如:

(92)我向四围打量了一眼,<u>什么</u>也没有。(老舍《猫城记》)

(93)你快点儿把孩子生下来,最好<u>什么</u>也不想。(老舍《鼓书艺人》)

在上述例(92)和(93)中,A 段为单独的疑问代词"什么",它同时具有[+有生]两种语义特征。例(92)写"我"参观古物院时,途经几个学校,这些学校是四面土墙围着的空地,"我"向四周打量了一眼之后,没有看见老师、学生和任何教学设施等。所以"什么"同时具有[−有生]和[+有生]两种语义特征。例(93)写主人公秀莲在"一日作艺人,终身是艺人"和"艺人都是贱命"的魔咒下,坚信"你不自轻自贱,人家就不能看轻你",她试图以肉欲反抗社会的不公正,找到一个知心爱人。由于她处于社会底层并深受传统文艺风俗陋习迫害,不谙世事,被特务张文姑污和遗弃。之后,秀莲没有自我放弃,而是逐渐走向平静和成熟,她决定生下私生子并要好好疼爱他。例(93)"什么也不想"可以表示平静时的秀莲不愿去想曾经伤害她的人、经历过的苦难以及未来将要面临的事。所以,该语句中的周遍性主语"什么"也具有[−有生]和[+有生]两种语义特征。

三是[+时间]义。

(94)<u>什么时候</u>都不忘却。(鲁迅《故乡》)

(95)一天二十四小时,<u>什么时间</u>都可以工作。(自拟)

例句中的"什么"修饰时间名词,遍指特定"时间"范围内的所有时刻。

四是 A 段具有[+处所]的语义特征。

(96)那年月,<u>什么地方</u>都有垃圾堆,很"方便"。(老舍《正红旗下》)

(97)<u>什么地方</u>也没伤,就是疼!(老舍《二马》)

在这一组例句中,A 段具有[+处所]的语义特征,例(96)写主人公的二哥到大姐家走亲戚,临走时,大姐在退还给二哥的包袱里放了一小盒光绪十六年出品的杏仁粉,二哥出了大门,便把小盒扔在垃圾堆上。"什么地方"遍指"那年月"的任何地方;例(97)写马老先生因为上了年纪,时常感到身体不适,语句中的"什么地方"便遍指"马老先生"的所有身体部位。

上述 A 段具有[−有生]、[+有生]、[+有生]、[+时间]和[+处所]的语义特征,遍指特定范围内的所有事物、任何时间或任何地方,遍指对象明确但不具体。也就是说,A 段明确遍指特定范围内的一类成员,但是具体指称该类成员中的哪一个对象,并不明确。这种遍指的不具体性可以通过列举对象使之具体化,例如:

(98)<u>什么</u>都玩到了,<u>电影</u>,<u>广东戏</u>,<u>赌场</u>,<u>格罗士打饭店</u>,<u>思豪酒店</u>,<u>青鸟咖啡馆</u>……(张爱玲《倾城之恋》)

(99)<u>什么东西</u>都有:<u>小球儿</u>,各种的小球儿;<u>口琴儿</u>,一大堆;<u>粉笔</u>,各种颜色的……(老舍《小坡的生日》)

(100)有一次,几个绑匪带着肉票,<u>舞场</u>,<u>饭馆</u>,<u>公共场所</u>……<u>什么地方</u>都到过了。(靳以《大城颂》)

如(98)通过列举"电影,广东戏,赌场,格罗式打饭店,思豪酒店……"使"什么"遍指的"所有娱乐事项"具体化。例(99)中,虽然"什么"后面带有修饰成分"东西",因为"东西"并非具体事物,所以"什么东西"遍指特定范围"东西"的所有对象,依然具有抽象性。这种抽象性只能通过列举进行消除。例(100)通过列举舞场、饭馆和公共场所,使"什么地方"的指称对象具体化。

2. B 段的语义特征

动词谓语句中的 B 段主要具有以下四种语义特征:

一是[+动作]义。

(101)什么样的困难都可以<u>克服</u>。(《人民日报》,2013)

(102)因为不会作活,也就根本什么也不<u>干</u>。(老舍《不成问题的问题》)

例句中的谓语动词都具有[+动作]的语义特征。例(101)的谓语动词"克服",例(102)的谓语动词"干",它们的承受对象都前置句首作周遍性主语。

二是[+结果]义。

（103）洗面漱口后，什么劲儿都<u>鼓不起</u>。（钱钟书《纪念》）

（104）办喜事，垫箱钱，什么都<u>办好在那里</u>。（茅盾《子夜》）

（105）什么界限都<u>消灭了</u>。（冰心《十字架的园里》）

在这一组例句中，B 段都具有［+变化］、［+结果］、［+持续］的语义特征，表示动作行为的完成而呈现出来的结果，而这种结果持续存在着。例（103）的 B 段"鼓不起"具有［+结果］语义特征，动作完成之前有尝试"鼓"这一动作，结果是"鼓不起"，这种结果意义会持续存在一段时间；例（104）的 B 段"办好在那里"具有［+结果］语义特征，由结果实现之前的"没有办好"或者"没有完全办好"变为"办好在那里"，而这种结果也会持续存在；例（105）的 B 段有动态助词"了"修饰，表示动作过程的完成，事情已经成为事实，所以具有［+结果］意义，"消灭了所有界限"结果意义的实现，同样经历了"没有消灭"或"没有完全消灭"变为"消灭了"的变化过程，并且这种结果也将持续存在一段时间。因此，以上例句中的 B 段具有［+变化］、［+结果］、［+持续］的语义特征。

三是［+状态］+［+属性］义。

（106）什么都<u>是静寂的</u>。（老舍《月牙儿》）

（107）什么工作都<u>是重要的</u>。（老舍《西望长安》）

这一组例句中，谓语动词不表示动作变化，而表示某种事物或情状的存在，具有［+状态］的语义特征。例（106）表示周围的人物和环境都处于寂静的状态；例（107）表示能够为人民服务的工作都具有重要的属性。

四是［+事件］义。

（108）什么人都<u>欺负他</u>。（谢冰莹《流星》）

（109）什么事都<u>要基层出面</u>。（《人民日报》，2013）

上述例句的 B 段"欺负他"和"要基层出面"是谓词性短语，它们都表示具体事件，具有［+事件］的语义特征。

综上所述，可以列表归纳动词谓语句中 A 段和 B 段的语义特征，如下所示：

表 13-8 动词谓语句的语义特征表

动词谓语句的各部分	语义特征	例句
A 段	［-有生］	这小子！什么都知道！（老舍《四世同堂》）
	［+有生］	什么人都欺负他。（谢冰莹《流星》）
	［±有生］	我向四围打量了一眼，什么也没有。（老舍《猫城记》）
	［+时间］	不论什么时候都可以遭到检查。（老舍《四世同堂》）
	［+处所］	什么地方都问过了。（老舍《四世同堂》）
B 段	［+动作］	什么也不去作。（老舍《四世同堂》）
	［+结果］	什么也破碎了。（老舍《赵子曰》）
	［+属性］	什么都是新鲜的。（俞平伯《重过西园码头》）
	［+事件］	什么时候都不要忘记修身养性。（《人民日报》，2010）

（二）动词谓语句各部分的语义关系

动词谓语句中只涉及充当周遍性主语的 A 段和谓语部分 B 段，下面将只针对周遍性主语 A 段在句中充当不同语义角色时，与 B 段之间存在的语义关系进行说明。

1. A 段和 B 段的语义关系

在动词谓语句中，A 段和 B 段主要存在四种语义关系：

一是"受事—动作"关系。受事表示因为施事的动作行为而受到影响的事物。在"什么"或"什么+中心语"充当主语的动词谓语句中，A 段和 B 段的语义关系主要以"受事—动作"关系为主，前面讨论到 A 段主要具有［-有生］的语义特征，［-有生］的事物倾向于作受事主体，承受动作发出的行为影响。如果 A 段是遍指事物的周遍性主语，它一般都作谓语动词的受事对象，只不过是前移到句首作主语了，导致谓语动词后的宾语，在形式上缺位。但是，从逻辑意义的角度看，谓语动词依然存在受事对象作它的宾语。例如：

（110）<u>什么也不顾</u>。（靳以《冬晚》）

（111）<u>什么东西都卖</u>。（老舍《二马》）

（112）<u>什么转弯话也不用说</u>。（赵树理《三里湾》）

在这一组例句中 A 段和 B 段均为"受事—动作"关系。这种语义关系是通过逻辑语义实现的，可以用语义等值的词语来替代。如：

（110）′什么也不顾。　　　　=>　　　某人不顾任何事。

（111）′什么东西都卖。　　　　=>　　　某人卖任何种类的东西。

（112）′什么转弯话也不用说。　　=>　某人不用说任何转弯话。

二是"施事—动作"关系。施事表示自主性动作或行为动作的发出者。如果 A 段是 B 段谓语动词的发出者，那么二者就存在"施事—动作"的关系。例如：

（113）<u>什么也毁灭不了她</u>。（老舍《鼓书艺人》）

（114）<u>什么也救不了猫国</u>。（老舍《猫城记》）

例句中，A 段的所指对象，是 B 段谓语动词行为的发出者。假如 A 段的所指对象包括 X、Y、Z 三个元素，那么三个元素中的任何一个元素都可以发出"毁灭"和"救"的动作行为。两个例句中的 A 段和 B 段具有"施事—动作"的语义关系。

三是"对象—感知行为"关系。

（115）<u>什么都知道</u>！（老舍《四世同堂》）

（116）<u>什么也不怕</u>。（老舍《无名高地有了名》）

对象是感知行为的目标或对象。这一组例句中，"知道"和"怕"都是具有感知行为的动词，类似的感知行为动词还有"爱""知道""了解""相信"等等。如果 B 段的谓语动词是这类具有感知行为的动词，那么 A 段的所指对象就是它的感知对象。因此，A 段和 B 段的关系可以表示为"对象—感知行为"关系。

四是"主事—说明"关系。

（117）<u>什么都有罪</u>！（老舍《蜕》）

（118）<u>什么都是我好管闲事闹出来的</u>。（茅盾《谈月亮》）

（119）<u>什么地方都是干</u>的。（老舍《四世同堂》）

主事，即表示属性、状态或具有变化性事件的主体。它的谓语一般为非自主动词或形容词。这一组例句中，B 段的谓语动词"有"和"是"都属于状态动词，说明 A 段所指对象的性质。所以，二者的语义关系可以表示为"主事—说明"关系。

二、形容词谓语句的语义内涵

表达周遍性意义的形容词谓语句同动词谓语句一样，分段表示为"A+都/也+B"，但是形容词谓语句的语义特征不及动词谓语句复杂，加之表达周遍性意义的形容词谓语句使用频率较低，所以，形容词谓语句的语义特征更为简单。笔者先分别对 A 段和 B 段的语义特征进行分析，然后再讨论 A 段和 B 段之间的语义关系。

（一）形容词谓语句各部分的语义特征

1. A 段的语义特征

根据搜集到的语料显示，表达周遍性意义的形容词谓语句中的 A 段和动词谓语句中的 A 段具有基本相同的语义特征，即[−有生]、[±有生]、[+处所]等语义特征。具体语用实例如下：

（120）现在<u>什么</u>都贵了。（施蛰存《浮海杂缀》）

（121）<u>什么</u>都和十年前一样。（萧红《生死场》）

（122）只要咱们两个人在一起，<u>什么地方</u>都好。（钱钟书《围城》）

（123）所谓"<u>着威风</u>，<u>吃受用</u>，<u>赌对冲</u>，<u>嫖全空</u>"，<u>什么</u>都假，只有吃在肚里是真的。（夏丏尊《谈吃》）

例（120）写"我"从上海坐船到香港，途经厦门吃午餐，拿着没有标示价格的菜单，连续换点几个菜，侍役告知的价格都很让"我"吃惊，"我"想食品价格上涨必然是受厦门沦陷的影响。所以例（120）句中的"什么"遍指特定范围内的所有食品，具有[−有生]的语义特征。根据句义判断，例（121）写"我"回到家乡的所见所闻都和十年前一样，村中的山、山下的小河、牧童唱的童谣、村里的人——王婆,都还和十年前一样。所以,例(121)中的"什么"遍指特定范围内的人和物,同时具有[+有生]和[-有生]的语义特征。例(122)写方鸿渐准备退还聘约,未婚妻孙柔嘉劝其别逞一时的意气,毕竟找工作也不容易,虽然自己也不太喜欢这个地方,但是只要两人能在一起,便什么地方都好。所以,例(122)中的"什么地方"遍指任何地方。例(123)中的 A 段"什么"的语义所指对象较另外三例的 A 段所指而言,有更明确的指称对象"着威风,吃受用,赌对冲,嫖全空",并且其指称具体的事件,例(123)的 A 段"什么"具有[+事件]的语义特征。

2. B 段的语义特征

形容词谓语句中的 B 段主要具有[+状态]、[+属性]的语义特征。例如:

(124)我觉得冷,什么都冷。(唐弢《心上的暗影》)

(125)什么都没有改,什么都一样!(唐弢《化城寺》)

(126)什么都贵了,而青菜瓜倒减了价。(老舍《四世同堂》)

形容词谓语句中的谓语中心词主要由性质形容词充当,其语义指向 A 段的周遍性主语,表示周遍性主语指称对象处于某种状态或具备某种属性。形容词谓语句的 B 段主要具有[+状态]、[+属性]的语义特征。可以把形容词谓语句的 A 段和 B 段语义特征归纳如下:

表 13-9　形容词谓语句的语义特征表

形容词性谓语的各部分	语表特征	例句
A 段	[-有生]	什么都不完全。(庐隐《雷峰塔下》)
	[+有生]	什么都和十年前一样。(萧红《生死场》)
	[+处所]	什么地方都好。(钱钟书《围城》)
	[+事件]	所谓"着威风,吃受用,赌对冲,嫖全空",什么都假。(夏丏尊《谈吃》)
B 段	[+属性]	什么都一样!(唐弢《化城寺》)

(二)形容词谓语句各部分的语义关系

在形容词谓语句中,也只涉及充当周遍性主语的 A 段和谓语部分 B 段,笔者将针对 A 段和 B 段之间存在的语义关系进行说明。

形容词谓语句中,A 段和 B 段只存在"主事—说明"的语义关系,因为形容词具有非自主性,只对修饰成分的性质或状态进行说明。例如:

(127)什么都新鲜,美丽。(老舍《鼓书艺人》)

(128)什么也莫名其妙。(鲁迅《朝花夕拾》)

例句中 B 段"新鲜","美丽"和"莫名其妙"对 A 段的所指对象进行说明。

三、主谓谓语句的语义内涵

前面提到本章把主谓谓语句分段表示为"A_1+A_2+都/也$+B$",周遍性主语的位置具有不确定性,它可以位于 A_1 或 A_2 位置。以至于对主谓谓语句各部分的语义特征进行描述时,不便表述为 A_1 段的语义特征或 A_2 段的语义特征,因为不确定到底 A_1 段是周遍性主语还是 A_2 段是周遍性主语。但是由于周遍性主语和非周遍性主语的语义特征与其所处位置无关,所以可以表述为"周遍性主语的语义特征"和"非周遍性主语的语义特征"。下面,笔者首先对"A_1+A_2+都/也$+B$"结构中各部分的语义特征进行解释说明,然后对各部分之间的语义关系进行阐释。

(一)主谓谓语句各部分的语义特征

1. 周遍性主语的语义特征

在表达周遍性意义的主谓谓语句中,周遍性主语主要具有[−有生]、[+有生]、[+有生]、[+时间]、[+处所]特征。这同动词谓语句和形容词谓语句中 A 段的语义特征基本一致。实例如下:

(129)什么事她都能够牵扯到薪水问题上。(林徽因《九十九度中》)

(130)他什么人都不惊扰。(柯灵《伟大的寂寞》)

(131)一路上他什么也没见。(老舍《牛天赐传》)

(132)另一条船上的年轻人<u>什么时候</u>都喝酒。(叶圣陶《驾长》)

(133)<u>什么地方</u>我都能毙了你。(老舍《火葬》)

在上述例句中,例(129)写卢二爷看见黄篓饭庄的字号,联想到里面丰盛的宴席,并将其与自家简单的饭菜做对比,嫌妻子节俭,把什么事都与薪水扯在一起。所以,例(129)中的"什么事"遍指与薪水有关的事,具有[-有生]的语义特征。例(130)写主人公默无一言的死没有惊扰身边的人,所以该语句中的周遍性主语"什么人"具有[+有生]的语义特征,遍指"小说主人公认识的人"范围内的全体成员。例(131)写主人公天赐和纪妈一起到乡间去后,不喜欢乡间的生活,因为乡间没有城里的铺户、车马、闲逛的人等等。所以,例句中的周遍性主语"什么"可以遍指特定范围"城里"的所有人或所有物,可以同时具有[+有生]和[-有生]的语义特征。例(132)中的周遍性主语"什么时候"遍指任何时点,所以具有[+时间]的语义特征。例(133)写田麻子替日本人办事,祸害国人,石队长抓住田麻子,劝其改邪归正,否则可以在任何地方毙了他。所以,该语句中的周遍性主语"什么地方"遍指任何处所,所以具有[+处所]的语义特征。

2. 非周遍性主语的语义特征

主谓谓语句中存在非周遍性主语,是主谓谓语句与动词谓语句和形容词谓语句的不同之处。主谓谓语句中的非周遍性主语具有丰富的语义特征,如下几种情况:

一是[+有生]义。

(134)<u>什么困难</u>我们都一起扛过来了,没有吵过嘴。(《人民日报》,2010)

(135)<u>自己</u>什么都没了。(老舍《骆驼祥子》)

(136)<u>宝庆</u>什么都扯到了,就是没提他的心事。(老舍《鼓书艺人》)

(137)<u>信基督教的人</u>什么也不怕。(老舍《二马》)

(138)<u>领导</u>什么事都亲力亲为。(《人民日报》,2013)

[+有生]语义特征是主谓谓语句中非周遍性主语的主要语义特征,这种[+有生]的语义特征可以通过人称代词和指人的专有名词、普通名词等实现。上述四个例句中,人称代词"我们"和"自己"、专有名词"宝庆"、名词性偏正

短语"信基督教的人"和普通名词"领导",都指称有生命的、具体的对象。所以,都具有[+有生]特征。

二是[-有生]义。

(139)豆油罐子什么也倒流不出。(萧红《生死场》)

(140)以后的字句便什么都看不出来了。(叶紫《殇儿记》)

(141)什么东西老铺子都赊得出来。(老舍《牛天赐传》)

例句中的"豆油罐子""以后的字句"和"老铺子"都具有[-有生]的语义特征。"豆油罐子""以后的字句"和"老铺子"指称无生命的、具体的实物对象。

三是[+处所]义。

(142)霓喜的新屋里什么都齐全。(张爱玲《连环套》)

(143)报纸上什么消息也没有。(老舍《四世同堂》)

(144)马老先生手里什么也没拿,慢慢的扭过来。(老舍《二马》)

例(142)至(144)中的非周遍性主语具有[+处所]的语义特征。"霓喜的新屋里"、"报纸上"和"马老先生手里"是方位处所短语,指称具体的处所。

四是[+时量]义。

(145)这几年什么都不像样。(唐弢《南归杂记》)

例(145)中"这几年"表示具体的时间量,具有[+时量]的语义特征。

五是[+数量]义。

(146)一个兵什么都不晓得。(老舍《文博士》)

例(146)中"一个兵"是"数+量+名"结构的短语,"一个"修饰名词"兵",表示具体的数量,具有表达[+数量]的语义特征。

3. B 段的语义特征

主谓谓语句中 B 段的语义特征与动词谓语句和形容词谓语句中 B 段的语义特征基本相同。具体情况如下:

一是[+动作]义。

(147)什么我也肯干。(老舍《月牙儿》)

(148)她什么都要管管。(老舍《月牙儿》)

（149）我爹什么团体也不参加。（赵树理《三里湾》）

二是［+结果］义。

（150）我什么小生意都作过！（老舍《四世同堂》）

（151）我什么东西都丢弃了。（茅盾《子夜》）

（152）什么我都烧个干净。（曹禺《雷雨》）

例（150）、（151）句中 B 段的谓语动词后面有动态助词"过"和"了"修饰，表示动作已经完成，事件已成为现实，所以具有［+结果］的语义特征。例（152）句中"干净"作"烧"的结果补语，所以 B 段也具有［+结果］的语义特征。

三是［+状态］义。

（153）困难什么时候都是存在的。（人民日报,2010）

（154）吴荪甫就什么都明白了。（茅盾《子夜》）

四是［+事件］义。

（155）我们什么时候都不能忘记这是党和政府给我们带来的福啊！（人民日报,2012）

（156）另一条船上的年轻人什么时候都喝酒。（叶圣陶《驾长》）

以上两个例句中的 B 段是谓词性短语"不能忘记这是党和政府给我们带来的福啊"和"喝酒"，指具体的事件，因此具有［+事件］的语义特征。

综上所述,用下表归纳主谓谓语句各部分的语义特征。如下所示：

表 13-10　主谓谓语句的语义特征表

主谓谓语句的各部分	语义特征	例句
周遍性主语	［-有生］	她什么苦都能吃。（老舍《四世同堂》）
	［+有生］	全衙门里什么人也没有领到。（鲁迅《端午节》）
	［+有生］	一路上他什么也没见。（老舍《牛天赐传》）
	［+时间］	社区什么时候都想着我这个老太太。（《人民日报》,2010）
	［+处所］	我什么地方也不去了。（老舍《骆驼祥子》）

续表

主谓谓语句的各部分	语义特征	例句
非周遍性主语	[+有生]	姑娘们什么都不懂。（张爱玲《金锁记》）
	[-有生]	什么孩子的呼叫什么也没得到。（萧红《生死场》）
	[+处所]	屋子里什么也没有。（老舍《骆驼祥子》）
	[+时量]	这几天什么也干不下去！（老舍《四世同堂》）
	[+数量]	一片黑咕笼咚什么也看不见。（老舍《赵子曰》）
B 段	[+动作]	红海什么文章都会作,作得极快啦!（老舍《残雾》）
	[+结果]	我什么方法都试了。（老舍《二马》）
	[+状态]	困难什么时候都是存在的。（《人民日报》,2010）
	[+事件]	她什么都告诉我了。（茅盾《子夜》）

（二）主谓谓语句各部分的语义关系

主谓谓语句主要关涉周遍性主语、非周遍性主语和小谓语三段,周遍性主语在主谓谓语句中主要充当施事、感事、受事、处所和工具几种不同语义角色,它同各部分之间的语义关系如下。

1. 周遍性主语和非周遍性主语的语义关系

一是"受事—施事"关系。

（157）她/什么都喜欢谈。（老舍《四世同堂》）

（158）什么/我也肯干。（老舍《月牙儿》）

在这组例句中,周遍性主语"什么"遍指特定范围内的所有事情,是谓语动词"谈"和"干"动作行为的承担者,所以周遍性主语"什么"是受事;非周遍性主语由人称代词"她"和"我"充当,具有自立性和使动性,是动作行为"谈"和"干"的发出者,所以"她"和"我"是施事。因此,在以上两个语句中,周遍性主语和非周遍性主语是"受事—施事"关系。

二是"施事—受事"关系。

（159）这首歌/什么人都会唱。（自拟）

（160）这件事/什么人都不干。（陆丙甫,2003）

在这组例句中,周遍性主语"什么人"遍指特定范围内的所有成员,是动作行为"唱"和"干"的发出者,所以"什么人"是施事;"这首歌"和"这件事"受到动作行为"唱"和"干"的影响,所以是受事。那么,以上语句中周遍性主语和非周遍性主语是"施事—受事"关系。

三是"感事—对象"关系。

(161)什么/我都想念呢!（吴伯箫《话故都》）

(162)我要象你这样老,什么事/我也知道。（老舍《老张的哲学》）

在例（161）中,周遍性主语"什么"遍指特定范围内的所有人或所有事,是谓语动词"想念"的感知对象,在例（162）中,周遍性主语"什么事"遍指特定范围内的所有事情,是谓语动词"知道"的感知对象;两个语句中的非周遍性主语"我"是感知主体,发出"想念"和"知道"的感知行为。所以,周遍性主语和非周遍性主语之间是"感事—对象"关系。

2. 周遍性主语和 B 段的语义关系

一是"受事—动作"关系。

(163)我们的女同志什么都能应付,用不着男人来保护!（老舍《女店员》）

(164)为救国,什么他也肯去做。（老舍《蜕》）

例句中周遍性主语"什么"遍指特定范围内的所有事,具有受动性,是谓语动词"应付"和"做"的动作承受者。所以周遍性主语和 B 段谓语动词之间是"受事—动作"关系。

二是"施事—动作"关系。

(165)这首歌什么人都会唱。（自拟）

(166)这件事什么人都不干。（陆丙甫,2003）

语句中周遍性主语"什么人"遍指特定范围内的所有个体对象,具有使动性和自立性,是谓语动词"唱"和"干"动作行为的发出者。所以,周遍性主语和谓语动词是"施事—动作"关系。

三是"致事—结果"关系。

（167）老宅里<u>什么东西</u>都让人<u>望而生畏</u>。（自拟）

在例（167）中,周遍性主语"什么东西"遍指特定"住宅里"的所有物品,是致使性事件"让人望而生畏"的引起因素,"让人望而生畏"可以表示结果状态。所以在该语句中,周遍性主语和谓语之间是"致事—结果"关系。

四是"主事—说明"关系。

（168）霓喜的新屋里<u>什么</u>都<u>齐全</u>。（张爱玲《连环套》）

例句中,谓语部分"齐全"和"掉光了"是对周遍性主语所指称的对象进行说明。所以二者之间是"主事—说明"关系。

五是"对象—感知行为"关系。

（169）老通宝<u>什么</u>都<u>想到</u>了,而且愈想愈怕。（茅盾《林家铺子》）

（170）我要象你这样老,<u>什么事</u>我也<u>知道</u>。（老舍《老张的哲学》）

在这组例句中,周遍性主语"什么"和"什么事"分别是谓语动词"想到"和"知道"的感知对象。所以二者之间是"对象—感知行为"关系。

六是"工具—使用行为"关系。

（171）一天,从午祷一直到晚上,他打一会儿歇一会儿,用<u>木板</u>、用<u>绳子</u>,他<u>什么</u>都<u>用</u>。"（翻译作品《童年》）

在例（171）中,根据语境判断,周遍性主语"什么"遍指工具类对象,指称对象是谓语动词"用"的使用对象。所以二者之间是"工具—使用行为"关系。

七是"处所—动作发生"关系。

（172）我<u>什么地方</u>也<u>不去</u>了。（老舍《骆驼祥子》）

（173）<u>什么地方</u>我都能<u>毙</u>了你。（老舍《火葬》）

由于处所论元不受谓语格框架的制约,所以该组例句中的周遍性主语"什么地方"仅表示 谓语动词"去"和"枪毙"动作行为的发生地点。

四、"疑问代词"类周遍性主语句的句式意义

"疑问代词"类周遍性主语句的句式语义内涵可以用"量级模型"进行解释。石毓智（1992）从"量"的概念出发,提出"自然语言的肯定和否定公理",

说明"极性词"的分布特点。沈家煊(1999)继承石毓智提出的"极性词"概念,根据"否定量域"规律提出"全量肯定否定规律"。其可以用"量级模型"表示,如图 13-8。

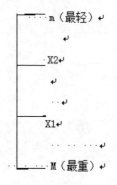

图 13-8 "量级模型"图

在(m;M)这个量级区间里,M 为极大量,m 为极小量,X1 大于 X2。根据"全量肯定否定规律",对极大量 M 的肯定意味着对(m;M)区间全量的肯定,对极小量 m 的否定意味着对(m;M)区间全量的否定。以"重量"为例,假如张三可以举起最重的东西(极大量 M),那么张三可以举起(m;M)这个量级区间内的一切重物;假如张三不能举起最轻的东西(极小量 m),那么张三举不起(m;M)这个量级区间里的任何重物。

乔石豪(2007)也运用"量级模型"理论给予"周遍性"量化定义。他认为的"量级模型"是:"X1(最高)>X2>X3>X4(最低),X1 和 X4 代表这个模型的两个极端。①"对最高值 X1 的肯定表示对特定范围内全量的肯定,对最低值 X4 的否定表示对特定范围内全量的否定。

本章研究的"疑问代词"类周遍性主语句,其句式语义表示周遍性主语的指称对象无一例外地具备某种相同属性,这是对特定范围内所有成员具备某种相同属性的全量表达。但是,这种全量表达不是通过否定特定范围内的最小量来表示全量否定或肯定特定范围内的最大量来表示全量肯定,而是直接

---

① 乔石豪:《语气副词"都"的来源及语法化过程》,《周口师范学院学报》2007 年第 6 期。

对特定范围(m;M)的所有成员进行全量否定或全量肯定。从某种意义上说,这种全量表达是"疑问代词+都/也……"结构特有的构式意义。弗雷格曾提出"一种语言中的每一个表达式的意义是其直接构成成分的意义和用以联结这些成分的句法规则的函项"[①],显然,弗雷格的意义组合性原理认为构式意义是其直接构成成分意义的简单相加。Goldberg(1995)对构式意义的描述:"C 的形式或意义所具有的某些特征不能全然从 C 的组成成分或先前已有的其他构式完全预测"[②]。由此可见,"疑问代词+都/也……"的构式意义符合Goldberg 对构式的定义,周遍性意义并非由构式中各构成成分意义的简单相加,因为表示"任指"用法的疑问代词一旦从周遍性构式中分离出来,便不再具有任指功能,它必须在特定的构式中与副词"都"和"也"搭配使用,才具有表达任指的语义功能。因此,周遍性语义应该是"疑问代词+都/也……"构式的整体意义。

第四节 "疑问代词"类周遍性主语句的 逻辑语义内涵

由前文的讨论可知,"疑问代词"类周遍性主语句的结构比较简单,动词谓语句和形容词谓语句的语表结构形式记作:A+都/也+B。其中 A 段表示周遍性主语,其结构由表示任指的疑问代词"什么"或"什么+中心语"充当,语义内涵均为指称特定范围内的所有对象;副词"都/也"起关联主语和谓语的作用;B 段的结构形式多种多样,可以是单独的动词或动词短语,也可以是单个的形容词或形容词性短语。由于 B 段具有不同的结构形式,所以使得周遍性主语句具有丰富的语义内涵。因此,本章分析动词谓语句和形容词谓语句的逻辑语义,主要根据其谓语结构的不同进行分类描写。主谓谓语句的语表结

---

① John Lyons. Linguistic Semantics:An Introduction[M]. 北京:外语教学与研究出版社,2000:103.

② 吴海波译:《构式:论元结构的构式语法研究》,北京大学出版社 2007 年版。

构形式记作：A_1+A_2+都/也$+B$，根据第二章的结构分析，周遍性主语在主谓谓语句中可以充当大主语或小主语，多数情况下，周遍性主语和非周遍性主语可以互换位置。那么，在分析主谓谓语句的逻辑语义时，本章主要根据周遍性主语在主谓谓语句中充当不同的语义角色进行形式化分析。如果描写主谓谓语句的逻辑语义时，同样采取根据谓语的不同结构形式进行分类描写，便是在重复对动词谓语句或形容词谓语句的逻辑语义分析，因为"A_1+A_2+都/也$+B$"的谓语中心 B 段与"$A+$都/也$+B$"中 B 段的结构基本相同。而在这一节中，我们将"疑问代词"类周遍性主语句的语义内涵进行形式化的描写、分析和解释。具体采用逻辑语义学中的谓词逻辑法，运用逻辑数理符号进行抽象化。

一、"周遍性主语"的逻辑语义内涵

由于周遍性主语，指称特定范围内的一类事物，所以周遍性主语不是个体词，而是表示个体成员的所属类别，可以作谓词逻辑处理。因此，在对"疑问代词"类周遍性主语句进行逻辑语义分析时，把周遍性主语作谓词处理。在逻辑语义学中，谓词逻辑可以有一阶谓词逻辑、二阶谓词逻辑、三阶谓词逻辑……n 阶谓词逻辑。如果谓词后面只有一个个体词项，那么该谓词就是一阶谓词逻辑；如果谓词后面有两个个体词项，那么该谓词就是二阶谓词逻辑……如果谓词后面有 n 个个体词项，那么该谓词就是 n 阶谓词逻辑。通常情况下，周遍性主语是一阶谓词逻辑，即 $P'(x)$，表示特定范围内的个体 x 具有谓词"P'"的属性。

"疑问代词"类周遍性主语句，表示特定范围内主语的所指对象无一例外地具备相同属性，这是对特定范围内所有对象的一种全量表达方式。这种全量表达之所以能够得以实现，是因为"周遍性主语"表示任指与副词"都/也"搭配使用，具有全称功能。所以，本章需要引入逻辑语义学中的全称量词，把周遍性主语进行形式化表示。用逻辑符号"∀"表示全称量词，具有"所有"或"对每一个人，每一件事，每一个东西都……"的意思。逻辑语义学中的"量词"和汉语中表示数量单位的"量词"，是两个截然不同的概念，一般称后者为"单位词"。而逻辑语义学中的"量词"，用来表示变量论元和特定范围内个体之间的数量关系,是逻辑语言中重要的描写手段。它的作用在于约束构式中的变量论元,使整个句式结构具有完整的命题性质。

试比较如下两个自拟语句的逻辑表达式:

(174)什么苦处都是甜的。$\forall x[苦处'(x)\rightarrow 甜的'(x)]$①   ①

(175)有的苦处是甜的。$\exists x[苦处'(x)\& 甜的'(x)]$ ②

两个语句的相同之处在于谓词都一样,分别是"苦处'"和"甜的'"。不同之处在于,①表示"特定范围内的每一个苦处都是甜的",所以使用全称量词"$\forall$",②表示"特定范围内的某些苦处是甜的",故使用存在量词"$\exists$";另外,二者的不同之处还在于使用了不同的逻辑联结词"→"和"&",其中"→"是蕴涵符号,表示"如果……,那么……"的意思,"&"是合取符号,表示"并且"的意思。值得注意的是,①和②中的逻辑联结词不可以互换位置,否则逻辑表达式的语义内涵将发生变化,比如把①中的蕴涵符号"→"调换为合取符号"&",得到:

$$\forall x[苦处'(x)\& 甜的'(x)]$$ ③

逻辑语义式③表示"特定范围内的每一个个体都既是苦处又是甜的",而逻辑语义式①表示"对于特定范围内的所有个体而言,如果该个体是苦处,那么它具有甜的属性",并不排除"该特定范围内还存在甜头是甜的或苦的"情况。因此,"疑问代词"类周遍性主语句的主语和谓语之间是蕴涵关系,需要使用蕴涵符号"→"。

另外,在同一个逻辑语义表达式中,可以使用一个以上的量词。例如:

(176)什么人都认识他。(自拟)

$\forall x[人'(x)\rightarrow \exists y[人'(y)\& 认识'(x,y)]](y\neq x)$

该逻辑语义表达式表示:对于特定范围内的所有个体 x 而言,如果该个体 x 是人,那么至少存在一个个体 $y(y\neq x)$,是 x 认识的。关于该逻辑语义关系式表达的语义内涵,在下文对动宾结构性谓语句的逻辑语义进行分析时,再作详细说明,此处不作过多阐述。

---

① 在逻辑语义表达式中,"$\forall x$"表示"对于任何一个变量论元 x 而言",下同。

下文将综合运用谓词逻辑法、逻辑翻译法和数理逻辑符号对表达周遍性意义的动词谓语句、形容词谓语句和主谓谓语句的逻辑语义进行分析、描写和解释。

二、动词谓语句的逻辑语义内涵

根据谓语构成的不同,把表示周遍性意义的动词谓语句分为四种情况:光杆动词型谓语句、动补结构型谓语句、"动词+着/了/过"型谓语句、动宾结构型谓语句,以期了解不同动词谓语句的逻辑语义特征。

(一)光杆动词型谓语句

谓语由单独的动词充当的动词谓语句,可以称之为光杆动词型谓语句。例如:

(177)什么设备都改良。(自拟)

从形式上看,该语句是表达周遍性意义的主谓句,周遍性主语为"什么设备",谓语动词"改良"为单独的及物动词,副词"都"关联主语和谓语,使二者产生述谓关系。从语义上看,"什么设备"遍指特定范围内的所有设备,是谓语动词"改良"的受事;"改良"表示周遍性主语具有的属性;总括副词"都"的语义左指,对周遍性主语的指称对象进行总括,表示该语句所指范围内的每一种设备都具备"改良"的属性。从逻辑关系上看,"什么设备"是"改良"的受事宾语,前移至句首充当主语,使得"改良"的宾语空位。

可以把该语句内部的逻辑语义关系表示为:

S_1:设备$'(x)$【命题1】→改良$'(\Phi,x)$【命题2】①   ①

上述逻辑语义关系式表示:对于特定范围内的所有个体 x 而言,如果该个体 x 是设备,那么 x 具备"改良"属性。句法结构上的两个谓词"设备$'$"和"改良$'$"生成了逻辑结构上的两个子命题:设备$'(x)$和改良$'(\Phi,x)$。其中,命题1设备$'(x)$的谓词是"设备$'$",表示特定范围内个体成员的性质,由于个体成员

---

① 在逻辑语义表达式中,我们用"Φ"表示空语现象,下同。

具有不确定性,所以用变量论元 x 表示;命题 2 改良$'(\Phi,x)$的谓词为"改良$'$",表示施事者发出"改良"的行为动作,由于不强调行为动作的发出者,所以施事对象表现为空语现象,这里用逻辑符号"Φ"表示。两个命题之间是蕴涵关系,命题 1 真包含于命题 2,用蕴涵符号"→"联结。

还可以用逻辑数理符号把逻辑语义关系式 ① 进一步形式化地表示为:

$$S_1 : \forall x [Shebei'(x) \to V'(\Phi,x)]① \qquad\qquad ②$$

在这个逻辑语义关系式中,"Shebei$'$"和"V$'$"表示谓词逻辑,Shebei$'(x)$对特定范围内个体成员 x 的类别进行说明;V$'(\Phi,x)$表示由谓语动词"V"生成的谓词"V$'$"所构成的子命题,V$'$关涉两个论元,Φ 和 x,由于不突显施事论元,所以子命题 V$'(\Phi,x)$只突显被强调的受事论元 x。针对逻辑语义关系式 ② 中的谓词"V$'$",还可以用 λ 算子对其进行约束,将 ②式进一步抽象化地表示为:

$$S_1 : \lambda P [\forall x [Shebei'(x) \to P'(\Phi,x)]] \qquad\qquad ③$$

(二)动补结构型谓语句

谓语由"动词+补语"充当的动词谓语句,可称为动补结构型谓语句。例如:

(178)什么事情都分派好了。(茅盾《子夜》)

从形式上看,该语句是表达周遍性意义的主谓句,周遍性主语为"什么事情",谓语"分派好了"为动补式合成词,谓词中心为"分派",性质形容词"好"作结果补语,表示动作结果,副词"都"关联主语和谓语,使二者产生述谓关系。从语义上看,"什么事情"遍指特定范围内的所有事情,是谓语动词"分派"的受事对象;总括副词"都"的语义左指,对周遍性主语的所指对象进行总括,表示所有事情都具备"分派好了"的属性;结果补语"好"的语义指向谓语动词"分派",说明"分派所有事情"的事件结果为"分派好了";同时,"好"也

---

① "Shebei"是该语句中周遍性主语所指对象相应的汉语拼音,"Shebei$'$"或"设备$'$"与普通名词"设备"不是同一个概念,"Shebei$'$"或"设备$'$是逻辑学中的谓词,表示个体论元的性质。下同。

表示"分派所有事情"的事态发生了变化,由"分派"动作开始时"没有分派好"或"没有完全分派好"的状态变成动作结束时"完全分派好"的状态,所以结果补语"好"具有[+状态]和[+变化]两种语义特征。从逻辑语义关系上看,"好"是"分派"的结果或目的,而"分派"是"好"的过程或前提,它们之间存在着时间先后关系和"过程—结果"或"前提—目的"的关系。

可以把该语句内部的逻辑语义关系表示为:

S_2:事情′(x)【命题1】→分派′(Φ,x)【命题2】&BECOME(好′(分派))【命题3】 ①

上述逻辑语义关系式表示:对于特定范围内的所有个体 x 而言,如果该个体 x 是事情,那么 x 具备"分派好了"的属性。句法结构上的三个谓词"事情′"、"分派′"和"好′"生成了逻辑结构上的三个子命题:事情′(x)、分派′(Φ,x)和 BECOME(好′(分派))。其中,命题 1 事情′(x)的谓词是"事情′",表示特定范围内个体成员的属性,用变量论元 x 表示不确定的个体成员;命题 2 分派′(Φ,x)的谓词为"分派′",表示施事者发出"分派"的行为动作,由于不强调行为动作的发出者,所以施事对象表现为空语现象,用逻辑符号"Φ"表示;命题 3 BECOME(好′(分派))的谓词为"好′",该命题要表示"分派好了"的结果意义,必须受到 BECOME 算子的约束,表示"分派"动作的完成。命题 2 和命题 3 之间是合取关系,合取动作和结果的语义关系,用合取符号"&"联结;此外,命题 2 和命题 3 可以构成一个复合命题:分派′(Φ,x)&BECOME(好′(分派)),在语义关系上,命题 2 先于命题 3。命题 1 和复合命题之间是蕴涵关系,命题 1 真包含于复合命题,用蕴涵符号"→"联结。

还可以用逻辑数理符号把逻辑语义关系式 ①进一步形式化地表示为:

S_2:$\forall x[\text{Shiqing}'(x) \rightarrow V'(\Phi,x) \& \text{BECOME}(A'(V))]$ ②

在这个逻辑语义关系式中,"Shiqing′"、"V′"和"A′"表示谓词逻辑,Shiqing′(x)对特定范围内个体成员 x 的类别进行说明;V′(Φ,x)表示由谓语动词"V"生成的谓词"V′"所构成的子命题,V′关涉 Φ 和 x 两个论元,由于不突显施事论元,所以子命题 V′(Φ,x)只突显被强调的受事论元 x;BECOME(A′(V))表示由形容词性词语"A"生成的谓词"A′",谓词"A′"关涉动作动词

"V"。在语义关系上,V′(Φ,x)<BECOME(A′(V))。①

针对上述逻辑语义关系式 ②,还可以用 λ 算子将其进一步抽象化地表示为:

S_2: λP[λQ[∀x[Shiqing′(x)→P′(Φ, x)&BECOME(Q′(P))]]]　　③

(三)"动词+着/了/过"型谓语句②

这部分将分析描写谓语为"动词+着/了/过"的动词谓语句,在这类语句中,动态助词的语义指向谓语动词,表示与谓语动词有关的事态发生了变化。例如:

(179)什么界限都消灭了。(冰心《十字架的园里》)

从形式上看,该语句是表达周遍性意义的主谓句,周遍性主语为"什么界限",谓语是动词"消灭",动态助词"了"表示谓语动词"消灭"动作的完成,副词"都"关联主语和谓语,使二者产生述谓关系。从语义上看,"什么界限"遍指特定范围内的所有界限,是谓语动词"消灭"的受事对象;总括副词"都"的语义左指,对周遍性主语的所指对象进行总括,表示所有界限都具备"消灭了"的属性;"了"的语义是指向谓语动词"消灭",表示"消灭所有界限"事件的完成,所以,动态助词"了"具有[+完成]和[+变化]两种语义特征。从逻辑关系上看,"什么界限"是谓语动词"消灭"的受事宾语,前移至句首充当主语。

可以把该语句内部的逻辑语义关系表示为:

S_3: 界限′(x)【命题1】→消灭′(Φ, x)【命题2】&BECOME(消灭′(x))【命题3】　①

上述逻辑语义关系式表示:对于特定范围内的所有个体 x 而言,如果该个体 x 是界限,那么 x 具备"消灭了"的属性。句法结构上的两个谓词"界限′"和"消灭′"生成了逻辑结构上的三个子命题:界限′(x)、消灭′(Φ, x)和

---

① "<"表示"(时间上)先于"。下同。

② "动词+着/了/过"型谓语句的逻辑语义分析,主要区别在于关涉不同的时间算子,"动词+着",用时间算子"PROGφ",表示动作正在持续进行;"动词+了",用时间算子"BECOMEφ",表示动作完成;"动词+过",用时间算子"PASTφ",表示过去发生某种动作。本章以"动词+了"为例进行分析。

BECOME(消灭′(x))。其中,命题 1 界限′(x)的谓词是"界限′",表示特定范围内个体成员的属性,用变量论元 x 表示不确定的个体成员;命题 2 消灭′(Φ,x)的谓词为"消灭′",表示施事者发出"消灭"的行为动作,由于不强调行为动作的发出者,所以施事对象表现为空语现象,用逻辑符号"Φ"表示;命题 3 BECOME(消灭′(x))是对命题 2 中的谓词"消灭′"具有动作完成的结果状态加以说明,鉴于语句中没有表示时态的谓词,因此借用时间算子"BECOMEφ"来表示结果状态。命题 2 和命题 3 之间是合取关系,合取动作和结果的语义关系,用合取符号"&"联结;此外,命题 2 和命题 3 可以构成一个复合命题:消灭′(Φ,x)&BECOME(消灭′(x)),在语义关系上,命题 2 先于命题 3。命题 1 和复合命题之间是蕴涵关系,命题 1 真包含于复合命题,用蕴涵符号"→"联结。还可以用逻辑数理符号把逻辑语义关系式 ① 进一步形式化地表示为:

$$S_3: \forall x[\text{Jiexian}'(x) \to V'(\Phi, x) \& \text{BECOME}(V'(x))] \qquad ②$$

在这个逻辑语义关系式中,"Jiexian′"、"V′"表示谓词逻辑,Jiexian′(x)对特定范围内个体成员 x 的类别进行说明;V′(Φ,x)表示由谓语动词"V"生成的谓词"V′"所构成的子命题,V′关涉两个论元,Φ 和 x,由于不强调施事论元,所以子命题 V′(Φ,x)只突显被强调的受事论元 x;BECOME(V′(x))是借时间算子"BECOMEφ"对命题 2 的谓词"V′"具有动作完成的结果意义进行时态说明。在语义关系上,V′(Φ,x)<BECOME(V′(x))。

针对上述逻辑语义关系式 ②,还可以用 λ 算子将其进一步抽象化地表示为:

$$S_3: \lambda P[\forall x[\text{Jiexian}'(x) \to P'(\Phi, x) \& \text{BECOME}(P'(x))]] \qquad ③$$

(四)动宾结构型谓语句

谓语由动宾短语充当的动词谓语句,可以简称为动宾结构型谓语句。例如:

(180)什么人都欺负他。(谢冰莹《流星》)

从形式上看,该语句是表达周遍性意义的主谓宾句,周遍性主语为"什么人",谓语为"欺负他","他"是谓语动词"欺负"的宾语,副词"都"关联主语和谓语,使二者产生述谓关系。从语义上看,"什么人"遍指特定范围内的所有人,是谓语动词"欺负"的施事对象;"欺负"的语义指向受事宾语"他";总括副词"都"的语义左指,对周遍性主语的所指对象进行总括,表示所有人都具备"欺负他"的属性。可以把该语句内部的逻辑语义关系表示为:

S_4:人′(x)【命题1】→欺负′(x,他)　　　　　　　　　①

上述逻辑语义关系式表示:对于特定范围内的所有个体 x 而言,如果该个体 x 是人,那么 x 具备"欺负他"的属性。句法结构上的两个谓词"人′"和"欺负′"生成了逻辑结构上的两个子命题:人′(x)和欺负′(x,他)。其中,命题1人′(x)的谓词是"人′",表示特定范围内个体成员的属性,由于个体成员具有不确定性,所以用变量论元 x 表示;命题2欺负′(x,他)的谓词为"欺负′",表示施事者 x 发出"欺负"的行为动作。两个命题之间是蕴涵关系,命题1真包含于命题2,因此,用蕴涵符号"→"联结。

还可以用逻辑数理符号把逻辑语义关系式 ①进一步形式化地表示为:

S_4: ∀x[Ren′(x)→∃y[Ren′(y)]&V′(x,y)]]（y≠x）　　　②

在这个逻辑语义关系式中,"Ren′"和"V′"表示谓词逻辑,Ren′(x)对特定范围内个体成员 x 的类别进行说明;Ren′(y)对特定范围内个体成员 x 可以欺负的对象进行说明,表明 x 欺负的对象 y 也是人,但是必须满足 y≠x 的条件,即 y 和 x 不是同一个人;V′(x,y)表示由谓语动词"V"生成的谓词"V′"所构成的子命题,"V′"关涉 x 和 y 两个论元。

针对逻辑语义关系式 ②,还可以用 λ 算子将其进一步抽象化地表示为:

S_4: λP[∀x[Ren′(x)→∃y[Ren′(y)&P′(x,y)]]]（y≠x）　　　③

(五)小结

对四种不同谓语形式的动词谓语句进行了细致的逻辑语义分析。在这四种结构的动词谓语句中,主语均为周遍性成分,在语句中指称特定范围内的所有对象。由于谓语成分的构成不同,使得表达周遍性意义的动词谓语句有着

丰富的语义内涵,逻辑语义关系式也存在着一定的差异。具体情况如下:

$S_1 : \lambda P[\, \forall x[\, Shebei'(x) \rightarrow P'(\Phi, x)\,]\,]$

$S_2 : \lambda P[\, \lambda Q[\, \forall x[\, Shiqing'(x) \rightarrow P'(\Phi, x) \& BECOME(Q'(P))\,]\,]\,]$

$S_3 : \lambda P[\, \forall x[\, Jiexian'(x) \rightarrow P'(\Phi, x) \& BECOME(P'(x))\,]\,]$

$S_4 : \lambda P[\, \forall x[\, Ren'(x) \rightarrow \exists y[\, Ren'(y) \& P'(x, y)\,]\,]\,](y \neq x)$

上述四个逻辑语义关系式都为复合命题。其中,P、Q 表示不同的谓词逻辑;x、y 表示谓词逻辑关涉的变量论元;周遍性主语指称特定范围内所有的个体论元 x 具备共同的性质。仔细观察四个逻辑语义关系式,可以发现,四个逻辑语义关系式之间彼此都存在着一些差异。第一,S_4 式中谓词"P'"生成的子命题 P'(x,y) 不同于 S_1、S_2 和 S_3 式中谓词"P'"生成的子命题 P'(Φ,x),S_4 式中的变量论元 x 是施事论元,在语句中是被强调的全称对象,至少存在一个个体 y 承担 x 的动作行为;S_1、S_2 和 S_3 式中的变量论元 x 是受事论元,在具体语句中是被强调的对象,而变量论元 x 承受动作行为的发出者,在语句中不被强调或突显,所以在关系式中出现空语现象。第二,S_2 式中的子命题 BECOME(Q'(P)) 是表示核心谓词"P'"的结果意义,Q 的语义指向 P;S_3 式中的子命题 BECOME(P'(x)) 是用时间算子"BECOMEφ"表示谓词"P'"动作完成的结果意义,P 的语义指向 x;而 S_1 式和 S_4 式中的核心谓词"P'"不需要使用其他谓词对其进行解释说明。

三、形容词谓语句的逻辑语义内涵

表达周遍性意义的形容词谓语句,其谓语一般由形容词或形容词性短语充当。对形容词谓语句进行逻辑语义分析,需要根据其谓语的不同成分进行分析、描写和解释,才能了解不同形容词谓语句的逻辑语义特征。第二节,对形容词谓语句的谓语构成进行了细致的分析描写,归纳出形容词谓语句的谓语构成主要包括:光杆形容词、"形容词+补语"和"状语+形容词"三种情况。下文对三种不同谓语成分的形容词谓语句进行逻辑语义分析。

(一)光杆形容词型谓语句

谓语由单个形容词充当的形容词谓语句,可称为光杆形容词型谓语句。

例如：

(181)这事把他们整天的运气毁了，<u>什么事都别扭</u>。(钱钟书《围城》)

在结构上，该语句中的谓语"别扭"是性质形容词，表示主语所指对象"每一件事"的属性。在语义上，"别扭"的语义指向主语的所指对象，表示主语所指对象的状态，即"别扭"。在逻辑关系上，主语的所指对象"每一件事"是谓语"别扭"的修饰对象，用表示任指的疑问代词"什么"修饰，表示特定范围内的所有事情都具备谓语"别扭"的属性，强调周遍性。可以把该语句的逻辑语义关系形式化地表示为：

$$S_5 : 事'(x)【命题1】\rightarrow 别扭'(x)【命题2】 \qquad ①$$

该逻辑语义式表示：对于特定范围内的所有个体成员 x 而言，如果 x 是事情，那么 x 具有"别扭"的属性。句法结构上的两个谓词"事'"和"别扭'"生成了逻辑结构上的两个子命题：事'(x)和别扭'(x)。其中，命题1事'(x)的谓词是"事'"，表示特定范围内每个个体成员的性质，由于个体成员具有不确定性，所以用变量论元 x 表示；命题2别扭'(x)的谓词为"别扭'"，该命题表示"x别扭"的状态意义。两个命题之间是蕴涵关系，命题1真包含于命题2，用蕴涵符号"→"联结。还可以用逻辑数理符号把逻辑语义关系式 ① 进一步形式化地表示为：

$$S_5 : \forall x[Shi'(x)\rightarrow A'(x)] \qquad ②$$

在这个逻辑语义关系式中，"Shi'"和"A'"表示谓词逻辑，Shi'(x)对特定范围内个体成员 x 的类别进行说明；A'(x)表示由形容词性成分"A"生成的谓词"A'"所构成的子命题，谓词"A'"只关涉一个论元 x。

针对逻辑语义关系式 ②，还可以用 λ 算子将其进一步抽象化地表示为：

$$S_5 : \lambda P[\forall x[Shi'(x)\rightarrow P'(x)]] \qquad ③$$

(二)形补结构型谓语句

谓语由"形容词+补语"充当的形容词谓语句，可简称为形补结构型谓语句。"形容词+补语"结构的中心语为形容词，一般而言，补语可有很多种形式，如副词、短语或小句等。在表达周遍性意义的形补谓语句中，"形容词+补语"充当谓语的情况很少。此处以补语为形容词短语为例进行分析。如：

(182)什么事情都糟糕透了。（自拟）

在结构上，该语句中的谓语是"糟糕透了"，谓语中心是性质形容词"糟糕"。在语义上，谓语中心"糟糕"的语义指向周遍性主语，表示主语的所指对象"所有事情"具备"糟糕"的属性；形容词"透"作补语，其语义指向"糟糕"，表示"糟糕"的程度，所以"透"具有[+程度]的语义特征。

可以把该语句的逻辑语义关系形式化地表示为：

S_6: 事情′（x）【命题1】→糟糕′（x）【命题2】＆BECOME（透′（糟糕））【命题3】　①

上述逻辑语义关系式表示：对于特定范围内的所有个体 x 而言，如果该个体 x 是事情，那么 x 具备"糟糕透了"的属性。句法结构上的三个谓词"事情′"、"糟糕′"和"透′"生成了逻辑结构上的三个子命题：事情′(x)、糟糕′(x)和 BECOME(透′(糟糕))。其中，命题1 事情′(x)的谓词是"事情′"，表示特定范围内个体成员的性质，用变量论元 x 表示不确定的个体成员；命题2 糟糕′(x)的谓词为"糟糕′"，表示"x 糟糕"的状态意义；命题3 BECOME(透′(糟糕))的谓词为"透′"，因为命题涉及结果状态的出现，即"糟糕透了"的结果意义，因此借时间算子"BECOMEφ"对透′(糟糕)进行时态约束。命题2 和命题3 之间是合取关系，合取持续状态和结果的语义关系，用合取符号"＆"联结；此外，命题2 和命题3 可以构成一个复合命题：糟糕′(x)＆BECOME(透′(糟糕))，在语义关系上，命题2 先于命题3。命题1 和复合命题之间是蕴涵关系，命题1 真包含于复合命题，用蕴涵符号"→"联结。

还可以用逻辑数理符号把逻辑语义关系式 ①进一步形式化地表示为：

S_6: $\forall x[\text{Shiqing}'(x) \rightarrow A_1'(x) \& \text{BECOME}(A_2'(A_1))]$　　②

在逻辑语义关系式 ②中，"Shiqing′"、"A_1′"和"A_2′"表示谓词逻辑，Shiqing′(x)对特定范围内个体成员 x 的类别进行说明；A_1′(x)表示由形容词谓语"A_1"生成的谓词"A_1′"构成的子命题，谓词"A_1′"与"Shiqing′"关涉同一个变量论元，即 x；BECOME(A_2′(A_1))表示由形容词性短语"A_2"生成的谓词"A_2′"，谓词"A_2′"关涉性质形容词"A_1"。语义关系上，A_1′(x)<BECOME(A_2′

（A_1））。针对逻辑语义关系式 ②，还可以用 λ 算子将其进一步抽象化地表示为：

$$S_5: \lambda P[\lambda Q[\forall x[\underline{Shiqing}'(x) \rightarrow P'(x) \& BECOME(Q'(P))]]] \qquad ③$$

（三）状形结构型谓语句

谓语由"状语+形容词"充当的形容词谓语句，可以简称为状形结构型谓语句。"状语+形容词"结构的中心语是形容词，一般而言状语可以有很多种形式，诸如介词短语、数量短语或程度副词等等。在表达周遍性意义的状形结构型谓语句中，根据搜集到的语料，"状语+形容词"结构的状语以介词短语居多。本章以状语为"和"字结构的"状语+形容词"为例，分析这类谓语句的逻辑语义特征。例如：

（183）什么都和十年前一样。（萧红《生死场》）

在该例句中，主语"什么"的所指对象可以是特定范围内的"所有人或所有事物"，可以用"事物"对其进行概括，即周遍性主语"什么"的所指对象为特定范围内的"所有事物"，包括人和事物。从形式上看，该语句的谓语"一样"是性质形容词，表示主语所指"事物"范围内的所有成员的属性，介词短语"和十年前"修饰性质形容词"一样"，由于"和十年前"只是对谓语形容词"一样"进行解释，所以不会改变其谓语功能。从语义上看，该语句蕴含了一种比较关系，比较主体是"现在的事物"，比较客体是"十年前的事物"，比较结果：比较主体和比较客体具有相同的性质。所以，"一样"的语义即指向主语的所指对象"现在的事物"，也指向隐现的比较客体"十年前的事物"。因此，可以把该语句的逻辑语义关系形式化地表示为：

$$S_2: \text{事物}'(x)【命题1】\&\text{现在的性质}'(x)【命题2】\&\text{十年前的性质}'(x)【命题3】\rightarrow\text{现在的性质}'(x)=\text{十年前的性质}'(x) \quad ①$$

该逻辑关系式表示：对于特定范围内的所有个体成员而言，如果个体成员是事物，并且具有"现在的性质"和"十年前的性质"，那么"现在的性质"和"十年前的性质"是"一样"的。这是一个以"事物'"、"现在的性质'"和"十年前的性质'"为谓词的逻辑语义命题。三个谓词在句法结构上生成了三个存在着合取关系的子命题。其中,命题 1 事物$'(x)$的谓词是"事物$'$",表示特定范围内个体成员的属性,用变量论元 x 表示不确定的个体成员;命题 2 现在的性质$'(x)$的谓词为名词性短语"现在的性质$'$",表示"x"具有现在的性质,并且 x 同时具有命题 3 的谓词属性,即"十年前的性质"。命题 1、命题 2 和命题 3 可以构成一个存在合取关系的复合命题:事物$'(x)$ & 现在的性质$'(x)$ & 十年前的性质$'(x)$。根据复合命题,可以推断出,"现在的性质"等同于"十年前的性质"。可以用逻辑数理符号把逻辑语义关系式 ①进一步形式化地表示为:

$$S_7: \forall x[Shiwu'(x) \& N_1'(x) \& N_2'(x) \rightarrow N_1'(x) = N_2'(x)] \qquad ②$$

在这个逻辑语义关系式中,Shiwu$'$、N_1'、N_2'表示谓词逻辑。Shiwu$'(x)$对特定范围内个体成员 x 的类别进行说明;$N_1'(x)$和$N_2'(x)$关涉一个相同论元 x,x 具有"N_1'"和"N_2"的性质,所以"N_1'"和"N_2"具有相同关系。还可以用 λ 算子把上面的逻辑语义关系式②进一步抽象,表示为:

$$S_7: \lambda P[\lambda Q[\forall x[Shiwu'(x) \& P'(x) \& Q'(x) \rightarrow P'(x) = Q'(x)]]] \qquad ③$$

(四)小结

对光杆形容词型谓语句、形补结构型谓语句和状形结构型谓语句,进行了逻辑语义分析。在这三种结构的形容词谓语句中,主语均为周遍性成分,在语句中都指称特定范围内的所有成员,并且谓语的语义都指向主语。但是,由于谓语成分的构成不同,使得这三种表达周遍性意义的形容词谓语句有着多样而复杂的语义内涵,逻辑语义表达式也存在着一定的差异。具体情况如下:

$$S_5: \lambda P[\forall x[Shi'(x) \rightarrow P'(x)]]$$

$$S_6: \lambda P[\lambda Q[\forall x[Shiqing'(x) \rightarrow P'(x) \& BECOME(Q'(P))]]]$$

$$S_7: \lambda P[\lambda Q[\forall x[Shiwu'(x) \& P'(x) \& Q'(x) \rightarrow P'(x) = Q'(x)]]]$$

以上三个逻辑语义表达式都为复合命题。其中,P、Q 表示不同的谓词逻辑;x 表示谓词逻辑关涉的变量论元。在这三个逻辑表达式中,主语和谓语都是蕴涵关系,用符号"→"联结。它们的差异是由谓语部分的构成成分造成的,通过观察三个逻辑语义表达式,可以发现 S_5 式的结构最为简单,S_5 式中,谓词"P′"为光杆形容词性成分,所以,谓词"P′"只生成了一个子命题 P′(x);S₆式中,谓词"Q"修饰核心谓词"P′",表示事态的完成,因此子命题 BECOME (Q′(P))借"BECOMEφ"算子解释说明谓词"P"生成的子命题 P′(x)的结果状态,这两个子命题之间有时间先后的关系;S₇式中的谓词"P′"和谓词"Q′"均关涉变量论元 x,该逻辑式中的谓词不同于 S₅式和 S₆式中的谓词。因为 S₇式隐含比较关系,隐现谓词"Q′"和显现谓词"P′"具有相同性质。

四、主谓谓语句的逻辑语义内涵

前面提到,本章主要根据周遍性主语在句中充当不同的语义角色,对主谓谓语句进行形式化分析。在本章研究的表达周遍性意义的主谓谓语句中,周遍性成分主要关涉主体论元:施事、感事、致事和主事,客体论元:受事和对象,其句法身份都是主语。主体论元中的施事和客体论元中的受事受到谓语动词格框架的制约,二者是二价谓语动词的直接论元。所以,本章将对周遍性主语在主谓谓语句是施事论元和受事论元两种情况的句式语义进行形式化分析,并比较周遍性主语同为施事论元或受事论元时,位于大小主语不同位置时的逻辑语义内涵。然而,不受谓语动词格框架制约的处所、范围和材料等外围论元,则不在本章的讨论范围之内,并且周遍性主语在周遍性主语句中充当外围论元的情况很少。

(一)周遍性主语是施事的主谓谓语句

表示任指的"什么"或"什么"修饰的名词性短语充当主语的主谓谓语句中,当周遍性成分是施事论元时,其位置固定,只可位于小主语位置。施事是行为动作的发出者,自主性强,通常具有[+有生]特点,根据"近距离制约原则",谓语动词倾向于选择距离其较近的[+有生]名词性成分作施事。另外,根据检索语料,也没有发现周遍性主语是施事论元并充当大主语的情况。考察周遍性主语作施事的主谓谓语句的逻辑语义,只对周遍性主语充当小主语的情况进行形式化描写。例如:

(184)这首歌什么人都会唱。(自拟)

在该语句中,大主语"这首歌"是小谓语"会唱"的受事;周遍性主语"什么人"是小谓语"会唱"的施事,并且在句中充当小主语;总括副词"都"关联小主语和小谓语,强调小主语"什么人"具有周遍性。实际上,类似的该类语句就是"把主谓句中某一动词的宾语或宾语的某一部分提到句首"①而形成的主谓谓语句。所以,"这首歌什么人都会唱。"的深层结构应该是"什么人都会唱这首歌。"之所以把"这首歌"提到主谓谓语句句首,是为了起到强调话题的作用。那么,对该语句进行形式化分析时,依然按照主谓谓语句的句法结构进行形式分析,如果按照深层结构"什么人都会唱这首歌"进行描写,便体现不出"这首歌"的话题性。

把"这首歌什么人都会唱。"的内部逻辑关系形式化地表示为:

$$S_4: \exists y[[歌'(y) \& \forall z[歌'(z) \longleftrightarrow (z=y)] \& \forall x[人'(x) \to 会唱'(x, y)]] \quad ①$$

该逻辑语义关系式表示:至少存在一个 y,y 是歌,并且对所有的 z 而言,如果 z 是歌,则 z 就是 y,并且所有人都会唱这首歌。在逻辑表达式①中,"$\exists y$[歌'(y) & $\forall z$[歌'(z)$\longleftrightarrow$(z=y)]]"是对"这首歌"的形式化表达,强调"这首歌"的唯一性。"$\forall x$[人'(x)$\to$会唱'(x,y)]"是一个复合命题,子命题"人'(x)"是对周遍性主语"什么人"的逻辑描写,表示个体论元 x 具有"人"的性质;子命题"会唱'(x,y)"表示"x 会唱 y"的事件意义,这个子命题涉及移位关系,即 y 移位到复合命题中充当谓词"会唱'"的宾语。

可以把以上阐述简化为:

$$S_2: \exists y[[歌'(y) \& \forall z[歌'(z) \longleftrightarrow (z=y)] \& \forall x[人'(x) \to 会唱'(x, y)]] \quad ②$$

【复合命题1】

【复合命题2】

针对逻辑语义关系式②,可运用 λ 算子对其动词性谓词"会唱'"进行抽象化:

$$S_6: \lambda P[\exists y[Ge'(y) \& \forall z[Ge'(z) \longleftrightarrow (z=y)] \& \forall x[Ren'(x) \to P'(x, y)]] \quad ③$$

---

① 胡裕树:《现代汉语》(重订本),上海教育出版社 1981 年版。

逻辑语义式③只对动词性谓词进行抽象化表示,而名词性谓词"歌′"和"人′",使用其汉语拼音进行表示,以表示逻辑式中的"歌"和"人"是谓词,表示变量论元性质,与普通名词"歌"和"人"是不同的概念。

(二)周遍性主语是受事的主谓谓语句

周遍性主语在主谓谓语句中作受事论元,有两种句法位置,一是位于句首,在句中作大主语,二是位于大主语之后,在句中作小主语。虽然周遍性主语在句中都是受事论元作周遍性主语,但由于其句法位置不同,使得它们的逻辑语义关系式也存在细微差别。

第一,周遍性主语是受事,在主谓谓语句中作大主语。例如:

(185)什么活计她都能做,很有力气呢!(萧红《生死场》)

在上述语句中,周遍性主语"什么活计"充当大主语,主语中心是"活计",表示任指的疑问代词"什么"作"活计"的定语,与总括副词"都"搭配使用,强调周遍性。该语句中,大主语"什么活计"是小谓语"能做"的受事;小主语"她"是小谓语"能做"的施事。从逻辑关系上看该语句表示"她能做所有活计"。之所以把周遍性主语"什么活计"前移至句首,是为了强调其在语句中的话题性。

可以把该语句的内部语义关系形式化地表示为:

$$S_5: \forall x[活计′(x) \rightarrow \exists y[人′(y) \& 能做′(y, x)]] \qquad ①$$

该逻辑语义关系式表示:对于特定范围内的所有个体 x 而言,如果该个体 x 是活计,则至少存在一个 y,y 是人,并且 y 能做 x。在上述逻辑命题中,子命题"活计′(x)"是对周遍性主语的形式化表达,表示所有个体成员 x 具有"活计"的性质;复合命题"人′(y)＆能做′(y,x)"是对主谓短语"她都能做"的形式化表达,命题"能做′(y,x)"涉及周遍性主语的移位,即周遍性主语"什么活计"作为受事,在谓词"能做′"生成的逻辑命题中作受事论元。

我们可以将以上解释简化为:

S_8: $\forall x[活计'(x) \to \exists y[人'(y) \& 能做'(y, x)]]$ ②

<u>   复合命题1   </u>

    复合命题2

针对逻辑语义式②,可以运用 λ 算子对其动词性谓词"能做'"进行抽象化表示:

S_8: $\lambda P[\forall x[Huoji'(x) \to \exists y[Ren'(y) \& P'(y, x)]]]$ ③

第二,周遍性主语是受事,在主谓谓语句中作小主语。例如:

(186)她什么事情都要管管。(老舍,《月牙儿》)

在该语句中,大主语"她"是小谓语"要管管"的施事;周遍性主语"什么事情"是小谓语"要管管"的受事,并且在句中充当小主语;小谓语"要管管"的谓语中心是动词重叠形式,表示短暂性动作;总括副词"都"关联小主语和小谓语,强调小主语"什么事情"具有周遍性。从逻辑关系上看该语句表示"她要管管所有事。"

可以把该语句的内部语义关系形式化地表示为:①

S_{20}: $\exists y[(人'(y)) \& \forall x[事情'(x) \to SHOT(要管'(y, x))]]^2$ ①

该逻辑语义关系式表示:对于特定范围内的所有个体 x 而言,如果该个体 x 是事情,那么至少存在一个 y,y 是人,并且 y 要管 x。在上述逻辑命题中,子命题"人'(y)"是对话题主语"她"的形式化表达,表示变量论元 y 具有"人"的性质。复合命题"事情'(x)→SHOT(要管'(y,x))是对主谓短语"什么事情都要管管"的形式化描写,这个复合命题由两个子命题构成。其中,子命题"事情'(x)"是对周遍性主语"什么事情"的形式化表达,表示特定范围内的所有个体成员 x 具有"事情"的属性;SHOT(要管'(y,x))是由谓词"要管'"生成的逻辑命题,表示"y 要管 x"的事件意义,借用短暂体算子,对"管'"具有动作短

---

① 汉语中有很多动词重叠形式,表示短暂动作,而外语没有动词重叠形式,所以不涉及短暂体算子。这里,我们大胆假定"SHOTφ"为短暂体算子,用其对"管管"进行形式化表示。在逻辑学者——邹崇理老师的指导下,给予"SHOTφ"以模型论定义:∥SHOTφ∥^{i} = 1 iff,存在 i',i' ⊂ i,∥φ∥$^{i'}$ = 1.

暂的结果意义进行解释,因为该语句中缺少表示短暂动作的谓词,所以假定"SHOTφ"为短暂体算子,填充表示短暂动作的谓词槽。

我们可以将以上解释简化为:

$$S_{10}:\ \exists y[\ (人'\ (y)\ )\ \&\ \forall x[事情'\ (x)\rightarrow SHOT(管'\ (y,\ x)\ )\ ]\ ]\qquad ②$$

复合命题1

复合命题2

针对逻辑语义式②,可以运用λ算子对其动词性谓词"管'"进行抽象化表示:

$$S_{10}:\lambda P[\ \exists y[Ren'(y)\ )\&\forall x[Shiqing'(x)\rightarrow SHOT(P'(y,x))\ ]\ ]\ ]\quad③$$

(三)小结

对周遍性主语在主谓谓语句中分别充当施事论元和受事论元的情况进行形式描写和解释。当周遍性主语在主谓谓语句中充当不同的语义角色或位于大小主语的不同位置时,其逻辑语义内涵和相应的逻辑语义关系式都存在细微差别。具体情况如下:

$$S_8:\ \lambda P[\exists y[Ge'\ (y)\ \&\ \forall z[Ge'\ (z)\leftrightarrow(z=y)\ ]\&\forall x[Ren'\ (x)\rightarrow P'\ (x,\ y)\ ]\ ]$$

$$S_9:\ \lambda P[\forall x[Huoji'\ (x)\rightarrow\exists y[Ren'\ (y)\ \&P'\ (y,\ x)\ ]\ ]\ ]$$

$$S_{10}:\ \lambda P[\exists y[Ren'\ (y)\ )\ \&\ \forall x[Shiqing'\ (x)\rightarrow SHOT\ (P'\ (y,\ x)\ )\ ]\ ]\ ]$$

以上三个逻辑语义关系式都是复合命题。其中,x 表示周遍性主语在特定范围内所指称对象的个体论元,y 表示变量论元;"P'"是主谓谓语句中的小谓语。另外,三个逻辑表达式都涉及移位现象,S_8 式中小谓语的受事宾语前移至句首充当大主语,突显其话题性,在对语句进行逻辑分析时,既要在逻辑式中突显大主语的句首位置,也要在相关谓词"P'"生成的子命题中把相应的受事论元 y 补充出来,即 $P'(x,y)$。在 S_9 式和 S_{10} 式中,通过观察谓词"P'"生成的子命题 $P'(y,x)$,可以清楚地了解到周遍性主语在句中充当受事论元,两个逻辑关系式的不同之处,主要在于对大主语进行形式化描写,S_9 式是周遍性主语充当大主语,而 S_{10} 式中的周遍性主语充当小主语。

总之,在对主谓谓语句进行形式描写和解释时,主要考虑两点:一是在逻辑式中对大主语话题性的凸显;二是小谓语生成的逻辑命题,其相应论元需要移位,才能生成完整的逻辑命题。

本章详细地梳理了现代汉语中表示周遍性意义的动词谓语句、形容词谓语句和主谓谓语句的结构特征以及语义内涵。在此研究基础上,从逻辑语义学的角度出发,采用谓词逻辑工具对三种结构进行逻辑语义分析和描写,以期将这些自然语言转换成计算机能够识别的语言。

第一,从句法结构来看,可以根据谓语的构成,把现代汉语"疑问代词"类周遍性主语句分为动词谓语句、形容词谓语句和主谓谓语句三种句法结构。其中动词谓语句的使用频率最高,形容词谓语句的使用频率最低,这两种句法结构都可以分段表示为"A+都/也+B",详细地分析讨论了这两种结构的整体结构特征,并分析归纳了 A 段和 B 段的语表特征。主谓谓语句的使用频率其次,由于句中包含大小主语,所以它的句法结构分段表示为"A_1+A_2+都/也+B"。根据周遍性主语所处的不同位置,主谓谓语句有两种句法结构:"Y/YP+NS+都/也+DP"和"NS+Y/YP+都/也+DP",本章也对这两种句法结构的整体结构特征和各部分的语表特征作了详细的描写和归纳。从句法生成来看,动词谓语句和主谓谓语句的深层结构不同于其表层的线性结构,表层结构涉及逻辑宾语的移位和移位后更换语词的情况,这些特征在文中已用树形图进行直观描写和说明。而形容词谓语句不涉及移位和更换语词的情况,所以其句法深层结构与表层线性结构一致。另外,副词"都"和"也"在周遍性主语句中的出现具有强制性,它们起着必不可少的关联作用,并且二者在句中呈现出不均衡分布的特点。

第二,通过分析周遍性主语句各部分的语义内涵,发现以"什么"或"什么+中心语"充当的周遍性主语,具有丰富的语义内涵,主要包括[−有生]、[+有生]、[±有生]、[+时间]和[+处所]等几种;谓语部分的语义特征也具多样性,主要包括[+动作]、[+结果]、[+状态]和[+事件]等几种。在此基础上,根据现代汉语中的语义角色理论,对周遍性主语句各部分存在的语义关系进行了详细的描写。此外,副词"都"和"也"在句中有着重要的语义贡献,但是二者的语义存在一定的区别,即"都"表总括,"也"表类举。周遍性主语句表达周遍性意义,是周遍性构式"疑问代词+都/也……"的整体性意义,是对特定范围内所有对象的全量表达。

第三,基于对周遍性主语句的句法结构和语义内涵的研究,在第五部分综合运用谓词逻辑工具和逻辑翻译理论对表达周遍性意义的动词谓语句、形容词谓语句和主谓谓语句进行逻辑语义分析。首先对周遍性主语作逻辑语义处理,揭示周遍性主语应该是谓词逻辑,因为它表示其指称对象的性质。这三种结构之所以存在丰富的语义内涵,是因为它们的谓语构成不同,所以要描写周遍性主语句的丰富语义内涵,就必须着力于不同的谓语构成成分。比如,在对动词谓语句和形容词谓语句进行逻辑分析时,把动词谓语句的谓语构成分为:单独的动词、动补短语、动词+着/了/过和动宾短语;把形容词谓语句的谓语构成分为:单独的形容词、形补短语和状形短语。对表达周遍性意义的主谓谓语句进行逻辑语义分析时,由于其小谓语 B 段与动词谓语句和形容词谓语句中的 B 段结构基本相同,为避免出现重复描写现象,所以根据周遍性主语在句中充当不同的语义角色对主谓谓语句进行逻辑语义分析和描写。

不管是从传统理论方法的角度着手,还是从现代理论方法的角度着手,"疑问代词"类周遍性主语句的研究都有所涉及。但是极少从逻辑语义的角度进行详细分析和描写。本章试着从逻辑语义学的角度,采用各种逻辑语义关系式对"疑问代词"类周遍性主语句的自然语言形式进行逻辑分析,以期建立现代汉语"疑问代词"类周遍性主语句的逻辑语义系统。但是,本章还存在诸多不足的地方,首先,现代汉语中有很多疑问代词,如"什么""谁""哪 X""怎么/怎么样""多少"等,本章却仅选其一进行分析,使得研究范围过小,考虑问题不够全面;其次,主要针对典型的不同谓语构成对动词谓语句和形容性谓语句进行逻辑语义分析,并没有涉及含有其他附加成分或特殊谓语构成的语句;此外,本章的逻辑语义分析只涉及表达肯定意义的语句,没有涉及表达否定意义的语句。这些都是目前研究存在的问题,也是目前学界还没有完全解决的问题,在未来的研究中可以朝着这些方向努力。

参 考 文 献

［1］安丰存、赵磊：《现代汉语"量名"结构类型学分析》，《汉语学习》2016 年第 3 期。

［2］［法］白梅丽（Marle—Claude Paris），罗慎仪节译：《汉语普通话中的"连，也/都"》，《国外语言学》1981 年第 3 期。

［3］蔡永强：《连……都/也……结构的认知考察》，北京语言文化大学硕士学位论文，2002 年。

［4］蔡曙山：《言语行为和语用逻辑》，中国社会科学出版社 1998 年版。

［5］曹逢甫：《再论话题和"连……都/也……结构"》，《功能主义和汉语语法》，北京语言学院出版社 1994 年版。

［6］曹晴雯：《介词短语"在+X"的类型、功能及偏误分析》，上海师范大学硕士学位论文，2013 年。

［7］常纯民：《"把"字句是前置宾语的句式吗?》，《齐齐哈尔师院学报（哲学社会科学版）》1978 年第 2 期。

［8］陈宗明：《汉语逻辑概论》，人民出版社 1993 年版。

［9］陈一民：《介词新探——关于介词与动词的划界及定位问题》，《湘潭师范学院学报》1996 年第 2 期。

［10］陈昌来：《说"这个人谁都不相信"这类歧义句》，《烟台师范学院学报（哲学社会科学版）》1988 年第 1 期。

［11］陈昌来：《介词与介引功能》，安徽教育出版社 2002 年版。

［12］陈昌来、齐沪扬、张谊生：《现代汉语虚词研究综述》，安徽教育出版社 2002 年版。

［13］陈昌来：《现代汉语动词的句法语义属性研究》，学林出版社 2002 年版。

［14］陈昌来：《"给予"类三价动词构成的句式及其论元缺省的认知解释》，《汉语学习》2007 年第 3 期。

［15］陈敏：《"给"字句的语用变化》，《浙江广播电视学院学报》2003 年第 1 期。

［16］陈小文：《现代汉语"给"字句最简探索研究》，《科教文汇》2008 年第 1 期。

［17］陈平：《论现代汉语时间系统的三元结构》，《中国语文》1988 年第 6 期。

［18］陈平：《试论汉语中三种句子成分与语义成分的配位原则》，《中国语文》1994 年第 3 期。

［19］陈静：《把字句主语的语义角色》，《贵州学院学报（社会科学版）》2010 年第 2 期。

［20］成海燕：《周遍性成分在主语、宾语位置上的分布研究》，湖南师范大学硕士学位论文，2008 年。

［21］程工、刘丹青：《汉语的形式与功能研究》，商务印书馆 2009 年版。

［22］程工：《名物化与向心结构理论新探》，《现代外语》1999 年第 2 期。

［23］储泽祥：《"在"的涵盖义与句首处所前"在"的隐现》，《汉语学习》1996 年第 4 期。

［24］储泽祥：《汉语"在+方位短语"里方位词的隐现机制》，《中国语文》2004 年第 2 期。

［25］崔承一：《论"给"字句的结构系列及其意义》，《延边大学学报（社会科学版）》1989 年第 10 期。

［26］崔希亮：《"把"字句的若干句法语义问题》，《世界汉语教学》1995 年第 3 期。

［27］崔希亮：《"在"字结构解析—从动词的语义、配价及论元之关系考察》，《世界汉语教学》1996 年第 3 期。

［28］崔希亮：《试论关联形式"连…也/都…"的多重语言信息》，《世界汉语教学》1990 年第 3 期。

［29］崔希亮：《汉语"连"字句的语用分析》，《中国语文》1993 年第 2 期。

［30］崔希亮：《汉语作为第二语言存现句的研究》，《汉语学习》2007 年第 2 期。

［31］崔勇、陶薇：《把字句的演变轨迹和原因》，《凯里学院学报》2008 年第 2 期。

［32］崔应贤：《现代汉语语法学习与研究入门》，清华大学出版社 2004 年版。

［33］戴浩一：《时间顺序和汉语的语序》，《国外语言学》1988 年第 1 期。

［34］邓小鹏：《试论"把字句"的焦点》，《知识经济》2009 年第 1 期。

［35］邓思颖：《形式句法学》，上海教育出版社 2010 年版。

［36］邓永红：《"在 X 上"格式的多角度考察》，《湖南教育学院学报》1998 年第 6 期。

［37］邓永红：《关于"在+NP+V+NP"句式的分化及其依据》，《湖南教育学院学报》1997 年第 1 期。

［38］丁加勇：《容纳句的数量关系、句法特征及认知解释》，《汉语学报》2006 年第 1 期。

［39］丁声树：《现代汉语语法讲话》，商务印书馆 1961 年版。

［40］丁雪欢：《"连"字句肯定式与否定式之间的互转》，《语文研究》1998 年第 3 期。

［41］董正存：《表达周遍的是"是 X 是 Y"格式》，《殷都学刊》2010 年第 4 期。

［42］董正存：《"完结"义动词表周遍义的演变过程》，《语文研究》2011 年第 2 期。

［43］杜敏：《早期处置式的表现形式及其底蕴》，《陕西师范大学学报（哲学社会科学版）》1996 年第 4 期。

［44］杜林：《汉语"连"字句》，苏州大学 2004 年硕士学位论文。

［45］段朝霞：《含有疑问代词的遍指句》，《新乡师范高等专科学校学报》1999 年第 1 期。

［46］范晓:《汉语句子的多角度研究》,商务印书馆 2009 年版。

［47］范晓:《动词的配价与汉语的把字句》,《中国语文》2001 年第 4 期。

［48］范晓:《介词短语"给 N"的语法意义》,《汉语学习》1987 年第 4 期。

［49］范晓:《试论静态短语和动态短语》,《济宁师专学报》1985 年第 4 期。

［50］范群:《"给"的语法化考察及其在句子中的焦点标记功能》,山西大学硕士学位论文,2005 年。

［51］范继淹:《论介词短语"在+处所"》,《语言研究》1982 年第 2 期。

［52］范颖睿:《现代汉语"把"字句谓语动词的语义特征》,《内蒙古师范大学学报(哲学社会科学版)》2012 年第 3 期。

［53］樊国萍:《"给"字义项的演进过程探索》,《毕节学院学报》2010 年第 7 期。

［54］方立:《逻辑语义学》,北京语言文化大学出版社 2000 年版。

［55］方立:《动态意义理论:逻辑语义学的继续发展》,《语文学刊》2006 年第 12 期。

［56］房战峰:《英汉语"容纳"句的句法语义对比研究》,宁波大学硕士学位论文,2009 年。

［57］冯学东:《时间副词"在"的语法化历程考察》,《宜宾学院学报》2009 年第 1 期。

［58］冯志伟:《现代语言学流派(增订本)》,商务印书馆 2013 年版。

［59］付凤熙:《现代汉语周遍性否定状语辨析》,湖南师范大学硕士学位论文,2014 年。

［60］甘露:《连动句的状语语义指向分析》,《平顶山工学院学报》2008 年第 5 期。

［61］高名凯:《汉语语法论》,商务印书馆 1986 年版。

［62］高顺全:《施事后周遍性受事的句法性质》,《解放军外语学院学报》1995 年第 4 期。

［63］高增霞:《处所动词、处所介词和未完成体标记》;《中国社会科学院研究生院学报》2005 年第 4 期。

［64］[日]高桥弥守彦:《关于"连…也/都…"格式的一些问题》,《第二届国际汉语教学讨论文论文选》,北京语言学院出版社 1987 年版。

［65］[日]高桥弥守彦:《关于介词连,《日本近、现代汉语研究论文选》,北京语言学院出版社 1993 年版。

［66］龚千炎:《汉语时相时制时态》,商务印书馆 1995 年版。

［67］顾嘉闻:《"V+给+NP"多角度研究》,辽宁大学硕士学位论文,2014 年。

［68］顾阳:《双宾语结构》,《共性与个性:汉语语言学中的争议》,北京语言文化大学出版社 1999 年版。

［69］郭风岚:《论副词"在"与"正"的语义特征》,《语言教学与研究》1988 年第 2 期。

［70］郭丽:《试论数量名结构句中的主宾互易现象》,《桂林师范高等专科学校学报》2005 年第 4 期。

［71］郭泉江、罗思明:《容纳句的认知本质与生成机制研究》,《语言理论研究》2011 年

第 4 期。

［72］郭锐:《"把"字句的语义构造和论元结构》,商务印书馆 2003 年版。

［73］郭锐:《衍推和否定》,《世界汉语教学》2006 年第 2 期。

［74］郭燕妮:《致使义把字句的句法语义语用分析》,《汉语学报》2008 年第 1 期。

［75］郭燕妮:《致使义"把"字句的句式语义》,《盐城师范学院学报(人文社会科学版)》2008 年第 3 期。

［76］海柳文:《"给"的发展》,《广西民族学院学报(哲学社会科学版)》1991 年第 2 期。

［77］韩蕾:《谈表比较的"连"字句》,《徐州师范大学学报》1998 年第 1 期。

［78］韩玉国:《"连"字句中"都"与"也"的语义差别》,《暨南大学华文学院学报》2003 年第 1 期。

［79］韩永利:《动词"给"［kei］的来源及其发展演化》,上海师范大学硕士学位论文,2006 年。

［80］韩志刚:《表事物周遍义时"每"与"各"的差异》,郭继懋、郑天刚:《似同实异——汉语近义表达方式的认知语用分析》,中国社会科学出版社 2002 年版。

［81］何元建:《现代汉语生成语法》,北京大学出版社 2011 年版。

［82］何丽香:《基于高等 HSK 作文语料库的韩国学生"在+处所"偏误分析》,南京大学硕士学位论文,2012 年。

［83］赫俐:《副词语义指向自动识别的路径探讨和个案分析》,《武汉大学学报(人文科学版)》2009 年第 4 期。

［84］洪波:《"给"字的语法化》,《南开语言学刊》2004 年第 2 期。

［85］洪波:《"连"字句续貂》,《语言教学与研究》2001 年第 2 期。

［86］侯敏:《"在+处所"的位置与动词的分类》,《求是学刊》1992 年第 6 期。

［87］胡波:《"给予"义给字句紧缩式的句法分析》,《内蒙古农业大学学报(社会科学版)》2010 年第 1 期。

［88］胡盛伦、王健慈:《疑问代词的任指用法及其句式》,《汉语学习》1989 年第 6 期。

［89］胡慧盈:《基于构块语法的现代汉语给字句研究》,安徽大学硕士学位论文,2007 年。

［90］胡裕树:《现代汉语》,上海教育出版社 1962 年版。

［91］胡裕树:《现代汉语》(重订本),上海教育出版社 2011 年版。

［92］胡裕树、范晓:《动词形容词的"名物化"和"名词化"》,《中国语文》1994 年第 2 期。

［93］胡文泽:《也谈"把"字句的语法意义》,《语言研究》2005 年第 2 期。

［94］胡壮麟:《语法化研究若干问题》,《现代汉语》2003 年第 1 期。

［95］黄伯荣、廖序东:《现代汉语(增订四版)》,高等教育出版社 2007 年版。

［96］黄伯荣、廖序东:《现代汉语(增订五版)》,高等教育出版社 2011 年版。

［97］黄诚一:《谈"连"字》,《中国语文》1956 年第 10 期。

［98］黄海军:《现代汉语容纳句的语义关系》,《浙江理工大学学报》2009 年第 3 期。

［99］贾改琴:《述补谓语句的形式语义分析》,《重庆理工大学学院学报(社会科学版)》2013 年第 5 期。

［100］黄晓冬:《"无论 A,都/也 B"句的语义分析》,《汉语学习》2001 年第 5 期。

［101］黄正德:《汉语动词的题元结构与其句法表现》,《语言科学》2007 年第 4 期。

［102］黄正德:《从"他的老师当得好"谈起》,《语言科学》2008 年第 3 期。

［103］贾改琴:《形容词性谓语句的逻辑语义分析》,《重庆理工大学学报(社会科学)》2011 年第 5 期。

［104］贾改琴:《现代汉语时间副词的形式语义研究》,浙江大学博士学位论文,2009 年。

［105］姜有顺:《乌鲁木齐话"给给"结构介词面貌》,《励耕学刊(语言卷)》2006 年第 2 期。

［106］江郁莹:《"给"字句式探索:以台湾华语与新加坡华语的口语语料为例》,《国际汉语学报》2013 年第 1 期。

［107］江悦:《逻辑语义学的形成和发展综述研究》,《天水师范学院学报》2007 年第 5 期。

［108］蒋绍愚:《"给"字句、"教"字句表被动的来源——兼谈语法化、类推和功能扩展》,《语法化与语法研究》,商务印书馆 2002 年版。

［109］蒋绍愚:《词义变化与句法变化》,《苏州大学学报(哲学社会科学版)》2013 年第 1 期。

［110］蒋平:《关于"V 在了 N"格式的类化文题》,《汉语学习》1983 年第 5 期。

［111］蒋严、潘海华:《形式语义学引论》,中国社会科学出版社 2005 年版。

［112］蒋瑾媛:《"V+给"中"给"词性及相关句法结构》,《四川教育学院学报》2004 年第 3 期。

［113］蒋晓玲:《"给"字句在篇章中的使用考察》,浙江师范大学硕士学位论文,2006 年。

［114］金昌吉:《谈动词向介词的虚化》,《汉语学习》1992 年第 2 期。

［115］金立:《汉语句子的逻辑分析》,浙江大学出版社 2011 年版。

［116］金立鑫:《"把 OV 在 L"的语义句法语用分析》,《中国语文》1993 年第 5 期。

［117］金立鑫:《"把"字句的句法、语义、语境特征》,《中国语文》1997 年第 6 期。

［118］金卿、王红阳:《"把"字句中"把"字的词类归属分析、句子推导及其及物性分析》,《现代语文(语言研究版)》2014 年第 3 期。

［119］金荣、沈本秋:《"给"字句及其英语同类句式的句法研究》(下),《通化师范学院学报》2006 年第 3 期。

［120］靳光瑾:《现代汉语动词语义计算理论》,北京大学出版社 2001 年版。

[121] 靳葛:《动态模糊逻辑(DFL)真值域谱理论及应用研究》,苏州大学硕士学位论文,2009年。

[122] 雷涛:《存在句研究纵横谈》,《汉语学习》1993年第2期。

[123] 冷淑梅:《介词短语"在+X"的句法位置及介词"在"的隐现问题考察》,北京语言大学硕士学位论文,2008年。

[124] 黎锦熙:《新著国文语法》,商务印书馆1924年版。

[125] 理查德·蒙太古《形式哲学:理查德·蒙太古论文选》,朱水林、徐国定、王善平(译),上海译文出版社2012年版。

[126] 李航:《双数量结构供用类否定形式可逆句研究》,上海师范大学硕士学位论文,2014年。

[127] 李航:《现代汉语"在"字句的逻辑语义分析》,四川师范大学硕士学位论文,2016年。

[128] 李虹:《周遍性成分的"施事性"与动词前位置》,《第五届现代汉语虚词研究与对外汉语教学学术研讨会论文集》2012年。

[129] 李丽丽:《从"三个平面"角度对"一锅饭吃十个人"的分析》,《文教资料》2013年第32期。

[130] 李可胜:《语言学中的形式语义学》,《中国社会科学院研究生院学报》2009年第2期。

[131] 李琳珈、刘海燕:《现代汉语部分"有"字比较句的逻辑语义分析》,《重庆理工大学学报(社会科学)》2015年第7期。

[132] 李林珈:《汉语"有/没有"式比较句的逻辑语义分析》,四川师范大学硕士学位论文,2015年。

[133] 李鹤:《三个平面视角下的"在"字句研究》,辽宁师范大学硕士学位论文,2012年。

[134] 李临定:《介词短语使用漫谈》,《语言教学与研究》1985年第3期。

[135] 李临定:《现代汉语句型》,商务印书馆1986年版。

[136] 李临定:《施事、受事和句法分析》,《语文研究》1984年第4期。

[137] 李临定、范方莲:《试论表"每"的数量结构对应式》,《中国语文》1960年第11期。

[138] 李宁、王小珊:《"把"字句的语用功能调查》,《汉语学习》2001年第1期。

[139] 李金满:《周遍性成分的句法身份》,潘悟云、陆丙甫:《东方语言学》(第1辑),上海教育出版社2006年版。

[140] 李金满:《话题跟主语和题语》,《现代外语》2006年第3期。

[141] 李彦凤:《周遍性双项名词中受事成分前移问题》,《语言研究》2014年第5期。

[142] 李彦亲:《关于"给"及其相关句式的思考》,天津师范大学硕士学位论文,2012年。

[143] 李静：《"把"字句状语的多维考察》，四川大学硕士学位论文，2004年。

[144] 李静远：《谈"连"字》，《语文知识》1957年第12期。

[145] 李敏：《现代汉语主宾可互易句的考察》，《语言教学与研究》1998年第4期。

[146] 李赓均：《试说"双数量结构"》，《第二届国际汉语教学讨论会论文选》，北京语言学院出版社1987年版，第284—288页。

[147] 李宇明：《存现结构中的主宾互易现象研究》，《语言研究》1987年第2期。

[148] 李宇明：《论数量词语的复叠》，《汉语研究》1998年第1期。

[149] 李宇明：《汉语量范畴研究》，华中师范大学出版社2000年版。

[150] 李宗江：《关于语法化的并存原则》，《语言研究》2002年第4期。

[151] 李子云：《"把OV在L"句的语义及"在LVO"的句字变换》，《安庆师院社会科学学报》1997年第3期。

[152] 梁永红：《"连X也/都VP"结构的三个平面分析》，《语言应用研究》2008年第6期。

[153] 廖斯吉：《试谈关联词语"连……也/都……"的功用》，《西北师大学报（社会科学版）》1984年第4期。

[154] 廖斯吉：《再谈关联词语"连……也/都……"的功用》，《西北师大学报（社会科学版）》1987年第1期。

[155] 林祥媚：《代词》，上海教育社出版1984年版。

[156] 林忠：《"把"字句中"把"宾语的篇章功能考察》，《贺州学院学报》2009年第4期。

[157] 刘丹青：《语序类型学与介词理论》，商务印书馆2004年版。

[158] 刘丹青：《作为典型构式句的非典型"连"字句》，《语言教学与研究》2005年第4期。

[159] 刘丹青：《语法化中的更新、强化与叠加》，《语言研究》2001年第2期。

[160] 刘丹青、徐烈炯：《焦点与背景、话题及汉语"连"字句》，《中国语文》1998年第4期。

[161] 刘海燕：《现代汉语连动句的逻辑语义分析》，四川人民出版社2008年版。

[162] 刘海燕、邹崇理：《类型逻辑语法竖线算子的推广》，《哲学动态》2011年第2期。

[163] 刘坚、曹广顺、吴福祥：《论诱发汉语词汇语法化的若干因素》，《中国语文》1995年第3期。

[164] 刘亮：《现代汉语轻动词体系研究》，华东师范大学博十学位论文，2015年。

[165] 刘培玉：《"把"字句主语新论》，《黄淮学刊（哲学社会科学版）》1998年第1期。

[166] 刘培玉：《把字句的句法、语义和语用分析》，《华中师范大学学报（人文社会科学版）》2002年第5期。

[167] 刘鹏：《周遍性重复现象》，《三峡大学学报（人文社会科学版）》2012年第2期。

[168] 刘钦荣：《关于"把"字句中否定词的位置》，《湖北工程学院学报》2014年第

2 期。

［169］刘宁生:《句首介词结构"在……"语义指向》。《汉语学习》1984 年第 2 期。

［170］刘宁生:《汉语怎样表达物体的空间关系》,《中国语文》1994 年第 3 期。

［171］刘宁生:《汉语偏正结构的认知基础及其在语序类型学上的意义》,《中国语文》1995 年第 2 期。

［172］刘永华:《"V 给"格式中"给"的词性》,《天中学刊》2003 年第 12 期。

［173］刘永红:《现代汉语转折复句的逻辑语义分析》,广西师范大学硕士学位论文,2000 年。

［174］刘永耕:《动词"给"语法化过程的义素传承及相关问题》,《中国语文》2005 年第 2 期。

［175］刘月华:《实用现代汉语语法》,外语教学与研究出版社 1983 年版。

［176］刘顺:《说"连…也/都…"格式中的"连"》,《绥化师专学报(社会科学版)》1991 年第 2 期。

［177］刘鑫民:《现代汉语生成问题研究》,华东师范大学出版社 2004 年版。

［178］刘一之:《"把"字句的语用、语法限制及语义解释》,《语法研究和探索》(十),商务印书馆 2000 年版。

［179］刘焱:《现代汉语比较范畴的语义认知基础》,学林出版社 2004 年版。

［180］刘英:《现代汉语同动式连谓结构研究》,上海师范大学硕士学位论文,2007 年。

［181］卢秋蓉:《现代汉语存现句的形式语义分析》,四川师范大学硕士学位论文,2014 年。

［182］卢素琴:《疑问代词"什么"的特殊用法分析》,《佛山科学技术学院学报(社会科学版)》2005 年第 3 期。

［183］卢英顺:《把字句的配价及相关问题》,《语言科学》2003 年第 2 期。

［184］卢英顺:《语义指向漫谈》,《世界汉语教学》1995 年第 3 期。

［185］陆丙甫:《试论"周遍性"成分的状语性》,徐烈炯、刘丹青:《话题与焦点新论》,上海教育出版社 2003 年版。

［186］陆俭明:《周遍性主语句及其他》,《中国语文》1986 年第 3 期。

［187］陆俭明:《汉语语法语义研究新探索(2000—2010 演讲集)》,商务印书馆 2010 年版。

［188］陆俭明:《现代汉语语法研究教程(修订版)》,北京大学出版社 2011 年版。

［189］陆俭明:《再论构式语块分析法》,《语言研究》2011 年第 2 期。

［190］陆俭明:《现代汉语语法教程》,北京大学出版社 2003 年版。

［191］陆俭明:《"句式语法"理论与汉语研究》,《中国语文》2004 年第 5 期。

［192］陆俭明:《现代汉语语法研究教程》(第三版),北京大学出版社 2005 年版。

［193］陆俭明、沈阳:《汉语和汉语研究十五讲》,北京大学出版社 2004 年版。

［194］陆俭明:《说量度形容词》,《语言教学与研究》1989 年第 3 期。

［195］陆俭明:《从语言信息结构视角重新认识"把"字句》,《语言教学与研究》2016年第1期。

［196］陆俭明:《再谈"吃了他三个苹果"一类结构的性质》,《中国语文》2002年第4期。

［197］陆俭明:《关于语义指向分析》,《当代中国语言学》1996年第1期。

［198］鹿钦佞:《疑问代词"什么"的非疑问用法研究现状与前瞻》,《通化师范学院学报》2005年第3期。

［199］鹿荣:《现代汉语供用——益得类可逆句式研究》,上海师范大学博士学位论文,2006年。

［200］鹿荣:《现代汉语可逆句式研究概观》,《汉语学习》2008年第1期。

［201］鹿荣:《"一锅饭吃十个人。"合法性的认知语义解释——"受事+V+施事"格式供用句的可逆分析》,《第四届现代汉语虚词研究与对外汉语教学学术研讨会论文集》,济南大学文学院2010年版。

［202］鹿荣、齐沪扬:《供用句的语义特点及可逆动因》,《世界汉语教学》2010年第4期。

［203］鹿荣:《原型供用句句法可逆的语义制约》,《北方论丛》2010年第5期。

［204］栾育青:《两种"给"字句在语用上的不同》,《语言与文化研究》2008年第2期。

［205］栾育青:《两种"给"字句移位现象的比较分析》,《现代语文》2009年第8期。

［206］吕文华:《试论句首短语"在+处所"》,《语法研究和探索》1997年第8期。

［207］吕叔湘:《中国文法要略》,商务印书馆1982年版。

［208］吕叔湘:《现代汉语八百词(增订本)》,商务印书馆1999年版。

［209］吕叔湘、朱德熙:《"语法修辞讲话"习题解答——第四讲 结构》,《语文学习》1952年第5期。

［210］龙青然:《供动句浅析》,《思维与智慧》1988年第4期。

［211］马汉麟:《论两面性动词(语法笔记之一)》,《南开大学学报》1955年第1期。

［212］马建忠:《马氏文通》,商务印书馆1983年版。

［213］马永利:《"把字句"的介引成分分析》,《辽宁教育行政学院学报》2007年第8期。

［214］马庆株:《现代汉语的双宾语构造》,《语言学论丛(第10辑)》,商务印书馆1983年版。

［215］马贝加:《近代汉语介词》,中华书局2002年版。

［216］马贝加:《在汉语历时分析中如何区分动词和介词》,《中国语文》2003年第1期。

［217］马清华:《汉语语法化问题的研究》,《语言研究》2003年第2期。

［218］马影:《助词"给"的发展变化研析》,湖北大学硕士学位论文,2012年。

［219］马真:《说"也"》,《中国语文》1982年第4期。

［220］马真:《现代汉语虚词研究方法论》,商务印书馆 2007 年版。

［221］马真:《简明实用汉语语法教程(第二版)》,北京大学出版社 2015 年版。

［222］麦子茵:《介词"在"的隐现研究》,北京大学硕士学位论文,2007 年。

［223］梅祖麟:《介词"于"在甲骨文和汉藏语里的起源》,《中国语文》2004 年第 2 期。

［224］孟万春:《"在"字句的语用价值和特点》,《殷都学刊》2006 年第 4 期。

［225］孟艳丽:《"把"字句语义结构分析》,《解放军外语学院学报》1998 年第 6 期。

［226］孟艳丽:《也论"把"字句的主题和焦点》,《解放军外语学院学报》2000 年第 3 期。

［227］孟琮:《汉语动词用法词典》,商务印书馆 1999 年版。

［228］苗涛:《与被动式有关的"给"字句之我见》,《时代文学(下半月)》2009 年第 10 期。

［229］木村英树:《北京话"给"字句扩展为被动句的语义动因》,《汉语学报》2005 年第 2 期。

［230］倪宝元、林士明:《说"连"》,《杭州大学学报》1979 年第 3 期。

［231］宁文忠:《"把"字句的语义特征及语用价值——现代汉语特殊句式辨析之三》,《甘肃高师学报》2003 年第 3 期。

［232］牛保义:《构式语法理论研究》,上海外语教育出版社 2011 年版。

［233］牛保义:《"把"字句语义建构的动因研究》,《现代外语》2008 年第 2 期。

［234］彭家法:《形式语义学历史渊源和理论框架》,《安徽大学学报(哲社版)》2004 年第 4 期。

［235］彭家法:《当代形式语义学的争鸣与进展》,《外语学刊》2005 年第 3 期。

［236］齐沪扬:《表示静态位置的状态"在"字句》,《汉语学习》1999 年第 2 期。

［237］齐沪扬:《"N 十在十处所+V"句式语义特征分析》,《汉语学习》1994 年第 6 期。

［238］齐沪扬:《动作"在"字句的语义、句法、语用分析》,《上海师范大学学报》1998 年第 2 期。

［239］齐沪扬:《现代汉语现实空间的认知研究》,商务印书馆 2014 年版。

［240］齐沪扬:《现代汉语的空间系统》,《世界汉语教学》1998 年第 1 期。

［241］钱伟、彭建国:《"给"［kei］词义的演变》,《青岛大学师范学院学报》2008 年第 2 期。

［242］［美］乔姆斯基著,周流溪、林书武、沈家煊译:《支配与约束论集——比萨学术演讲》,中国社会科学院出版社。

［243］乔石豪:《语气副词"都"的来源及语法化过程中》,《周口师范学院学报》2007 年第 6 期。

［244］饶贵平、余梅:《先秦汉语"在"的词性、功能发展》,《唐山师范学院学报》2010 年第 5 期。

［245］任鹰:《主宾可换位供用句的语义条件分析》,《汉语学习》1999 年第 3 期。

［246］任鹰:《现代汉语非受事宾语研究》,社会科学文献出版社 2005 年版。

［247］任永辉:《宝鸡方言的"给"字句》,《咸阳师范学院学报》2010 年第 3 期。

［248］杉村博文:《现代汉语"疑问代词+也/都……"结构的语义分析》,《世界汉语教学》1992 年第 3 期。

［249］邵敬敏、赵秀凤:《"什么"非疑问用法研究》,《语言教育与研究》1989 年第 1 期。

［250］邵敬敏:《关于"在黑板上写字"句式变换的若干问题》,《语言教学与研究》1982 年第 3 期。

［251］邵敬敏:《"连 A 也/都 B"框式结构及其框式化特点》,《语言科学》2008 年第 4 期。

［252］邵敬敏、赵春利:《"致使把字句"和"省隐被字句"及其语用解释》,《汉语学习》2005 年第 4 期。

［253］史有为:《话题、协同化及话题性》,《语言科学》2005 年第 3 期。

［254］申敬善:《现代汉语"在"字句研究》,复旦大学博士学位论文,2006 年。

［255］申向阳:《九寨沟方言"把"字句及"给"字句研究》,《阿坝师专学报》2008 年第 1 期。

［256］沈本秋:《"给"字句及其英语同类句式语义研究》,《广州大学学报(社会科学版)》2004 年第 7 期。

［257］沈家煊:《不对称和标记论》,江西教育出版社 2006 年版。

［258］沈家煊:《"语法化"研究纵贯》,《外语教学与研究》1994 年第 4 期。

［259］沈家煊:《如何处置"处置式"? ——论把字句的主观性》,《中国语文》2002 年第 5 期。

［260］沈家煊:《"有界"与"无界"》,《中国语文》1996 年第 2 期。

［261］沈家煊:《实词虚化的机制》——《演化而来的语法》评介,《当代语言学》1998 年第 3 期。

［262］沈家煊:《"在"字句和"给"字句》,《中国语文》1999 年第 2 期。

［263］沈阳:《现代汉语空语类研究》,山东教育出版社 1994 年版。

［264］沈阳:《数量词在名词短语移位结构中的作用与特点》,《世界汉语教学》1995 年第 1 期。

［265］沈阳、何元建、顾阳:《生成语法理论与汉语语法研究》,黑龙江教育出版社 2001 年版。

［266］沈阳、司马翎:《句法结构标记"给"与动词结构衍生关系》,《中国语文》2010 年第 3 期。

［267］沈明:《太原话的"给"字句》,《方言》2002 年第 2 期。

［268］沈开木:《"表示强调"的"连"字所涉及的形式同内容的矛盾》,《语法研究和探索》,北京大学出版社 1988 年版。

［269］沈星怡:《主谓短语前的"在+处所"》,《语文学习》1984 年第 1 期。

［270］施关淦:《关于"在+Np+V+N"句式的分化问题》,《中国语文》1980 年第 6 期。

［271］施关淦:《"给"的词性及与此相关的某些语法现象》,《语文研究》1981 年第 2 期。

［272］石安石:《语义研究》,语文出版社 1994 年版。

［273］石毓智:《时间的一维性对介词衍生的影响》,《中国语文》1995 年第 1 期。

［274］石毓智:《汉语的认知语义基础》,江西教育出版社 2000 年版。

［275］石毓智:《汉语语法化的历程》,北京大学出版社 2001 年版。

［276］石毓智:《肯定和否定的对称与不对称》,北京大学出版社 2001 年版。

［277］石毓智:《兼表被动和处置的"给"的语法化》,《世界语文教学》2004 年第 3 期。

［278］史有为:《主语后停顿与话题》,《中国语言学报》1995 年第 5 期。

［279］束定芳:《认知语义学》,上海外语教育出版社 2008 年版。

［280］宋东明:《现代汉语同动式的逻辑语义分析》,《重庆理工大学学院学报(社会科学版)》2017 年第 6 期。

［281］宋东明:《现代汉语同动式的形式语义分析》,四川师范大学硕士学位论文,2017 年。

［282］宋静:《汉语"给"字句的逻辑语义分析》,四川师范大学硕士学位论文,2016 年。

［283］宋真喜:《"在"介词短语的连用》,《汉语学习》1999 年第 5 期。

［284］宋玉柱:《"处置"新解——略谈"把"字句的语法作用》,《天津师院学报》1979 年第 3 期。

［285］宋玉柱:《"把"字句、"对"字句、"连"字句的比较研究》,《现代汉语语法论集》,北京语言学院出版社 1981 年版。

［286］宋玉柱:《现代汉语语法十讲》,南开大学出版社 1986 年版。

［287］宋玉柱:《现代汉语语法基本知识》,语文出版社 1992 年版。

［288］宋玉柱:《"连"字是介词吗》,《河南师大学报》1980 年第 3 期。

［289］苏培成:《有关副词"都"的两个问题》,北京大学中文系语言学论丛编委会,《语言学论丛(第 13 辑)》,商务印书馆 1984 年版。

［290］苏韦:《小议"给"的语义虚化》,《现代语文》2012 年第 11 期。

［291］孙立新:《户县方言的"给"字句》,《南开语言学刊》2007 年第 1 期。

［292］孙露丹:《"得"字主谓补语句与"把"字句的转换关系——兼论带"得"把字句的句法语义特征》,《现代汉语(语言研究版)》2012 年第 1 期。

［293］汤廷池:《国语疑问句研究》,《湖州师范学院学报》1981 年第 26 期。

［294］谭傲霜:《汉语虚词隐现的制约因素》,《世界汉语教学》1999 年第 2 期。

［295］陶婵:《"给"表处置、被动现象研究》,上海师范大学硕士学位论文,2010 年。

［296］宛新政:《现代汉语致使句研究》,浙江大学出版社 2005 年版。

［297］汪昌松,《靳玮:句法——音系接口视阈下的容纳句研究》,《语言教学与研究》2016 年第 6 期。

［298］王葆华：《同动式论略》，《安徽师范大学学报（人文社会科学版）》1999 年第 3 期。

［299］王灿龙：《"连"字句的焦点与相关的语用问题》，《中国语文》创刊 50 周年国际学术研讨会论文，2004 年。

［300］王红旗：《"把"字句的意义究竟是什么》，《语文研究》2003 年第 2 期。

［301］王还：《"把"字句和"被"字句》，上海教育出版社 1984 年版。

［302］王还：《再说说"在"》，《语言教学与研究》1980 年第 3 期。

［303］王健：《"给"字句表处置的来源》，《语文研究》2004 年第 4 期。

［304］王乐：《河南罗山方言的"给给"》，《语文研究》2008 年第 2 期。

［305］王力：《中国现代语法》（下册），商务印书馆 1985 年版。

［306］王璐璐、袁毓林：《述结式与"把"字句的构式意义互动研究》，《语言教学与研究》2016 年第 3 期。

［307］王麦巧：《试析可逆句的语义模型及主宾可换位的原因》，《渭南师范学院学报》2011 年第 1 期。

［308］王美艳：《对外汉语教学中的"给"字句研究》，山东师范大学硕士学位论文，2013 年。

［309］王宁婕：《现代汉语"给我+XP"构式的考察与研究》，上海师范大学硕士学位论文，2012 年。

［310］王淑华：《常用"给"字句的语义解释》，《安徽农业大学学报（社会科学版）》2014 年第 5 期。

［311］王淑清：《现代汉语数量结构对应句的考察》，安徽师范大学硕士毕业论文，2006 年。

［312］王松茂等：《汉语代词例解》，书目文献出版社 1983 年版。

［313］王维贤等译：《语言学中的逻辑》，北京大学出版社，2009。

［314］王维贤等著：《语言逻辑引论》，武汉：湖北教育出版社，1989。

［315］王雯怡、罗思明：《从"VP 壳"视角下分析汉语容纳句 NP1+V+NP2》，《语言本体研究》2015 年第 6 期。

［316］王小穹：《疑问代词语义范畴研究》，华中科技大学 2012 年版。

［317］王一平：《介词短语"在+处所"前置、中置和后置的条件和限制》，《语文建设》1999 年第 5 期。

［318］王宇：《现代汉语任指范畴研究》，东北师范大学 2017 年版。

［319］王玉丽：《周遍性主语与副词"都/也"的关系》，《语言应用研究》2008 年第 3 期。

［320］王远明：《也说"连"字句的语用功能》，《乐山师范学院学报》2008 年第 2 期。

［321］吴春生：《现代汉语疑问句的语义与逻辑分析》，《河西学院学报》2008 年第 4 期。

［322］吴念阳：《现代汉语心理空间的认知研究》，商务印书馆 2014 年版。

［323］吴平：《汉语部分句式的形式语义分析》，北京语言大学博士学位论文，2005 年。

［324］吴平：《汉语量化句的逻辑语义分析与计算》，《湖南科技大学学报（社会科学版）》2007 年第 1 期。

［325］吴平：《句式语义的形式分析与计算》，北京语言大学出版社 2007 年版。

［326］吴平：《试论事件语义学的研究方法》，《外语与外语教学》2007 年第 4 期。

［327］吴平：《汉语特殊句式的事件语义分析与计算》，中国社会科学出版社 2009 年版。

［328］吴建伟、张晓辉：《致使运动事件"把"字句构式的句法语义》，《华东理工大学学报（社会科学版）》2010 年第 1 期。

［329］吴福祥：《敦煌变文 12 种语法研究》，河南大学出版社 2004 年版。

［330］吴福祥：《汉语语法化研究的当前课题》，《语言科学》2005 年第 2 期。

［331］吴福祥：《汉语历史语法研究的目标》，《古汉语研究》2005 年第 2 期。

［332］武玉芳：《晋北方言中的"给给"》，《山西师大学报（社会科学版）》2012 年第 2 期。

［333］奚菁颖：《从句法\语义的界面出发论汉语的把字句》，上海外国语大学硕士学位论文，2004 年。

［334］席留生：《"把"字句的认知研究》，河南大学博士学位论文，2008 年。

［335］夏年喜：《从 DRT 与 SDRT 看照应关系的逻辑解释》，《重庆理工大学学报（社会科学）》2010 年第 7 期。

［336］谢晓明：《"给"字句被动义实现的制约因素》，《语文研究》2010 年第 2 期。

［337］谢应光：《语言研究中的离散性和连续性概念》，《重庆师范大学学报》2008 年第 2 期。

［338］邢福义：《汉语语法学》，东北师范大学出版社 1996 年版。

［339］邢福义：《汉语复句研究》，商务印书馆 2001 年版。

［340］邢福义：《反逆句式》，《中国语文》1986 年第 1 期。

［341］邢公畹：《现代汉语教程》，南开大学出版社 1994 年版。

［342］邢志群：《汉语动词语法化的机制》，《语言文字学》2003 年第 2 期。

［243］熊文：《"都"在周遍性主语句中的隐显问题》，《语言应用研究》2007 年第 6 期。

［344］熊仲儒：《当代语法学教程》，北京大学出版社 2013 年版。

［345］熊仲儒：《动结式的致事选择，《安徽师范大学学报》2004 年第 4 期。

［346］熊仲儒：《汉语的被动范畴"给"》，《外语学刊》2006 年第 2 期。

［347］熊文菊：《"给"字句的构句机制及情景语义分析》，《现代文》2011 年第 7 期。

［348］徐春秀：《谈对外汉语教学中的"连"字句》，《科技信息》2007 年第 33 期。

［349］徐峰：《"把 NP 一 V"的句法、语义和语用功能》，《汉语学习》2014 年第 4 期。

［350］徐复岭：《连动短语前状语的语义指向》，《汉语学习》1986 年第 3 期。

［351］徐杰、李英哲：《焦点和两个非线性语法范畴："否定""疑问"》，《中国语文》1993

年第 2 期。

[352] 徐杰：《"打碎了他四个杯子"与约束原则》，《中国语文》1999 年第 3 期。

[353] 徐洁：《语义指向研究综述》，《南阳师院学报》2008 年第 10 期。

[354] 徐烈炯等：《共性与个性》，北京语言文化大学出版社 1999 年版。

[355] 徐烈炯、刘丹青：《话题的结构与功能（增订本）》，上海教育出版社 2007 版。

[356] 徐颂列：《表总括的"都"的语义分析》，《语言教学与研究》1993 年第 4 期。

[357] 徐通锵：《语言论》，东北师范大学出版社 1997 年版。

[358] 徐文君：《包含被字结构的把字句探析》，《山东理工大学学报（社会科学版）》2013 年第 3 期。

[359] 闫克：《南阳方言"给"字句》，《郑州航空工业管理学院学报（社科版）》2013 年第 3 期。

[360] 延俊荣：《山西平定方言"给给"的使用条件》，《语文研究》2006 年第 3 期。

[361] 杨彬：《现代汉语数量表达问题的几点思考》，《语文建设》2013 年第 11 期。

[362] 杨蔚：《"连"字句的话语分析》，《华南理工大学学报（社会科学版）》2001 年第 1 期。

[363] 杨凯荣：《"疑问代词十也/都+P"的肯定与否定》，徐烈炯、邵敬敏：《汉语语法研究的新拓展（一）—21 世纪首届现代汉语语法国际研讨会论文集》，浙江教育出版社 2002 年版。

[364] 杨啸：《清代"给"字句考察——兼论表被动"给"字句的起源》，上海师范大学硕士学位论文，2003 年。

[365] 叶川：《"连 X 都 VP"与"连 X 也 VP"表情达意语用比较》，《南昌高专学报》2004 年第 2 期。

[366] 叶狂、潘海华：《把字句中"给"的句法性质研究》，《外语教学与研究》2014 年第 5 期。

[367] 叶力裴：《现代汉语典型"连"字句的形式语义分析》，四川师范大学硕士学位论文，2015 年。

[368] 叶向阳：《"把"字句的致使性解释》，《世界汉语教学》2004 年第 2 期。

[369] 易红：《"一锅饭吃十个人"与中动结构》，《湖北民族学院学报》2013 年第 4 期。

[370] 易洪川：《武汉话"给给他"探源及其他》，《语文建设》1988 年第 1 期。

[371] 尹绪熙：《介词"连"小议》，《汉语学习》1982 年第 1 期。

[372] 于冰婷：《双数量结构的多角度研究，广西师范大学硕士学位论文》2014 年。

[373] 俞咏梅：《论"在+处所"的语义功能和语序制约原则》，《中国语文》1999 年第 1 期。

[374] 俞光中：《"V 在 NL"的分析及其来源献疑》，《语文研究》1987 年第 3 期。

[375] 喻遂生：《甲骨文"在"字介词用法例证》，《古汉语研究》2002 年第 6 期。

[376] 袁策通：《疑问代词的指称》，《徐州师范大学学报（哲学社会科学版）》2003 年第

4 期。

［377］袁芳:《汉语复杂双宾结构的生成研究》,《解放军外国语学院学报》2010 年第 3 期。

［378］袁嘉:《外国学生习得汉语任指范畴的难易度探析》,《教汉语学习》2011 年第 4 期。

［379］袁莉容:《对两种周遍句及其相应的肯定式与否定式的语义思考》,《宜宾学院学报》2006 年第 1 期。

［241］谢永玲:《也说"连"的词性》,《北京印刷学院学报》2002 年第 3 期。

［380］袁毓林:《词类范畴的家族相似性》,《中国社会科学》1995 年第 1 期。

［381］袁毓林:《论元角色的层级关系与语义特征》,《世界汉语教学》2002 年第 3 期。

［382］袁毓林:《一套汉语动词论元角色的语法指标》,《世界汉语教学》2003 年第 3 期。

［383］袁毓林:《"都、也"在"WH+都/也+VP"中的语义贡献》,《语言科学》2004 年第 5 期。

［384］袁毓林:《试析"连"字句的信息结构特点》,《语言科学》2006 年第 2 期。

［385］袁毓林:《汉语句子的焦点结构和语义解释》,商务印书馆 2012 年版。

［386］袁毓林:《语言的认知研究和计算分析》,商务印书馆 2014 年版。

［387］曾超华:《主宾易位句探析》,暨南大学硕士学位论文,2006 年。

［388］曾莉:《基于事件语义学汉语双宾语句分析》,《南昌大学学报(人文社会科学版)》2010 年第 3 期。

［389］张伯江、方梅:《汉语功能语法研究》,江西教育出版社 1996 年版。

［390］张伯江:《论"把"字句的句式语义》,《语言研究》2000 年第 1 期。

［391］张和友:《差比句否定形式的语义特征及其语用解释》,《汉语学习》2002 年第 5 期。

［392］张继平:《古汉语语法研究中的周遍性问题浅论》,《淮阴师范学院学报》1999 年第 3 期。

［393］张建理、叶华:《汉语双数量词构式研究》,《浙江大学学报》2009 年第 3 期。

［394］张洁:《用构式语法分析汉语的存现句和容纳句》,《西安社会科学》2010 年第 6 期。

［395］张静:《论汉语副词的范围》,《中国语文》1961 年第 8 期。

［396］张磊:《"给-VP"结构的事件语义分析》,《鲁东大学学报(哲学社会科学版)》2014 年第 4 期。

［397］张利明:《现代汉语可逆式双数量结构研究》,华中师范大学硕士毕业论文,2009 年。

［398］张友建:《"连"字是助词》,《中国语文》1957 年第 6 期。

［399］张恒:《开封话的"给"与"给"字句》,河南大学硕士学位论文,2007 年。

［400］张建:《现代汉语双宾句的典型性研究》,华中师范大学博士学位论文,2007 年。

［401］张劼:《普通语副词"在"源流考辨》,《语言教学与研究》2011 年第 1 期。

［402］张国宪:《"在+处所"构式的动词标量取值其及意义浮现》,《中国语文》2009 年第 4 期。

［403］张国宪、卢建:《"在+处所"状态构式的事件表述和语篇功能》,《中国语文》2010 年第 6 期。

［404］张涵蕾:《"把"字句中"把"的隐现分析》,《现代语文(语言研究版)》2015 年第 7 期。

［405］张济卿:《有关"把"字句的若干验证与探索》,《语文研究》2000 年第 1 期。

［406］张旺熹:《"把"字结构的语义及其语用分析》,《语言教学与研究》1991 年第 3 期。

［407］张旺熹:《连字句的序位框架及其对条件成分的映现》,《汉语学习》2005 年第 2 期。

［408］张旺熹:《汉语句法结构隐形量微探》,北京语言大学出版社。

［409］张旺熹:《张旺熹汉语论文集》,北京语言大学出版社 2012 年版。

［410］张维:《现代汉语"把"字句的逻辑语义分析》,四川师范大学 2017 年版。

［411］张怡春:《也说周遍性构式中的"都"和"也"》,《汉语学习》2011 年第 4 期。

［412］张谊生:《现代汉语副词研究》,学林出版社 2000 年版。

［413］张谊生:《论与汉语副词相关的虚化机制》,《中国语文》2000 年第 1 期。

［414］张谊生:《现代汉语》,中国人民大学出版社 2013 年版。

［415］张颖:《对复谓结构中"引陪式"的再认识》,《北京大学学报(国内访问学者、进修教师论文专刊)》2003 年第 1 期。

［416］张颖:《"引陪"义动词的句法格式和语义表达》,《燕山大学学报》2006 年第 4 期。

［417］张勇:《论连谓兼语融合句的分类》,《辽宁大学学报》1999 年第 3 期。

［418］张亚军:《时间副词"正"、"正在"、"在"及其虚化过程》,《上海师范大学学报》2002 年第 5 期。

［419］张尹琼:《疑问代词的非疑问用法》,复旦大学博士学位论文,2005 年。

［420］赵春利、石定栩:《"NP1+在 NP2+V+NP3"歧义研究》,《语文研究》2012 年第 4 期。

［421］赵元任:《汉语口语语法》,商务印书馆 1979 年版。

［422］赵秋篱:《从英汉对比的角度考察"在"字短语》,北京语言大学硕士学位论文,2008 年。

［423］赵志清:《基于言语行为理论的"把"字句研究》,北京大学博士学位论文,2012 年。

［424］赵宏:《"把"字句的语用分析》,《贵州民族学院学报(哲学社会科学版)》2005

年第 4 期。

[425] 赵万勋:《"把"字句的篇章依赖性及教学应用》,《宁夏大学学报(人文社会科学版)》2014 年第 5 期。

[426] 赵金色:《"把"字句句法—语义研究》,《内蒙古大学学报(哲学社会科学版)》2010 年第 2 期。

[427] 郑东珍:《〈醒世姻缘传〉"给"字句研究》,华东师范大学硕士学位论文,2004 年。

[428] 郑伟娜:《汉语把字句的及物性分析》,《语言教学与研究》2012 年第 1 期。

[429] 郑瑜:《轻动词理论及其在汉语中的句法功能解析》,《现代语文》2013 年第 10 期。

[430] (日)志村良治著,江蓝生、白维国译:《中国中世语法史研究》,中华书局 1995 年版。

[431] 钟华:《"连"字句中"连"后 NP 的焦点性质探析》,《中国语言应用研究》2006 年第 1 期。

[432] 钟敏:《现代汉语供用句研究》,华东师范大学硕士学位论文,2008 年。

[433] 周国光:《动词"给"的词汇意义和语法意义的发展》,《安徽师大学报》1995 年第 1 期。

[434] 周红:《现代汉语"给"字句语义类型与语义特征》,《宁夏大学学报(人文社会科学版)》2007 年第 3 期。

[435] 周红:《动词"给"的语法化历程》,《殷都学刊》2009 年第 4 期。

[436] 周红:《现代汉语"给"字句研究综述》,《玉林师范学院学报(哲学社会科学版)》2010 年第 3 期。

[437] 周红:《"给"的语义演变过程及其对外汉语教学》,《云南师范大学学报(对外汉语教学与研究版)》2010 年第 5 期。

[438] 周守晋:《"连…也/都…"格式补议》,《第七届国际汉语教学讨论会论文选》,北京大学出版社 2004 年版。

[439] 周长银:《现代汉语"给"字句的生成句法研究》,《当代语言学》2000 年第 3 期。

[440] 周磊:《乌鲁木齐话"给"字句研究》,《方言》2002 年第 1 期。

[441] 周礼全:《逻辑—正确思维和有效交际的理论》,人民出版社 1994 年版。

[442] 周韧:《"全"的整体语义特征及其句法后果》,《中国语文》2011 年第 2 期。

[443] 周韧:《从供用句到功用句——"一锅饭吃十个人"的物性结构解读》,《世界汉语教学》2017 年第 2 期。

[444] 周小兵:《汉语连字句》,《中国语文》,1990 年第 4 期。

[445] 朱德熙:《语法讲义》,商务印书馆 1982 年版。

[446] 朱德熙:《语法答问》,商务印书馆 1985 年版。

[447] 朱德熙:《与动词"给"相关的句法问题》,《方言》1979 年第 2 期。

[448] 朱德熙:《汉语句法里的歧义现象》,《中国语文》1980 年第 2 期。

［449］朱德熙:《"在黑板上写字"及其相关句式》,《语言教学与研究》1981 年第 1 期。

［451］朱水林:《逻辑语义学研究》,上海教育出版社 1992 年版。

［452］宗丽:《"VO 在 L''格式中的动词语》,《华中师范大学学报》1999 年第 5 期。

［453］邹崇理:《逻辑,语言和蒙太格语》,社会科学文献出版社 1996 年版。

［454］邹崇理:《自然语言逻辑研究》,北京大学出版社 2000 年版。

［461］邹崇理:《自然语言逻辑的多元化发展及对信息科学的影响》,《哲学研究》2001 年第 1 期。

［455］邹崇理:《逻辑、语言和信息:逻辑语法研究》,人民出版社 2002 年版。

［456］邹崇理:《论形式语义学》,《重庆工学院学报(社会科学版)》2007 年第 11 期。

［457］邹崇理:《范畴类型逻辑》,中国社会科学出版社 2008 年版。

［458］邹海清:《供用句的非动态性特征与句式语义》,《乐山师范学院学报》2004 年第 11 期。

［459］Davidson,D. *The logical form of action sentences*,Pittsburgh: University of Pittsburgh Press,1967.

［460］Dowty,D. *Studies in the Logic of Verb Aspect and Time Reference in English*,Doctoral Dissertation,University of Texas at Austin,1972.

［461］Dowty,D. "Thematic Proto-Roles and Argument Selection",*Language*,1991(67), pp. 547-619.

［462］Erlewine,M. Y. *A New Syntax-Semantics for the Mandarin bi Comparative*, Doctoral Dissertation,University of Chicago,2007.

［463］Fillmore,C. "Types of lexical information",in D. Steinberg & L. Jakobovits(eds.), *Semantics*,Cambridge: Cambridge University Press,1971,pp. 370-392.

［463］Gamut,L. T. F. *Logic*, *Language*, *and Meaning*,Chicago: The University of Chicago Press,1991.

［464］Larson,R. "On the Double Object Construction",*Linguistics Inquiry*,1988(19), pp. 335-392.

［465］ Gruber, J. *Studies in Lexical Relations*, Doctoral dissertation. Cambridge: MA:MIT. 1965.

［466］Huang,C. T. J. "On the Distribution and Reference of Empty Pronouns",*Linguistic Inquiry*,1984,15(4),pp. 531-574.

［467］Huang,Shuan-Fan. "On the Socpe Phenomena of Chinese Quantified",*Journal of Chines Linguistics*,1981,Vol,9.

［468］Ioup,G. "Some Universals of Quantifier Scope",in Kimball(ed.),*Syntax and Semantics* 4,New York: Academic Press,1975.

［469］Jäger,G. *Anaphora and Type Logical Grammar*,Netherland: Springer,2005.

［470］Kroch,A. *The Semantics of Scope in Einglish*,Published by Garland Publishing

Inc. New York,1979.

[471] Lakoff, G. and Johnson, M. *Philosophy in the Flesh: The Embodied Mind and its Challenge to Western Thought*. New York: Basic Books,1999.

[472] Larson,R. K. "Double Objects Revisited: Reply to Jackendoff",*Linguistics Inquiry*, 1990,21(4),pp. 589-632.

[473] Lin,J. "Chinese Omparatives and their Implicational Parameters",*Natural Language Semantics*,2009,17(1),pp. 1-27.

[474] Lyons, J. *Linguistic semantics : an introduction*, Cambridge: Cambridge University Press,1995.

[475] May,R. . *The Grammar of Quantification*,Garland Publishing,Inc,1977.

[476] Montague, R. "The Proper Treatment of Quantification in Ordinary English", In R. Thomason(ed.),*Formal Philosoph*,pp. 247- 270. New Haven: Yale Univ. Press,1974.

[477] Parsons, T. *Events in the semantics of English: A Study in Subatomic semantics*, Cambridge: MIT Press,1990.

[478] Schwarzschild,R,"The Semantics of Comparatives and Other Degree Constructions", *Language and Linguistics Compass*,2008,2(2),pp. 308-331.

[479] Vendler, Z. *Linguistics in Philosophy*, Ithaca, New York: Cornell University Press,1967.

附录 符号使用说明

一、英文缩写

N:介词或动词后面的名词　　　NP:名词性短语

V:动词　　　　　　　　　　　VP:动词性短语

v:轻动词　　　　　　　　　　vp:轻动词性短语

A:形容词　　　　　　　　　　AP——形容词性短语;

S:句子　　　　　　　　　　　X:修饰、限制成分

F:否定成分　　　　　　　　　K:位移变化的空间、处所

E:事件发生时间　　　　　　　R:参照时间

S:说话时间　　　　　　　　　P+N(PP):介词短语

Agt:施事;把 D(下标 D):处置(Dispose 的缩写)

Dat:与事把 C(下标 C):致使(Cause 缩写)

Th:客体;　　　　　　　　　　t:移位以后的语迹

Loc:处所　　　　　　　　　　Ins:工具;

T:时间;Cul:终结点

PAST:被动

二、普通符号:

※:句子有错误　　　　　　　　?:句子可能有错

i :有一个与之共指的成分　　　=:句子可变换

三、逻辑运算符号：

⇔:等价关系　　　　　　　　　　<:前面的部分先于(小于)后面的部分

C:持续的状态　　　　　　　　　-V:表示 V 的否定形式

Φ:空语现象　　　　　　　　　　λ:λ-演算(若干个体的抽象)

&:合取关系　　　　　　　　　　∃:存在量词(存在某一个相同的对象)

→:蕴涵关系　　　　　　　　　　∀:全称量词(所有的对象)

∈:属于　　　　　　　　　　　　P Q R:逻辑谓词

#:析取关系　　　　　　　　　　x y z:论元变量

Vt:谓词　　　　　　　　　　　　—:表示并列关系

　　:表示等值关系　　　　　　　a′:逻辑翻译式

¬:非(否定);　　　　　　　　　∧:取前后两个部分的交集

∩:前后的交集　　　　　　　　　e:事件(e1 原子事件 1,e2 原则事件 2)

∪:合取运算;　　　　　　　　　上标 s:单积累性

后　记

　　2013 年底,在有关领导的关怀和鼓励下,我们申报了国家社科项目并顺利通过了专家评审而有幸获准,在申报书中,所提交的研究课题是"汉语语句系统的逻辑语义学研究"(课题编号 13XYY016)。

　　自 2013 年撰写《现代汉语连动句的逻辑语义学分析研究》开始,我们便对汉语语句的逻辑语义问题产生了很大兴趣。这种研究兴趣在我们成功申报课题后,便成为一种无形的压力和巨大的动力。这些年来,虽然我个人的研究兴趣主要集中在汉语语句系统的逻辑语义学研究,但限于个人的时间、精力和理论修养,对这一问题的研究,无论在广度还是深度上至今还相当有限。好在我有条件把我的这一研究兴趣传播给我的研究生们,他们在我的引导和指导下,和我一起开展了对这一课题的探索。

　　现在呈现在面前的这本论著,便是我和我的部分研究生在近几年来所共同完成的一项成果。其中的各篇论文,虽出自多位作者之手,完成于不同的年份,切入的角度大同小异。我们期望通过这份努力,能把隐藏在汉语语句中丰富的语义内涵挖掘出来,并使用逻辑语义学的工具和方法把其语义内涵准确、客观、科学地表示出来。我们深知,我们所做的这一工作,目前来说还是初步的的尝试。但我们期望,今后能有更多的学者加入对逻辑语义问题的探讨,在更广的范围和更多的层面上开展研究,以不断丰富我们对汉语语句系统中形式和意义更准确的认识和揭示。由于自身专业能力的限制,有些研究都还很浅显,我们所做的逻辑语义的分析研究也只是自然语言的计算机信息处理的先期工作,"因为计算机处理自然语言首要的条件是对语言作形式的描述,制定分析过程的规则,再利用计算机程序加以实现,最终达到识别和理解自然语言的目标"①,所以说我们的研究任重而道远。

2019 年 4 月该项目终于顺利结题,结题等级为良好。现在想把这些年来我们努力和辛苦付出得来的成果整理出版。回想漫长而又艰辛的研究工作,感慨颇多,感谢诸多良师益友的帮助和支持。

本书是同名国家社会科学基金项目成果,项目得以立项和结项,首先,要感谢全国哲学社会科学工作办公室、四川省社会科学界联合会、四川师范大学科研处和文学院、国教院的支持。其次,要感谢我的导师日本神奈川大学外国语学部宋村文芳教授、中国社科院哲学所邹崇理研究员、四川大学文新学院俞理明教授、四川师范大学文学院周及徐教授,四川师范大学哲学研究所张晓君研究员。他们在本书的课题申报和结项中都给予了大力帮助和支持。同时衷心感谢专家组们在该课题结题验收时对我们所做的研究工作给予充分的肯定和热情的鼓励;再次,本书得以顺利出版,要感谢四川师范大学文学院将项目纳入出版项目,还要感谢人民教育出版社夏青老师为本书出版所做的努力和帮助。最后要感谢我的同事、学生和朋友,还有我的家人,正是有了各方面的鼓励和帮助,漫长而又艰辛的研究路上才有了不竭的动力。

---

① 靳葛:《动态模糊逻辑(DFL)真值域谱理论及应用研究》,苏州大学论文,2009 年,第15 页。

责任编辑：夏　青

图书在版编目（CIP）数据

现代汉语语句系统的逻辑语义学研究/刘海燕 著. —北京：人民出版社,2021.9
ISBN 978－7－01－022866－2

Ⅰ.①现…　Ⅱ.①刘…　Ⅲ.①现代汉语-句法-语义学-研究　Ⅳ.①146.3

中国版本图书馆 CIP 数据核字（2020）第 253033 号

现代汉语语句系统的逻辑语义学研究

XIANDAI HANYU YUJU XITONG DE LUOJI YUYIXUE YANJIU

刘海燕　著

人民出版社 出版发行
（100706　北京市东城区隆福寺街 99 号）

天津文林印务有限公司印刷　新华书店经销

2021 年 9 月第 1 版　2021 年 9 月北京第 1 次印刷
开本：710 毫米×1000 毫米 1/16　印张：31
字数：470 千字

ISBN 978－7－01－022866－2　定价：95.00 元

邮购地址 100706　北京市东城区隆福寺街 99 号
人民东方图书销售中心　电话（010）65250042　65289539